헤겔연구 제32호

쟁점 속의 헤겔

* 이 학술지는 2011년도 정부재원(교육인적자원부 학술연구조성 사업비)으로 한국연구재단의 지원을 받아 출판되었음

헤겔연구 제32호

쟁점 속의 헤겔

한국헤겔학회 편

발간사

지난 10월에는 터키의 이스탄불에서 국제헤겔학회(Internationale Hegel-Gesellschaft)가 주최한 국제학술대회가 열렸다. '헤겔과 반헤겔'(Hegel gegen Hegel)을 주제로 한 이번 모임에서도 특징적인 문제들이 많이 다루어졌다. 헤겔 연구가 헤겔 내재적인 문제성을 넘어서서 철학사의 여러 주제와 만날 뿐 아니라 유럽과 미국의 상이한 철학 사조와도 적극적으로 대화하고 있다는 것이 확인되었다. 헤겔과 반헤겔이라는 구도가 이전과 같이 첨예한 모습으로 나타나지 않으며 오히려 문제로 떠오른 주제를 중심으로 이를 해결하는 방식과 고유한 논리가 더 많은 조명을 받았다. 헤겔 철학이 철학 일반의 보편적 맥락 속으로 깊이 파고들고 있다는 사실은 헤겔 연구자들을 고무시킴과 동시에 많은 과제를 가져다주는 것으로 보인다.

이 책에 발표문 전체가 실리지 못해 아쉽지만 우리 학회에서도 동일한 주제로 심포지엄을 개최했다. '반헤겔적 반헤겔주의'로 니체와 들뢰즈가 다루어졌으며, '헤겔적 반헤겔주의'로 스피노자, 셸링, 그리고 '헤겔과 아시아'가 주제화되었다. 이러한 대결은 그 경계를 확인하는 것만으로도 헤겔적 사유의 고유성과 힘을 파악하게 해주며 이를 펼칠 수 있는 마당을 가리켜준다.

독일의 DAAD와 우리 학회의 초청으로 이루어진 예나 대학 피벡 교수의 강연도 아주 생산적이었다. 도덕적 의식이 어떤 사유의 과정과 논리를 거쳐 인륜성에 도달하는지를 『논리학』에 근거하여 특유하게 풀어낸 강연이었다. 현대 윤리학을 주도하는 결과주의 윤리설이나 동기주의 윤리설을 능가하는 새로운 지평이 헤겔에 의해 마련되었다는 주장이다. 피벡 교수는 강연 이후의 대화에서 그랬듯이 귀국 후 독일에서 보낸 메일에서도 한국헤겔학회와의 교류가 지속되기를 희망했다. 이러한 바람은 그가 직전에 방문한 중국에서보다 우리 학회와의 토론에서 깊은 인상을 받았기 때문인 듯하다. 이러한 경험에 비추어보면 국제 교류는 지금보다 더 확대될 필요가 있으며, 이를 통해 우리의 역량을 보다 생산적으로 축적할 수 있을 것이다.

최근에 전해지는 학회 주변의 상황은 그리 좋지 않다. 교육과학기술부가 주도하여 학술지 평가 방식을 전면적으로 바꾸려 하며, 정해진 틀 속에서 계속 지원해주던 학술지 발행 지원금도 대폭 삭감될 예정이라고 한다. 인문학에 대한 지원 체계가 정착되었음에도 인문학의 위기를 거론하는 것은 인문학자의 잘못이라는 차가운 사회적 분위기가 생겨난 것도 결코 간과할 수 없는 변화이다. 그야말로 '변화된 세계' 속에서 헤겔 연구자들이 헤쳐나가야 할 장애물들이 결코 적지 않은 것이다.

근간 우리 학회의 움직임이 그리 활발하지 않다는 것을 누구나 솔직하게 인정할 수 있을 것이다. 다른 철학회의 사정도 비슷하기는 하지만 이를 주변 환경 탓으로만 돌리기는 어려울 것 같다. 철학을 공부하는 후속 세대의 감소와 철학 전공자에 대한 사회적 홀대가 맞물려 돌아간 결과이기도 하지만 기대할 수 있는 것은 역시 연구자들의 역동적인 활동뿐이다. 묵묵히 중단 없이 나아간다면 현재의 위기도 극복할 수 있을 것이다.

학회 회장의 중책을 맡고 벌써 2년이 지났다. 월례 발표회와 심포지엄을 거의 빠짐없이 개최하고 『헤겔연구』를 중단 없이 발행한 것을 다행으로 생각한다. 여러 회원들과 임원들의 참여와 노력으로 이룬 결과이니 이 모든 분들께 깊은 감사의 마음을 전하고 싶다. 학회 발전을 염원하는 마음으로 인사를 대신한다.

2012년 11월

한국헤겔학회 회장 최신한

차례

3부 번역논문

4부 부록

제1부

헤겔 주제 논문

의식의 경험과 규정적 부정*

유 헌 식

요약문

<정신현상학> 서론에서 헤겔은 의식의 경험을 통해 새롭고 참된 대상이 출현한다고 말한다. 이를 설명하기 위해 헤겔은 방법적으로 규정적 부정을 사용한다. 초점은 규정적 부정이 어떤 점에서 이전 대상의 비진리성을 비판하고 새로운 대상의 진리를 서술하는가에 맞춰진다. 규정적 부정은 어떤 점에서 이전에 없던 긍정적인 내용을 새로운 대상에 부여하는가? 이 문제에 답하기 위해서는 최초의 대상의식이 어떻게 규정적 부정을 통하여 새로운 대상의식으로 이행하는지 그 과정을 면밀히 검토할 필요가 있다. 요컨대, 규정적 부정은 이중부정이나 '규정은 부정이다'과 달리, '**특정한 내용**의 부정'과 '부정의 결과의 **규정**'이라는 양 측면을 지닌다. 이러한 이중성은 의식이 즉자적 대상에 접하여 행하는 경험에서 즉자가 '즉자의 의식에 대한 존재'로 이행하는 문제 그리고 '즉자의 의식에 대한 존재'가 참되고 새로운 존재로 이행하는 문제를 해명하는 데 중요한 단서를 제공한다. 여기서 전자는 '우리의 추가'로 인한 가상으로서, 규정적 부정은 이러한 가상의 비판과 후자의 진리를 설명하는 핵심축으로 작용한다. 즉 이전 대상의 비진리에 대한 비판과 새로운 대상의 진리에 대한 서술이 규정적 부정에 의해 통일적으로 설명된다. 이러한 사실은 규정적 부정의 부정 행위가 단순히 '어떤 것은 어떤 것이 아니다'가 아니라 '어떤 것은 어떤 것이 아닐 뿐만 아니라 다른 어떤 것이다'라고 판단하여 긍정적인 내용을 정립하는 데에서 가능하다. 어떤 것의 비진리를 비판하기 위해서는 그 진술의 토대에 긍정적인 진술이 전제되지 않으면 안 된다. 여기서 부정

* 이 논문은 2012년도 단국대학교 교내연구비의 지원으로 연구되었음.

대상의 내용성과 부정 **결과**의 긍정성이 하나로 연결된다. 따라서 규정적 부정은 이중부정이라는 단계적인 부정이 아니라, 하나의 부정 행위에 대해 서로 다른 시각에서 이중적으로 언명한 것, 즉 부정된 대상의 측면과 규정하는 진리의 측면에서 조망한 개념이다. 따라서 의식의 경험에서 새로운 대상(내용)의 출현은 방법적으로 이중부정이 아니라 규정적 부정을 통해서 설명될 수 있다.

● 주요어: 의식, 변증법, 경험, 부정, 규정적 부정, 새로움

Ⅰ. 문제 상황

헤겔에 따르면, "의식이 자기 자신에 접하여, 즉 자기의 지(知)와 대상에 접하여 행하는 **변증법적** 운동은 본래, 이 운동에서 **새롭고 참된 대상이 출현하는 한에서 경험**이라 일컫는다."[1] 의식이 행하는 변증법적 운동이 '경험'인 것은 이 운동에게 새롭고 참된 대상이 출현하기 때문이다. 의식의 경험과 새롭고 참된 대상의 출현이 상호의존적이라고 할 때, 의식의 '경험'에는 이전 대상의 비진리의 확인과 새로운 대상의 진리의 정립이라는 이중적인 의미가 내포되어 있다. 이전 대상의 비진리를 확인하고 새로운 대상의 진리를 정립하는 과정을 헤겔은 매개 개념을 통해 설명하는데, 매개는 그 내용에서 '규정적 부정(bestimmte Negation)'을 방법적인 축으로 삼는다.

헤겔의 매개 개념이 단순히 형식적인 매사(연결사)가 아니라 칸트의 선천적 종합판단과 마찬가지로 새로운 사실의 출현을 결정짓는 생산자의 역할을 수행한다고 할 때, 규정적 부정은 의식의 경험이 범주적으로 확장되는 데에서 사태의 진행을 실질적으로 담당한다. 하지만 헤겔은 칸트의 선천적 종합판단이 결과적으로 질료와 개념의 종합에 따른 확장판단이 아니라 단순히 주관적인 형식의 분석 결과에 지나지 않는다고 비판하면서,[2] 의식이 행하는 경험의 변증법이 질료와 동행하는 길을 제시한다. 이는 결과적으로 <정신현상학>에서 의식과 '즉자(Ansich)'의 관계

---

1) *Phänomenologie des Geistes*, 78. 『정신현상학(Phänomenologie des Geistes)』은 이후 PhG로 약기하며(Suhrkamp판 헤겔 전집 3권), PhG가 없이 숫자만 적은 경우도 마찬가지로 이 책을 가리킨다.

2) 선천적 종합판단에 대해 헤겔은 다음과 같이 칸트의 형식주의 혹은 도구주의를 비판한다. "이 판단, 즉 오성의 주관성은 객관성과 어떤 관계를 맺고 있나? 양자는 동일하지만 형식적으로 동일하다. 왜냐하면 현상의 부등성이 여기서는 배제되었기 때문이다. 이를테면 A라는 형식이 주관과 객관에 동일하게 자리잡고 있기 때문이다."(Glauben und Wissen(위 전집 2권), 311) 헤겔은 칸트의 형식주의에서 배제된 부등성을 살려내어 변증법적 진행의 추동력으로 삼는다.

를 어떻게 설정할 것인가, 하는 문제로 귀착된다. 앞에서 언급한 '진리'란 용어가 함축하듯이 의식의 경험은 형식과 질료 양자를 아울러야 하며, 여기서 '규정적' 부정은 이 양자에 동시적으로 관여한다는 점에서 규정적 부정을 해명하는 일은 곧 헤겔의 경험 개념이 얼마나 실재철학적인지를 평가할 수 있는 지표라 할 수 있다.

헤겔에 따르면 칸트의 반성철학은 지식의 객관적 타당성만을 검토함으로써 대상의식이 지닌 계기적인 경험내용을 배제하는 결과를 초래하였다. 여기서 헤겔은 의식이 행하는 경험을 학적으로 서술하는 데에서 규정적 부정을 방법적인 도구로 삼아 대상의식이 어떻게 범주적인 이행과정에서 비진리를 비판하고 진리를 현상하게 하는지를 보여준다. 그렇다면 규정적 부정의 어떠한 특성이 의식의 경험과정에서 이전의 대상을 비판하여 새롭고 참된 대상을 출현하게 하는 것일까?

Ⅱ. 의식의 대상경험과 규정적 부정

<정신현상학>에서 새로운 대상은 이전의 대상이 부정된 결과이다. 최초의 대상지향적인 의식은 그 직접성에서 탈피하여 자유로워지기 위해 '자기부정'은 불가피하다. 의식은 대상경험을 통하여 이전의 대상의식에서 벗어나 대상에 대한 참된 지(知)를 얻게 된다. 하지만 '부정'의 어떠한 특성으로 인하여 부정이 행하는 결과가 해체되지 않고 생산적인 결과, 새롭고 참된 대상의 출현으로 이어지나?

의식의 경험에서 새로운 대상 및 새로운 지는 이전 대상의 "무화(Nichtigkeit)"를 "포함"하면서 "대상을 넘어서서 행해지는 경험"에서 비롯한다(79). 여기서 이전의 대상은 부정된다. 그런데 이전의 대상이란 무엇이었나? 그 대상은 지와 직접적으로 관계하고 있던 대상이다. 하지만 그 대상과 지의 직접적인 관계는 대상과 지의 단순한 동일성이 아니라 즉자성을 띤 차이성으로서, 거기에는 부정적인 것이 결여태로 이미 포함되어 있었다. 대상의식의 직접성은 바로 지와 대상의 불일치를 부정태로서 자체적으로 지니고 있어서, 이러한 상태는 곧 대상에 대한 **지**와 대상에 대한 **개념**의 불일치를 시사한다. 그래서 "의식을 대상에 적합하게 만들기 위하여" 지는 변화해야 한다(78). 여기서 주목해야 할 점은, 직접성 안에는 대상에 대한 지와 대상에 대한 진리 간의 차이가 내재해 있다는 사실이다. 다시 말해, 이전의 대상은 이미 그 안에 즉자적으로 포함되어 있는 부정적인 것을 통해 다시금 부정될 상황에 처해 있으며, 따라서 새로운 참된 대상의식이 출현할 수 있는 근거를 자체적으로 지니고 있는 셈이다.

하지만 이러한 설명은 다음과 같은 의혹을 낳는다. 의식의 경험과정에서 새로운 대상의식의 출현은 결국 이전의 의식에서 발현하는 것이 아닌가? 그것을 '참되고'

'새롭다'고 할 수 있는가? 헤겔에게서 새롭고 참된 것은 형식논리적인 연역에서처럼 전제된 이전 것을 분석함으로써 획득되는 것이 아니라, 이전 것 안에 아직 규정되지 않고, 아직 매개되지 않아 즉자적으로 존재하던 것이 대상경험을 통하여 이제야 비로소 주제화되면서 출현한 것이다. 의식의 대상경험이란 변증법적 운동으로서, 이 과정에서 이전의 대상의식은 대상에 대해 이미 주제화된 지에서 벗어나 참된 대상에 대한 새로운 지로 이행한다. 하지만 이행과정에는 의식과 대상의 관계 이외의 어떠한 낯선 요소도 밖에서 개입하지 않는다. 이행은 순전히 대상의식의 자기부정을 통해서만 진행된다. 대상의식은 지와 진리의 두 계기만을 지닌다.[3] 두 계기는 정신의 직접적인 현존재인 **하나의** 의식의 이중성을 지시할 따름이다. 대상의식은 어떤 것에 대한 의식으로서 대상과의 동일성과 차이성을 자기 안에 지닌다. 하지만 의식이 자기자신과 동일하게 정립하는 대상은 의식의 지에 대해서만 참인 한에서, 참된 대상이 아니다. 따라서 그 대상은 가상에 지나지 않는다. 이전의 지식이 관계하는 이러한 가상적 대상은 참된 대상에 부합하기 위해 부정되지 않으면 안 된다.

바로 이 맥락에서 **규정적** 부정이 논리적 장치로서 의미를 갖게 된다. 규정적 부정은 우선 대상 일반의 부정이 아니라 특정한 대상의 부정이다. 규정적 부정에 대해 헤겔이 <논리학>에서 "전체 부정이 아니라 특정한 사태의 부정"(L I 49)이라고 말하는 것도 이러한 맥락이다. 규정적 부정은 특정한 지, 특정한 대상에 대한 비판이다. 규정적 부정의 개념을 통하여 헤겔은 부정의 규정성을 강조한다. 이 개념을 스피노자의 유명한 명제 '모든 규정은 부정이다(omnis determinatio est negatio)'와 혼동해서는 곤란하다.[4] 양자의 통상적인 혼동은 헤겔이 부정의 규정성을 한 편으로는 **부정할 내용의 대상**과 관련시키면서 다른 한 편으로는 **부정되는 내용의 결과**와 결부시키는 데에서 비롯한다. 헤겔이 부정의 규정성(긍정성)을 회의주의의 극복과 연계시켰다고 할 때,[5] 부정의 결과는 회의주의에서 처럼 내용이 없는 공허

---

3) PhG 76 참조.

4) 헤겔도 <논리학>의 현존재 장에서 규정을 스피노자적 의미의 부정과 연관시켜 이해한다. 하지만 이 맥락에서 부정은 스피노자적인 의미와 다르다. 스피노자의 명제에서 규정은 '제한을 가하는 행위'를 뜻하여, 규정은 모든 부정 행위에서 자유로운 실체의 완전성을 입증하기 위한 논리적 장치로서 '규정의 불완전성'을 드러낸다. 따라서 스피노자에게서 규정되는 것은 한정되는 것으로서 규정이 부정을 내포하기 때문에 규정은 여타의 규정들을 자신과 구별하여 **배제**한다. 따라서 규정되는 것은 관계에 외적인 실체와 아무런 접점을 갖지 않아, 타자와 아무런 긍정적인 관계를 포함하지 않는다. 이에 반해 헤겔에게서 규정적 부정은 **부정의 규정성**으로서, 부정적으로 현존하는 것은 자기의 진리성과 내적으로 상호 관계되어 있어서 자체적으로 긍정적인 의미를 지닌다. 그러 한에서 스피노자적인 "규정의 부정성은 헤겔에게서 규정적 부정으로 지양된다"(Röttges, 275).

5) Heon-Sik Yoo, 73ff. 참조.

한 부정이 아니라 특정한 내용을 지닌 부정이다. 부정적인 것은 동시에 긍정적인 것을 산출한다.

> 결과적으로 볼 때, 부정적인 것은 이러한 운동에서 출현한 부정태, 즉 규정적인 부정태, 따라서 긍정적인 내용이다.[6)]

> 회의주의에서 부정의 결과는 무로 파악되는 것과 반대로 실제에서 결과는 규정적 부정으로 파악됨으로써 직접적으로 새로운 형식이 출현하게 된다.[7)]

규정적 부정에서 규정성은 이중적인 의미를 지닌다. '**특정한 내용**의 부정'이라는 측면과 '부정의 결과의 **규정**'이라는 측면이다. 하지만 규정적 부정이라는 하나의 개념이 어떻게 이러한 두 측면을 지닐 수 있을까? 두 측면이 어떻게 하나의 개념 안에서 양립할 수 있을까?

규정적 부정이 부정 **대상**의 내용성과 부정 **결과**의 긍정성이라는 이중적 측면을 지닌다는 사실은, 의식의 경험과정에서 새로운 대상/내용의 출현과 관련하여 규정적 부정의 의미를 새롭게 조망할 수 있는 기회를 제공한다. 규정적 부정의 이중적인 측면으로 인해 <정신현상학>에서 의식의 경험과 규정적 부정 간의 연관성을 파악하는 데 혼선이 빚어지곤 한다. 규정적 부정의 두 측면 가운데 한 측면, 즉 부정의 '대상'이라는 내용적 측면에만 주목할 경우 규정적 부정은 변증법적 단계에서 1차 부정에만 관계한다. 달리 말해, 이 경우 규정적 부정은 '의식에 대해서만 즉자적인 즉자존재의 확인'에 그쳐 '즉자존재의 부정'만을 지시하게 된다.[8)] 하지만 다른 측면에서 부정 '결과'의 긍정성에만 초점을 맞출 경우, 변증법의 단계에서 2차 부정만이 부각되어 의식에 대한 즉자존재가 새로운 대상으로 이행하는 측면만 드러나게 된다.[9)] 그렇다면 겉보기에 이중적으로 나타나는 규정적 부정의 의미를 어떻게 양립시킬 것인가?

여기서 즉자가 '즉자의 의식에 대한 존재'로 이행하는 것과 '즉자의 의식에 대

6) PhG 57.

7) PhG 74.

8) 이러한 입장을 대변하는 인물로 먼저 클라에스게스를 들 수 있는데, 그에 따르면, "헤겔은 즉자를 '즉자의 의식에 대한 즉자'로 전락시킨 것을 규정적 부정으로 파악한다"(Claesges, 186). 아도르노 역시 이러한 입장에 속한다고 볼 수 있는데, 그는 헤겔의 규정적 부정을 오직 "특수자의 부정"과 "비판"으로만 파악한다(Adorno, 161).

9) 규정적 부정을 새로운 내용의 출현과 관련하여 파악한 하인릭스의 해석이 여기에 속한다고 할 수 있다. 그에 따르면, "의식에 대한 즉자의 존재는 아무런 새로운 내용을 서술하지 않고 단지 즉자의 형식적인 지위만을 확보해줄 뿐이다. 새로운 내용이 출현하기 위해서는 반성된 혹은 부정된 즉자가 새로운 즉자로 파악되어야 한다. 다시 말해, 단순히 의식에 대한 존재의 부정이 다시금 부정되어야 한다. 새로운 내용은 따라서 이중 부정, 즉 1차 부정의 부정을 통하여 생겨난다"(Heinrichs, 35).

한 존재'가 새로운 대상의 출현으로 이행하는 것을 조심스레 구별할 필요가 있다. 살펴볼 문제는 두 이행이 각각 1차 부정과 2차 부정에 상응하는지, 그리하여 이전 대상의 비진리의 확인을 새롭고 참된 대상의 출현과 구별할 수 있는지 하는 것이다. 대상의식이 직접성의 부정 그리고 이 부정의 부정을 자신의 진리로 삼는 한에서, 두 이행의 구별은 헤겔이 <논리학>에서 제시한 반성 논리에 입각하여 설명할 수도 있을 것이다.[10] 하지만 주의해야 할 것은 의식의 경험에서 '이전 대상의 비진리를 확인하는 것'이 '이전 대상의 비진리에서 새로운 대상이 출현하는 것'과 얼마나 다른가, 하는 점이다.

이 구별이 중요한 이유는, 하인릭스와 클라에스게스가 그랬듯이 이전 대상의 비진리를 확인하는 일과 새로운 대상의 출현이 의식의 **경험**의 상이한 단계에 속할 수 있기 때문이다. 즉자가 단지 의식에 대해서만 즉자적이었던 한에서 의식이 이전 대상을 참되지 않다고 확인한다고 해서 이것이 곧 의식이 새로운 대상의 출현을 경험하는 것을 뜻하지는 않으며, 따라서 후자로의 이행이 필연적이라고 할 수 없다. 전자의 사태는 의식에 의해 수행된 이행 혹은 의식이 행하는 반성의 결과가 아니며 또한 최초의 부정적인 내용의 부정이 아니라, 전적으로 '의식에 대해서만 즉자인 존재(das nur Für-das-Bewusstsein-Sein des Ansich)'에 대한 "**우리**의 추가(unsere Zutat)"일 따름이다. 말하자면, 새로운 대상의 출현은 '의식의 **경험**'이라는 범주에 속하지 않으며,[11] 경험의 결과에 대한 '우리'의 해석에 지나지 않는다. 결국 새로운 대상은 의식에 대해서 즉자인 존재의 부정이 아니라 이 존재에 대한 우리의 진술일 따름이다.

새로운 대상의 출현은 하인릭스와 클라에스게스의 해석과 달리 의식이 대상과의 관계에서 행하는 이중부정의 결과가 아니다. 헤겔이 분명히 말하듯이 즉자가 '의식에 대해 즉자인 존재'로 생성되는 것이 곧 새로운 대상의 출현이다.

> 첫 번째 대상은 즉자이기를 그치고 의식에게 단지 의식에 대해서만 즉자인 그런 대상이 된다. 하지만 그에 따라 이것, 즉 **의식에 대해 이렇게 즉자인 존재**는 참된 것

---

10) 의식의 경험을 반성논리에 맞추어 파악하는 것은 본질논리에서 행해지는 직접적인 것의 매개과정을 의식의 경험과정에 덮어씌우는 환원주의의 위험에 빠지게 된다. 헨리히는 헤겔의 변증법을 정식화하면서 반성논리를 "직접성－1차 부정－2차 부정－다시 산출된 직접성이라는 개념적 계열"(Henrich, 1975, 104)로 파악하는데, 이 논리를 <정신현상학>에서의 의식의 운동과정에 그대로 적용할 경우 똑 같은 위험에 처하게 된다. '반성'은 변증법적 방법의 하나의 계기일 뿐 그 방법 전체에 보편적으로 적용될 수는 없다.

11) 그 이유는 뢰트게스에 따르면, "새로운 대상의 출현은 그것이 의식의 경험에 떨어진다면, 곧바로 지양되어 버리지 않을 수 없을 것"(Röttges, 1981, 135)이기 때문이다. 만일 그렇지 않은 경우라면, "의식의 경험은 반성으로 인식되거나 언표되지 않고 곧바로 다시 새로운 대상으로 대상화될 것이다"(같은 책, 118).

> 으로서 **본질** 혹은 의식의 **대상**이다. 이 새로운 대상은 첫 번째 대상을 무화시킨 것이며 그 대상을 넘어서 행해진 경험이다.[12)]

의식의 **경험**, 즉 의식이 첫 번째 대상의 비진리를 확인하는 일, 다시 말해 첫 번째 대상에 대한 지는 '의식에 대해 즉자인 존재'에 대한 지에 지나지 않는다는 사실, 혹은 지는 의식에 대한 존재와 일치하지 않는다는 사실을 의식이 확인하는 데에서 새로운 대상이 출현한다. 그런 한에서 새로운 대상은 첫 번째 대상의 무화를 **포함한다**. 이전의 지에 상응하는 것처럼 보였던 첫 번째 대상은 이제 참이 아닌 것으로 판명되면서 새로운 대상으로 지양된다. 여기서 새로운 대상은 이전 대상이 규정적으로 부정된 결과이다.

이에 따라 첫 번째 대상의 비진리에 대한 **비판**(Kritik)과 새로운 대상의 진리에 대한 **서술**(Darstellung)이 결국은 동일한 사태에 대한 서로 다른 언표라는 사실이 드러난다.[13)] 하지만 우리가 첫 번째 대상에 대한 비진리의 경험과 새로운 대상의 출현을 각각 1차 부정과 2차 부정에 귀속시킨다면, 비판과 서술이라는 두 가지 방법론적인 계기는 하나의 동일한 맥락이 아니라 순차적인 계기, 즉 논리적 시간적인 선후관계에 따라 경험에 나타나야 할 것이다. 그러나 비판은 논리적으로나 시간적으로 서술에 선행하지 않으며, 그럴 수도 없다. 앞서의 설명에 따르면 비판과 서술은 동시적으로 나타난다. 비진리에 대한 비판이 없이는 진리에 대한 서술이 불가능하며, 그 반대도 마찬가지다. 이전의 첫 번째 대상의 비진리에 대한 비판은 곧 새로운 대상의 진리의 서술이다. 양자는 상호 분리되어 성립하지 않는다.

규정적 부정의 개념은 하나의 사태의 운동에 대한 서로 다른 진술의 통일을 뜻한다. 헤겔에게서 방법과 내용은 동행한다는 사실을 감안할 때 규정적 부정은 대상의식의 운동과 대상경험의 내용적인 규정을 동시에 파악하는 방법적인 도구이다. 규정적 부정은 대상에 대한 의식의 행동방식이면서 대상의식이 행하는 하나의 행위방식이다. 부정의 대상은 규정된 것으로서 이는 결과 안에 지양된다. 여기서

---

12) PhG 79.

13) '비판과 서술의 통일'을 내용적으로 어떻게 이해할지와 관련하여, '비판으로서의 서술'(J. Werner 1986)과 '비판적 서술'(Theunissen 1980)이라는 두 입장으로 대별할 수 있다. 여기서 전자의 베르너처럼 사변적 문장의 의미에 주목하여 오직 언어철학적인 시각에서 '서술'을 단지 상호 모순적인 진술의 서술이라는 측면에만 국한할 경우, 모순의 서술이 왜 무로 귀착되지 않고 특정한 참된 내용을 산출하는가 하는 물음을 피할 수 없게 된다. 이에 반해 후자의 토이니센이 '비판적 서술'을 제시할 때, '비판'의 대상을 "가상"으로 그리고 '서술'의 대상을 "진리"로 규정한 것은 나의 논지에 부합한다고 할 수 있다. 토이니센이 "비판과 서술을 부정과 긍정의 대립과 분리시킬 때, 양자의 통일은 극단적인 것이 자기 내적으로 구별된 하나의 통일체일 수 있다"(Theunissen 1980, 88)고 주장하는 데에서, 그는 비판과 서술을 하나의 통일체의 구별된 양상으로 파악하는데 이는 곧 '규정적 부정'의 이중적 의미를 정식화한 것으로 볼 수 있다.

특정한 사태의 부정과 부정의 긍정성은 동일하다. 왜냐하면 긍정적인 내용의 산출은 곧 특정한 사태의 부정을 통해서만 가능하기 때문이다.

결과적으로만 본다면, 규정적 부정은 이중 부정과 동일한 효과를 갖는 것으로 생각할 수 있다. 규정적 부정의 긍정성과 부정의 부정의 긍정성이 같다고 보이기 때문이다. 하지만 여기서 의식에 대해 즉자인 존재가 새로운 대상으로 이행하는 것은 첫 번째 대상의 부정이 아니라 의식이 행하는 경험의 결과에 대한 '우리'의 추가라는 사실이 간과되어서는 안 된다. "새로운 대상은 **의식 자체의 전회**(Umkehrung des Bewusstseins selbst)를 통하여 모습을 드러낸다. 사태를 이렇게 고찰하는 것은 우리가 차후적으로 추가한 것이다."[14] 이전 대상의 비진리에 대한 비판은 의식의 전회를 통하여 비로소 완수되며, **동시에** 비판은 곧 의식에 대해 즉자인 존재의 정립으로서, 이는 다시 새롭고 참된 대상의 서술을 뜻한다. 따라서 의식의 전회가 없이는 '의식에 대해 즉자인 존재'가 출현할 수 없다. 왜냐하면 이전 대상의 비진리를 비판하기 위해서는, 다시 말해 참되지 않은 직접성으로 가려진 어떤 것에 대한 의식이 지닌 분열상을 드러내기 위해서는 스스로를 **비판하는 자**가 있어야 하는데, 이는 이전 것 안에 잠재해 있었으면서도 이제야 활동을 개시하는 의식일 수밖에 없기 때문이다. '의식에 대해 즉자인 존재' 자체는 의식의 전회를 통하여 이전의 대상이 부정된 결과이다. 여기서 의식은 처음에는 대상에 직접적으로 묶여 있어서 자신이 스스로 분열되어 있다는 사실을 알지 못한다. 하지만 아직 규정되지 않은 대상이 진리의 계기로 주제화되어 모습을 드러냄에 따라 의식은 새로운 대상의 출현에 주목하게 된다. 새로운 대상이라는 점에서 '의식에 대해 즉자인 존재'는 곧 이전의 즉자적인 대상의 규정적 부정태이다.

그런데 이전 대상의 자기부정의 힘은 대체 어디에서 비롯하는 것일까? 또한 규정적 부정에 함의된 내용성 혹은 긍정성의 원천은 무엇인가? 부정이 어떻게 긍정적인 내용을 산출하는가? 부정의 어떤 힘으로 인해 이전 대상에는 없던 새로운 것이 이후에 나타나는가? 이 물음들은 결국, 이전 것에 포함되지 않았던 것으로 보이는 '어떤 것'이 어떻게 부정의 힘에 의해 이후의 것에 나타날 수 있는가, 하는 문제로 압축된다.

Ⅲ. 부정의 미학적 생산성과 새로운 대상의 직접적인 출현

이전 대상의 비진리에 대한 비판과 새로운 대상의 진리에 대한 서술의 통일은 즉자가 '의식에 대해 즉자인 존재'로 이행하는 것과 새롭고 참된 대상이 의식의

14) PhG 79.

경험 안에서 출현하는 것이 동일하다는 인식에 근거한다. 비판은 대상에 대한 직접적인 지가 아니라 지와 대상의 비동일성에 대해 행해진다. 새로운 대상으로서의 '의식에 대해 즉자인 존재'는 부정적인 것으로서의 이러한 비동일적인 것에 대한 부정이다. 하지만 구체적으로 **무엇이 무엇을** 부정하는가?

기본적으로 의식의 경험에서 "의식은 자기자신을 검사"(PhG 77)하는 한에서, 부정하는 것과 부정되는 것은 동일하게 '의식'이다. 의식의 자기검사는 의식이 자기 밖에서 검사의 척도를 끌어들이는 외적 반성이 아니라 그 척도를 자기 안에서 찾는 내적 반성을 통하여 수행된다. 그런데 이전의 대상의식이 이전의 의식에 존재하는 척도에 따라 부정될 경우 여기에서 어떻게 새로운 대상의식이 출현할 수 있는가? 여기서 다시금 '어떤 것에 대한 의식'이 '지'와 '진리'에 관계하는 이중성에 주목할 필요가 있다.[15] 의식에게는 지에 대해 즉자적인 것과 진리에 대해 즉자적인 것은 다르다. 의식에 대한 존재로 이행하는 즉자는 의식에 의해 부정된 즉자로서 이전의 지에 대한 즉자이다. 이 경우 부정하는 자는 진리의 의식인데, 이 의식은 의식의 다른 측면으로서 이전의 지에서는 아직 나타나지 않았었다. 경험이 진행되면서 진리의 계기가 비로소 모습을 드러내게 되는데, 이 계기는 이전의 대상의식에서는 아직 주제화되지 않다가 이제야 '이미 주제화된 지'를 비판하기에 이른 것이다. 바로 의식의 이러한 이중적 연관성으로 인해 의식은 자기의 검사기준을 스스로 부여하면서 동시에 그 검사가 이전의 지의 반복이 아닐 수 있게 된다. 오히려 의식의 이중성은 새로운 지가 출현할 수 근거인 셈이다.

즉자가 '의식에 대해 즉자인 존재'로 이행하는 것은 한 편으로는 진리의 의식이 즉자에 대한 이전의 지를 비판하는 일이며, 다른 한 편으로는 그때까지 아직 매개되지 않은 참된 즉자의 발생을 서술하는 일이다. 이러한 과정이 의식의 경험에서는 곧 규정적 부정이다. 그렇기 때문에 비판은 사변철학에서 긍정적인 결과를 지니는 반면, 회의주의에서 비판은 공허한 무로 끝나고 만다. 이전의 의식이 새로운 의식으로 전환되는 양상을 헤겔은 의식의 전회라고 표현하는데, 이 전회에서 새로운 대상이 출현한다.

이제 참되지 않은 의식에 대한 비판을 긍정적으로 서술하는 일이 관건이다. 즉 "의식의 비진리 안에서 참되지 않은 의식을 서술하는 일은 단순히 **부정적인** 운동이 아니다"(PhG 73)라는 헤겔의 설명이 해명되어야 한다. 부정 혹은 비판의 힘은 지가 대상에 대립해 있는 이전의 의식에서 나온다. 대립의 **중심**에는 진리의 계기가 직접성의 모습으로 **활동하고 있다**. 이 계기는 '의식에게'-푼텔이 주목했듯이 '의식에 대해서'가 아니라-유효하다. 중심의 활동은 관찰자로서의 '우리'에게만 확인될 뿐 의식에게 확인되지는 않는다. 다시 말해 새로운 의식은 진리의 의식을

15) PhG 76 참조.

이전의 불완전한 지와 의식적으로 비교함으로써 생겨나는 것이 아니다. 그럴 경우 외적인 반성이 제 3자로서 내용의 내적인 운동에 개입하여 변증법의 내적인 진행에 위배되기 때문이다. 이와 달리 새로운 의식은 대립과정 자체에서 직접적이고 홀연히 나타난다.

새로운 것이 이전 것에서 **직접적으로 튀어나온다**(unmittelbare Entspringen)는 사실은 이전 것에서 새로운 것으로의 이행을 합리적으로 설명할 수 있는 논리적인 척도가 존재하지 않는다는 것을 뜻한다. 새로운 것에만 있고 이전 것에는 없는 '잉여'가 어떻게 생겨나는지는 우리 '지식'의 소관사항이 아니다. 잉여가 대립을 서술하는 과정에서 생기는 것은 사실이지만 그것은 대립의 단순한 서술을 넘어선다. 의식은 잉여를 알지 못한 채 내부에서 대립적으로 정립된 자기를 넘어서 버린다. 의식은 "그 자체로 자신의 **개념**인 바, 그럼으로써 직접적으로 제한된 것을 넘어가는 것(unmittelbar das Hinausgehen über das Beschränkte)이다".[16] 개념의 노동을 통하여 가상적인 대립은 부정되면서 참된 것으로 이행한다. "참된 사상과 학문적인 통찰은 개념의 노동에서만 획득될 수 있다"(65). 새로운 것은 개념의 노동을 통해 이전 것에서 **직접적으로** 생겨난다. 새로운 것의 출현은 우리의 추가인 의식의 전회를 통하여 학적인 서술의 참된 대상이 된다. 요컨대 새로운 것은 의식에 대해 **불연속적으로** 나타난다.

헤겔에게서 변증법은 내용 자체의 내적인 운동인 한에서 대립태의 부정은 외적인 반성이 아니라 대립태 안에 이미 내재하는 부정적인 힘에 의해 수행된다. 대립상의 서술이 대립상의 단순한 확인이 아니라 더 높고 새로운 개념으로 이행하는 이유는 대립태에 잠재해 있는 부정적인 것이 진리와 통일의 계기로 현상하기 때문인데, 이 현상을 바로 개념의 노동이 주도한다. 새로운 것은 오성에 의해 정립된 대립상이 개념의 통일로 '지양', 즉 '규정적으로 부정'됨으로써 출현한다. 그렇지만 어떻게 이전 것이 새로운 것에서 부정되는가? 헤겔은 규정적 부정의 방식을 대단히 신비스럽게 묘사한다. 대립태에서 긍정적인 것이 출현하는 것은 부정의 위력에 의존한다고 할 때, 이 위력을 헤겔은 "사유, 즉 순수한 자아의 에너지"(PhG 36)라고 부른다. 그는 정신의 **삶**을 오성의 **죽음**과 구별하면서 다음과 같이 말한다.

> 정신은 절대적인 분열 속에서 자지자신을 발견함으로써 자신의 진리를 얻는다. 정신의 이 위력은 부정적인 것을 외면하는 긍정적인 것이 아니다. … 정신은 부정적인 것을 똑바로 직시하여 그 안에 머물음으로써만 이러한 위력일 수 있다. 이러한 머물음은 부정적인 것을 존재로 전환시키는 마력(Zauberkraft)이다.[17]

16) PhG 65.
17) PhG 79.

정신이 절대적인 분열 속에서 자기를 찾는 것은 정신이 대립적인 규정들 안에서 자기를 지양하는 것이다. 지양은 부정적인 것을 직시(anschauen)하면서 그 안에 머물음(verweilen)으로써 수행된다.

이제는 부정의 긍정성에 대해 새로운 답변을 하지 않을 수 없다. 이행을 주도하는 부정적인 것의 위력은 형식적인 이중부정이 아니라 논리적 반성에 대비되는 의미에서 무논리적인 요소의 개입에 의해 발휘된다. 이 사항이 중요한 이유는 이전 것에서 새 것으로의 이행을 서술하는 일은 합리적이고 형식적인 논리를 통해 파악될 수 없다는 데 있다. 부정적인 것의 위력을 시사하는 대목에서 헤겔은 '직시'라든지 '머물음'이라는 표현을 사용하는데, 이들은 논리적인 개념이라기보다는 미학적인 용어에 해당한다. '부정적인 것의 미학'이 새로운 것의 출현을 가능하게 한다. 따라서 옛 것에서 새 것으로의 이행단계를 설명하는 데에는 연속성을 띤 개념이 적용되지 않는다. 부정적인 것에 머무는 것이 부정적인 것을 존재로 전환시키는 마력(魔力)인 한에서, 그 머물음을 통하여 '예기치 않은 것'이 나타나게 된다. 머물음을 통하여 새로운 것이 '갑자기' 존재하게 된다. 그런 점에서 부정적인 것은 창조적인 위력을 지닌다. 그것은 선행하는 것의 반복을 거부한다. 부정적인 것이 이러한 창조적인 힘을 지니지 않을 경우, 옛 것에서 새 것이 갑자기 생겨날 수 없다. 옛 것 안에는 옛 것 자체를 부정할 수 있는 부정적인 것이 포함되어 있지만, 의식은 그에 대해 아무 것도 알지 못한다. 부정적인 것에 머물음은 이미 드러난 옛 것과 연속선상에서 비교할 수 없는 새로운 형태가 출현하기 위한 정점(頂点)이다.[18)]

새로운 것의 갑작스런 출현은 앞 각주의 <자연법 논문>에서도 드러나듯이, 정신이 부정적인 것에 머물면서 부정적인 것을 '존재'로 전환시킴에 따라 대립태가 '무한성' 혹은 '무'에서 표출된 결과이다. 무한히 다양한 가능성은 무와 동일하다는 사실에 비추어 볼 때, 새로운 것은 마치 아무 것도 전제되지 않은 것처럼 돌발적으로 생겨난다. 따라서 부정의 결과로서의 새로움이라는 현상은 '$-\ x\ - = +$'라는 식의 수학적인 방식이 아니라 물리-화학적인 설명 모델에 더 적합하다. 헤

---

18) 부정적인 것에 머물음 그리고 이행과정에서 새로운 형태의 출현과 관련된 정점에 대한 헤겔의 생각은 그의 초기저술에서도 볼 수 있다. "새로운 형성의 이와 같은 강화가 과거에 의해 절대적으로 정화되지 않았다는 것이 과도기의 불행인데, 바로 거기에 긍정적인 것이 들어 있다. … 이는 마치 폭탄이 그 정점에서 폭발하고 나서 한 순간 정지하는 것과 같고, 가열된 금속이 밀랍과 달리 서서히 부드러워지지 않고 단번에 물에 뛰어들어 거기에 머무는 것과 같다. 왜냐하면 현상은 대립태로 이행하는 것으로서 무한한데, 이렇게 무한성 혹은 자신의 무에서 대립태가 출현하는 것은 하나의 비약이고, 새로 생겨난 힘 속에 있는 형태의 현존재는 스스로 낯선 것과의 관계를 의식하게 되기 전까지는 자지자신에 대해 존재하기 때문이다"(NR 529).
한 편, 토이닛센은 '머물음'의 현상을 "미학적 직관으로 투사된 머물음"에 근거하여 "머무르는 떠오름의 시간연관"으로 파악하는데, 여기서 "대상은 새롭고 낯선 빛 속에 갑작스레 현상한다"(Theunissen, 1991, 289/286/292).

겔 <대논리학>의 객관논리 3장 '척도'에는, '양적인 점진성에서 질적인 비약이 출현'하는 과정이 서술되어 있다.

> 질적인 측면에서 볼 때 점진적인 것의 양적인 진행은 그 자체로는 아무런 한계를 지니지 않지만 절대적으로 단절된다. 새로 나타나는 질은 자신의 단순한 양적인 관계에 따라, 규정되지 않은 채 사라지는 타자적인 질에 저항하는 무관심한 질이라는 점에서 이행은 하나의 **비약**이다.[19]

이러한 헤겔의 설명은 '자연에는 비약이 없다'라는 테제에 반하는 시각이다. 물론 헤겔이 당시의 자연과학적인 지식을 정신의 운동을 설명하는 데 원용했는지는 확실치 않다. 하지만 헤겔이 <정신현상학> 서언에서 새로운 시대의 여명을 말하는 대목이나 <대논리학>에서 '질적인 도약'과 관련된 내용이 똑같이 나오는 것은 우연으로 보기 어렵다. "전체의 형태까지를 변화시키지는 않았던 점진적인 와해는 번개처럼 단번에 새로운 세계상을 수립하는 상승작용에 의해 끝장나고 만다."[20] "이렇게 다양한 상태들은 점진적으로 나타나지 않으며, 온도 변화의 단순히 점진적인 진행은 이 점에 이르러 단번에 끊어지고 억제되면서 다른 상태로 비약하여 나타난다. 모든 **탄생**과 **죽음**은 연속적인 점진이 아니라 점진적인 것의 단절과 양적인 것에서 질적인 것으로의 비약이다."[21]

새로운 것은 이전 것에서 나오나, 이전 것을 넘어선다. 이는 아포리아처럼 들릴 수 있다. 한 편으로 내용의 **자기**운동을 전제한다면, 새로운 것의 발생에 대한 사유는 포기해야 할 수도 있다. 왜냐하면 내용의 자기운동에 입각할 경우 새로운 것은 이전 것의 반복이거나 이전 것에서 파생된 것으로 이전 것과 질적으로 구별되지 않는 것일 수 있기 때문이다. 다른 한 편으로 질적으로 새로운 것의 출현에 집착하여 이전 것 밖의 제 3자를 요청할 경우 내용의 자기운동은 더 이상 유효하지 않게 될 것이다.[22] 이 아포리아에 접하여 우리는 헤겔이 말하는 '부정적인 것에 머물음의 마력'을 다시 되새기지 않을 수 없다. 헤겔은 이전 것에서 새로운 것으로 **이행하는 과정 자체**에 대해서는 어떠한 방식으로도 언표할 수 없다고 본다. 내용의 자기운동이 내용의 단순한 반복이 아니라 새로운 내용의 출현을 담보하기

19) L I, 438.
20) PhG 18f.
21) L I, 440.
22) 개념의 자기운동과 새로운 것의 출현의 양립가능성에 대한 의문은 본질적으로 플라톤 이후 그리스 철학의 **상기**의 원칙과 성서적인 **창조**의 원리를 둘러싼 논쟁과 관련된 사항이라고 볼 수 있다. 따라서 앞서 언급한 아포리아는 근본적으로 헤겔이 그리스 정신과 기독교 정신을 얼마나 성공적으로 결합하였나 하는 문제와 직접적으로 맞물려 있다.

위해서는 이전의 내용과 이후의 내용 사이의 연결고리가 끊어져야 한다. 여기서 머물음 자체로서의 불연속의 **순간**은 규정/언표할 수 없는 시간이고 공간이다. 왜냐하면 그 순간은 개념이 창조활동을 하는 시간이기 때문이다. 우리는 불연속의 이전과 이후만을 파악할 수 있을 뿐 불연속 자체의 순간을 파악할 수는 없다.

Ⅳ. 결론을 대신하여

이전의 대상이 새로운 대상으로 이행하는 과정의 불연속과 관련하여, <정신현상학>의 서술방식에서 '우리에 대해서(für uns)'와 '의식에 대해서(für es)'의 구분은 긴요하다. 말을 바꾸면 관찰자(서술자)인 '우리'에게 이행은 연속적인 것으로 나타나지만, 참여자인 '의식'에게 이행은 불연속적인 것으로 나타난다. 학적인 관찰자가 의식의 경험을 지속적으로 따라가며 서술하지만, 변증법적 운동의 실질적인 담지자인 의식은 자신이 어떤 과정을 거쳐가고 있는지 알지 못한다. 변증법적 운동에서에서 새로운 대상이 직접적으로 출현할 때, 이렇게 '직접적으로 출현하는 것'이 곧 '질적으로 새로운 것'이기 때문에 이것은 의식에게 불연속적인 것으로 나타난다. 결국 새로운 것은 '의식에 대해서' 새로운 것이지, '우리에 대해서' 새로운 것은 아니다.

의식에 대해 진행되는 불연속적인 진행에서 새로운 것을 방법적으로 뒷받침하는 개념이 규정적 부정이다. 의식은 자신의 전회를 통하여 이전 대상의 비진리를 **규정적으로 부정함으로써** 새로운 대상의 출현을 가능하게 한다.[23] 의식의 전회는 이전 대상에 대한 비판과 새로운 대상의 진리의 서술이 합일되는 전환점이다. 의식의 전회는 진리의 계기로서 이전 대상을 부정하는 근거이면서 동시에 새로운 대상을 정립하는 근거이다. 의식의 전회를 통한 새로운 대상의 출현은 이전 대상과의 단절을

23) 하인릭스는 지금 초점이 되고 있는 헤겔 텍스트에서 '이중부정'이라는 용어가 전혀 보이지 않는 것을 이상하게 여긴다.(Heinrichs, 35 참조) 헤겔이 해당 맥락에서 이 용어를 사용하기만 했어도 소기의 목적을 달성했을 것이라는 견해를 피력한다. 하지만 이는 옳지 않다. <정신현상학>의 서언과 서론 어디에도 '이중부정'이나 '부정의 부정'이란 용어는 나오지 않는다. 오직 '규정적 부정'만을 볼 수 있다. 헤겔은 위의 용어들이 이 맥락에서 사용될 수 없다는 사실을 잘 알고 있었을 뿐만 아니라, 이전 대상의 비진리를 확인하는 일, 즉 즉자를 '의식에 대해 즉자인 존재'로 확인하는 일이 새로운 대상의 출현으로 이행하는 사태는 2차 부정에 의해 설명될 수 없다는 사실을 잘 알고 있었다. 다시 말해 새로운 대상의 출현은 의식에 대해 즉자인 존재의 이행 결과가 아니라 이 존재에 대해 단지 우리가 추가한 것일 따름이다.(PhG 79/28-31줄) 그래서 헤겔은 첫 번째 지의 비진리를 경험하는 것, 즉 첫 번째 즉자는 단지 의식에 대해서 즉자일 뿐이라는 경험이야말로 직접적으로 긍정적인 결과를 산출하며, 이 결과가 곧 규정적 부정이다.(PhG 79 참조)

뜻하며, 이는 결과적으로 또한 규정적 부정의 긍정적인 내용이기도 하다.

규정적 부정이 어떻게 긍정적인 내용을 지니는가 하는 물음에 대해서 이제 다음과 같이 요약해서 답할 수 있다. 부정에는 아직 주제화되지 않은 대상의 진리가 계기로서 개입해 있다. 따라서 즉자가 '의식에 대해 즉자인 존재'로 이행하는 것은 한 편으로 선행하는, 이미 주제화된, 참이 아닌 대상을 비판하는 것이며, 다른 한 편으로는 새로운 대상으로 모습을 드러내는 참된 대상의 서술이다. 부정은 의식이 이전의 대상을 참이 아니라고 비판할 뿐만 아니라 다른 새로운 대상이 참이라고 서술하게 하는 존재적 에너지이기 때문에, 이전 대상의 부정은 공허한 무가 아니라 새롭고 더 풍부하며 더 높은 결과를 산출하게 된다. 말하자면, 부정은 단순히 '어떤 것은 어떤 것이 아니다'가 아니라 '어떤 것은 어떤 것이 아닐 뿐만 아니라 다른 어떤 것이다'라고 판단하여 긍정적인 내용을 정립한다. 어떤 것의 비진리를 진술하기 위해서는 그 진술의 토대에 긍정적인 진술이 전제되지 않으면 안 된다. 여기서 부정 **대상**의 내용성과 부정 **결과**의 긍정성이 합치하게 된다. 규정적 부정의 이중적 의미는 이중부정이라는 단계적인 부정이 아니라, 하나의 부정 행위에 대해 서로 다른 시각에서 이중적으로 언명한 것, 즉 한 편에서는 부정된 지(참되지 않은 대상)의 시각에서, 다른 한 편에서는 부정하는 진리(참된 대상)의 시각에서 평가한 결과일 따름이다. 따라서 새로운 내용 및 새로운 대상의 출현은 방법적으로 이중적인 부정이 아니라 일의적인 부정, 즉 규정적 부정을 통해서 설명되어야 한다.

참고 문헌

1. 헤겔 원전

1) 다음의 약어로 표기된 헤겔 원전은, Suhrkamp 출판사에서 간행된 20 권짜리 헤겔 전집(E. Moldenhauer와 K. M. Michel 편집, Frankfurt/M. 1969ff.)을 바탕으로 한다.

PhG: Phänomenologie des Geistes(Bd. 3)
L I: Wissenschaft der Logik I(Bd. 5)
NR: Über die wissenschaftliche Behandlungsarten des Naturrechts(Bd. 2)
GW: Glauben und Wissen(Bd. 2)

2. 2차 문헌

Adorno, Theodor(1971), *Drei Studien zu Hegel*, Frankfurt/M.

Claesges, Ulich(1981), *Darstellung des erscheinenden Wissens, systematische Einstellung in Hegels Phänomenologie des Geistes*, Hegel-Studien Beiheft 21, Bonn.

Fulda, H. Friedrich(1973), “Zur Logik der Phänomenologie von 1897”, in: *Materialien zu Hegels <Phänomenologie des Geistes>*, hrg. v. H.F. Fulda u. D. Henrich, Frankfurt/M.

Heidegger, Martin(1957), “Hegels Begriff der Erfahrung”, in: *Holzwege*, Frankfurt/M.

Heinrichs, Johannes(1974), *Die Logik der <Phänomenologie des Geistes>*, Bonn.

Henrich, Dieter(1975), *Hegel im Kontext*, Frankfurt/M.

Puntel, L. Bruno(1973), *Darstellung, Methode und Struktur*, Hegel-Studien Beiheft 10, Bonn.

Röttges, Heinz(1981), *Der Begriff der Methode in der Philosophie Hegels,* Königstein/Ts.

Werner, Jürgen(1986), *Kritik als Darstellung*, Bonn.

Theunissen, Michael(1980), *Sein und Schein*, Frankfurt/M.

______(1991), *Negative Thologie der Zeit*, Frankfurt/M.

Yoo, Heon-Sik(1995), *Das Problem des Neuen im Geschichtsdenken Hegels*, Frankfurt/M.

Die bestimmte Negation in der Erfahrung des Bewusstseins

Yoo, Heon-Sik

Zusammenfassung

Warum hat die betimmte Negation in der Erfahrung des Bewusstseins einen positiven Inhalt? Die Antwort darauf diese Frage besteht darin, daß in die Negation die Wahrheit des unthematisierten Gegenstandes als Moment einbezogen ist. Damit ist der Übergang des Ansich zum für-das Bewusstsein-Sein des Ansich einerseits die Kritik an dem vorausgehenden, bereits thematisierten, unwahren Gegenstand, andererseits aber die Darstellung des wahren Gegenstandes, der als der neue Gegenstand entsteht. Daß die Negation des ersten Gegenstandes nicht zum leeren Nichts wird, sondern ein Positives, einen neuen reicheren höheren Begriff produziert, wird dadurch erreicht, daß die Negation ein Subjekt braucht, das den ersten als das Unwahre beurteilen kann; sie ist keine blosse Verneinung in der Weise, daß Etwas nicht Etwas ist, sondern enthält eine positive Aussage in der Weise, daß Etwas sowohl 'nicht Etwas' als auch 'etwas Anderes' ist. Die Aussage von der Unwahrheit des Etwas ist ohne die ihr zugrundeliegende positive Aussage unmöglich. Das ist eben die Einheit der Inhaltlichkeit des Negationsgegenstandes und der Posotivität des Negationsresultats. Die Doppeldeutigkeit der bestimmten Negation ist keine doppelte Stufenfolge der Negativität, also keine stufenweise auftretende Operation der ersten und zweiten Negation, sondern nur die doppelseitige Aussage eines Negationsaktes, die einmal vom negierten Wissen(dem unwahren Gegenstand) her, einmal von der negierenden Wahrheit(dem wahren Gegenstand) her betrachtet wird. Daher stellt sich die Entstehung des neuen Inhalts sowie des neuen Gegenstandes nicht durch die doppelten Negation her, sondern durch die eindeutige Neagtion, d.h. die bestimmte Negation.

Stichwörter: Dialektik, Erfahrung, Negation, bestimmte Negation, das Neue

• 투고일: 2012.10.15. 심사완료일: 2012.10.25. 게재확정일: 2012.10.27.

헤겔에서 기호 생성의 체계 연관

하 광 언

요약문

본 글의 목적은 헤겔에서 기호 생성의 변증법적 특성을 그 체계적 연관에서 살펴보는 것이다. 헤겔은 『철학강요』의 "이론적 정신" 단계에서 구체적인 형식으로 언어의 생성을 서술하고 있다. 여기서 의식경험과 언어의 생성이 개념의 자기전개 과정에서 동일성으로 파악되는 것은 의식의 다양한 형식들인 심상과 기호, 기억, 그리고 이름이 예외 없이 주관과 객관의 통일로 나타나기 때문이다. 기호가 만들어지는 과정에서 표상은 상기와 상상력, 그리고 기억의 세 단계로 전개된다. 여기서 두 번째 영역인 상상력에서 주관적인 (또는 표상된) 내용과 객관적인 (또는 직관된) 내용 사이에 대립이 나타난다. 그러나 직관된 대상을 사유하는 상상력은 대상의 보편적인 것을 찾아내 그 대상을 규정한다. 다시 말하면 대상 가운데서 주체적으로 활동하는 인식작용으로서 상상력은 보편적 표상을 산출하는 상기(내화)로 전개된다. 여기서 주관적인 것과 객관적인 내용의 통일이 이루어지는데, 이러한 통일은 보편적인 표상 내용에, 직관된 외적 내용이 종속되어 후자가 전자의 기호로 정립됨으로써 이루어진다. 직관된 내용은 음성기호로 자기를 외화함으로써 객관적이고 외적이며 또 영상적인 형태를 취하게 된다. 음성은 언어기호의 최초의 형태이며, 자기를 표현하는 내면성의 실질적인 외화이다. 표상에 규정성을 더하기 위해 분절을 확대하는 음성, 즉 말과 그 체계로서의 언어는 감각과 직관, 그리고 표상에게, 직접적인 것보다 더 고차적인 현존재, 즉 표상의 세계에 합당한 실존을 부여하게 된다. 표상의 세 번째 단계인 기억에서 기호는 다시 내화작용을 거쳐 '지성의 것'으로 내면화되며, 다른 한편으로는 이 흡수를 통해 지성에게 외면적이고 기계적인 것, 즉 '기계적 기억'의 형식이 부여된다. 그리고 이 과정을 통해 주관과 객관의 외적인 통일(기억)이 이루어지며, 이 통일은 곧 사유 자체로 이행한다. 이렇게 해서 음성기호는 일시적이고 개별적인 기호에서 '의미의 지속'인 이름(기억)이 되고, 나아가 개념이 되며, 개념은 사물자체로 복귀함으로써 기호생성의 변증법이 완결된다. 헤겔에서 언어가 개념인 것은 언어의 사변적 본성이 의식의 변증법적 운동 과정에서 논리적 필연성과 매개로서 자기를 실현하기 때문이다.

● 주요어: 기호, 직관, 내화, 표상, 상상력, 기억, 감성적 직관, 음성기호, 매개, 부정성

Ⅰ. 들어가는 말

기호의 본질에 대한 언급이 역사상 처음 등장하는 것은 플라톤의 대화편『크라틸로스(Kratylos)』로 알려져 있으며, 여기서 대화자들은 기호 혹은 언어의 기원으로서 '자연 기원론(Physis-Ursprung)'과 '정립설(Thesis-Ursprung)' 그리고 이 두 주장의 통일을 제시하고 있다. 18세기 후반기에 와서 훔볼트가 언어를 '모상(Abbild)'과 '기호(Zeichen)'의 통일로 본 것도 이와 같은 고대철학의 전통에서 벗어나는 것은 아니다.[1] 또 훔볼트를 비롯해서 일단의 독일 사상가들에 의해 비로소 언어가 비교문법이라는 하나의 '방법'에 의해 연구되기 시작한 것도 이러한 전통의 연장선상에 있다. 물론 고대 그리스뿐만 아니라 중국이나 인도에서도 기호와 언어 개념이 확연하게 구분된 가운데 논의되어 온 것은 아니다. 기호에 대한 언어철학적인 사고는 언어 일반에 대한 성찰과 혼동되거나 혼용하는 형식을 띠어온 것이 사실이다. 이것은 현대기호학에서도 넓은 의미의 기호학에 언어가 포함되는 형태를 취하는 것과도 무관하지 않을 것이다.

독자적으로 기호학 또는 기호론이라고 일컬을 수 있는 용어와 개념이 처음 등장하게 된 것은 록크의『인간오성론』(1690)에서였으나 여기서도 기호학이라는 것

1) K. O. Apel, *Die Idee der Sprache-In der Tradition des Humanismus von Dante bis Vico*, Bouvier Verlag, Bonn 1963, 367-368쪽. 아펠은 훔볼트가 플라톤의 대화편 *Kratylos*를 근거로 언어 기호의 두 축을 모사(Abbild)와 기호(Zeichen)로 구분한 것에 대해 설명하고 있다. 플라톤은 언어를 대상의 자연적 성질의 모사로 보았고, 후자는 언어를 명목상의 기호로 본 아리스토텔레스의 입장이다.

이 언어 일반이론 또는 언어철학과 확연히 구분되는 것은 아니었다.[2)]

현생인류의 출현 시기와 맞먹을 정도로 오랜 역사를 지닌 인류 최고의 유산임에도 이처럼 언어에 대한 자각이나 연구가 지연될 수밖에 없었던 것은 개별언어(민족어, Volkssprache)가 시간적, 공간적으로, 또 역사적, 인종적으로 매우 방대한 영역에 산재해 있어서, 이것을 전반적으로 비교해서 그 기원이나 본질, 구조, 기능 등을 파악하기가 매우 어렵기 때문이었을 것이다.

지역, 인종간의 문화교류가 확대된 16, 17세기 이후 유럽 이외 지역과 인종, 언어에 대한 인식이 확대되고 합리주의적 사고가 활발해지면서, 그때까지 종교적인 전통에서 헤브라이어를 모든 언어의 기원으로 보려던 소박한 사고는 변하지 않을 수 없게 된다. 물론 사실에 의한 실증이라는 연구 경향이 당시 언어에 한정된 것은 아닐지라도 이로부터 인류의 사유형태는 언어적 전회라는 매우 큰 전기를 향하게 된다.

기호학 내지 기호론이 하나의 독립과학이 되는 적극적 계기는 퍼스(C. S. Peirce)의 『철학논집』(1931-1935)에서의 기호 개념규정과 소쉬르(F. Saussure)의 『일반언어학강의』(1916)에서의 언어기호이론 및 기호학의 성립 가능성에 대한 독창적 구상이었다는 것이 학계의 정설이다.[3)]

소쉬르 이후 현대 언어철학의 두 큰 흐름을 형성하고 있는 생성이론과 구조주의 문법학의 발원지가 19세기 독일이었음은 주지의 사실이다. 촘스키의 생성이론이 훔볼트의 상상력을 이어 받았고,[4)] 소쉬르의 구조주의 문법이 슐레겔의 비교문법(언어유기체설)에 발단을 두고 있기 때문이다.[5)] 그러나 19세기 말의 이른바 '소장문법학파'로 이어지는 문법 연구 역시 언어의 '내적 생성능력'과 함께 훔볼트가 정열을 쏟았던 언어의 역사적 연구에 큰 관심을 보였고,[6)] 촘스키 또한 문법적으로 구조주

2) 소두영, 『기호학』(서울: 인간사랑, 1992), 20쪽 이하 참조. 로크는 고대 말기 스토아학파의 학문 분과 방식(자연학, 윤리학, 기호학)에 대응해서 철학을 자연철학, 실천학, 기호학(semiotic 또는 logic)으로 분류함으로써 기호학 또는 기호론이란 말을 학문 전반의 기본적 구분 가운데 한 부분을 나타내는 명칭으로 사용했다. 기호 중에서도 가장 보편적인 것이 말(logos)이므로 로크의 기호학은 바로 오늘날의 기호논리학과 같은 의미를 지니는 것이었다. 즉 이때까지의 기호학이라는 것은 언어의 일반이론 또는 언어철학과 구분되어 있지 않았다.

3) 같은 책, 20쪽.

4) N. Chomsky, *Aspects of The Theory of Syntax*, MIT Press, Cambridge 1965, v쪽(서문).

5) K. Kiyozoo, 김지환 옮김, 『19세기 언어학사』, 박이정, 2000, 40쪽 이하 참조. 슐레겔의 언어유기체설은 곧 이어 등장하는 이른바 '청년문법학파'에 의해 반박된다. 이들에게 언어는 유기체가 아니라 도구이며 행위이다. 따라서 이들은 슐레겔이나 훔볼트의 역사적 방법은 취하지만 슐레겔의 '유기체'나 훔볼트의 '에네르게이아(energeia)', 즉 말하는 행위 또는 언어 사용자의 정신 속의 역동성(생성 능력)은 부정한다. 훔볼트는 에네르게이아와 함께 언어의 또 다른 측면을 에르곤(ergon) 즉 문법상의 정태적 인체계로 설정한다.

의 계열로 분류될 수 있다는 점에서 두 영역이 명확하게 분리되는 것은 아니다. 소쉬르 이후에는 후설의 현상학과 영미 계통의 분석철학, 이들을 토대로 발전한 해석학과 신실증주의 등으로 현대 언어철학의 과제가 넘겨져 있다고 볼 수 있다.

촘스키에 영향을 준 훔볼트는 누구보다도 일반 언어학적 질문에 대해 가장 독창적으로 사고한 사람들 중의 하나이며 그의 언어철학의 핵심은 '내적 언어형식'에 있었다.[7] 촘스키는 훔볼트가 이미 19세기 중반에 "한정된 수단의 무한한 활용", 즉 언어의 생성적 특성에 관해 논한 것을 상기시키고 있다.[8] '역사－비교연구'와 변증법적 기술이라는 근본적인 방법상의 차이에도 불구하고 헤겔과 훔볼트가 공유하는 관점은 기호는 내적 자발성의 음성기호라는 점이다. 다음에 논의하겠지만 특히 헤겔에서는 체계화된 언어(Sprache) 이전의 낮은 단계의 분절음(Ton, 음성)도 그 자체 기호이다. 음성이란 표상으로서의 지성이 밖으로 드러나는 가장 고양된 방식이며 이 음성이 낱말(Wort)과 말(Rede), 그리고 문법적 체계를 이루는 언어로 전개된다.[9] 차이가 나는 것은 헤겔에게는 음성이 곧 기호이자 언어인데 반해 훔볼트에서 언어는 음성과 문자기호의 결합이며, 언어의 성질이 음성적인 것에만 확정되지 않는다는 점이다.

여기서 음성언어를 특별히 언급하는 것은 다음과 같은 이유에서이다. 서양철학사를 '존재망각'의 역사로 규정한 하이데거에게서 큰 영향을 받은 데리다가 '해체주의'를 표방하면서 비판의 표적으로 삼은 음성중심주의(phonocentrism)에 역시 데리다에 영향을 미친 헤겔이 포함될 수밖에 없기 때문이다.

데리다에 의하면 로고스중심주의(logocentrism) 또는 음성중심주의는 서양 형이상학의 특성을 그대로 드러내는 말이다. 즉 서양의 형이상학은 '현존의 형이상학'으로서 의미나 로고스를 진리의 현존으로 추구해왔으며, 이 로고스는 음성(언어)에 의해 그 모습을 가장 잘 드러내는 것으로 믿어져 왔다는 것이다.[10] 따라서 음성을 로고스와 동일시하고 문자나 기록을 음성의 부차적인 도구로 간주하는 입장에서는 언제나 현존의 형이상학이 드러나게 된다. 데리다의 관점에서는 '존재의 목소리'같은 음성중심의 은유를 구사하는 하이데거 역시 전통적인 형이상학의 울타리에 갇혀 있는 것이 된다.

데리다가 여기서 형이상학을 다시 정초하기 위해 제시하는 방법이 문자언어에

---

6) '청년문법학파'에 관해서는 B. Bartschaft, 김한란 옮김, 『현대 언어학 방법론』, 성신여대 출판부, 2001, 138-139쪽.

7) W. Humboldt, *Gesammelte Werke in sieben Bänden,* verlag von Georg Reimer, Berlin 1988, Bd.6, §11 참조.

8) N. Chomsky, 같은 곳.

9) Enzy, §459.

10) J. Derrida, *Of Grammatology,* trns. G. C. Spivak, The Johns Hopkins University Press 1976, 10쪽 이하 참조.

의한 글쓰기와 '기록'이다.[11] 플라톤 이래 서양 형이상학은 글의 기록성보다는 말의 직접성에 비중을 두고 글을 말의 보충으로 간주했다. 그러나 데리다는 반대로 문자의 보충적 역할을 음성언어가 가진 결핍으로 보고, 의미나 진리를 가능하게 하는 것은 문자기록에 의한 '반복' 즉 지속성이라고 했다. 그러나 데리다가 음성언어를 신적 음성에 의지하는 진리 전달체로, 글쓰기를 글 자체의 분석을 통한 존재 이해의 실증적 기호로 구별했다고 하더라도 헤겔의 음성기호에 이 기준이 적용될 수 있는가 하는 것은 의문이 아닐 수 없다. 왜냐하면 우선 헤겔의 '음성'은 형이상학적 로고스가 아니라 직접적인 사물의 존재와 통일을 이루는 직관적 의식의 외화된 형태로서 나타나기 때문이다. 이것은 형이상학의 해체를 주장할 때 사람들이 떠올리는 관념적인 대상으로서의 신적 음성과는 다른 것이다. 그럼에도 불구하고 현대 기호학에서 헤겔이 논의되는 부분이 극히 제한적인 것은 헤겔의 기호론과 그 체계 밖의 일반적인 기호론 사이에 놓여있는 본질적인 차이 때문이다.[12] 음성기호를 정신의 직접적인 외화로서의 언어로 규정하는 것은 헤겔과 헤겔 이외의 언어이론을 구분하는 분기점이 되고 있다.

분석철학을 비롯해서 현대 언어철학이 대체로 헤겔에 대한 반동 또는 탈헤겔적 경향에서 출발했다는 것은 잘 알려져 있는 사실이다. 그리고 그 중심에 놓여 있는 것은 물론 기호 또는 언어의 본질 문제 이전에 헤겔의 체계를 수용하는가의 문제이다. 그러나 언어 이외의 영역에서는 설사 체계를 수용하지 않더라도 부분적으로는 원리적인 측면에서 매우 다양한 이론적 교류가 가능한 것으로 평가될 수 있으나, 언어론에 관한 한 현대 언어철학과의 원리적 상호성의 범위는 매우 협소해질 수밖에 없다. 왜냐하면 헤겔은 예술이나 종교, 역사 또는 법철학 등 여타 분야에서처럼 언어를 독립적인 구도로 다루지 않았을 뿐 아니라, 기호 생성의 기원이나 본질 문제 외에 형태론이나 구문론 등 일반 언어학적인 접근을 하지 않았기 때문이다. 그 사실을 우리는 기호에 대한 헤겔의 규정이 『철학강요』(1830)에서 '이론적 정신'의 '표상' 단계에 한정적으로 집약돼 이루어지고 있는 데서도 알 수 있다. 이 밖에 체계 전체에 걸쳐서 헤겔이 언어를 언급할 때에는 이미 "언어는 정신의 현존재이다"라는 기본명제가 전제되고 있다.[13] 다시 말하면 헤겔에서 언어는 존재 밖

---

11) 같은 책, 118쪽 이하 참조.

12) 예를 들어 움베르트 에코의 주저 『*A Theory of Semiotics*』(Indiana University Press, 1979)와 후속작 『*Semiotics and the Philosophy of Language*』(Indiana University Press, 1984)에는 고대로부터 근현대에 이르기 까지 일반 기호학에 관련되는 거의 모든 사상가들이 언급되어 있으나 헤겔은 포함되지 않았다. 단지 후속 작에서 저자는 일반기호가 아닌 헤겔 『미학』의 '상징예술'로서의 상징에 대해 잠시 설명하는 데 그치고 있다.

13) G. W. F. Hegel, *Phänomenologie des Geistes*, in *Gesammelte Werke 9*, in Verbindung mit der Deutschen Forschungsgemeinschaft, hrsg. der Rheinische-Westfälischen Akademie der Wissenschaften, Hamburg 1968ff, 351쪽. (이하 본 전집의 『정신현상학』은 **PhG**로, 나머지 책은 **GW**에 권수를 표기한다. 단 GW20의 『철학강요』는 **Enzy**로 표기한다.)

의 도구나 관찰자가 아니라 체계의 한 계기로서 규정되고 있으며, 따라서 다음과 같은 시몬의 비판적 이해가 가능해 진다. 즉 헤겔 체계에서 언어의 전제는 어떤 독단적인 이념이나 방법의 전제가 아니라 무전제성의 직접적인 소여를 전제하는 것이 된다.[14] 결국 언어를 직접적인 소여로 전제하는 것은 체계 자체를 전제하는 것과 같다는 것이다.

본론에서는 헤겔의 정신철학을 중심으로 기호 생성의 '체계'적 특성을 고찰하고자 한다. 이것은 체계 내적으로는 기호 생성 과정과 체계간의 논리적 연관성을 밝히는 것이며, 동시에 왜 기호가 정신의 도구가 아니라 정신 자체 즉 정신의 현존재로 규정될 수 있는가를 해명하는 일이 될 것이다.

Ⅱ. 헤겔의 기호론과 부정성

1. 매개와 부정 그리고 언어

헤겔에서 의식과 기호 또는 체계와 언어의 연관성이 처음 포착되는 곳은 어디인가? 체계적으로 정리된 것은 아니지만 예나 시기 체계 구상 단계에서 헤겔은 기호에 대해 언급하면서 사물은 그것의 즉자태 그대로 존재하지 않는다(또는 사유되지 않는다)고 말한다.[15] 이것은 "사유된 것이 존재하며, 존재하는 것은 그것이 사상(Gedanke)인 한에서만 존재한다"는 명제와 내적인 연관성을 지닌다.[16] 헤겔은 또 『철학강요』 「논리학」의 '예비개념'에서, 사유를 대상과의 관계에서의 활동성으로, 즉 어떤 대상에 대한 반성으로 보게 되면, 이러한 사유 활동의 산물인 보편자는 사태의 가치, 즉 본질적인 것, 내면적인 것, 참된 것을 함유하게 된다고 말한다.[17] 우리는 이러한 일련의 명제들의 진술이 모두 매개에 관한 것임을 알고 있다. 즉 감각, 직관, 표상 형태의 내용은 숙고(반성)에 의해 변화하는 것이며, 따라서 대상의 참된 본성은 변화를 매개로 함으로써만 의식으로 (반영)된다.[18] 자기매

14) J. Simon, *Das Problem der Sprache bei Hegel,* W. Kohlhammer Verlag, Stuttgart 1966, 172쪽이하 참조.

15) G. W. F. Hegel, *Jenaer Systementwürfe III*, in: GW8, 189쪽. "Das Ding ist nicht, was es ist."

16) G. W. F. Hegel, *Enzyklopädie der philosophischen Wissenschaft im Grundrisse III*(1830), in: *Theorie Werkausgabe in zwanzig Bänden 10*, Redaktion von E. Moldenhauer & K. M. Michel, Frankfurt am Main 1969ff, §465. (이하 본 전집의 『철학강요 III』는 **EnzyIII**로, 나머지 책은 **TW** 에 권수를 표기한다)

17) Enzy §21.

18) 같은 책, §22.

개에 의한 의식의 존재 인식은 『정신현상학』 서문에서 헤겔이 말(Wort)과 명제를 대비시키는 가운데 매개에 관해 언급할 때 좀 더 선명하게 드러난다.

헤겔은 여기서 최초에 직접적으로 언표되는(ausgesprochen) 시원적인 것, 원리, 또는 절대적인 것은 단지 보편적인 것이라고 말한다. 즉 우리가 (최초에 직접적으로) '모든 동물'이라고 이야기할 때 그 말이 동물학의 개념으로 가치가 없듯이, 신적인 것이나 절대적인 것, 영원한 것이라는 말도 그것이 함축하고 있는 (직접적인) 것을 언표할 수 없다는 것이다.[19] 사실 그와 같은 단어들은 직접적인 것으로서의 직관을 표현하고 있을 뿐이며, 헤겔은 그러한 낱말이 명제로 이행되는 계기를 자기복귀하는 타자화(Anderswerden), 즉 '매개(Vermittlung)'라고 말한다.[20] 헤겔에서 매개는 모든 존재자가 본성으로 지니는 부정성이며, 존재가 자기자신을 부정하여 자기의 타자로 되고 그 내재적 부정성에 의해 다시 부정되어 본래의 자기로 복귀하는 변증법적 운동이다. 매개란 또 스스로 운동하는 자기동일성이며, 자기 내로의 반성, 대자적 존재로서 자아, 순수 부정성 또는 단순한 생성이다.[21] 이러한 개념운동이 체계 차원으로 확대되면 자연계는 이념(정신)이 타자화하여, 즉 외화하여 사물성의 형태로 된 것이다.

위에서 언급된 '말의 명제로의 이행'은 개념과 판단의 관계를 나타낸다는 점에서 기호 생성과 관련하여 중요한 의미를 지닌다. 왜냐하면 판단에 의한 표현을 매개로 해서 개념의 존재 그 자체가 미분화된 통일체를 벗어나 대립적인 계기들로, 현실적으로 분화를 수행하는 형식으로 나타나게 되기 때문이다. 다시 말하면 판단이란 개념 그 자신에 의한 분할이며, 시원적인 일자의 자기분화이다.[22] 이 분화가 앞에서 언급된 자기외화, 타자화, 또는 숙고 내지 반성, 나아가 '사유된 것이 존재한다'고 할 때의 그 사유가 의미하는 바, 자기 분할로서의 매개 즉 절대적 부정성에 다름 아니다. 다음 절에서 다시 논의 하겠지만, 헤겔은 개념이 논리적인 언표 형식을 따라 자기를 실현해 가는 과정 자체를 '언어성'으로 규정한다.

뢰트는 직접적인 존재 즉 감성적 직관이 '사유된 것'으로서의 존재로 발전하는 변증법적 운동을 다음과 같이 도식화하고 있다.[23]

1) 감성적 직관의 본질은 '사태는 존재한다'는 것이다. 이때 존재한다는 것은 단지 존재하기 때문에만 존재한다는 의미를 지닐 뿐이다.
2) '존재한다'고 '언표'되는 한 그것은 (직접적) 존재의 부정이다.
3) 부정을 통해서 직접적 존재는 '규정된 존재'로 된다.

---

19) PhG, 19쪽.
20) 같은 곳.
21) 같은 곳.
22) TW6, 304.
23) W. Röd, *Dialektische Philosophie der Neuzeit I*, München 1974, 159쪽 이하 참조.

뢰트의 이 도식은 『정신현상학』'감성적 확실성'의 변증법'에서 헤겔이 의식경험의 최초 형태와 함께 드러내고자 했던 언어성에 관한 단서를 포함하고 있다. 위의 순서를 따라 다시 확인해보면, 1) 처음 대상 인식의 가능성은 역설적으로 직접적 존재는 언표될 수 없다는 데 있다. 왜냐하면 그것은 매개(부정)되기 이전의 감성적 직관에 머물러 있기 때문이다. 2) 따라서 대상의 다양한 감각적 내용이 사상된 채, 직접적 존재의 부정으로서 '그것'이 존재한다고 언표되는 한, 이 존재는 보편적인 것이다. 이것은 실재한다고 여겨졌던 감성적 직관, 즉 직접적 존재의 부정이다.[24] 이 언표 가능성이 헤겔이 의미하는 '언어성'의 기원이며, 여기서 직접적 존재는 타자화, 즉 보편적인 것으로 매개된다.[25] 3) 추상적이고 순수한 보편적인 것은 이러한 부정을 통해서 '매개된 것', 하나의 '규정된 존재'라는 본질에 이르게 된다. 지금까지의 내용은 구체적으로 『정신현상학』'의식 장'에서 존재의 언표성과 관련해서 좀 더 상세한 설명이 전개된다.

2. 감성적 직관의 보편성과 언어성

헤겔은 우리가 일반적으로 절대적 개체성의 어떤 감성적 대상을 대할 때 그것이 '이것' 혹은 '지금·여기'로서 실재한다고 확신하고 또 그것을 표현한다고 말하지만, 그러나 이때 우리는 개별 사물 자체의 진상이 아니라 어떤 '보편적인 것'을 말하고 있을 뿐이라고 단언한다.[26]

> 그들은 외적 대상들의 존재가 현실적이고 절대적인 개별성이며 개성적이고 개체적인 것으로, 따라서 이들 각각의 것과 절대적으로 동일한 것은 없는 그런 것으로 규정될 수 있다고 말한다. 그리고 이와 같은 존재가 절대적 확실성과 진리를 지닌다고 말한다. (…) 하지만 그들은 (그러한 대상들에 대해-필자) 사념하고 있는(meinen) 것을 그대로 말로 나타내지는 못한다. 이 종이 한 장을 염두에 두고 말하려 해도 그것은 불가능하다. 왜냐하면 우리가 생각하고 있는 감성적인 '이것'은 즉자적 보편성인 의식에 속하는 언어에 도달할 수 없기 때문이다.[27]

경험주의에서처럼 외적 대상이 절대적인 개별성으로서 단지 자립적인 개체성으로만 존재하는 것이라면, 우리가 그러한 사물을 말로써 표현할 수 없다는 것은 자

---

24) 헤겔은 이와 같은 초기 의식경험의 형태를 '언표'와 구별해서 '사념(meinen)'이라고 부른다. PhG, 63쪽 이하 참조.

25) 후에 정신이 음성의 형태로 외화, 즉 기호로 전화하는 것도 이 타자화의 순환이다. III장 2절 참조.

26) PhG, 69-70쪽.

27) 같은 곳.

명한 사실이다. 헤겔은 그의 체계에서 언어 자체의 독립적인 이론 정립을 위해 그 자체만의 성격을 규정한 예가 없다고 해도 과언이 아니다. 그러나 위의 문장에서 그는 의식과 언어의 본질적 특성을 비교적 명료하게 표현하고 있다. 외적 대상에 대한 감성적 진리 파악을 확신하는 사람들은 대상에 대한 직접지가 가능하다고 믿는다. 이에 대하여 헤겔은 외적 대상들의 존재가 그 자체로 의식에 대해 절대적 진리를 지닌다고 주장하는 회의론이나 경험론적인 인식 태도를 비판하는 가운데, 절대적 개체성인 외적 대상은 보편적 의식으로서의 언어에 의해 '이것'이라고 언표됨으로써 비로소 (사유된 것으로서) 존재하게 된다고 말한다. 여기서도 헤겔은 직접적인 설명에 의한 것은 아니지만 직관적 의식은 보편적인 것이며, 언어는 의식과 동일성의 관계라는 점을 드러내고 있다. 헤겔은 개체성에 대한 감성적 직관의 직접적인 인식 가능성을 주장하는 사람들은 자기들이 확신하는 진리가 단지 직접적 의식에 의해 수용된 보편성의 측면이라는 점을 모르고 있다는 사실을 지적하는 것으로 언어의 본질적 특성을 이야기하고 있다. 다시 말해서 그는 감성적 확신의 진리가 보편적인 것에 있다는 사실로부터 의식의 언어성이라는 개념을 도출해 내고 있는 것이다. 대상 인식은 곧 그 대상에 대한 의식 주관의 언표행위에 다름 아니기 때문이다.[28)]

감성적 직관 단계에서 사념과 언표성을 구분할 때 우리가 인식하는 대상은 어떤 보편자로서의 '이것' 또는 존재 일반은 아니지만 (왜냐하면 표상의 매체는 어디까지나 개별적인 것이므로) 그럼에도 우리가 언표하는 것은 보편적인 것이다.

> 우리는 감성적인 것을 보편적인 것으로 언표한다. 우리가 말하는 것은 '이것' 즉 보편적인 이것이며, 또는 '그것의 있음' 즉 존재 일반이다.[29)]
>
> (Als ein allgemeines *sprechen* wir auch das sinnliche *aus*; was wir sagen, ist: *Dieses*, d. h. das *allgemeine Diese*, oder: *es ist*; d. h. das *Seyn überhaupt*.)

헤겔은 여기서 감성적인 것을 말한다는 것은 즉 그것을 보편적인 것으로서 말한다는 것이며, 동시에 보편성이 곧 사물의 언표성(aussprechen)이라는 사실을 표명하고 있다. 우리가 무엇을 말한다는 것(was wir sagen)은 또 말하는 그것 자체(주

---

28) 헤겔은 언어성(Sprachlichkeit)이라는 말을 거의 사용하지 않았지만 『미학강의 III』의 "시문학"에서 시적 표현 방법의 하나로 '언어적 표현(Der sprachliche Ausdruck)'이라는 용어를 볼 수 있다. 리브룩스(B. Liebrucks)는 독일관념론 전반을 다루는 8권으로 된 그의 저서에 *Sprache und Bewußtsein*(1965-1974) 의 제목을 붙이고 '언어와 의식' 이라는 주제 하에 내용을 전개하고 있으며, 그 내용가운데 부분적으로 언어성의 문제를 다루고 있다. 지몬 역시 *Das Problem der Sprache bei Hegel*(1966) 에서 헤겔을 중심으로 의식 일반과 언어 또는 언어성의 문제를 다룬다.

29) PhG, 65쪽.

관적인 것, 자아)의 '있음(*ist*)'과 함께 그 있음이 (대상적인) 이것으로서의 있음(*ist*)이라는 사실을 동시에 함축하는 것이다. 다시 말하면 우리가 말함으로써 그것이 있게 되고, 즉 '사유된 것'으로서 존재하게 되고, 그것은 동시에 보편적인 것으로 존재하게 되는 것이다. 또 그 대상으로서 '이것'은 단지 그것은 있다라는 존재 일반을 나타내는 것이기도 하다.[30] 즉 보편적인 것으로서 '이것'에는 이미 그 안에 존재(es ist)로서 매개성이 내재하는 것이다. 의식변증법의 전반적인 맥락에서 볼 때 이 양자의 통일인 감성적 의식을 헤겔이 언어성으로 통찰하고 있다는 사실을 알 수 있다.

요컨대 의식의 보편성과 언어성과의 관계는 다음과 같이 다시 요약될 수 있다. 만약 세계가 절대적으로 외재적이고 상호 무관계한 개체들만으로 구성되고 존재한다면, 이들 간에는 사물이라는 개념 자체가 성립될 수 없을 것이다. 사물을 이루는 성질들이 곧 '관계성'에 다름 아니기 때문이다. 우리가 어떤 대상을 지목하여 '이것'이라고 말할 때는 그 사물을 비록 독립적인 개별자로 확신하고 있더라도 이미 사물의 관계성을 언급하는 것이 된다. 이와 같은 사물과 사물, 사물과 의식 간의 관계 혹은 소통(앎)이 의식의 보편성이자 언어성이라 할 수 있다. 보편성과 동의적이라 할 수 있는 '관계'는 상호외재적인 대상을 이 지(Wissen)로 일치시키는 것이며 의식과 대상을 통일하는 것이다. 결과적으로 의식의 보편성은 대상에 대한 언표성 혹은 언어성을 의미하며, 의식의 보편성이 언어성에서 그 본질적인 현존성을 발견하게 된다고 말할 수 있다. 우리는 결론적으로 기호의 생성 기반이 '보편적인 것'이며 사유를 가능하게 하는 '직접적인 것의 타자화', 직접성의 '다른 것으로의 외화'에 있음을 알게 된다.

Ⅲ. 기호 생성의 변증법

헤겔은 예나 시기에는 기호 또는 언어를 체계 구상의 관점에서 단편적으로 언급하고 있으나 『철학강요』'정신철학'에서는 비교적 집중적으로 언어 문제를 다루고 있다. 그렇다고 해도 헤겔이 언어 자체를 독립된 주제로 논의하는 것은 아니며, 체계와의 연관에서, 즉 이론적 정신으로서의 이성 혹은 지성이 언어를 매개로 실천적 정신과 자유로운 정신을 지향하는 변증법의 한 단계로서 언어를 논하고 있다. 여기서 언어는 이론적 정신의 '표상'이 전개해 나가는 상상력과 기억의 산물로 포착되고 있다.[31]

30) 여기서 *ist*는 주어부(was wir sagen)의 존재를 나타내며, 동시에 주어와 술어(Dieses)를 잇는 매개(계사)의 역할을 동시에 수행하고 있는 것으로 볼 수 있다.

의식경험을 통해 축적되어온 감성적 소재로서 심상이 기호(Zeichen)로 되고 또 사유로 고양되는 과정에서 직관, 표상, 사유는 이론적 정신으로서의 지성의 계기들이다. (38쪽 도식 참조) 다시 말하면 직관(Anschauung)에 주어진 외면적, 감성적 소재가 표상에서 '내면화(또는 상기)'되어 지성의 '소유'로 되고, 지성이 다시 상상력으로서 작용하여 음성언어(Tonsprache)인 기호로 되며, 이 기호는 기억에 의해 이름(Name)이 되고 개념이 됨으로써 사유로 나아간다. 이것이 사실상 헤겔이 제시하는 언어생성 과정의 전부이다. 헤겔 특유의 개념 사용으로 인해 혼란이 발생할 수 있는 부분들이 있어 이를 정리하면 다음과 같다.

헤겔에서 기호는 일반 기호학의 다양한 표기 방식과 달리 의식의 외화된 실재로서 음성기호에 한정된다. 즉 우리의 음성은 어떤 사물의 '심상'과 결합된 기호로서 발화되는 것이다. 직관 역시 이론적 정신의 즉자적 형태로서 그 대상적인 측면이 심상으로 나타난다. 심상은 말하자면 지금까지의 의식경험을 통해 축적된 '정신의 즉자적 형태'로서 일종의 정신적 소재로 이해된다. 일반적으로 '상기'로 번역되는 'Erinnerung'도 여기서는 회상, 또는 암기술(Mnemonik)의 의미가 아닌,[32] 직관에서 표상으로 이행하는 의식의 내화작용이며, '기억'은 외면적이고 개별적인 처음의 기호를 다시 내화해서 기호와 의미(보편적 표상)를 객관적으로 결합하는 지성의 활동성이다.[33] 무엇보다도 표상작용의 하나인 상상력에 대하여 의문이 제기될 수 있을 것이다. 헤겔은 초월적 상상력(구상력)을 생각한 칸트나 상상력을 천재적 예술가의 개인적 특권으로 해석한 낭만주의자들과는 다른 입장에서 상상력을 규정하고 사유한다.[34] 헤겔은 먼저 이론적 정신으로서 지성의 활동을 인식작용이라고 규정한다.[35] 그러면서 이 인식작용이 지성의 계기들 즉 직관, 표상, 기억, 상상력 등에 병행하여 작용하는 또 하나의 활동성이 아니라, 이 계기들 자체가 인식작용이라는 점을 강조한다. 지성의 현실성 즉 그 계기들이 인식작용 자체이며, 따라서 지성에 대하여 더구나 인식의 가능성과 자의성을 말하는 것은 불합리한 일이 될 것이라고 단언한다.[36]

---

31) 기호가 생성되는 직접적인 계기는 아래와 같은 이론적 정신의 세 단계이다.

a. **직관**	(Bild, 심상)	
b. **표상**	상기(Erinnerung, 내화)	(심상의 내화)
	상상력 (Einbildungskraft)	(기호의 생성)
	기억 (Gedächtnis)	(기호의 내화)
c. **사유**		

32) Enzy §462.

33) 같은 책, §460, §461.

34) 같은 책, §445.

35) 같은 곳.

36) 같은 곳.

1. 직관과 표상의 변증법

지성의 즉자적 형태인 직관과 심성 또는 소재(Stoff)를 구별해서 말하기는 쉽지 않다. 직관의 내용은 주관적인 것과 대상적인 것이 내적으로 구별되지 않은 채 침잠되어 있다고 보기 때문이다. 심상은 내화에 의해 지성의 소유로 되기 전 까지는, 즉 대자적인 것으로 전환되기 전에는 비지속적인 것이며, 헤겔은 여기서 이론적 정신의 첫 실존 형태를 의식의 첫 실존 형태인 감성적 직관의 '이것'에 대응시켜 설명하고 있다.[37] 직관에서 사유에 이르는 언어생성 과정을 도식화하면 다음과 같다.

이론적 정신 (지성)

- **직관**
  (정신의 즉자적 소재; 심상)
- **표상**
  - **내화**
    (직관 즉 심상의 대자화, 내적 자아로의 매개운동)
  - **상상력**
    - 재생적 상상력 (지성의 자의적 심상 규정활동)
    - 연합하는 상상력 (보편적 표상, 의미산출)
    - 상징, 기호화하는 상상력
      - 상징화하는 상상력
      - 비유, 창작하는 상상력
      - 기호화하는 상상력
  - **기억**
    [기호가 다시 내화(보편화)되어 이름으로, 또 '기계적 기억'(사고)으로 됨]
- **사유**

직관이 표상으로 이행하고 또 자기를 외화함으로써 기호로 객관화되는 것은 표상 단계의 상상력에서이다. 헤겔은 셸링의 직관을 비판하는 데서 그의 이론적 정신의 직관을 구별하고 있다. 셸링의 지적 직관은 절대적인 것을 이해하는 능력으로서 예술에서의 미적 직관처럼 절대적인 것을 직접적으로 직관하는 초월론적인 직관이다. 셸링은 이렇게 말한다.

> 나는 또한 지적 직관은 사람들이 그것을 감성적 직관과 유사하게 생각하는 한, 전적으로 파악 불가능해 진다는 것과 지적 직관은 절대적 자유와 마찬가지로 의식 안에 나타날 수 없다는 것을 알고 있다. 왜냐하면 의식은 객체를 전제하는데 반해 지적 직관은 그것이 아무런 객체도 가지지 않는다는 것에 의해서만 비로소 가능한 것이기 때문이다.[38]

37) 같은 책, §453.

이와 반대로 헤겔에서 직관은 객체를 가지며 그 객체는 심상이다. 심상은 이론적 정신의 즉자적 형태이며 즉자적 의식의 외적 대상에 상응하는 정신의 소재이다. 따라서 이 심상의 뿌리는 감성적 직관에 닿아 있다고 말할 수 있다. 셸링에서와 같은 직관 능력은 예술의 천재들만이 가질 수 있는 특수한 것에 불과하다고 헤겔은 말한다. 철학은 그 본성에서 보편적인 것일 수 있으며,[39] 이런 의미에서 지적 직관은 셸링처럼 매개를 행하는 외적 반성을 거부하기보다는 다양한 규정을 자신 안에 함유한 단순한 직접성으로서, 하나의 규정에서 시작해서 다른 규정으로 진전해 가는, 그리고 다시 처음의 규정으로 복귀하는 매개운동이어야 한다는 것이 헤겔의 주장이다.[40] 헤겔이 그의 체계를 통하여 일관되게 비판하고 있는 것도 바로 전통적인 관념론이 절대적 부정성으로서의 매개를 결하고 있다는 점이다. 헤겔의 매개 개념은 이론적 정신의 직관, 표상, 사유의 변증법적 운동으로 실현되고, 기호 또는 언어로 현존하게 된다. 그러한 직관, 표상의 실질이 심상이며, 심상의 연원은 감성적 의식 일반의 심층이다.

헤겔은 사물은 선행하는 존재 속에 있는 것이 아니라 사물의 있음 자체가 존재이며, 존재자를 아는 것 즉 자기의 존재를 자각하는 것이 진정한 직관의 본질이라고 규정한다.[41] 다시 말하면 지성적 직관은 주관과 객관, 사유와 존재가 일치된 상태로서의 지성의 단계이며, 자기의 직접성을 지양해서 매개로 나아가는 지적 활동이다.[42]

여기서 직관과 기호 생성의 직접적인 연관성이 드러난다. 직관으로서 정신은 더 이상 감성적 대상을 갖고 있지 않지만 자신의 앎에서 규정성을 갖고 있기 때문에 아직은 유한한 것, 혹은 대상적인 것이라고 말해진다.[43] 다만 구체적인 가능성을 지닌 개념으로서 지성은 규정하는 힘이자 가능성을 실현하는 보편적인 요구이므로, 추상적인 상태로 보존된 자의적이고 우연적인 심상은 자기직관의 반성 즉 표상으로 자기를 실현하면서 자유로운 정신을 지향한다. 이 지점에서 직관은 내화작용을 통해 표상으로 이행하면서 기호로 자기를 실현하기에 이른다.

헤겔은 표상을 직관과 사상의 중간 단계에 위치하는 것으로 파악하고 표상과 사상의 구별의 중요성을 강조한다.

---

38) F. W. J. Schelling, *Vom Ich Als Prinzip*, in: Werke in vier Bände, hrsg. von H. M. Gartner, usw., Frommann-Holzboog, Stuttgart, 1976, Bd. 1/2, §8.

39) TW20, 428쪽.

40) TW5, 78쪽.

41) W. G. F. Hegel, *Jenaer Systementwürfe III*, GW, 185쪽.

42) 헤겔은 "지성적 직관에서는 직관된 것이 자아 안에 있다"고 말한다. 존재하는 것으로 지양된 대상 즉 심상이 정신 내적 재료(Stoffe)이기 때문이다. 같은 책, 186쪽.

43) Enzy, §441.

> 표상과 사상(Gedanke)의 구별이 매우 중요한 것은 철학이란 표상을 사상으로 변화시키고 더 나아가 단순한 사상을 개념으로 변화시키는 일 이외에 다른 것이 아니기 때문이다.[44)]

여기서 표상은 단순한 '물상의 떠오름'이 아니라 상기 혹은 내화된 직관으로서, 상상력의 매개에 따라 상징, 기호, 기억 등으로 전개되는 지성의 계기일 뿐이다. 개념을 철학의 목표로 삼는다는 헤겔의 말은 의식이 취해야 할 가장 고양된 형식이 '기억·언어'로서의 개념의 실현이라는 것을 뜻한다고 보아야 할 것이다. 헤겔이 표상 과정을 세분해서 논의하고 있는 것도 언어 형성 과정의 사변적인 특성에 비추어 언어와 개념의 필연적인 연관을 드러내고자 하는 의도로 보인다. 왜냐하면 표상작용은 지성이 즉자적 직관 단계에서 벗어나 자기를 내면화하고, 직관된 개별적이고 우연적인 것을 보편적 표상(의미)과 결합시킴으로써 전자를 후자의 기호가 되게 하는 언어생성의 변증법적 단계로서 논의되고 있기 때문이다.

요컨대 표상은 지성의 '직접적인 자기규정-존립(unmittelbares Bestimmt-sich-Finden)'인 직관과 스스로 자유 가운데 있는 지성 즉 사유 사이의 매개이다. 다시 말하면 표상은 직관을 내화작용에 의해 주관적인 측면(표상된 것)과 객관적인 측면(직관된 것; 심상)으로 구별하는 것이며, 대자화된 직관(표상)은 '상상력'과 '기억' 과정을 거치면서 사유로 발전하여 간다.

헤겔은 감성적 직관 단계의 심상이 기호와 언어, 개념으로 전개되어 가는 과정을 매우 함축적으로, 또 복잡하게 설명하고 있지만,[45)] 그 중심을 관류하는 지성의 활동성은 체계 전체에서 정신의 전 영역에 관여하는 '내화(erinnerung)'이다. 내화는 위에 언급된 지성 자신의 규정태이면서, 의식에 대해 외적인 것(대상의식의 계기가 되는 것)을 의식 자신에 대해 내적인 것으로 하는 작용이며, '사유된 것', 또는 보편성이라는 존재의 본질규정을 나타낸다. 다시 말하면 내화는 존재가 자기 안으로 귀환하는 계기를 마련한다는 의미에서 본질적인 것이며,[46)] 자기의 존재를 드러내면서 내실, 즉 개념으로 향하는 매개운동의 시작이다. 직접적인 실재를 가상으로 규정하는 헤겔의 체계에서 절대자는 가상으로서의 직접적인 존재로부터 내면적인 자기로서의 개념으로 복귀하고자 하는 것이다. 여기서도 헤겔 기호론의 체계연관성이 드러나는 것은 이와 같은 정신의 자기 복귀가 완성된 언어로서의 개념

---

44) Enzy,§20.

45) 기호 생성 과정에서는 몇 가지 개념 사용의 혼란이 올 수도 있다. 주관과 객관이 결합되거나 통일돼있다는 의미에서 직관과 기호를 헤겔이 동의적으로 사용하는 때가 있기 때문이다. (Enzy, §458) 또 말(Wort)과 이름(Name), 말과 기호, 지성과 표상, 기억 등에서도 마찬가지이다. 이러한 것들은 개념 사용의 오류라기보다는 의식경험상의 각 계기들이 중층적인 의미를 띠고 있기 때문이다.

46) TW6, 14쪽.

에서 성취된다고 헤겔은 보기 때문이다.

기호 생성 과정에서 내화는 구체적으로 즉자적인 직관 상태의 심상을 내화된 현존재, 즉 동일성으로서 '나의 것', 주체의 소유로 만들면서, 동시에 그 의미 발생의 계기가 되는 것이다.[47] 그러나 내화는 현전하는 직관을 필요로 한다는 점에서 자의적이 아닌 방식으로 심상을 드러낸다. 직접적 직관의 도움 없이 심상의 재생이 이루어지고 그것이 기호로 전환되는 것은 자의적으로 개별 심상에 관여하는 상상력의 단계에서이다. 여기서 상상력에서 구체적으로 기호가 산출되는 과정을 살펴본다.

2. 왜 기호는 음성인가?

심상은 이론적 정신의 직관적 소재로서 의식에 현전한다. 그러나 이 감성적 직관은 곧 표상 작용에 의해 직관된 것(Das Angeschaute)과 표상된 것(Das Vorgestellte)으로 내화된다.[48] 헤겔이 기호 자체의 발생을 기술하는 부분은 매우 단순하다. 즉 이 직관된 것, 개별적이고 외적인 내용(심상)은 보편성으로 높여진 표상된 내용에 복속되어 보편적인 것의 기호가 됨으로써, 보편적인 것(의미)은 이 기호를 통해 객관적이고 외적인 것, (자기를 나타내 보이는) 형상적인 것이 된다. 이것은 헤겔이 언어를 "오직 지성의 산물로서 그 고유한 규정성에 따라서, 즉 지성의 표상들을 어떤 외적인 요소로 드러낸다는 그것의 규정성에 따라서 다룬다"고 말한 것과 일치한다.[49] 여기까지는 기호가 개별적이고 직관적인 심상의 형태를 취하지만 기호는 다시 음성으로 지양된다.

순수존재인 개념으로의 복귀과정에서 정신이 대상성으로부터 자유로워지는 것은 직관의 형태가 심상에서 공간적이 아닌 다른 어떤 것으로 전환되는 것을 의미한다. 헤겔은 여기서 공간의 지양을 시간으로 해석하고, 기호는 공간적인 것에서 시간적인 현존재, 즉 음성으로 전환된다고 말한다. 헤겔은 처음 심상을 직관으로 불렀으나, 주관적인 것(의미)과 통일을 이루는 객관적인 음성기호 역시 직관이라고 부른다. 표상의 객관적인 측면(직관된 것)이 음성으로 전화하는 기호에서는 이 기호와 내용(보편적 표상)의 관계가 직관의 형태를 띠기 때문이다.[50] 헤겔은 음성을 감각이나 직관, 표상 등 다른 직접적인 계기들보다도 더 고차적인 지성의 현존 방식으로 평가하며, 이 음성이 표상 단계의 상상력에서 기호로 실현되는 것이다. 헤겔은 이렇게 말한다.

---

47) Enzy, §461.
48) TW10, §451, Zusatz.
49) Enzy §459.
50) 같은 책, §458.

> 직관은…그것이 기호로 사용되는 한, 오직 지양된 것으로만 존재한다는 본질규정을 갖게 된다. 지성은 이러한 직관의 부정성이다. 그리하여 기호인 직관의 더욱 진실된 형태는 시간 내의 현존재－존재하면서 소멸하는 현존재, 외적 심리적 규정에 따라 지성 자신의 인간학적 자연성에서 유래한, 지성에 의해 정립된 존재－이며, 이 현존재가 소리이다. 소리는 자기를 알리는 내면의 충실한 표현이다.51)

결국 심상 기반의 공간적 기호로서 직관은 자기를 지양함으로써 시간적 존재인 음성기호로 되고 이 소리는 표상 내용과 결합되어 있는 것이므로 직관의 형태를 유지한다. 헤겔이 소리를 다른 직접적인 계기들보다 더 고차적인 현존 형식으로 보는 것은 그것이 우선 지성의 자연성 즉 신체성에서 연유하는 외적 자유의 조건과 내용의 충실과 직결되는 내적 통일성을 갖추고 있기 때문이다. 이미 언급된 것이지만 헤겔이 별다른 설명 없이 음성기호를 직관으로 부르는 것도 직관의 내용이 이처럼 그 자신과는 전혀 다른 것 즉 외적인 육체성의 자유로운 음성과 즉자적으로 결합되어 있기 때문이다. 따라서 음성기호로서의 직관은 표상작용(내화와 연합)에 의해 감성적인 대상(심상)에서 해방된 지양된 직관, 즉 음성과 보편적 표상인 의미가 결합된 '(낱)말의 직관(Anschauung des Worts)', 즉 '자아의 충실한 외적 표현'인 음성의 형태로 된 자기직관(Selbstanschauung)이며, 따라서 그것은 개별적이고 외적이며 일시적인 결합으로서 직관이다. 이로써 지성은 우선 자기규정성을 따라 내적인 것의 외화를 위해 고차적인 음성기호를 산출하고 일반화한 것이다. 이 음성은 규정된 여러 가지 표상을 위해 한 층 더 분절화하고 명확히 발음되는 음성, 즉 말(Rede)과 이 말의 체계인 언어(Tonsprache)로 진행한다.52)

음성으로 표출된 기호는 매우 독특한 성질을 갖게 된다. 무엇보다도 기호는 그 의미를 주관과의 관계 속에서만 가지며, 그 자체로는 절대적 의미를 갖지 않는다. 왜냐하면 의식 혹은 주관이 기호 속에 지양되어 있지 않기 때문이다. 다시 말하면 이름 또는 개념이 되기 전의 기호는 어떤 직접적인 직관인데 이 직관은 본래의 자기 자신이 지니는 내용(음성)과는 전혀 다른 것(보편적인 표상, 의미)을 외화하는 것이 된다. 즉 직관은 본질적으로 그 내적 계기인 주관적인 것과 객관적인 것의 동일성이지만, 음성기호에서는 주관(보편적 표상)과 객관(음성)은 서로 무관하다. 그래서 헤겔은 음성기호를 마치 낯선 영혼(의미)이 옮겨져 보존되는 피라미드에 비유한다.53) 기호가 상징과 다른 것은 상징 역시 직관이지만 상징은 본질적으로 그 자체의 규정성이 상징으로서 나타내고자 하는 내용과 어느 정도 일치한다.

---

51) 같은 책, §459.

52) 데리다는 음향과 음성의 차이가 자음과 분절에 있으며, 이 분절이 '언어의 기원'이라고 말한다. 그러나 이것은 발생적 기원의 한 예일 뿐이다. J. Derrida, *Of Grammatology*, trs. G. C. Spivak, The Johns Hopkins University Press 1976, 315쪽.

53) Enzy, §458.

상징은 그러므로 대상 의존적이며 제한적이어서 자유로운 사유에는 부적합한 형식이 된다. 따라서 주관은 상징에서와 달리 단지 그 자신과 다른 것이라는 당위만으로 기호를 만드는 것이 된다.

그러나 헤겔에서 기호는 그 자체 자립적인 것으로 존재하지 않으며, 기호는 다시 '기억'의 단계로 이행하면서 기호와 의미가 외적으로 결합되는 '이름'으로 고양된다. 그리고 '존재하는 것은 그것이 사상인 한에서 존재한다'는 사변명제가 성립하기 위해서는 의식이 개별적이고 일시적인 (낱)말에서 사상으로 지양되어야 할 것이 요구된다.

3. 기억과 사유

헤겔은 지성으로부터 산출된 직관(음성)과 그 의미(보편적 표상)의 결합인 이름(또는 낱말)은 처음에는 개별적이고 일시적인 것이며, 이처럼 내적인 것으로서 표상과 외적인 것으로서 직관의 결합은 그 자체 외적인 것이라고 말한다. 그리고 이 외면성의 내화(Erinnerung)를 헤겔은 '기억(Gedächtnis)'이라고 부른다.[54)]

지금까지 개별적이고 우연적인 의미만을 유지하던 기호는 이제 기호와 '지속되는' 의미가 결합된 이름, 즉 기억(Gedächtnis)으로 되며, 이것은 다시 '기계적 기억'의 과정을 거쳐 개념적 사고의 길로 나아가게 된다.[55)] 여기서 우연성의 기호가 의미 지속성의 기억으로 발전하는 과정을 다시 한 번 살펴보자.

지성은 처음 표상으로 작용할 때는 그 내화 활동의 대상이 최초의 직접적인 직관(심상)이었지만, 기억으로서 지성의 내화작용은 위에서 언급한 '말의 직관', 즉 낱말의 형태(음성기호)인 직관을 대상으로 한다.[56)] 다시 말해서 기억은 기호를 내화한다. 지성은 이 내화를 통해 말(Wort)의 개별적인 결합인 음성기호를 보편적이고 지속적인 결합으로 고양시킨다.[57)] 상상력에서는 기호가 보편적 표상에 주관적, 또는 내적으로 결합돼 있었으나, 이 결합에 있어서는 말(기호)과 의미가 지성에 대해 외적이며 객관적으로 결합되어 있다. 그리고 지성은 애초에 '말'이었던 직관을 표상화함으로써, 즉 외적 직관인 기호, 또는 이름 자체에 의미를 결합시킴으로써, 의미와 기호는 동일화되고 하나의 표상이 된다. 즉 의미와 기호가 통일된 하나의 '외적' 표상작용이 '이름을 유지하는 기억'이다.[58)] 여기서 우리는 '정신의 현존재'

54) 같은 책, §460.
55) 같은 곳.
56) 같은 책, §461.
57) 내화는 헤겔에서 '(지성) 자신의 것으로 함(zu dem Ihrigen machen)'과 함께 '보편화'의 의미를 지닌다. 일시적이고 외면적인 것의 내화가 즉 헤겔적인 의미의 기억이며, 동시에 '지속적인 이름'의 의미를 지닌다.
58) Enzy, 같은 곳.

로서 언어의 시초를 보게된다.

사유로 가는 길목에서 기억과 사유의 매개로 규정되는 것이 '기계적 기억(Das mechanische Gedächtnis)'이다. 헤겔은 보편성으로서의 이름을 지성의 특수한 외화라고 말한다.[59] 보편성은 곧 의미를 뜻하므로 특수한 외화라고 하는 것은 이름에서의 지성의 철저한 표상작용으로 인해 의미와 이름의 구별이 지양됐다는 말이다. 이 표상작용의 최고의 내화는 최고의 외화이며, 이 외화에서 지성은 자기를 존재로서, 이름 자체, 즉 무의미의 언어의 보편적 공간으로서 정립한다. 이것이 기계적 기억의 본질이며, 지성이 자신에게서 이름들의 존재인 한, 이름 자체로서만 존재하는 추상적 주관성이다. 기계적 기억에서 지성은 기호의 표상적 의미를 폐기함으로써, 자유로운 사유, 자기 안에 주관과 객관을 포함하는 개념으로 완성된다.

『정신현상학』에서 헤겔은 밖으로부터 술어를 부가하는 고정된 '주어－술어' 체계의 논변적 사유에 대해 개념적 사유를 다음과 같이 설명하고 있다.

> 개념이 곧 대상 자체이며 그 자체성이 대상의 생성이므로 그것은 정태적인 주체가 아니라 스스로 운동하며 자신의 규정들을 자신의 내면으로 환원하는 개념이다.[60]

여기서 말하는 '대상의 자기'로서 개념은 현상의 다양에서 나오는 보편적인 본질로서 대상의 내면에 객관적으로 존재하는 것이다. 전술한 바와 같이 헤겔에서 기호는 이름으로 되며, 사유는 이름의 영역을 넘어설 수 없는 표상과 달리 기억을 매개로 이름의 의미인 사태(Sache)에 관계하는 지성의 활동으로 고찰된다.

> 이름으로서 존재하는 것은 진정한 객관성인 사태로 되기 위해 타자 즉 표상하는 지성의 '의미'를 필요로 한다. 지성은 '기계적 기억'으로서는 외적 객관성 자체이자 '의미'이다. 이와 같이 지성은 객관성과 의미의 동일성의 실존으로 정립되어 있다. 즉 지성은 즉자적 이성인 그러한 동일성으로 대자적인 활동을 하는 것이다. 기억은 이렇게 해서 사상의 활동으로의 이행으로 되며, 이때 사상은 아무런 의미도 갖지 않는데 그것은 사상에서는 더 이상 주관적인 것과 객관적인 것의 차이가 없기 때문이다. 사상의 이러한 내면성은 그 자체로서 존재하는 것이다.[61]

사태 곧 자체적으로 존재하는 내용은 주관적인 내면성에 대립함이 없이 보존되고 자기를 표명할 수 있게 된다. 헤겔이 말하는 '기계적인 것'은 생각 없음이 아니라 의미와 기호가 결합된 이름으로서 개념적 사고의 자유를 말하는 것이다. 사상에 아무런 의미가 없다는 말도 주관과 객관, 객관성과 의미와의 차이가 없는, 인

59) 같은 책, §463.
60) PhG, 42쪽.
61) Enzy, §464.

간의 의식과 의지가 개별적인 상태를 벗어나 보편적이고 자유로운 상태로 되는 것을 의미한다고 보아야 할 것이다. 개념적 사유에서 의미는 대상의 내면에 객관적으로 존재하며 사유는 그 대상과 동일로서(in einem) 보편적이고 객관적인 구조에 따르게 된다.

이제 이름은 '표상의 왕국'에 현존하며 타당성을 갖는 사태이다.[62] 이름으로서 기억은 직관이나 심상이 없어도 이름에 있어서 사태를, 또 사태와 함께 이름을 인식한다.[63] 우리는 언어를 가지고 또는 언어에 의해서 사유하는 것이 아니라 언어가 사유의 현존재라는 것이다.

Ⅳ. 맺음말

지금까지의 논의를 통해 논자는 헤겔의 기호론을 성립시키고 있는 기초명제[64]의 본질적 의미와 함께 기호와 체계 사이의 발생적 연관성을 살펴보았다.

현대기호학은 기호를 통하여 세계를 이해하며, 기호로써 의사소통을 하고 기호에 의해서 우리가 원하는 사회를 이룰 수 있다고까지 주장할 정도로 그 연구 영역이 넓고 방법도 매우 다양하고 복잡한 양상을 띠고 있다. 그러나 그 대부분의 이론이 분석철학이나 다른 일반 언어학의 영역에서와 마찬가지로 언어를 다양한 기호들 가운데 하나로서, 혹은 세계라는 그림을 해독하는 기호 또는 단순한 의사소통의 도구로서 분석하고 그 논리적 구조를 체계화하는데 집중하고 있다. 즉 언어로 변용하는 의식 현상이나 언어와 의식의 대응 관계를 떠나 언어 자체만의 현상을 대상으로 하고 있다. 여기서 헤겔이 시도했던 기호 또는 언어 자체의 순수한 존재론적 기원이나 체계적 본질 문제는 현대 언어철학의 관심에서 벗어나 있는 것이 사실이다. 헤겔에서 언어 개념을 언급하는 것은 곧 정신 현상, 혹은 체계를 동시에 고려하는 문제로 된다.

구체적으로, 의식에 대립하여 의식 밖에 독립적으로 실재한다고 믿어지는 세계를 가상(Schein)으로 규정하는 헤겔의 기본 입장에서 언어는 가상의 지양 과정, 즉 의식경험의 변증법적 운동으로 작용하는 절대적 부정성, 또는 매개 이외에 다른 것이 아니다. 헤겔에서 언어는 곧 개념이며 언어와 대상의 관계는 의식과 대상의 관계와 일치한다. 개념에 의해 매개되지 않는 직접적인 실재는 존재하지 않으므로, 사물은 개념 또는 언어에 의해 파악되고 또 그렇게 파악된 것만이 존재한다. 여기

62) 같은 책, §462.
63) 같은 곳.
64) "언어는 정신의 현존재이다." PhG, 359쪽.

서 언어와 사물, 사유와 존재의 일치라는 명제가 확인되며, 언어가 정신의 현존재인 것도 바로 이 지점에서 확증된다. 헤겔에서 언어는 세계구조의 모사나 상징적 교섭에 의해 정립된 기호체계가 아니라, '논리－자연－정신'이라는 통일된 삶의 체계에서 그 주체인 정신이 실존하는 구체적인 모습이다.

오늘의 언어철학이 구조주의 전통에 기반하고 있는 것이 사실이나 그 뿌리가 19세기 독일낭만주의자들의 언어관에서 비롯되었다는 사실은 잘 알려져 있지 않다. 유럽에서 '비교문법'이라는 연구 방법을 처음 제시한 것도 슐레겔이었다. 헤겔과 이들이 거의 같은 시기에 활동한 사상가이면서도 언어학에 관한 교류가 거의 없는 점 역시 위에서 적시한 대로 헤겔 기호 이론의 체계적 특성 때문이라고 할 수 있다. 헤겔의 기호론은 당대는 물론 현대 언어철학에서도 확연하게 구분되는 '정신현상학적'인 특성, 즉 언어를 정신의 현존재로 규정하고 이를 정신의 형태들의 전 영역에 관여하는 체계내적 활동성으로 설명하는 사변적 특성 때문에, 현대 기호학 또는 일반 언어학의 영역에서 폭넓게 수용되지 못하는 한계를 지니는 것이 사실이다. 그러나 반대로 언어와 정신의 동일성이라는 매우 진보적인 헤겔 언어론의 이러한 특성은 현대 언어철학의 주류를 형성하고 있는 구조주의나 분석철학이 결하고 있는 부분이며, 인공언어 중심의 기호논리학이 지니는 비체계성의 한계 역시 이와 같은 본질적인 문제에서 비롯된 것이라고 볼 수 있다. 이와 함께 지금까지 언어학 일반에 과제로 남아있는 언어의 본질과 기원의 문제 역시 정신의 도구가 아닌, 정신의 현존재인 언어에서 그 해명의 근거를 찾아야 한다는 결론에 이르게 된다.

참고 문헌

1. 1차 문헌

Hegel, G. W. F., *Gesammelte Werke*, in Verbindung mit der Deutschen Forschungsgemeinschaft, hrsg. von der Rheinische-Westfälischen Akademie der Wissenschaften, Hamburg, 1968ff. (=GW)

______, *Theorie Werkausgabe in zwanzig Bänden*, Redaktion von E. Moldenhauer & K. M. Michel, Frankfurt am Main 1969ff. (=TW)

______, *Enzyklopädie der philosophischen Wissenschaften im Grundrisse*(1830), in: GW20, 1992. (=Enzy)

______, *Enzyklopädie der philosophischen Wissenschaft im Grundrisse*(1830), in: TW10, 1969. (=EnzyIII)

______, *Phänomenologie des Geistes*, in: GW9, 1968. (=PhG)

______, *Geschichte der Philosophie III*, in: TW20, 1970.

______, *Wissenschaft der Logik I*, in TW5, 1970.

______, *Jenaer Systementwürfe III*, in: GW8, 1976.

______, *Wissenschaft der Logik II*, in: TW6, 1969.

Röd, W., *Dialektische Philosophie der Neuzeit I*, München 1974.

Simon, J., *das Problem der Sprache bei Hegel*, Stuttgart 1966.

2. 2차 문헌

소두영, 『기호학』, 인간사랑, 1992.

안정오, 『훔볼트의 유산』, 푸른사상, 2005.

Apel, K. O., *Die Idee der Sprache-In der Tradition des Humanismus von Dante bis Vico*, Bouvier Verlag, Bonn 1963.

Bartschat, B., 김한란 옮김, 『현대 언어학 방법론』, 성신여대출판부, 2001.

Chomsky, N., *Aspects of The Theory of Syntax*, MIT Press, Cambridge 1965.

Derrida, J., *Of Grammatology*, trs. G. C. Spivak, The Johns Hopkins University Press 1976.

Eco, U., 서우석 옮김, 『기호학 이론』, 문학과 지성사, 1979.
______, 서우석 옮김, 『기호학과 언어철학』, 청하, 1984.
Humboldt, W., *Gesammelte Werke in sieben Bänden*, 1988, Bd.6.
Kiyozoo, 김지환 옮김, 『19세기 언어학사』, 박이정, 2000.
Schelling, F. W. J., *Vom Ich Als Prinzip*, in: Werke in vier Bänden, 1976.

Der Zusammenhang des Zeichens mit dem System bei Hegel

Ha, Kwang-Un

Zusammenfassung

Hier wird erklärt, wie das dialektische Wesen des Zeichenwerdens mit dem System Hegels im Zusammenhang steht. In der Stufe des theoretischen Geistes in *der Enzyklopädie* versucht Hegel. die Entwicklung der Sprache in konkreter Form darzustellen. Es gilt nun, die Erfahrung des Bewußtseins und das Werden der Sprache im Gang des sich entwickelnden Begriffs als Einheit zu verstehen. Denn das Bild, Zeichen, Gedächtnis und der Name als die verschiedenen Formen des Bewußtseins zeigen sich als die Einheit des Subjektiven und Objektiven.

Auf dem Wege des zeichenmachenden Prozesses hat die Vorstellung die drei Stufen inne: die Erinnerung, Einbildungskraft und das Gedächtnis. In der zweiten Sphäre, d. i. der Einbildungskraft tritt der Gegensatz zwischen dem subjektiven bzw. vorgestellten Inhalte und dem objektiven bzw. angeschauten Inhalte ein. Aber die Einbildungskraft verhält sich aufgrund ihrer Denktätigkeit gegen den angeschauten Gegenstand, hebt dessen Allgemeine heraus und bestimmt ihn. Auf diese Weise wird die Einbildungskraft zu der den Inhalt verallgemeinenden, somit allgemeine Vorstellungen schaffenden Erinnerung.

Hier wird die Einheit des Subjektiven und Objektiven nur wiederhergestellt. Diese Wiederherstellung der Einheit geschieht der Art, daß der angeschaute äusserliche Inhalt dem zur Allgemeinheit erhobenen, vorgestellten Inhalte unterworfen, zu einem Zeichen des letzteren herabgesetzt wird. Der Inhalt wird dadurch objektiv, äusserlich gemacht und verbildlicht, daß er sich als Tonsprache äußert.

Der Ton ist damit die erste Form des Sprachzeichens und ist die erfüllte Äußerung der sich kundgebenden Innerlichkeit. Der für die bestimmten Vorstellungen sich weiter artikulierende Ton, nämlich die Rede, und ihr System, nämlich die Sprache, gibt den Empfindungen, Anschauungen, Vorstellungen ein zweites, höheres als ihr unmittelbares Dasein, überhaupt eine Existenz, die im Reiche des Vorstellens gilt.

Das Gedächtnis ist die dritte Stufe der Vorstellung. Hier wird einerseits wieder das Zeichen erinnert, in die Intelligenz aufgenommen, anderseits dieser dadurch die Form eines Äußerlichen, Mechanischen, d. h. das mechanische Gedächtnis gegeben und auf diesem Wege eine Einheit des Subjektiven und Ogjektiven hervorgebracht, welche den Übergang zum Denken als solchem bildet. Und die Tonsprache geht zum Namen und endlich zum Begriff fort, so daß er zum Ding an sich zurückkehrt.

Bei Hegel besteht die Sprache als der Begriff darin, daß ihre spekulatives Wesen sich auf dem Wege der dialektischen Bewegung des Bewußtseins als die logische Notwendigkeit oder Vermittlung verwirklicht.

Stichwörter: Zeichen, Anschauung, Erinnerung, Vorstellung, Einbildungskraft, Gedächtnis, Sinnliche Anschauung, Tonsprache, Vermittlung, Negativität

• 투고일: 2012.10.16. 심사완료일: 2012.10.24. 게재확정일: 2012.10.26.

헤겔의 민족정신과 그 성립근거

윤 병 태

요약문

모든 인간이 자유이며 자유인으로 평등하다는 이상(理想)이 땅위에서 실현되면 세계사는 종말을 고한다고 헤겔은 생각한다. 그에게 자유와 평등은 사회적 인간으로서 개인의 삶을 결정하는 실천적 역사이성의 정점이다. 이것은 역사 진행과정에서 어떤 민족에게도 자유나 평등이 완전하게 주어질 수 없다는 뜻이기도 하다. 역사의 종점에 이르는 과정에서 민족과 민족정신은 그 역사를 이끌어가는 견인차이다. 그런데 이 과정에 나타나는 다양한 민족과 민족정신은 단순히 서로 다르기만 한 것이 아니라 자유이념의 인식과 실천정도에서 일정한 우열과 위계를 가지면서 생성하고 소멸 한다. 이 생성과 소멸을 펼치는 세계사의 극장은 민족과 민족정신의 생사를 건 인정투쟁의 각축장이다.

이 논문은 헤겔에서 민족과 민족정신의 관계와 그 역사철학적 의미를 밝히려는 목적으로 작성된 것이다. 여기서 필자는 민족과 민족정신이 민족주의의 개념적 실체라는 것, 따라서 철학적 역사서술에서 민족과 민족정신은 그 필수불가결의 대상이라는 것이며 민족주의는 시대에 뒤진 것이 아니라 시대의 본성, 역사의 주체라는 것을 분명히 하고자 한다. 구성상 이글은 첫째, 칸트사상에서 제시되는 정신과 자연의 관계를 헤겔은 어떻게 수용 정립하는지를 살펴보고, 둘째, 역사적 현실에서 왜 민족과 민족정신은 구체적 현존으로 실재하며 또 그 현존방식은 무엇인지를 되새겨 보려고 한다. 그리고 셋째, 이를 통해 요즈음 민족주의 논쟁의 왜곡된 방향을 시정하고자 한다. 분명 민족정신 개념에 대한 헤겔 철학적 이해는 요즈음 민족주의 담론을 더욱 풍요롭게 할 수 있을 것이다.

● 주요어: 국가, 권리, 민족, 민족정신, 민족주의, 법, 세계사, 역사, 이성, 이념, 자연, 정신

Ⅰ. 서론

요즈음 우리나라 학계에서 민족이나 민족주의를 주장하다가는 웃음거리가 되기 일쑤이다. 그 개념들이 역사에서 용도 폐기된 것이 언제이며, 세계가 일일권에 접어든 지가 언제인지를 도통 모르는 무식을 드러내놓고 있다고들 믿기 때문이다. 이런 이들은 현대를 세계화 시대로 규정한 사조에 잽싸게 편승한 이들이 대부분이다. 물론 세계화 시대는 인류사의 미래이다. 다만 그 조건은 시장 만능주의가 아니라, 세계가 하나의 나라, 하나의 정부이고 세계인 각자가 그 나라의 자유인으로 권리 앞에 평등한 시민일 때, 다시 말해 세계사가 모든 개인과 그들이 속한 민족의 이념과 역사를 하나로 완결하는 종착점에 도달할 때이다. '지금 여기'라는 역사적 현재는 아직 개인의 세계화 시대도, 인류의 세계화 시대도 아니다. 사람 위에 군림해 있는 극소수의 반인간적 인간들의 세계화 시대요, 그들의 기업과 자본과 금융과 상품의 세계화 시대이며 패권으로 자국의 이익을 극대화하면서도 그것을 감추려는 나라들의 속임수 이데올로기일 뿐이다.[1)]

이 글은 모든 인간의 자유와 평등이 실현되는 세계사의 종말에 이르기까지의 과정에서 민족과 민족정신은 그 역사를 이끌어가는 견인차라는 것을 헤겔 사유 속에서 찾아보려는 의도로 작성된 것이다. 민족과 민족정신은 민족주의의 개념적 실체이므로 그 해명만으로도 민족주의가 시대에 뒤진 것이 아니라 시대의 본성, 역사의 주체라는 것이 분명해진다. 먼저 칸트 사유에서 정신과 자연의 관계를 헤겔은 어떻게 수용, 정립하는지를 살펴보고, 역사적 현실에서 왜 민족과 민족정신은 구체적 현존으로 실재하는지, 그리고 그 현존 방식은 무엇인지를 되새겨보려고 한다. 이를 통해 요즈음 민족주의 논쟁의 왜곡된 방향을 시정하고자 하는 간접적 효과를 기대한다. 아울러 헤겔 민족정신 개념의 고전적 이해를 수반할 경우에, 최근 민족주의 담론은 더욱 풍요로운 성과를 얻을 수 있다는 반성적 시각 제시의 가능성을 염두에 두고 있다.

---

1) 요즈음 연일 보도되는 한·중·일의 영토 분쟁, 미국을 위시한 서구 열강의 정치·경제·군사적 자국보호주의는 민족주의와 국가주의의 자연스러운 행태이다. 역사의 종말에 이르는 과정에서 국가와 민족 개념은 결코 지양되지 않는다. 헤겔 역사철학은 이 점을 분명히 한다.

Ⅱ. 칸트의 자연과 역사

칸트는 역사적 경험을 비판적으로 분석하지도 않았고 체계적으로 정리하지도 않았다. 그는 단지 인류의 보편사가 가능한지, 가능하다면 그 조건은 무엇인지에 대한 생각을 몇 편의 글에 남기고 있을 뿐이다.[2] 그러나 칸트가 남긴 기본 이념을 토대로 헤겔은 세계사의 철학적 체계화에 독특한 방식으로 집중한다. 헤겔이 칸트에게서 수용한 원리적인 것은 의식과 자연의 구분과 통일이다. 칸트는 대상을 수용하는 감성과, 수용된 다양한 지각의 조각들을 묶어 하나의 개념으로 만들고 저장하는 오성을 인식 주체로 이해한다.[3] 대상과 의식의 이질성은 이 둘의 유래 자체가 다르므로 존재론적으로는 극복되지 않는다. 이것이 물자체가 상정되는 이유이다.[4] 그러나 의식하는 주체와 의식되는 대상관계에서 보면, 대상은 의식에 나타나는 현상이며 의식에 의해 가공되는 대상이다. 이 때문에 인식의 진리는 현상 경험에 제한된다.[5] 서로 다른 개별 대상표상들이 그 전체를 하나의 대상으로 하는 경험을 만들어내는 것은 아니다. 경험이 가능하려면 세계에 대한 하나의 이념이 전제되어야 한다. 인식 가능한 세계는 자연계이다. 그런데 세계는 감성으로 수용되지도 않고 오성으로 주조되지도 않는 대상 일반 이념에 대한 이름이므로 인식 불가능하다. 세계이념이 내포한 이 이율배반을 해결하려면 세계를 자연과 의지로 나누고 이 둘을 별개의 대상으로 설정하면 된다.[6] 이렇게 되면 자연은 곧 의식의 최고 단계인 이성이 만들어낸 구성물이며 이 구성력의 근원은 이성 안에 있는 의지의 자유요 자발성이다.[7] 자연은 필연적 자연법칙이 지배하는 세계이고 의지는 자유의 행위법칙이 지배하는 세계라는 것, 그럼에도 자연과 자유의 통일은 인간과 세계를 하나로 합일하는 삶의 실천적 토대라는 것이다. 인식과 행위의 구분과 그 원리에 대한 선험적 조건을 규명하려는 칸트가 역사를 학의 대상으로 삼지 않은 것은 당연하다. 역사는 "순전히 경험적으로 기록되는" 역사학의 대상이지 그 원리와 규칙을 찾는 철학의 대상은 아니기 때문이다.[8] 그렇다고 그가 역사에 대한 관심 자체를 무시하지는 않는다. 인간 행위와 삶은 언제나 자연과 자유이념의 현상 방식인 구체적 경

---

2) Kant, *Idee zu einer allgemeinen Geschichte in weltbürgerlicher Absicht*, 1784, *Mutmaßlicher Anfang der Menschengeschichte*, 1786, *Streit der Fakultäten*, 1798.
3) Kant, *Kritik der reinen Vernunft*, Hamburg 1998, (=KrV), A51, B75 이하.
4) KrV, A28, B44 이하.
5) KrV, B252, B299 이하.
6) KrV, A448, B476, B299~A451, B479 참조.
7) 이 이해로부터 실천이성의 근본이념이 나타난다. Kant, Kritik der praktischen Vernunft, Hamburg 1987, (=KpV), Vorrede 참조.
8) Kant, *Idee zu einer allgemeinen Geschichte in weltbürgerlicher Absicht*, 1784, Kants Werke, Akademie Textausgabe, Bd., VIII, Berlin 1968, (=Idee), 30쪽.

험사로 짜여 있다. 이 구체적 현상들이 서로 다른 사건들의 우연적 나타남이 아니라 일정한 연결과 연속성을 가진다면, 그리고 그 연속에 정신적 발전이 내재한다면, 이것은 비판철학이 무시해서는 안 되는 이성이념의 문제이다. 즉, 인간 행위는 다름 아닌 내적 의지가 겉으로 나타나는 현상인데, 이것은 자연현상에서 그 내적 자연법칙을 찾아낼 수 있는 것처럼 '역사'라는 행위들의 연속과 집적에서 그 내부에 숨겨진 의지의 법칙을 찾아낼 수 있다.[9] 뒤집어 말하면, 의지의 자유는 한 개인이나 집단에서 단번에 정립되고 실현되는 것이 아니라 역사라는 행위 일반의 현상화 과정에서 일정한 규칙을 가지고 생겨나고 발전해가는 것이다.[10]

칸트에서 역사는 자유의지의 진보이다.[11] 자유의지는 정신의 자연적 소질이며 그 소질이 주어진 실존적 사회적 상황에 제한되어 나타난다. 자연은 내적 본질이라는 뜻과 외적 물리적 세계 전체라는 이중 의미를 가진다. 개는 개의 자연성을, 소는 소의 자연성을 가지듯이 사람은 사람의 자연성을 가진다. 인간의 내적 자연성은 이성이다. 그러나 모든 생명체는 각기 고유의 시공적 특수 환경에서 태어나고 성장하고 죽는다. 이것은 자신의 내적 본성과는 질적으로 다른 외면적 자연성이다. 이 자연을 우리는 물리적 자연과 사회적 자연으로 구분할 수 있다. 자연과 인간의 관계는 상호 주관적이며 또한 상호 객관적이다. 물리적·지리적 자연은 인간 생존 방식에 적극적으로 개입한다. 음식과 주거 문화가 기후와 지역에 따라 달라지는 것은 지극히 자연스러운 일이다. 그렇다고 인간이 이 자연에 수동적으로만 반응하는 것은 물론 아니다. 생의 안락을 위해 인간은 적극적으로 주어진 자연을 가공하고 변형시킨다. 사회적 환경과 인간의 관계 또한 이와 같다. 탄생과 성장과 교육, 심지어 죽음조차 인간관계 속에서 일어나는 사회적 사건이다. 사회는 한 개인에게 절대적으로 주어진 객관적 자연이지만 동시에 이 사회는 그 구성원들의 주체적·정신적 역량에 의해 개조되고 변형된다. 이 변화와 개조는 무질서한 일회적 사건들의 선후 좌우적·시공적 나열이나 병렬이 아니라 발전이며 진보를 지향한다. 자연과의 관계에서 이 진보는 기계 문명의 진화로 나타나고, 사회적 관계에서는 자유의 합목적성의 객관화와 전진으로 나타난다. 특히 자유의 진보와 발전은 사회적·정치적 제도의 진화를 담보한다. 자유가 단지 개인의 임의나 자의가 아니라 생을 꽃피우는 원동력이라면, 이것은 삶의 권리와 그 확장의 자유 외에 다른 것이 아니다. 이 때문에 칸트는 권리의 진보로 역사를 해석한다.[12] 짧은 안목으로

---

9) Kant, Idee, 17쪽.

10) 같은 곳.

11) 칸트 뿐 아니라 피히테와 헤겔에서도 진보는 정신의 도야와 교육의 원인이며 결과이다.

12) 칸트에서 인류의 진보사는 "인륜의 역사(Sittengeschichte)"에 의해 결정된다. Fak., VII, 81. 흔히 도덕으로도 번역되는 인륜은 인간의 의지의 자유와 그 권리의 사회적 법적 실현을 의미한다. 이 실현의 이론적 기초는 *Metaphyik der Sitten*, 1797이다.

좁은 시공 안에서 역사를 관찰하면, 온갖 어리석고 무의미하고 한심한 욕심과 더러운 속임수, 악과 파괴와 광란의 목적 없는 연극처럼 보일 수 있다.[13] 그러나 긴 안목으로 전 인류의 역사를 고찰해보면, 그 안에서 목적 지향적 진보의 흐름을 구성적으로 찾아낼 수 있다. '구성적'이라 함은 역사의 목표와 목적이 객관적 인식 대상이 아니라 실천이념으로 계획된 대상이라는 말이다.[14] 인류사를 자연에서 시작하여 자유로 진행한다고 추측하는 것은 칸트에서 결코 단순한 상상이 아니라 합리적 추론이다. 역사의 시초와 끝에 대한 객관적 경험은 있을 수 없지만 유추적 추정은 가능하다. 주어진 자연 안에 자연인으로 출현하여 생을 시작한다는 것은 신의 피조물로 태어나 신의 뜻 속에서 삶을 시작한다는 것과 같은 말이다. 여기서 원초적 자연은 신과 동의어이다. 완전자로서 신(자연)이 만들고 그 신의 뜻(자연적 본능)에 따라 살아가니 스스로 깨닫든 말든 삶의 전체 과정은 복이요 낙으로 충만하다. 하지만 이 자연인은 다른 생명체와 마찬가지로 자신의 의지대로 사는 것이 아니라 본능으로 사는, 자유의지 없는 동물일 뿐이다. 인간의 자연성은 동물의 자연성과 반대로 사유와 자유의지를 의식적으로 작동시키며, 따라서 자유 없는 복락 대신 자유로운 불행을 기꺼이 택한다.[15] 본능으로부터의 해방, 자연의 자연성으로부터의 해방은 자연(신)의 보호로부터 자유 상태를 쟁취하는 것이며 "야만적 동물 상태에서 인간성의 상태로, 본능의 요람에서 이성의 인도"로 상승하는 것이다.[16] 게다가 이성은 미성숙의 상태를 성숙의 상태로 개선하고 불완전한 것에서 완전한 것을 지향한다. 인류 역사가 필연적으로 진보인 이유가 여기에 있다. 자연에서 정신으로 탈출하는 것은 타락이 아니라, 자연 본성인 신의 의지를 인간 스스로의 것으로 육화하고 스스로 책임지고 완성하려는 인간 본성(이성)의 발로이다. 인류가 쌓아올린 문화는 인간 본성이 제대로 작동한 결과물이다. 물리적 자연환경을 자신의 생활에 유용하게 가공 변형하는 기술의 발전과, 사회적 환경을 자기 생에 적합하도록 가꾸어나가는 사회 정의를 법적·정치적 제도 발전을 하나로 통합하면서

---

13) 같은 곳, 18.

14) 오트프리드 회페, 『임마누엘 칸트』, 이상헌 역, 문예출판사, 1998(=회페), 288쪽.

15) 역사에 관해 칸트와 생각을 주고받은 헤르더 역시 행복의 실현사로 역사를 이해하지는 않는다. 그는 여러 시대와 여러 민족의 생활의 역사를 보면, 거기에는 행복의 진보가 아니라 행복에 대한 상대적 개념만이 존재한다고 믿는다. 그렇다고 셍크처럼 헤르더가 인류사의 진보를 부정한다고 말해서는 안 된다(H. G. Schenk, *The Mind of the European Romantics-An Essay in Cultural History*, Oxford, 1979, 이영석 역, 대광문화사, 1991, 12쪽). 헤르더 역시 칸트와 마찬가지로 세계사는 인간성(이성)의 전진적 진보사로 보기 때문이다. Herder, *Ideen zu einer Philosophie der Geschichte der Menschheit*, 1784-1791, Sämtliche Werke, Bd.,6, hrsg. von M. Bollacher u. a., Wiesbaden 1989, Kap. 15장 참조.

16) Kant, *Mutmaßlicher Anfang der Menschengeschichte*, 1786, Kants Werke, Akademie Textausgabe, Bd., VIII, Berlin 1968. (=Anfang), 115쪽.

역사를 전개한다. 역사의 진보는 도덕적 완성에 있는 것이 아니라 실천이성의 척도에 기초한 권리 주체인 자유 인격의 사회적·국제적 확립의 길을 따르는 곳, 즉 "법치국가의 건설과 범세계적 평화 공동체 속에서 법치국가들의 공존"을 완수하는 곳에서 최종 목적지에 도달한다.[17] 칸트 역사철학에서 의식과 대상, 정신과 자연의 관계와 그 의미 규명은 여기까지이다.

Ⅲ. 헤겔에서 의식의 정신성과 자연의 자연성

헤겔은 자연과 정신의 선험적 개념 수용과 더불어 자유이념의 목적성과 진보에 대한 칸트사상을 역사적 경험들에 응용하여 보다 구체화시킨다. 그는 자연과 정신, 의식과 대상을 인식과 존재의 사유 지평에서만 구별되고 관련되는 것으로 생각한다. 존재를 인식하는 틀은 논리학이다. 여기서 의식과 대상, 사유와 존재는 비록 그 출처의 이질성에도 불구하고 형식상 일치한다. 존재의 전 체계가 논리의 전 체계를, 또 논리의 전 체계가 존재의 전 체계를 포섭한다는 사실은 그의 논리학의 결론이다. 주의할 것은 이 동일성의 인식적 토대가 사유로서 논리이지, 자연 전체로서 존재가 아니라는 것이다. 자연은 인식되기 위해 존재하는 것도 아니고 사유를 위해 존재하는 것도 아니다. 자연은 그 자체 자연이며 따라서 자연에 대한 즉자적 인식은 자연 자체가 아니라 자연에 대한 사유, 즉 자연철학이다. 즉자적으로 자연은 정신과는 무관한, 혹은 정신의 반대물이다. 자연은 자연이지 정신이 아니며 정신은 정신이지 자연이 아니다. 자연을 자연적인 것으로 관찰하는 것이 자연학이라면, 그 관찰 지평을 반성적으로 되짚는 것이 자연철학이며, 정신을 정신적인 것으로 관찰하는 것이 정신학이라면 그 관찰 지평을 함께 고려하는 것은 정신철학이다. 이것이 논리학과 자연철학, 그리고 정신철학을 철학의 전 체계 속에 구분하고 그 연관관계를 해명하는 것을 자신의 학적 과제로 삼은 이유이다.[18] 세계사는 이 체계 내에서 객관정신의 내용인 법철학의 종결부에 놓여 있다.[19] 특히 법철학의 결론인 국가론 마지막에 위치하는 것은 권리의 진보로 역사를 파악한 칸트의 직접적 영향이라 하겠다.[20] 헤겔 역시 인간의 자연 본성을 의식적 이성으로 본다.

---

17) 회페, 291.

18) Hegel, *Enzyklopädie der philosophischen Wissenschaften im Grundrisse*, 1830, Gesammelte Werke, Bd., 20(=Enzyklopädie)의 체계 참조.

19) *Rechtsphilosophie*와 *Enzyklopädie*의 '객관정신'에서 '세계사'는 세계의 역사가 아니라 세계사의 철학적 의미, 즉 역사철학이다.

20) Kant, Fak., VII, 85ff. 참조. 칸트의 이 사상은 피히테에서 보다 더 체계적으로 발전된다. 피히테는 권리와 법을 관습이나 실정법이 아니라 그 기초에 놓인 이성으로 이해한다. 즉, 권리(법)는 자연권이지만 경험론적 자연법은 아니고 이성론적 자연법, 요

의식적 이성이 자연스럽게 나타나는 것은 자신의 삶을 자유롭게 기획 설계할 수 있는 의지가 확립되는 곳, 즉 권리와 법적 인격의 주체로 확인되는 곳이다.[21] 이 인격적 자유인은 자신의 생명과 생존의 권리를 사회적으로 인정받아야 객관적 현실 존재가 된다. 그러니까 이 존재의 조건은 생존권에 대한 법적 보호가 그 첫째 이며, 법적 보호의 객관적 완수가 그 둘째이다. 첫 번째가 개인의 사적 소유권과 그 중첩적 관계 질서 확립을 위한 사회적 법제도라면, 두 번째는 이 제도의 정치적 실현 주체로서 국가이다.[22] 인격적 자유인이라는 법인(法人)의 자유와 권리가 법제화되고 국가에서 이것을 보호, 완결하는 일련의 과정은 의식적 이성의 자기 전개 과정이지만 동시에 역사적 경험의 축적 과정이기도 하다. 이때 객관정신으로서 법적 국가론 및 이성적 국가론과 역사적 국가론(민족론)은 하나로 이어진다.

객관정신은 실재적이며 실재적인 것은 시간 속에서만 그 현존을 가진다.[23] 정신의 생성과 발전은 의식적이면서 객관 역사적이다. 의식은 대상 지향적이기 때문에 의식의 역사는 합목적적 대상화의 궤도를 그린다.[24] 한 개인은 일정 시기 일정 지역에서 태어나 자라고 일정 사람들, 사건들과 관계하면서 살고 죽는다. 이 외적 우연과 경험은 한 개인뿐 아니라 그가 속한 지역, 문화, 사회, 역사를 공유하는 또 다른 개인들과 함께한다. 개인과 민족, 개인정신과 민족정신은 상관적으로 일치를 이룬다. 수많은 개인이 있듯이 수많은 민족이 있는 것이다. "역사에 있어 정신은 보

즈음 말로 사회 정의의 개념이라 하겠다. Fichte, *Grundlage des Naturrechts, Hamburg*, 1979, 7쪽 이하 참조. 물론 이 법(권리)은 저절로 알려지는 것이 아니라 제대로 된 교육을 통해 인식되고 확장되고 사회적으로 확립된다. 이것은 궁극적으로 이성국가 안에서만 가능하다. 이 안에서 법과 인륜과 교육은 하나로 조화되어 역사의 거울 앞에 설수 있다. 역사는 역사학의 대상이나 그것은 역사철학을 위한 것이요, 역사철학은 일종의 역사 이데올로기이다. 역사가 자유 실현을 목표로 하는 것은 이성이 무질서와 맹목과 미몽을 벗어나려는 의지를 본성으로 하기 때문이다. 자유 실현이 발전의 궤도를 놓으면서 앞으로 나아갈 수밖에 없다면 이는 자명하게 역사의 진보 외에 다른 것일 수 없다. 생의 자연적 모습이 유기체 일반의 기계론적 특성을 가진다고 인간의 삶도 그러하리라고 믿는 것은 어리석다. 인간의 내면적 가치를 실현하려는 데서 인간은 다른 동물과 다르다. 하르트만, 165 참조.

21) Hegel, *Rechtsphilosophie*, §36~§39. 윌킨스는 헤겔에서 국가는 사람들이 "역사를 갖기 위한 필연적 조건"으로 본다. B. T. 윌킨스, 『헤겔의 역사철학』, 최병환 역, 서광사, 1995, 21쪽. 그러나 국가는 역사를 갖기 위한 필연적 조건이라기보다 철학적 역사 서술의 기본 단위로 이해하는 것이 타당할 것이다.

22) Hegel, *Grundlinien der Philosophie des Rechts*, Werke in zwanzig Bänden, Theorie Werkausgabe, Bd., 7, Frankfurt/ M., 1982(=Rechtsphilosophie), §41~§43, §209~§218. §258. 소유에 대한 개인의 자유와 그 권리가 일치하고 국가가 그 일치를 사회 정의로 법제화하여 전체 구성원에게 확립시킬 때 비로소 국가는 "살아 있는 정신"이다. Enzyklopädie, §539.

23) Hartmann, Die *Philosophie des deutschen Idealismus*, Berlin/ New York, 1974, 539쪽.

24) 이성은 목적 지향적이다. 때문에 이성적 행동은 보다 나은 것을 추구하는 '역사 혁신'의 문제와 관련된다. 유헌식, 『역사이성과 자기혁신』, 철학과 현실사, 2009, 146쪽 참조.

편적 본성을 가진 어떤 개인이지만, 동시에 어떤 규정된 개인, 즉 민족 일반이다. 우리가 다루어야 하는 정신은 민족정신이다."[25] 역사정신은 더 이상 사유의 추상적 구성물이 아니라 구체적 실제적 객관정신이다. 이 정신은 언제나 하나의 구체적 개인, 하나의 구체적 집단, 하나의 구체적 민족의 모습으로 나타난다. 한 개인, 한 민족이 하나의 구체적 현존재라는 말은 서로 다른 개인들, 서로 다른 민족들이 예나 지금이나 여기저기 존재한다는 말이요, 이것은 다수의 민족정신이 현존하며 역사는 이 현존하는 다수의 개인과 민족들의 삶과 문화의 사건 진행을 대상으로 한다는 의미이다. 주의해야 할 것은, 개인이 자기동일성을 가진 한 인격체인 것과 마찬가지로 각 민족 또한 각기 자기동일성을 가진 국가 주체로서의 한 인격체라는 사실이다. 삶의 동질성, 문화와 역사의 동일 주체. 그 동일성과 동질성을 보존하려는 것은 단순한 민족적 정치 이데올로기가 아니라 민족의 집단적 생존 본능이라는 것이다. 민족 생존 본능은 민족 지속의 근원적 추동력이므로, 그것은 민족주의 개념 정립의 이론적이고도 실천적인 중심축으로 보아 이상할 것이 없다.

자연과 정신 개념을 이원적(二元的)으로 구분하는 것은 역사적으로는 무의미하다. 역사에서 이 둘은 하나로 나타나기 때문이다.[26] 이 통일의 주체인 역사를 대상화하여 고찰하는 이성은 개별적 현존재와 그 상황들을 한 흐름의 전체 과정으로 파악한다. 여기서 정신은 이중의 역할을 한다. 자신의 현존을 이끌어가는 의식으로서의 정신, 육체의 정신이며 삶의 실존적 주인으로서의 정신과, 이 전체를 하나의 과정으로 파악하는 이성으로서의 정신의 역할이 그것이다. 전자는 일상생활에만 관여하는 자연 의식으로서 정신이며 후자는 이 자연의식의 경험사 전체를 관찰하는 이성으로서의 정신이다.[27] 특히 후자는 현상학과 역사철학의 대상으로 삶의 과정과 흐름(역사)을 파악하는 철학적 이성이다. 이 이성에 의해서만, 역사는 자연과 정신의 통일이요 그 전체라는 것과, 동시에 이 통일과 전체의 운동은 이성 자체의 자기 전개와 실현 과정이라는 것이 밝혀진다.[28] 어떤 선입견도 배제하고 눈앞의 세계를 일별하면, 거기에는 온갖 잡다한 사건과 사실들의 난무만 있을 뿐이다. '있는 그대로의 사실을 충실하게 파악하는 것', 이것은 학문의 가장 기초적인 태도이며 따라서 철학함의 근본이다.[29] 그러므로 역사를 대상으로 하는 철학적

---

25) Hegel, VG, 59쪽.

26) 칸트에서 이어지는 헤르더 사상 역시 이와 같다. 헤이든 화이트, 『19세기 유럽의 역사적 상상력』, 천형균 역, 문학과 지성사, 1991, 93쪽 이하와 134쪽 이하 참조.

27) 이 관계 규명은 『정신 현상학』의 과제이다. PhG, Einleitung 55쪽 이하와 Kap. V. Gewißheit und Wahrheit der Vernunft 132～239 참조.

28) "세계를 이성적으로 보는 자는 세계 또한 그를 이성적으로 본다. 이 둘은 교호적이다." Hegel, *Vorlesungen über die Philosophie der Weltgeschichte*, Bd., I, *Vernunft in der Geschichte*, Hamburg 1955(=VG), 31쪽.

29) VG, 31쪽. 이것은 『정신 현상학』의 이념이기도 하다. PhG, 53쪽.

학문은 역사적으로 경험하는 것을 있는 그대로 보고 파악하는 것에서 시작해야 한다. 그런데 있는 그대로의 구체적 사실, 사건들이 서로 어떤 상관관계 없이 이리저리 아무렇게나 존재하는 것으로 여기는 것은 철학의 태도는 아니다. 역사적 사건들은 독립적 각 사건들의 어지러운 무질서 막춤이 아니라, 인접한 사실 사건들과의 관계 속에서 변화하면서 흐르는 것이다.[30] 이 변화의 흐름은 발전이요 진보이다.[31] 철학적 관점, 이성의 눈으로 세계사의 변화를 이해하면 그러하다.

존재하는 모든 것은 사라진다. 그냥 사라지는 것이 아니라 존재하다가 사라진다. 존재의 즉자적 감성적 대표자는 자연이다. 인간 또한 자연인의 생명 현존재자라는 면에서 그 예외일 수 없다. 인간 실존이 자연 안에서 자연과 더불어 삶을 시작하는 것을 헤겔은 강조한다. 인간은 탄생할 때 시간, 공간은 물론 문화를 제 마음대로 선택할 수 없다. 자신의 성별, 고유의 감성과 지성 능력 또한 자유롭게 선택한 것이 아니다. 성장과 교육이 끝날 때까지 미성년에게 주어지는 외적·내적 선택지들은 실은 자유가 아니다. 성인이 된다고 사정이 크게 달라지지 않으나, 그렇다고 스스로 자유인임을 자각하면서 자신을 구속하는 일체의 자연적 사회문화적 조건들로부터 해방 의지를 가지고 그것을 실현하려는 시도가 무의미하거나 불가능한 것은 아니다. 자유는 자연성으로부터 인간으로 도야해야 하는 의무요, 도야를 통해 성숙한 의지가 원하는 대로 행동할 권리이며, 인간됨이라는 당위 수행의 역설적 자유이다. 이 자유가 무절제와 혼란이 아니라 인륜적 삶의 권리 의무와 그 실현과 실천을 위한 제도 확립일 때, 자유는 정신의 본질로 나타나는 것이다. 이 제도 확립에 실패하거나 그 제도를 지키지 못할 때 민족정신의 소멸, 즉 국가의 멸망이 주어진다. 정신 있는 어떤 나라도 자신의 소멸을 바라지 않는다. 민족정신의 목적이 영원한 자기 지속이라는 점에서, 자신들이 속한 국가의 이성성을 확보하려고 끊임없이 노력한다.[32] 정치적 국가와 정부의 멸망이 민족의 멸망은 아니다. 민족정신이 확고하게 교육되고 도야된 민족은 자기가 잘못된 정치제도 아래 있다고 깨닫는 순간 그 정부를 무너뜨리고, 반대로 미개한 민족은 그런 능력이 없다. 헤겔에서 국가와 민족은 같은 의미이나, 정부는 그 국가 또는 민족에게 강제적으로 주어지거나 국가 또는 민족이 자발적으로 채택한 정치적 통치 형태를 의미한다.

---

30) 이것이 역사의 이성성을 결정한다.

31) VG, 32쪽 이하.

32) 이런 노력과 교육적 경향성 때문에 자기 민족의 역사 서술은 이데올로기적 성격을 갖는다. 특히 역사 서술의 객관성을 내세우지만 실은 자기중심적 주관주의를 숨기고 있는 서양사학의 문제점에 관한 연구로는, 강철구, 『역사와 이데올로기-서양 역사학의 유럽중심주의에 대한 비판적 검토』, 용의 숲, 2006 참조.

Ⅳ. 헤겔의 자연적 민족정신과 역사적 민족정신

서로 다른 방식으로 존재하는 다양한 "민족들의 구체적인 정신적 원리와 각 민족들의 역사"를 고찰하되 그 전체를 꿰뚫는 "하나의 보편적 사고"를 찾아내 확립하는 것, 이것이 철학적 역사 서술을 과제로 하는 헤겔의 입장이다.[33] 한 개인에게조차 그가 살아온 길을 되돌아보면 일정한 유형을 가진다. 우연에 맡겨져 되는 대로 살았건 미래를 계획하고 설계한 대로 살았건 지나온 과거사의 전 과정은 필연적 인과 그물로 설명할 수 있다. 어떻게 살아왔건 상관없이, 인간은 자기의식을 가지고 주어진 상황에서 부딪히는 문제들을 의식하고 분석하고 해결하면서 생을 가꾸어온 것이다. 실제로 더 나아지지 않는 결과가 온다고 해도 동물 아닌 사람이기 때문에, 인간은 지금 현재보다 미래가 더 좋아지기를 희망하고 바란다. 다시 말해 정신은 진보를 지향한다. 민족 또한 개인과 다를 바 없다. 세계사 속에서 살아남으려면 현재가 과거보다 못하게 되었거나 외세의 침략으로 멸망의 위기에 놓인 경우, 반성적으로 그렇게 된 이유와 상황을 지양하여 보다 더 좋은 미래를 찾고 설계하고 교육하고 실천해야 한다.[34] 물론 예기치 못한 사고나 질병이 어떤 한 개인을 중도에서 사라지게 할 수 있듯이, 예기치 못한 천재지변이나 재앙이 어떤 민족을 멸망에 이르게도 한다. 자연인이나 자연적 민족이 아니라, 이성적 정신을 믿고 교육받는 이성인, 이성 민족이라면 돌발적 재앙이나 천재를 피하기 위한 안전장치를 준비한다. 개인과 마찬가지로 어떤 민족, 어떤 국가든 생로병사의 유기체적 질서를 벗어날 수 없다. 이 과정에서 탄생과 죽음이 시사하는 바는 매우 중요하다. 한 개인이 태어난다고 그 민족이 부강해지는 것이 아니듯, 한 민족이 멸망한다고 세계사가 끝장나는 것도 아니다. 죽음은 언제나 탄생을 잉태한다. 조상들의 죽음을 통해 지금의 내가 있는 것처럼 나의 죽음은 후손들의 탄생과 번영의 밑거름이 되며 이것은 세계사의 변화에도 똑같이 적용된다. 헤겔은 "죽음을 통한 새로운 삶의 출현을 변화 속에 있는 부활"의 범주라 부른다.[35] 이 범주는 자연성을 통한 정신성의 출현으로 이해해도 좋다. 헤겔은 일찍이 인간이 속한 자연 유기체의 특성인 동물성이 극복될 때 비로소 의식이 출현한다고 한 적이 있다.[36] 이 말은 의식적 이성으로 스스로를 되돌아보고 자신의 생을 스스로 인식하고 기획할 때

33) VG, 32쪽 이하. '민족들의 구체적인 정신적 원리' = das konkrete, geistige Prinzip der Völker.

34) 피히테가 말하는 '민족정신'의 중요한 본성 중 하나가 바로 이 자기반성과 그 교육이다. Fichte, *Reden an die deutschen Nation*, Fichtes Werke, hrsg. von I. H. Fichte, Bd., VII, Berlin 1971, 267, 275쪽.

35) VG, 35쪽. '변화' = Veränderung, '부활' = Auferstehung.

36) Hegel, *Jenaer Systementwürfe III*, 172쪽.

동물적 인간은 정신적 인간으로 상승한다는 뜻이다. 현존하는 정신이란 죽지 않는 불사의 영혼이 아니라 스스로를 정화하고 고양하는 힘일 따름이다.[37] 지금의 상태를 반성하고 단점을 극복하여 보다 더 높은 곳으로 주체를 변화시켜 바꾸는 교육과 도야의 능력, 이것이 바로 정신이다.[38]

인간이 동물로 존재하는 동안에 역사는 존재하지 않는다.[39] 아직 정신이 출현하지 않은 시기에 인간은 다른 생명체와 마찬가지로 한갓 자연의 일부이며 물리적 인과율의 지배에서 벗어나지 못한다. 동물 인간은 철두철미 물리적 자연의 일부일 뿐이다. 자연을 가공하여 자기 삶의 도구로 변형시키고 그 기술을 축적해 후대로 이어지는 것과 더불어 정신의 왕국이 출현한다. "정신의 왕국은 인간이 생산해낸 왕국이다."[40] 세계사는 세계의 역사이다. 역사는 인간에 의해 산출된 것이나 세계에는 인간의 것만이 아니라 자연의 것도 속해 있다. 세계사가 정신의 토대 위에 세워짐에도 불구하고 자연적 성격을 가지는 이유가 바로 이것이다. "이 세계는 물리적 자연과 심리적 자연을 자체 내에 함축한다. 물리적 자연 역시 (심리적 자연과 마찬가지로－필자) 세계사에 간여한다. 그래서 우리는 처음부터 똑같이 자연규정의 근본 관계에 주목하게 된다."[41] 결국 역사는 인간의 정신, 즉 활동하고 희망하고 원하는 것을 쟁취하는 주체적 힘과 능력의 전개사이며 발전사이다. 이 능력은 주어진 물리적·심리적 자연에 대한 변형과 가공으로 나타나며 이 방식은 그 주체가 어떤 자연적 조건 아래 있느냐에 따라 달라진다. 이 때문에 고유한 특성을 지닌 수많은 민족이 존재하며, 종교가 다르고 습관과 풍습이 서로 다른 집단이 고유의 역사를 일구는 것이다. 서로 다른 인간이나 집단이 만들어낸 정신적인 것 중 가장 실체적인 것이 "일정한 종교, 학문, 예술 등"이다.[42] 이런 것들이 어느 날 갑자기 하늘에서 떨어진 것이 아니라 오랜 시간 속에서 각기 다른 방식으로 생활하는 수많은 민족들에 의해 각자의 것으로 형성된 것이다. 물론 이 형성물은 그 안에 태어나는 구체적 개인의 현존과 뗄 수 없는 관계를 맺고 있다. 개인은 "정해진 어떤 조국, 정해진 어떤 종교, 법적(권리적), 인륜적인 것에 대한 표상과 인식(학, Wissen)의 일정 영역 속에" 살고 있다.[43] 그 영향 아래서 개인은 자연스럽게 자신의 관심과 행동을 그려나간다. 이 그림들은 다시 민족 고유의 종교, 학문, 예술을 보다 세련된 발전의 틀 속에 넣으면서 민족정신을 고양시킨다.[44] 헤겔

37) VG, 35쪽.
38) VG, 35쪽.
39) 국가 형성 이전의 가족이나 개인의 문제는 선(先)역사적이다. 따라서 철학적 역사 서술의 대상은 아니다.
40) VG, 50쪽.
41) VG, 50쪽. '물리적 자연과 심리적 자연' = die physische und psychische Natur.
42) VG, 53쪽.
43) VG, 53쪽.

은 각 민족들이 어떤 방식으로 이것을 구체화하고 형성하는지를 유형화하여 보편적 세계정신에 이르는지를 고찰하는 것이 철학적 역사학의 과제라고 생각한다.

V. 논쟁점과 과제

오늘날 논의되는 민족주의가 긍정적이든 부정적이든 종족적 정체성과 공동체 구성, 그리고 그 내면적 통일성이라면 그 이론적 토대는 헤겔의 민족정신론이다. 현재 진행 중인 다양한 민족주의 논쟁들을 비판적으로 종합하려 한 앤서니 D. 스미스가 이 사실에 전혀 주목하지 않은 것은 이상하다.45) 아마도 손쉬운 경험적 사례들에 지나치게 의존한 그의 사회사적 탐구 방식의 한계 때문인지 모르겠다. 그는 이론적 민족주의와 이데올로기로서의 민족주의, 그리고 종족주의로서 민족주의를 구분하면서 그 패러다임으로 원초주의, 영속주의, 근대주의, 종족 상징주의로 유형화 한다.46) 각 유형들을 대표하는 이론들은 상호 대립적이기도 하고 중첩되기도 하고 포섭하기도 한다. 근대주의자 들은 프랑스혁명을 기점으로 구제도의 혁파를 통한 새로운 시대출현의 산물로 국가와 민족 개념을 이해한다. 즉 구시대와 다른 새로운 시대가 출현하면서 새로운 나라 건설과 그것을 위한 합리적 정치적 제도의 확립과 사회 부조리의 해소 등이 요청된다. 이 요청들은 근대 계몽주의의 산물이다.47) 이 유형론에 따르면, 민족주의는 민족 형성 과정과 재편이라는 근대의

44) 여기서 종교는 저승을 담보로 사람들이 노예임을 주장하는 낡은 종교가 아니라, 인간은 누구나 자유롭다는 것에 대한 믿음이다. 이 말은 인간은 누구나 외적 속박으로부터 해방될 자유를 가진다는 피히테적 의미에서 이성의 메시아로서 학적 종교이다. Fichte, *Reden an die deutschen Nation*, 298쪽 이하 참조. 이 때문에 종교는 학문적 인식과 그 인식의 예술적·정치적 실천과 같은 뿌리를 가진다.

45) A. D. Smith의 민족주의에 관한 주목할 만한 연구로는, *Nationalism in the Twentieth Century*, Oxford, 1998, *The Ethnic Revival in the Modern World*, Camebridge, 1981, *Theories of Nationalism*, London/ N.Y., 1983, *The Ethnic Origins of Nations*, Oxford, 1986, *National Identity*, Harmondsworth, 1991, *Nations and Nationalism in a Global Era*, Camebridge, 1995, *The Nation in History*, Camebrige, 2000외에 논문 다수가 있다.

46) Anthony D. Smith, *Nationalism: Theory, Ideology, History*, A. D. 스미스, 『민족주의란 무엇인가-근대주의를 넘어선 새로운 모색』, 강철구 역, 용의 숲, 2012(=앤서니), 79쪽 이하.

47) M. Hechter, *Internal Colonialism-The Celtic Fringe in British National Development, 1536-1966*, London, 1975는 근대주의의 사회경제적 특징을, E. Geller, *Thought and Change*, London, 1964와 *Nations and Nationalism*, Oxford, 1983은 근대의 사회문화적 측면을, A. Giddens, *The Nation-State and Violence*, Camebridge, 1985는 근대의 정치적 특징을, E. Kedourie, *Nationalism*, London, 1960은 근대 민족주의의 이데올로기 측면을 강조한다. E. Hobsbaum, *Nations and Nationalism since 1780*, Camebridge, 1980과 E. Hobsbaum and T. Ranger (edit),*The Invention of Tradition*, Camebridge, 1983은

사회 문화, 정치적 상황과 계몽사상이 결합하여 생겨난 결과물이라는 것이다. 자본주의 발생과 성장에 의한 지역적·계급적 갈등과 불평등, 교육을 통한 시민의식의 고취와 그에 따르는 자아·타아의 비교 인식, 시민적 자유와 권리의 자각과 요구, 사회적 부조리에 대한 깨달음과 저항과 개선 의지, 사회 갈등과 모순을 해소하려는 자율적 통일 이데올로기 등을 그 특징으로 강조한다.[48] 영속주의는, 민족이란 그 이데올로기와 상관없이 어느 시대 어느 곳이든 역사적 현존을 가진다는 입장이다.[49] 이 입장은 민족을 종족과 같은 것으로 보며, 따라서 동일 혈통이 씨족에서 부족으로 확장되는 "자연 공동체"로 이해한다.[50] 그러나 씨족적 혈통보다 사회문화적 동일성과 지속을 강조한다는 점에서 원초주의와 구별된다. 영속주의와 달리 원초주의는 특정 집단의 혈통 동일성과 역사 동일성의 지속성을 민족 개념의 기초로 설정한다. 이 관점 중에는 원초적 민족, 자연적 민족을 상정하고 그 유전적 형질 보존을 위해 이어져 온 혈통 집단을 민족으로 보는 이들도 있다. 이들의 생각은 유전 생물학에 영향을 받은 요즈음의 이론이라 하겠다. 여기서 민족은 가족이 확장된 혈족 집단이다. 이들은 근대주의의 합리적 결속을 반대하고, 대신 혈통이라는 원초적 결속을 내세운다. 영토, 언어, 관습, 종교 등의 동일성은 원초적 애착과 결속의 산물 외에 다른 것이 아니라는 것이다.[51] 앞의 이론들이 종족 지속성과 민족 형성 등의 요소를 객관적으로 찾으려는데 비해, 종족 상징주의 이론은 집단이나 공동체를 통일하는 본원적인 것으로 주관적 의미 상징에서 찾고 있다.[52] 이 이론에서는 공유하는 기억과 가치, 감정과 신화 또는 상징체계가 민족 정체성의 기초가 된다. 동일 상징의 공유는 구성원 내의 다양한 갈등과 분열을 통합하는 위력이며 그 진원지는 종족이다. 종족성을 강조하면 영속주의에 겹쳐지지만, 혈통이 아니라 동일 상징체계를 중시한다는 면에서 영속주의와 다르다. 원초주의가 사회생물학적 특수 관점이라면 영속주의는 민족을 역사적 산물로 규정하는 역사학적 관점으로 근래에 이르기까지 폭넓은 지지층을 가진다.[53] 1980년대부터 논의된 근대주의는 근대국가의 발전과 더불어 시작된 민족주의가 민족 개념을 만들어냈으며, 근대성의 소멸과 더불어 민족주의도 사라진 것으로 여긴다. 이 입장에서 민족

민족과 민족주의가 근대사회의 필요와 요구에 의해 주조되고 구성된다는 주장을 펴고 있다.

48) 앤서니, 위의 책, 85쪽 이하.

49) 같은 곳, 87쪽 이하. 스미스의 분류에서 영속주의의 대변자는 르낭, 하스팅스(A. Hastings) 등이 있고, 원초주의의 고전적 대변자는 루소, 헤르더, 피히테 등이나, 현대는 판 덴 베르허(Van den Berhe), 워커 코너(W. Corner), 에드워드 기어츠(E. Geertz) 등이 있다. 종족 상징주의의 대표자는 존 암스트롱과 존 허치슨 등이 있다.

50) 같은 곳, 88쪽.

51) 같은 곳, 92쪽 이하.

52) 같은 곳, 98쪽 이하.

53) 같은 곳, 앤서니, 230쪽 이하.

과 민족주의는 현대와 현대성에 모순되는 것, 따라서 지금은 낡은 개념으로 배격된다. 이에 비해 종족 상징주의는 영속주의, 원초주의 및 근대주의에서 소홀히 한 주관적 가치 체계의 응집력을 부각시키는 공이 있지만 다른 이론들이 내세운 민족주의 형성의 객관적 측면들, 즉 종족적, 사회 문화적, 정치 경제적 요소들을 진지하게 고려하지 않는다는 경솔함도 가진다.

민족주의는 Nationalismus의 번역이나, 민족과 국가 개념의 정립을 위한 18세기 중후반에서 19세기 초기까지의 계몽적 합리주의의 이해와 19세기 중반 제국주의와 연결된 민족주의를 구분하여 전자를 Nationismus, 후자를 Nationalismus로 나누기도 한다, 이 분류에 의하면 헤겔의 민족정신론은 Nationismus에 속한다. 하여간에 Natio는 어떤 사물이나 사람의 출처, 출생지 등을 뜻하나 본시 '탄생의 여신'의 이름이다. Natio는 중세부터 종족 또는 부족(Volkstamm), 민족(Völkerschaft)의 뜻으로 사용되었으나 국민, 민중, 인민, 시민 등의 Volk와 겹쳐 쓰이면서 그 의미 또한 크게 확장된다. 이때 모호함과 애매함이 자연스럽게 함께한다. 민족주의는 이론적으로는 칸트, 헤르더, 피히테에서 기본 골격이 짜이지만 그 체계적 완성은 헤겔의 역사철학이라 하겠다.[54] 오늘날 다양하게 논의되는 민족의 형식적 개념 규정은 헤겔에서 이미 완결된 것을 재확인하는 것처럼 보인다. 스미스는 민족 형성과 성장 과정, 민족에 속하는 감정과 의식, 민족 언어와 상징, 민족의 사회적·정치적 운동, 민족 원리와 이데올로기에서 민족주의를 규명한 것은 최근의 성과라고 생각하지만,[55] 이것은 잘못된 평가이다. 민족의 형성과 성장과 번영에 일정한 고유성과 규칙이 존재하며, 그 고유성을 결정하는 자연 및 사회 제약성과 그 제약을 벗어나는 특정 방식이 있다는 것, 또 이 방식은 한배를 탄 공동 운명체로서의 의식과 감정, 인식 틀에 밀접히 연관되어 있다는 것, 이 공동 운명체를 하나로 합일하는 정신의 주관적 최고 형태는 언어와 종교이며 그 객관적 최고 형태는 이성국가라는 것, 이성국가는 자기 지속의 보편적 원리를 교육을 통해 확립한다는 것 등을 우리는 헤겔 사유 도처에서 확인할 수 있기 때문이다. 마치 헤겔 역사철학을 강의하듯 스미스는 어떤 민족이든 고유의 기후와 지리적·환경적 주거 지역에서 성장, 발전하며, 이 고유의 영토에서 성장사를 가진 집단을 좁은 의미의 민족이라 한다. 오랫동안 함께 생활하면서 같은 집단의식과 공통 감정을 형성하고 외부의 자극과 도전에 대해 함께 반응하고 방어하면서 동일 상징체계를 만들어낼 뿐 아니라 사회적 문제를 함께 공유하며 그 해결 및 결과에 대해 같은 생각을 하게 된다. 이 동일 의식과 감정은 집단정신의 원리와 이데올로기로 승화된다. 무엇보다 이 전체를 민족

54) 근대 사유에서 개인 → 시민 → 민족 → 국가로의 발전은 시민적·민족적 국가 형성과 진보의 축이다. 이것을 19세기 중엽 제국주의와 결합한 민족주의와 구분하여 Nationismus라고도 한다.

55) 앤서니, 앞의 책, 29쪽 참조.

동일성으로 묶어주는 가장 중요한 것은 언어와 종교이다. 같은 언어와 같은 종교 믿음 체계는 그 민족의 현존과 미래 지속의 이념과 이데올로기를 확고하게 다진다. 스미스는 민족의 자율성과 민족 통합, 그리고 민족 정체성을 민족의 목표라 규정하면서, 이 목표의식을 공유하기 때문에 민족 이데올로기가 생겨나고 여기에 민족주의가 뿌리를 내린다고 강조한다.[56] 이 셋을 민족의 목표라 한 것은 경험적으로 볼 때, 자율성 없는 종족이나 민족도 있으며 통합 대신 분열을 정당화하는 민족도 있고 정체성을 고집하지 않고도 별 어려움을 인식하지 못하는 민족도 있다는 것을 염두에 둔 때문인 듯하다. 그러나 단일민족 국가든 다민족 국가든 하나의 정치체제를 갖춘 국가만이 대내외적으로 그 독립성을 인정받을 뿐 아니라, 스스로 그 체제를 지킬 강력한 물리적·정신적 힘을 보유한다면, 그 국가는 이미 자율성을 가지는 것이며 동시에 구성원 통합의 구심점이 되는 것이요 또한 정체성의 실질적 위력이 된다. 이 점을 헤겔은 분명히 한다. 그의 민족정신 개념을 문화와 역사의 불멸적 영혼으로 구성원을 도야시키면, 이는 현대적 언어로 이데올로기 외에 다른 것이 아니다.

헤겔은 혈연적 씨족사회에서 부족사회로, 부족의 확산과 결속이 민족과 민족국가를 형성하는 수많은 경우를 세계사에서 예시한다. 반대로 제대로 국가를 만들지 못하고 떠도는 많은 종족들을 언급하기도 하며, 내적 자율도 외적 자율도 유지하지 못하는 이름뿐인 국가도 있다는 것을 지적한다. 그러나 진정한 의미의 민족, 세계사적 민족은 예외 없이 대내외적 자율성을 가진 법적·정치적 국가를 건설해야 한다. 이 때문에 헤겔은 세계사를 법철학의 결론부에 자리매김한다. 민족 자율성은 구성원 개개인의 자율적 권리에서 연역된다. 개인의 권리는 생존권의 초석인 소유권인데, 이것이 자연인으로서 개인의 권리일 수 없는 것은 타인들의 사회적 인정을 전제하기 때문이다. 다시 말해 인정은 타인과 교호적이므로 상호 주관적이며 동시에 상호 객관적 특징을 갖는다. 소유권과 그 의무가 정립되고 그 침해에 대한 형법이 규정되고 집행의 권력이 합리적 타당성으로 정당하게 확립될 때 비로소 사회 정의가 현실적으로 실현된다. 개인의 자유가 사회적 자율로, 또 법적·제도적 자율로 고양될 때, 드디어 개인은 민족으로, 민족은 국가로 발전한다. 법과 제도가 개인과 시민에게 불편부당하다는 믿음을 줄 때 그 자율적 인권과 주권이 대내적으로 정당화되고 대외적으로 그 자율적 독립성 인정을 요구할 수 있다. 문제는 민족 구성원 전체가 자기들의 대내 주권을 유지하려 해도 외부의 침략에 스스로를 지킬 힘이 없으면 주권의 자율은 무자비하게 유린된다. 자율성이 사라지면 민족도 국가도 세계사의 도살장에서 목숨(정신)을 잃는다. 자율적 주권을 수호하는 것은 시민사회의 법적·정치적 권리를 내적으로 정당화하고 지키는 것만으로는 안

56) 같은 곳, 20쪽. 헤겔에서 이 셋은 민족의 목표가 아니라 민족정신의 개념적 본질이다.

된다. 이를 위해서는 구성원 전체를 하나로 꿰는 의식적 실체로서의 언어와 종교(믿음 체계), 관습과 전통, 신화와 전설의 공유와 그 수호는 물론, 이것들을 객관화하고 대상화할 수 있는 무대로서 거주하는 고유 영토와 그 사수가 필수적이다.

헤겔에 의하면, 민족 자율성이라는 대외 주권을 수호하는 가장 원초적 형태는 국토의 수호이다. 한 개인의 권리가 몸과 정신의 소유권 확립에서 시작하는 것과 마찬가지로 민족을 하나의 단위로 할 때도 그 민족의 거주지인 몸(영토)과 정신(주권)에 대한 소유권의 수호가 그 출발점이다. 정신은 여기서 단순한 정치적 주권만이 아니라 언어와 종교와 문화와 조상에서 후손으로 이어지는 역사적 미래의 영혼 동일성을 포함한다. 정체성은 다름 아닌 개인의 자유와 민족적 자율이 하나라는 믿음이며 그에 따르는 실천적 행동이다. 정체성은 따라서 통합의 결과라기보다 그 원인이며 결과이다. 같은 국토, 같은 주권, 같은 언어, 같은 믿음과 같은 상징체계, 이것이 민족국가 형성의 근원적 요소들이다. 헤겔은 민족정신을 결정하는 가장 본질적인 것으로 언어와 종교와 학문을 들고 있다. 여기서 민족 구성원이 씨족이냐 부족이냐는 별로 중요하지 않다. 같은 언어, 같은 믿음과 같은 인식 체계를 공유하는 것만으로도 문화적·민족적 통합은 가능하며 가족애와 형제애와 애국주의를 구성해낼 수 있기 때문이다.

참고 문헌

1. 1차 문헌

Fichte, *Grundlage des Naturrechts*, 1796, Hamburg 1979.

______, *Reden an die deutschen Nation*, Fichtes Werke, hrsg. von I. H. Fichte, Bd., VII, Berlin 1971.

Hegel, *Jenaer Systementwürfe III*, GW. Bd., 8, Gesammelte Werke, Bd., 8, Hamburg 1976.

______, Grundlinien der Philosophie des Rechts, Werke in zwanzig Bänden, Theorie Werkausgabe, Bd., 7, Frankfurt am M., 1982. (=Rechtsphilosophie)

______, *Enzyklopädie der philosophischen Wissenschaften im Grundrisse*, 1830, Gesammelte Werke, Bd., 20. Hamburg 1992. (=Enzyklopädie)

______, *Phänomenologie des Geistes*, Gesammelte Werke, Bd., 9, Hamburg 1980. (=PhG)

______, *Vorlesungen über die Philosophie der Weltgeschichte*, Bd., I, *Vernunft in der Geschichte*, Hamburg 1955. (=VG)

Herder, *Ideen zu einer Philosophie der Geschichte der Menschheit*, 1784-1791, Sämtliche Werke, Bd.,6, hrsg. von M. Bollacher u. a., Wiesbaden 1989. (=Ideen)

Kant, *Kritik der reinen Vernunft*, Hamburg 1998. (=KrV)

______, *Kritik der praktischen Vernunft*, Hamburg 1998. (=KpV)

______, *Streit der Fakultäten*, 1798. Kants Werke, Akademie Textausgabe, Bd., VII, Berlin 1968. (=Fak.)

______, *Idee zu einer allgemeinen Geschichte in weltbürgerlicher Absicht*, 1784, Kants Werke, Akademie Textausgabe, Bd., VIII, Berlin 1968. (=Idee)

______, *Mutmaßlicher Anfang der Menschengeschichte*, 1786, Kants Werke, Akademie Textausgabe, Bd., VIII, Berlin 1968. (=Anfang)

______, *Metaphyik der Sitten*, 1797.

2. 2차 문헌

강철구,『역사와 이데올로기-서양 역사학의 유럽중심주의에 대한 비판적 검토』, 용의 숲, 2006.

유헌식,『역사이성과 자기혁신』, 철학과 현실사, 2009.

Hartmann, N., Hartmann, Die *Philosophie des deutschen Idealismus*, Berlin/ New York, 1974.

Höffe, O., *Immanuel Kant*, München, 1997, 이상헌 역,『임마누엘 칸트』, 문예출판사, 1998. (=회페)

Smith, A. D., *Nationalism: Theory, Ideology, History*, Camebridge, 2001, 강철구 역,『민족주의란 무엇인가-근대주의를 넘어선 새로운 모색』, 용의 숲, 2012. (=앤서니)

______, *Nationalism in the Twentieth Century*, Oxford, 1998.

Schenk, H. G., *The Mind of the European Romantics-An Essay in Cultural History*, Oxford, 1979, 이영석 역, 대광문화사, 1991.

Wilkins, B. T., Hegels Philosophy of History, Cornel, 1974, 최병환 역,『헤겔의 역사철학』, 서광사, 1995. (=윌킨스)

Hegels Begriff des Volksgeistes und seine Berechtigung

Yoon, Byoeng Tae

Abstract

Diese Arbeit beabsichtigt, die Beziehung und Bedeutung zwischen Volk und Volksgeist aufzuklären. Es wird betrachtet, wie Hegel die Gedanken Kant's über die Beziehung von Geist und Natur aufnimmt. Im Anschluss wird die Fragestellung beantwortet, warum Volk und Volksgeist in der geschichtlichen Realität als konkretes Dasein existent sind und was deren Daseinsweisen sind. Indirekt erhofft der Verfasser, einen Beitrag zur Richtigstellung der gegenwärtig verdrehten Auffassung der Diskussion und Auseinandersetzung zum Nationalismus leisten zu können. Auch wird die Möglichkeit einer reflektierenden Perspektive aufgezeigt, indem durch die Aufnahme des klassischen Verständnisses von Hegel's Begriff des Volksgeistes der Nationalismusdiskurs ein vielseitigeres und fruchtbares Resultat erhofft wird.

Key Words: Idee, Geschichte, Nation, Nationalismus, Natur, Recht, Staat, Vernunft, Volk, Volksgeist, Weltgeschichte

• 투고일: 2012.10.19. 심사완료일: 2012.10.31. 게재확정일: 2012.11.01.

듀이가 이해한 초기 헤겔 철학*

-「헤겔의 정신철학 강의」(1897)를 중심으로-

서 정 혁

요약문

듀이는 시카고 대학교에서 1897년에 헤겔의 정신철학에 관해 강의를 했다. 이 강의 중 예나 시기 이전까지의 내용을 중심으로, 초기 헤겔 철학에 관한 듀이의 이해가 적절한지 여부를 검토해 볼 수 있다. 이 검토에서 다음과 같은 내용을 확인할 수 있다. 첫째, 듀이는 초기 헤겔 철학에서 '객관주의'를 강조하고 있다. 이에 관한 듀이의 구체적인 논의가 충분하지 않음에도 불구하고, 우리는 듀이의 '객관주의'에 대한 강조가 객관적 사태를 중시하는 헤겔의 관념론적 입장에 대체로 상응한다는 것을 확인할 수 있다. 둘째, 초기 헤겔의 문제의식이 역사적 사회적 맥락에서 종교 비판과 관련되어 있고, 또한 이 비판이 칸트 철학에 대한 비판적 수용과 함께 한다는 듀이의 해석은 초기 헤겔 철학과 관련하여 상당히 긍정적인 평가를 받을 수 있다. 마지막으로 듀이에 의하면 초기 헤겔은 피히테의 주관주의와 셸링의 객관주의를 모두 비판하면서 '실행성'으로서의 통일을 제시한다. 이 점에서 듀이는 헤겔을 '위대한 실행주의자'라고 부르며 이 실행주의를 자신의 실용주의적 관점에서 긍정적으로 해석한다. 이상과 같은 내용들을 토대로 할 때, 주로 부정적인 관점에서 해석되어 온 듀이와 헤겔의 관계가 재검토될 수 있는 가능성이 열리며, 듀이의 실용주의와 헤겔의 사변철학 사이의 거리가 상당히 좁혀질 수 있다.

* 이 논문은 2012년 정부(교육과학기술부)의 재원으로 한국연구재단의 지원을 받아 수행된 연구임.(연구과제명: '듀이와 헤겔의 정신 철학'. 과제번호: NRF-2012S1A5A2A01017359의 1년차 연구결과)

그리고 더 나아가 영미철학과 독일관념론 사이에 상호 소통의 가능성을 적극적으로 모색하는 길이 열릴 수 있다.

● 주요어: 객관주의, 실행성, 종교 비판, 실용주의, 듀이, 헤겔, 칸트

Ⅰ. 머리말

20세기 후반 분석철학 내에서 대두된 '헤겔주의적 전회'는 헤겔 철학에 대한 재해석을 통해 다양한 관점에서 헤겔 연구의 폭을 넓히는 데 일조를 했다.[1] 익히 알려져 있다시피, 그 대표적인 철학자들로는 셀라스(W. Sellars), 브랜덤(R. Brandom), 맥도웰(J. McDowell), 로티(R. Rorty) 등이 있다.[2] 그런데 미국 프래그머티즘의 선구자 중 한 사람인 듀이(J. Dewey)는 러셀(B. Russel)과 무어(G. E. Moore)가 헤겔식의 관념론에 반기를 들기 전에 이미 헤겔 철학과 적극적으로 관계하면서, 그것을 자신의 관점에서 긍정적으로 재해석해 낸 바 있다.[3] 그 대표적인 사례가 1897년에 시카고 대학교에서 듀이가 행한 헤겔의 정신철학 강의이다. 이 강의를 편집하여 발행된 「헤겔의 정신철학」이라는 글에는 헤겔의 정신철학 전반에 관한 듀이의 이해가 잘 드러난다. 듀이가 행한 헤겔의 정신철학 강의는 대체로 세 부분으로 구성되어 있다. 첫째는 헤겔의 출생부터 『정신현상학』 간행 전까지 초기 헤겔의 사상을 다루는 부분이다. 둘째는 『정신현상학』에 관한 부분이다. 그리고 마지막은 『엔치클로페디』 중 정신철학 부분을 다룬다. 이 중 『정신현상학』 간행 전까지, 즉 초기 헤겔에 관련된 부분은 다시 세 부분으로 구분할 수 있다.[4] 첫째는 출생부터

1) 이 '헤겔주의적 전회'의 윤곽을 이해하는 데에는 다음 책의 서론이 적절하다. T. Rockmore, *Hegel, Idealism, and Analytic Philosophy*, New Haven and London: Yale Univ. Press, 2005.

2) 헤겔 철학에 관련되는 이들의 대표적인 연구결과물로는 다음을 들 수 있다. W. Sellars, *Science, Perception and Reality*, Atascadero: Ridgeview Publishing Company, 1963. W. Sellars, *Empiricism and the Philosophy of Mind*, Harvard Univ. Press, 1997. R. Brandom, *Making It Explicit*, Harvard Univ. Press, 1994. R. Brandom, *Tales of the Mighty Dead*, Harvard Univ. Press, 2002. J. McDowell, *Mind and World*, Harvard Univ. Press, 1994. R. Rorty, *Philosophy and Social Hope*, Penguin Books, 1999. 이들의 헤겔과의 관계에 대한 국내 연구자료로는 다음을 참조할 것. 이병덕, 「현대영미분석철학의 헤겔주의적 전회: 왜 칸트가 아니라 헤겔인가?」, 『헤겔연구』, 제23호, 한국헤겔학회 편, 용의숲, 2008, 150-157쪽. 황설중, 「헤겔은 프래그머티스트인가?－브랜덤의 추론주의에 나타난 헤겔의 관념론」, 『헤겔연구』, 제20호, 한국헤겔학회 편, 용의숲, 2008, 157-195쪽.

3) 러셀은 무어와 함께 1898년 말경부터 관념론에 반기를 들기 시작했다고 명시적으로 밝히고 있다. B. Russell, *My Philosophical Development*, London: Allen and Unwin, 1959, 42쪽 참조.

튜빙엔 대학에 입학하기 전까지 생애를 다루는 부분이고, 둘째는 1788년부터 1793년까지 튜빙엔 대학 신학부에서 지낸 기간이며, 마지막은 베른과 프랑크푸르트 시기이다. '헤겔주의적 전회'에 동참한 철학자들이 보통 헤겔의 『정신현상학』이나 아니면 『논리학』에 치중하고 있는 데 비해, 듀이가 초기 헤겔까지 다루고 있다는 것은 특징적인 점이다.[5)]

본 연구는 이 듀이의 강의를 중심으로 초기 헤겔에 관한 듀이의 이해가 어떠하며, 그의 이해가 초기 헤겔의 철학에 대해 적절한 것인지를 검토한다. 이러한 검토는 우선 초기 헤겔에서 일종의 '객관주의'를 강조하는 듀이의 해석에서부터 시작하여, 초기 헤겔의 종교 비판에 대한 듀이의 견해, 그리고 마지막으로 초기 헤겔의 철학 체계 구상에 대한 듀이의 입장을 살펴보는 순으로 진행된다. 이러한 검토 내용을 토대로, 초기 헤겔에 대한 듀이의 해석의 특징은 무엇인지를 확인하고, 듀이의 프래그머티즘과 헤겔의 사상 사이에 어떤 연관성이 있는지를 살펴 볼 것이다.

Ⅱ. 초기 헤겔에 대한 듀이의 접근 방법과 관점

본격적으로 듀이가 초기 헤겔을 어떻게 이해했는지를 살펴보기 전에, 듀이가 초기 헤겔의 생애와 사상을 접한 자료에 대해서 우선 간략한 소개가 필요하다. 듀이는 초기 헤겔을 접한 2차 자료로 다음의 세 가지를 언급하고 있다. 로젠크란츠(K. Rosenkranz)의 『헤겔의 생애』(1844)와 카이드(E. Caird)의 『헤겔』(1883), 그리고 로이스(J. Royce)의 논문[6)]이 그것들이다. 로젠크란츠의 『헤겔의 생애』는 영어로 번역되기 전에 듀이가 독일어판으로 직접 읽었던 것으로 보이며, 카이드와 로이스 둘 다 로젠크란츠의 이 책에 상당히 의존하고 있기 때문에, 듀이는 초기 헤겔의 사상을 이해하는 데 로젠크란츠의 영향을 많이 받았다고 판단된다.[7)] 이에 비해 듀이는

---

4) 예를 들어, 루카치는 청년 헤겔 이후 예나 시기까지를 보통 '청년기'라고 부르지만, 여기서는 예나 시기 전후를 구분하고 프랑크푸르트 시기까지를 '초기 헤겔'로, 그리고 그 후를 '예나 시기'로 부른다. 왜냐하면 예나 시기를 기준으로 그 전후를 구분하는 명칭이 헤겔의 사상을 고려해 볼 때 더 적절하다고 판단되기 때문이다.

5) 이는 국내의 경우도 예외가 아니다. 듀이와 헤겔의 관계는 다음의 김태길의 연구에서 선구적이지만 아주 제한적으로만 언급되고, 현재까지 이 연구지평을 크게 벗어나지 못하고 있는 것이 현실이다. 김태길, 『존 듀이의 사회철학』, 김태길 전집6권, 철학과 현실사, 2010. 철학 분야에만 한정하자면, 그나마 근래에 발표된 아래의 논문도 헤겔의 『정신현상학』에만 집중하면서 이 두 철학자 간의 관계에 관한 최근의 연구성과들을 반영하지 못하고 있는 점이 아쉽다. 박인성, 「Hegel에서 Dewey에로－정신현상학이 듀이에 준 영향」, 『인문과학연구』, 제9권, 전주대 인문과학종합연구소, 2003.

6) 이 논문은 다음과 같다. J. Royce, "Two Philosophers of the Paradoxical", *Atlantic Monthly* 67, 1891.

예를 들어 하임(R. Haym)의 『헤겔과 그의 시대』(1857)는 전혀 언급하고 있지 않다. 실제로 이 시기에 듀이가 하임의 책을 참고하고도 그것을 언급하지 않은 것인지, 아니면 아예 읽지 않은 것인지는 단정할 수 없으나, 듀이가 하임이 아닌 로젠크란츠를 적극적으로 참고하고 있다는 사실은 주목할 만한 점이다.8) 왜냐하면 잘 알려져 있다시피, 하임은 헤겔에게 '프로이센 반동 정부의 공식 철학자'라는 인상을 덧씌우는 데 결정적인 기여를 한 반면에,9) 헤겔의 제자인 로젠크란츠는 보수주의와 혁명주의 모두에 비판적인 헤겔 연구자였기 때문이다.

로젠크란츠는 미국에 번역 소개된 한 논문에서, 우리가 헤겔의 주요 저작들을 그의 정치적 분야들로 보완해서 연구하고 헤겔의 당대에 발생한 기념비적인 정치적 사건들을 염두에 두어야만, 헤겔의 사상을 좀더 적절하게 평가할 수 있을 것이라고 주장했다.10) 헤겔의 이론적 측면은 프랑스 혁명과 같은 역사적 사건들이 지니는 의미를 직·간접적으로 반영한다는 관점에서, 근래의 연구들은 초기 헤겔을 '자유주의적 개혁자'로 해석하는 로젠크란츠의 입장을 상당 부분 정당화해 주기 때문에,11) 초기 헤겔의 지적 발전에 대한 듀이의 해석도 이런 점에서 상당히 시의성이 있다고 판단할 수 있다.12) 왜냐하면 듀이는 무엇보다도 초기 헤겔이 지녔던 실천적 문제의식이 헤겔 철학 전반에서 중요한 역할을 했다는 점을 특히 강조하고 있기 때문이다.

「헤겔의 정신철학 강의」 중 초기 헤겔을 바라보는 듀이의 기본적인 관점을 이

7) J. A. Good, "Reading Dewey's "Permanent Hegelian Deposit"", *John Dewey's Philosophy of Spirit*, ed. by J. R. Shook & J. A. Good, New York: Fordham Univ. Press, 2010, 62쪽.

8) 로젠크란츠는 St. Louis의 *Journal of Speculative Philosophy*의 보조 회원으로서, 1879년 사망전까지 미국 학계에 비교적 잘 알려져 있었고, 이 잡지에 129쪽이나 그의 저작이 번역 소개되었다. J. A. Good, "Reading Dewey's "Permanent Hegelian Deposit"", 62쪽 참조. 특히 기존의 해석과는 달리, 듀이가 1890년대 이후 소위 영국의 '신헤겔주의(neo-Hegelianism)'에 결별을 선언한 것이지 헤겔에 대해서는 분명한 결별을 선언한 적이 없으며, 이 점은 헤겔이 St. Louis의 헤겔 연구자들의 영향이 컸다는 데 대해서는 다음을 참조할 것. J. A. Good, "John Dewey's "Permanent Hegelian Desposit" and the Exigencies of War", *Journal of the History of Philosophy*, vol.44, no.2, 2006, 294쪽 이하.

9) 특히 하임은 헤겔의 법철학과 관련하여 이 점을 강하게 주장한다. R. Haym, *Hegel und seine Zeit*, Darmstadt: Wissenschaftliche Buchgesellschaft, 1962, 357쪽 이하 참조.

10) K. Rosenkranz, "Hegel as Publicist", trans. by G. Stanley Hall, *Journal of Speculative Philosophy* 6, 1872, 258-279쪽 참조.

11) 이와 관련해서는 다음을 참고할 수 있다. T. Pinkard, 전대호·태경섭 옮김, 『헤겔, 영원한 철학의 거장』, 이제이북스, 2006, 1부 참조. H. S. Harris, *Hegel's Development: Toward the Sunlight, 1770-1801*, Oxford: Clarendon Press, 1972.

12) J. A. Good, "Reading Dewey's "Permanent Hegelian Deposit"", 63쪽. 특히 프랑스 혁명과 헤겔 철학 사이의 관계에 대해서는 다음을 참조할 것. J. Ritter, *Hegel und die französische Revolution*, Frankfurt am Main: Suhrkamp Verlag, 1965.

해하기 위해 우리가 주목할 만한 내용은, 로이스 교수의 논문을 참고하여 듀이가 소개하고 있는 유년기 헤겔의 경험 두 가지인데 그것은 다음과 같다. 그 일화 중 하나는, 소년 헤겔이 체리를 먹고 있었던 경우를 기록한 것이다. 지나가던 한 사람이 다음과 같은 사실을 조금은 경멸조로 언급하면서 지적하기를, 젊은이는 입에 침이 고이지 않고 체리 우먼[처녀]을 지나칠 수 없으며, 늙게 되면 사람들은 그런 것을 신경 쓰지 않는다고 말했다고 한다. 이에 대해 헤겔이 다음과 같이 말했다고 전해진다. "이로부터 나는 애석하지만 의미심장한 반성을 하여 다음과 같은 결론을 이끌어 내었다. 즉 어떤 사람이 젊을 때에는 그가 먹기를 원하는 모든 것을 취할 수는 없다는 것이다. 반면에 그가 나이가 들면, 그는 그가 취할 수 있는 것을 먹는 데 연연해하지 않는다."[13] 또 다른 일화는 어떤 교장에 관한 일화로, 교장과 몇몇 소년들이 별을 바라보며 산책을 하고 있다가 경찰에 검문을 당했다고 한다. 그들의 직업을 설명했을 때, 경찰은 그들이 밤에는 잠을 자고, 낮에 별 구경을 하라고 말했다고 한다.[14] 이상과 같은 일화들을 헤겔 자신이 직접 언급했는지 여부와 더불어 설사 그렇다고 하더라도 헤겔 자신이 그 일화들에 어떤 큰 의미를 부여했는지 여부는 정확히 알 수 없으나, 듀이가 이러한 언급을 하는 이유는 분명하다. 여기서 듀이는 초기 헤겔의 비범함이나 천재성을 부각시키려고 그러한 일화를 언급한 것이 아니다. 듀이는 이 일화들에 대해, "이 일화들은 헤겔이 심지어 청년기에도 삶의 모순과 역설, 그리고 아이러니에 대해 어떤 관심을 지니고 있었다는 것을 보여주는 것처럼 생각된다."고 하면서, 초기 헤겔이 그의 변증법적인 개념들에 대해 간접적으로나마 관심을 가지고 있었음을 강하게 암시하려고 한다.[15] 듀이는 초기 헤겔이 총명하거나 비범하기보다는 오히려 공부에 부지런했고 여러 방면에 관심이 많았던 평범한 자질의 소유자라고 보고 있고, 이것은 일반적인 헤겔 해석에서 크게 벗어나지 않는다. 그런데, 듀이는 헤겔의 이러한 평범함이 그의 철학적 방법 중 한 가지 뛰어난 특징, 즉 "개인적 기분에 의해 왜곡되지 않은 상태로 자신이 다루는 주요 문제의 자연스러운 관계들에 도달하고자 하는 헤겔의 시도"를 보여준다고 지적한다.[16] 듀이는 이러한 특징이 사태 그 자체의 본질을 존재하는 바대로 드러내고자 한 헤겔의 철학적 방법의 기초가 된다고 생각한다. 듀이는 이에 관해 다음과 같이 말한다.

---

13) LH, 94쪽.
14) 같은 곳.
15) 같은 곳.
16) 같은 곳. 헤겔은 심지어 일기에서도 자신의 개인적 감정을 잘 표출하지 않고 있다. 이런 점은 그의 가족사 및 환경적인 영향 때문인 것으로 보인다. 이에 대해서는 다음을 참조할 것. T. Pinkard, 앞의 책, 16-37쪽. H. F. Fulda, 남기호 옮김, 『헤겔. 생애와 사상』, 용의 숲, 2010, 34-43쪽.

"우리 스스로 자중함으로써 침묵한다고 해서 우리가 정신적으로 더 빈곤해지는 것은 아니다. 오히려 그렇게 함으로써 우리는 사물이 실제로 존재하는 바대로 그 사물을 이해할 수 있는 능력을 얻게 되고, 주관적인 의견과 이의제기가 아무 쓸모도 없다는 사실을 의식하게 되면서, 마침내 우리는 이의제기하는 태도를 중단하게 된다. 개인적 반성에 관한 이러한 자기 억제, 이 침묵을 헤겔은 유년기에 스스로 실천했던 것이다."[17)]

듀이는 헤겔이 나이가 들어 완성한 철학적 방법도 그의 이 초기 직감에 대한 의식적 진술 이상이 아니라고 주장한다.[18)] 여기서 듀이는 헤겔이 주관에 의해 왜곡되지 않은 객관 그 자체, 사태 그 자체를 드러내는데 중점을 두었다는 점을 강조하고 있다. 듀이에 의하면 헤겔은 실재 자체가 스스로를 드러내도록 주관적인 측면을 억제하고 가능한 한 침묵을 유지하려고 했다. 그렇다고 해서 사유나 반성이 저급하게 되지는 않으며, 오히려 사태 그 자체가 존재하는 바대로 드러남으로써 사유의 가치가 지닌 최고의 개념도 함께 드러난다고 주장한다. 왜냐하면 듀이에 의하면 사유는 실재적이어서 객관 속에서만 발견될 수 있지 주관적 의견 속에서는 발견될 수 없기 때문이다. 또한 사태 자체가 스스로를 드러낸다는 것이 인식이나 정신이 단순히 수동적이거나 수용적이라는 것을 의미하지도 않는다. 오히려 사태의 실재적인 의미에 대해 탐색하지 않을 때 정신은 단순히 주관적인 반성과 논쟁으로 퇴보하지만, 사태 자체가 스스로 드러날 때 "가장 예리하고 강렬한 정신적 에너지"도 드러날 수 있다는 것이다.[19)] 이러한 관점에서 듀이는 다음과 같이 주장한다.

"사유의 최상의 활동은 사유 자신을 사실의 순수한 표현으로 만들려고 하는 것이다. … 모든 사유는 객관적이며 사유의 관계들은 객관 세계의 형식들이라는 것이 헤겔의 주장이다. 그리고 사유의 과정은 주요한 사태 자체의 운동을 따른다는 것이 헤겔의 주장이다."[20)]

듀이는 이처럼 객관적 사태 자체를 강조하는 헤겔의 주장을 많은 사람들이 곡해했다고 주장한다. 즉 헤겔의 주장과는 정반대로 해석하여, 사유가 정신의 특별한 능력으로서 그 자신의 힘으로만 진리를 전개시켜 나갈 수 있다는 식으로 헤겔이 주장했다고 오해했다는 것이다.[21)]

이상과 같이 헤겔의 유년기 특징을 실마리로 삼아 그것을 헤겔 철학의 전반적

---

17) LH, 95쪽.
18) 같은 곳.
19) 같은 곳.
20) LH, 95-96쪽.
21) LH, 96쪽.

인 특징으로 규정하는 듀이의 논의 전개방식은 어떤 면에서는 무리한 측면이 없지 않다. 익히 알려져 있듯이, 초기 헤겔과 헤겔의 철학 체계 전반의 관계에 관해서는 좀더 엄밀하고 구체적인 논의가 필요하기 때문이다. 또한 사물(Ding)과 실재(Realität), 객관(Objekt)과 사태(Sache) 등의 용어에 대한 꼼꼼한 검토 없이 헤겔 철학을 논하는 데에는 한계가 있을 수밖에 없다. 그럼에도 불구하고 헤겔 철학에 대한 듀이의 해석이 전적으로 오류이며 헤겔에게 합당하지 않은 것이라고 단정할 수는 없다. 왜냐하면 무엇보다도 이러한 해석의 설득력 있는 근거를 헤겔 자신에게서도 찾을 수 있기 때문이다. 예를 들어, 헤겔은 예나 시기 한 글에서, 칸트, 야코비, 피히테의 주관주의 철학의 한계를 지적하면서, 이들이 유한한 주관을 절대화함으로써 참된 실재와 절대자는 피안에 남겨 놓고 말았다고 비판하기도 하며,[22) 『정신현상학』에서는 주관적인 사견과 편견을 극복하고 참된 진리에 이르는 과정을 '회의의 길'이자 '절망의 길'이라고 표현하면서,[23) 주관이 참된 사태의 내용은 무시하고 자기 자신에게만 안주하면 공허한 허영(Eitelkeit)에 빠질 수밖에 없다고 주장한다.[24) 그리고 이미 초기 단편들에서도 헤겔은 근원적인 통합으로서 존재는 주관에 대해 '독립성'과 '절대성'을 지닌다고 하면서, "존재하는 것은 반성되거나 의식될 필요가 없다."고 주장하기 때문이다.[25)

Ⅲ. 초기 헤겔의 종교 비판과 듀이의 이해

이상과 같은 기본적인 관점을 견지하면서, 듀이는 헤겔이 본격적으로 철학적 사유를 발전시킨 시기를 베른과 프랑크푸르트 시기로 보고 있다.[26) 이에 비해 헤겔의 튜빙엔 대학교 시절에 관한 듀이의 언급은 두 단락으로 매우 짧다. 튜빙엔 시기의 헤겔에 대해 듀이는 세 가지 특징을 거론한다. 첫째는 헤겔이 신학 공부에

22) GW4, 315쪽 이하 참조. 실제로 듀이의 칸트 비판이 헤겔의 칸트 비판과 문제의식을 공유하고 있다는 점에 대해서는 T. Rockmore, 앞의 책, 73-74쪽 참조.

23) GW9, 56쪽 참조.

24) GW9, 58쪽 참조.

25) N, 383쪽. 여기서 '반성'과 '의식'은 제한적으로 이해되어야 한다. 그리고 근래에 헤겔 철학에서 객관적 측면이나 실재적 측면을 살리려는 시도들에 대해서는 다음을 참조할 수 있다. V. Hösle, 나종석 옮김, 『비토리오 회슬레, 21세기의 객관적 관념론』, 에코리브르, 2007. 남기호, 「헤겔의 인식론」, 『헤겔연구』, 제24호, 한국헤겔학회 편, 용의숲, 2008, 9-45쪽. 여기서 남기호는 헤겔 철학에 '관념론'이라는 명칭이 적합한지에 대해 헤겔의 초기 인식론을 중심으로 비판적으로 고찰하고 있다.

26) 그런데 듀이는 1793년부터 1799년까지 베른과 프랑크푸르트 시기로 잡고 있으나, 실제로 베른 시기는 1793년부터 1796년까지, 그리고 프랑크푸르트 시기는 1797년부터 1801년까지로 잡아야 한다.

별 흥미를 느끼지 못했다는 것, 둘째는 셸링, 횔더린과 친분을 쌓았다는 것, 그리고 셋째는 프랑스 혁명에 깊은 관심을 보였다는 것이다.27) 듀이가 거론한 이 세 가지 특징들은 이 시기 헤겔의 생애를 논할 때 보통 거론되곤 하는 내용들로서 특별할 것은 없다. 이 시기까지 아직 헤겔은 자신의 자질을 충분히 발휘하지 않고 개인적 생각을 계속해서 자제하고 있었다고 듀이는 언급한다. 그런데, 여기서 우선 짚고 넘어가야 할 부분은 "헤겔은 정치적 모임의 일원으로서 자유와 민주주의라는 관념을 옹호하는 데 가장 앞장 선 사람들 중 한 명이다."라고 듀이가 표현하고 있는 문장이다.28) 프랑스 혁명에 대한 헤겔의 입장을 기초로 해서, 듀이는 헤겔이 자유와 민주주의를 적극적으로 옹호했다고 주장하고 있으나, 사실상 헤겔 철학에서 자유와 민주주의가 구체적으로 어떤 의미를 지니며 이 둘이 어떤 관계를 맺느냐는 단순하게 대답될 수 있는 문제가 아니다. 그럼에도 자유와 민주주의를 동일한 맥락에 놓고 함께 관련시켜 듀이가 거론하고 싶어하는 데에는 다분히 듀이 자신의 입장이 개입되어 있는 것이 아닌가, 하는 의문을 가지게 한다. 예를 들어, 후에 『민주주의와 교육』에서 듀이는 민주주의를 '외적 권위에 복종하지 않는 자발적인 성향과 관심'의 관점에서 보면서, "민주주의는 단순히 정치의 형태만이 아니라, 보다 근본적으로는 공동생활의 형식이요, 경험을 발달시키고 공유하는 방식"이라고 주장한다.29) 이렇게 민주주의를 자유의 관점에서 포괄적으로 파악하면서, 듀이는 이 관점을 교육이나 정치, 사회 등 여러 분야에 다양하게 적용하려는 태도를 견지한다. 그래서 초기 헤겔을 언급하면서 듀이가 명시적으로 자유와 민주주의를 함께 자연스럽게 거론하는 것은, 자유와 민주주의라는 주제가 헤겔보다는 듀이 자신의 철학에서 더 깊은 상호연관성을 지니기 때문이라고 판단될 수도 있다.30)

튜빙엔 시기와는 달리, 베른과 프랑크푸르트 시기에 관한 언급은 초기 헤겔에 관한 듀이의 서술의 대부분을 차지한다. 듀이에 의하면 이 시기 헤겔의 관심은 "역사적이며 사회적인 측면에서 신학"의 문제에 집중되어 있었다. 이 신학의 문제를 듀이는 교회와 국가의 관계, 영적인 면과 세속적인 면의 관계, 신과 인간의 관계와 인간과 인간의 관계 문제로 정리한다.31) 듀이는 이 문제를 헤겔이 세 가지

27) LH, 96쪽.
28) 같은 곳.
29) J. Dewey, 이홍우 옮김, 『민주주의와 교육』, 교육과학사, 2007, 137쪽.
30) 자유나 민주주의 등 정치철학과 관련해서 듀이와 헤겔의 관계에 관한 논의는 본 연구와는 별도의 연구가 필요하다. 표면적으로 보면 이 시기와 달리 후기 듀이는 헤겔의 정치철학에 대해 매우 비판적이다. 최근에 이 주제와 관련하여 듀이의 글 두 편이 번역 소개되었다. J. Dewey, 김진희 옮김, 『자유주의와 사회적 실천』, 책세상, 2011. J. Dewey, 홍남기 옮김, 『현대 민주주의와 정치 주체의 문제』, 씨아이알, 2010. 또한 듀이의 정치철학에서 상호주관성의 의미를 모색한 최근의 다음 논문도 참조할 만 하다. 정현철, 「진화 윤리적 상호주관성 이론 연구-듀이의 정치철학을 중심으로」, 『헤겔연구』, 제30호, 한국헤겔학회 편, 용의숲, 2011, 331-355쪽.

측면에서 다룬 것으로 본다. 첫째, 종교에 대한 비판의 측면, 둘째, 고대 그리스 세계와 기독교 및 유대교를 비교하는 측면, 셋째, 철학적인 측면에서 특히 칸트의 이성 종교에 대비되는 자연 종교에 대한 서술이 그것이며, 이 세 측면은 서로 관련되어 있다.

우선 듀이에 의하면 헤겔은 감상적이며 감정의 형식이나 개인적인 경험의 차원에 기초하는 종교를 강하게 비판한다. 듀이는 헤겔이 "여기에 지금 *존재하는* 세속적인 면"과 "소원한 영역에만 존재하며 있어야만 하는 *당위(ought)*인 영적인 면" 이 둘 중에서 당연히 세속적인 면을 중시했으며, 현실과 결합될 수 없는 공허한 의견이나 감상 수준에 그치는 종교를 강하게 비판했음을 지적한다.[32] 여기서 헤겔이 염두에 두고 있는 종교는 유대교와 기독교이다. 듀이에 의하면 일차적으로 헤겔은 유대교를 자연과 모든 사회적 관계들로부터 인간을 분리시킨 종교의 전형으로 보았다. "[헤겔에게] 유대교는 외적인 신과 외적인 율법의 종교다. 율법과 신의 이러한 외면성은 삶 속에서의 모든 구체적인 관계들로부터 이것들이 분리되어 있다는 것을 나타내는 표식이었다." 기독교에는 유대교보다 좀더 고차적인 원리, 즉 '사랑의 원리'가 있고, 예수는 이 원리를 통해 율법과 형벌의 영역으로부터 해방되는 자유를 보여준다. 그러나 이 자유는 "삶의 모든 긍정적인 관심들을 희생한 대가로 얻어진 것이다. 모든 유한한 사물들의 운명으로부터 벗어나려는 바로 그 시도가 예수에게 유한자의 전체 운명을 안겨다 준다." 이러한 관점에서 듀이는 헤겔이 기독교에 대해서도 기독교가 주장하는 사랑의 원리가 통일의 원리이기는 하지만, 이 통일은 세계의 모든 특정한 관계들을 부정하고 회피함으로써 형성된 것이므로, 세속은 이 통일에 대립하여 정립된다는 비판적 입장을 견지했음을 밝히고 있다.[33] 그리고 듀이는 헤겔이 유대교나 기독교보다 종교와 국가의 관계에 대한 고대 그리스인의 관념을 더 만족스러운 것으로 보았다고 언급한다. 고대 그리스인들에게 있어서 종교는 국가의 중심에 자리하고 있었고, 세속적인 것과 영적인 것, 신적인 경건과 세속적 덕 사이에 어떤 분열이나 분리도 없었고, 고대 그리스 사람들은 학문과 예술, 종교와 정치가 하나가 된 통일적인 구체적 삶을 살았다고 헤겔은 생각했다는 것이다.[34]

초기 헤겔의 유대교 및 기독교에 대한 비판과 고대 그리스에 대한 긍정적 태도는, 여러 연구들을 통해 익히 잘 알려져 있는 내용들로서, 이에 관한 듀이의 서술에는 큰 문제가 없어 보인다. 이 시기에 헤겔은 '객관 종교'에 대해 '주관 종교'를, '사적 종교'에 대해 '민족 종교'를 제시하면서, 고대 그리스 종교를 '민족 종교'이

31) LH, 97쪽.
32) 같은 곳.
33) LH, 98쪽.
34) LH, 99쪽.

자 '환상 종교'의 역사적 전형으로 삼고 있다.[35] 또한 종교적 논의를 통해서 애초부터 헤겔은 근대적인 배경 하에서 폴리스적인 공공성을 부활시키는 것에 관심을 가지고 있었다.[36] 따라서 초기 헤겔이 종교의 실정성에 대해 제기한 비판을 순수 종교의 영역에만 한정하지 않고, 그것을 사회, 정치적인 삶의 영역과 관련시켜 보려는 듀이의 관점은 매우 정당하다. 다만, 이러한 헤겔의 비판적 관점은 이미 튜빙엔 신학교에서부터 발단되었다는 사실을 부가할 필요가 있다. 예를 들어, 이 당시 헤겔이 했던 설교문들 중에서 헤겔은 다음과 같이 말하고 있기 때문이다.

> "신의 왕국은 외적 제례에서 나타나지 않는다. 외적인 신에 대한 복종 속에 신의 숭배는 없다. … 입으로 하는 신앙고백은 우리를 아직까지 신의 자식들로 만들지 않는다. 그리스도의 정신은 우리 속에 있으며, 이 정신이 우리를 신에게 기도드리도록 가르침에 틀림없다. 문자는 우리를 죽이지만 정신은 우리를 살아있게 한다."[37]

이처럼 이미 튜빙엔 시기부터 헤겔은 프랑스 혁명이라는 시대적 배경 속에서 자율적인 주체의 삶을 억압하고 통일적인 삶을 분열시키는 원인이 되는 종교의 실정성에 대한 문제의식을 지니고 있었다. 그러나, 부분적으로 이러한 문제점에도 불구하고, 초기 헤겔에 관한 듀이의 해석은 기본적으로 매우 정당한 논의에 기초하고 있다고 판단된다. 왜냐하면 기본적으로 듀이는 종교에 대한 헤겔의 비판적 논의가 바로 철학적 논의와도 연관된다고 보고 있고, 특히 그 논의의 중심에는 칸트가 있다고 언급하고 있기 때문이다.

듀이에 의하면 칸트는 초자연적인 종교에 대해 부정적이라는 점에서 계몽주의의 지적인 결과를 수용하면서 그 위에 이성 종교를 세우려고 했고, 헤겔은 이 이성 종교에 공감하면서도 동시에 거리를 두었다. 헤겔은 물신적인 믿음을 배제하고 주체의 자율에 근거한 이성 종교에 공감하면서도, 어떤 역사적 발전도 언급하지 않는 이성 종교의 추상성에 대해서는 경계의 태도를 견지했다는 것이다. 그래서 추상적인 종교로 전락할 우려가 있는 이성 종교에 대해서 헤겔은 자연 종교를 구

---

35) GW1, 86쪽, 100쪽, 102쪽, 104-107쪽 참조. 그 이외에도 초기 단편에서 기독교와 고대 그리스 사상을 비교하는 내용으로는 다음 부분들을 참조할 수 있다. GW1, 110-111쪽, 115쪽, 118쪽, 121쪽, 294쪽 참조. N, 214-215쪽, 221-222쪽, 224쪽 참조. 이 시기 종교 및 반성철학에 대한 비판에 대해서는 다음을 참조할 것. 정대성, 「'반성문화'에 대한 청년 헤겔의 비판과 '화해하는 이성' 개념－베른시기에서 예나 초기까지」, 『헤겔연구』, 제14호, 한국헤겔학회 편, 동과서, 2003, 153-186쪽. 이정은, 「민중종교와 이성종교의 갈림길－헤겔의 『예수의 생애』는 민중종교의 연속인가 단절인가?」, 『헤겔연구』, 제14호, 한국헤겔학회 편, 동과서, 2003, 187-212쪽.

36) H. Busche, *Das Leben der Lebendigen, Hegel-Studien Beiheft* 31, Bonn: Bouvier Verlag, 1987, 56-57쪽 참조.

37) GW1, 71쪽.

상하였다고 듀이는 주장하고 있다.[38)]

초기 헤겔의 문제의식이 역사적 사회적 맥락에서 종교에 대한 비판과 관련되어 있다는 점, 그리고 이 비판이 칸트 철학에 대한 비판적 수용과 함께 한다는 점 등을 고려할 때, 이 시기 헤겔 철학에 대한 듀이의 해석은 상당히 긍정적인 평가를 받을 수 있다. 왜냐하면 베른 시기부터 본격화된 종교의 실정성에 대한 헤겔의 비판은 단순히 종교에만 관련된 문제가 아니라 행위 주체의 자율을 주제로 하는 실천 철학 전반과 관련된 문제임이 틀림없기 때문이다.[39)] 그리고 그 논의의 중심에는 칸트가 있으며, 특히 칸트는 이 이성 종교에 관한 논의를『단순한 이성의 한계 안에서의 종교』에서 구체화하는데, 1793년에 이 책이 출간되고 곧바로 헤겔이 이미 이 책을 읽었던 것으로 보인다.[40)] 칸트는 이 책에서 신의 왕국을 이성을 통해 인식가능한 일종의 '도덕적 연대'로 보고 있다.[41)] 칸트는 외적이거나 규약적인 교회의무들을 통해서가 아니라 '순수한 도덕적인 심정'을 통해서만 인간은 신의 마음에 들 수 있고,[42)] 종교는 이성적인 주체의 자율을 통한 도덕적인 상승(Erhebung)에서만 의미를 가질 수 있다고 주장한다. 이처럼 칸트는 종교와 관련해서도 자율적 행위 주체인 인간의 이성을 강조하면서 '자유의 왕국'을 제시하였는데, 헤겔은 이러한 칸트의 사상을 적극적으로 수용한다. 예를 들어 헤겔은 1795년 셸링에게 보낸 한 편지에서, "칸트적인 체계와 이 체계의 최고 완성으로부터 독일에서의 혁명을 기대하고 있다."[43)]고 언급하면서, 프랑스 혁명이라는 가시적인 현실적 혁명에 비견될 만한 "조용하고 은밀한 혁명"을 칸트 철학에서 기대하고 있다.[44)]

그러나, 듀이도 지적하고 있듯이 칸트에 대한 헤겔의 관계가 단순히 긍정적인 측면에만 머무는 것은 아니다. 칸트에 대해 헤겔이 거리를 두고 있는 측면을 듀이는 교회와 국가의 관계, 그리고 자기의식의 통일, 또는 선험적 자아와 관련해서 논의하고 있다. 듀이는 칸트가 교회와 국가를 서로 분리시키려는 관점에 대해 헤겔이 비판적이며, 헤겔은 교회와 국가는 "인간의 사회적 관계들이자 삶의 절대적 통일과의 연관으로서 동일한 사태의 두 측면일 뿐이라는 점을 확신하고 있었다."고 주장한다.[45)] 또한 칸트는 경험 세계의 다양한 요소들을 결합하는 자아의 통일성을 경험과 대립시킴으로써, 보편적 자아가 학문과 예술, 사회라는 형식들을 지닌

---

38) LH, 99-100쪽.
39) G. Portales, *Hegels frühe Idee der Philosophie*, Stuttgart: frommann-holzboog, 1994, 112쪽 참조.
40) G. Portales, 같은 책, 72쪽 참조.
41) AA6, 136쪽.
42) AA6, 159쪽.
43) BH1, 21쪽, 23-24쪽.
44) GW1, 365-366쪽.
45) LH, 100-101쪽.

구체적 세계나 개별적 자아와 맺는 관계가 어떠한 것인가, 라는 물음을 남겨 놓을 수밖에 없었음을 듀이는 지적하면서, 헤겔은 이러한 칸트가 남겨 놓은 문제를 해결하려 했다고 언급하고 있다.[46] 이러한 언급들은 1890년에 발표된 윌리엄 제임스의 『심리학의 원리』의 영향으로 듀이가 헤겔의 관념론으로부터 자연주의로 전향하게 되었다는 기존의 해석이 매우 편협한 해석임을 보여준다.[47] 실제로 헤겔은 프랑크푸르트 시기부터 칸트 철학에 대한 비판적 태도를 표면화하면서 종교의 실정성 못지않게 칸트 철학을 강하게 비판하기 시작한다.[48] 그런데 듀이가 언급한 내용과는 달리, 헤겔의 칸트 비판은 주로 칸트 실천철학의 '주관적 형식주의'에 촛점이 맞추어져 있다. 헤겔에 의하면 칸트의 윤리학은 경향성이나 욕구들을 배제함으로써 실정성을 단지 부분적으로만 극복했을 뿐이며, 여전히 특수자에 대한 보편자의 억압과 지배를 완전히 극복하지는 못한다.[49] 즉 칸트의 도덕론에서 행위 주체는 "자기 자신의 법칙 하에서의 부분적인 예속상태", "자기강제"의 상태에 있고,[50] 도덕법칙은 행위 주체에 대해 "당위"로서 "낯선 위력"이기 때문에, 실정성이 완전히 극복되지는 않는다는 것이다.[51] 듀이가 헤겔의 초기 단편들 속에 등장하는 이 같은 칸트에 대한 헤겔의 비판적 견해들을 정신철학 강의에서 직접 언급하고 있는 것은 아니지만, 그렇다고 듀이의 헤겔 해석이 헤겔 자신의 의도에서 크게 벗어나고 있는 것은 아니라고 판단된다. 왜냐하면 듀이는 헤겔이 추구한 이상은 "하나의 총체성 속에서 이성과 감정을 통합하는 유기체"이고, 이 유기체는 "자연의 세계이면서 개체의 세계이자 사회의 세계"이기도 하다고 언급하면서, "헤겔의 모든 사변적 작업은 이 실천적 문제, 즉 어떻게 자유로운 자연적 삶이 가능한가, 라는 문제로부터 비롯되었다."고 주장하고 있기 때문이다.[52]

듀이는 이미 「헤겔의 정신철학 강의」 이전에 쓰여진 「칸트와 철학적 방법」이라는 글에서 칸트의 이원론을 비판하고 있다. 듀이에 의하면 칸트 철학에서는 이성이나 범주와 같은 주관적 측면과 감각이나 소재와 같은 객관적 측면이 서로 외적

46) LH, 108-109쪽 참조.

47) Jim Garrison, "The "Permanent Deposit" of Hegelian Thought in Dewey's Theory of Inquiry", *Educational Theory*, vol.56, no.1, 2006, 1쪽 이하. 개리슨은 이 논문에서 특히 듀이의 '탐구의 논리'에 이르기까지 지속적으로 영향을 미친 헤겔의 철학과 듀이의 관계를 상세하게 다루고 있다.

48) 이러한 초기 헤겔의 칸트 수용사의 흐름과 관련해서는 다음의 연구서가 많은 도움을 준다. M. Bondeli, *Der Kantianismus des jungen Hegel. Die Kant-Aneignung und Kant-Überwindung Hegels auf seinem Weg zum philosophischen System*, Hamburg: Felix Meiner Verlag, 1997.

49) N, 265쪽, 388쪽 참조.

50) N, 293쪽.

51) N, 264쪽 참조.

52) LH, 100쪽.

으로 관련을 맺을 수밖에 없다. “비록 범주들이 경험을 형성하기는 하지만, 범주들은 낯선 재료들로 그렇게 하며, 이 낯선 재료들에 대해 범주들은 순전히 외적인 관계를 맺을 뿐이다.”[53] 또한 듀이에 의하면 칸트가 주장한 범주들은 도덕이나 심미적 경험, 물 자체 등에는 적용될 수 없다.[54] 이처럼 칸트적인 범주들을 비판하면서 듀이는 ‘유기적인 관계의 개념’이 필요하다는 점을 강조하고,[55] 논리학, 부정적인 것, 변증법이라는 세 가지 측면에서 칸트를 뛰어 넘는 헤겔 철학의 장점을 제시한다. 헤겔의 경우에 범주들은 이성 자체로부터만 연역되며, 이러한 일을 수행하는 이론을 헤겔은 ‘논리학’이라고 불렀다고 듀이는 주장하면서, 헤겔의 논리학이 칸트 철학의 결점을 극복할 수 있다고 주장한다.[56] 또한 헤겔이 부정적인 것을 강조한 이유는, 이성이 대립하는 요소들을 자신 속에 포괄할 수 있어야 한다는 점을 헤겔이 잘 알고 있었기 때문이라고 듀이는 주장한다.[57] 여기서 우리는 이미 이 시기에 듀이가 칸트에 대해 헤겔과 유사한 관점에서 비판적인 관점을 취하고 있다는 것을 확인할 수 있다.[58]

또한 듀이는 심리학에 관한 일련의 글들에서 철학을 토대짓는 선험적 절대자라는 관념을 그것의 독단적 관점 때문에 분명하게 거부하는 태도를 취한다.[59] 그런데 이러한 듀이의 태도는 선험적 정초주의를 지향하는 칸트철학의 동기를 영국의 신헤겔주의와 유사한 것으로 간주하고, 이 신헤겔주의와는 거리를 두면서 오히려 헤겔을 지향하는 관점에서 해석될 필요가 있다. 듀이는 심리학적 관점을 정의하면서 “경험과 그 본성 속에서 스스로를 드러내지 않는 그 어떤 것도 철학에 수용되어서는 안 되며, 경험 속에서 그것의 위치는 지식의 과정에 의해 확정되어야 한다.”고 주장하는데,[60] 이는 듀이가 헤겔적인 관점에서 선험적 정초주의를 강하게 비판한 것으로 이해될 수 있다.[61]

또한, 초기 헤겔의 종교에 대한 비판을 논할 때, 헤겔에 머물지 않고 더 나아가 듀이 자신의 종교에 대한 견해와 비교해 보는 것도 의미가 있다. 예를 들어 듀이

53) J. Dewey, “Kant and Philosophic Method”(1884), EW1, 39쪽.
54) J. Dewey, 같은 글, 42쪽.
55) 같은 곳.
56) J. Dewey, “Kant and Philosophic Method”(1884), EW1, 44쪽.
57) 같은 글, 45쪽.
58) 이 시기뿐만 아니라 듀이의 전반적인 칸트 비판에 대해서는 다음 자료에 잘 정리되어 있다. J. S. Johnston, “Dewey’s Critique of Kant”, *A Quarterly Jouranal in American Philosophy*, vol.42, num.4, 2006, 518-551쪽 참조.
59) 이에 해당하는 글들로는 다음을 참조할 것. J. Dewey, “The Psychological Standpoint”(1886), EW1, 122-143쪽. “Psychology as Philosophic Method”(1886), EW1, 144-167쪽. “Illusory Psychology”(1887), EW1, 168-175쪽.
60) J. Dewey, “The Psychological Standpoint”(1886), EW1, 124쪽.
61) J. A. Good, “Reading Dewey’s “Permanent Hegelian Deposit””, 59쪽.

는 『상식적 믿음』이라는 글에서 헤겔과 유사한 관점에서 종교를 바라보고 있기도 하다. 이 글에서 듀이는 “개인은 공동체 속에서 태어나고 자라며, 이 공동체의 사회적 통일과 조직 그리고 전통들은 집단적 종교의 제례와 예배 그리고 믿음으로 상징화되고 거행된다.”고 말한다.62) 듀이에 의하면 공동체적 종교(communal religion)의 계율은 일상의 실천적 삶과 상충될 수 없고, 종교적 권위는 개인에게 외적인 것이 아니라, 포괄적인 사회적 조건 속에서 자라고 성숙한 사람들의 심정으로부터 비롯된다. 더구나 종교가 공동체적인 성격을 띠면, 교회와 국가는 서로 대립하지 않고 다면적인 사회적 삶의 두 측면들이 된다. 이처럼 헤겔과 듀이는 모두 공동체적 종교를 강조하고 있고, 개인과 사회 내에서 종교의 역사적 발전에 대해 관심을 가지고 있었다. 초기 헤겔의 종교 비판적 관점을 논할 때도 이미 이러한 유사한 문제의식이 듀이의 해석에 내재되어 있었다고 판단된다.

Ⅳ. 헤겔의 철학체계 구상과 방법에 관한 듀이의 해석

헤겔의 종교 비판에 관한 논의 후, 듀이는 이 시기에 진행된 헤겔의 체계구상에 대해서 논한다. 듀이는 헤겔이 1800년경에 그의 철학 체계의 전체 윤곽을 그렸다고 언급하는데,63) 그 내용을 고려해 볼 때 듀이는 헤겔의 「1800년 체계단편」(Systemfragment von 1800)을 다루고 있는 것으로 보인다. 듀이는 헤겔이 이 시기에 유한자와 무한자의 관계를 통해 종교적 의식의 작동을 세 단계로 파악하고 있다고 언급한다. 첫째는 무한자와 유한자의 무의식적 통합의 단계로, 이 단계는 분열이 의식되지 않은 직접적 통일상태이며, 인간이 아직 자기 스스로를 의식하지 못하는 상태이다.64) 둘째는 인간이 모든 타자에 대해 ‘나는 나다’라고 자신의 추상적 보편성을 확신하면서 자연과 인간, 국가와 개인 사이에 분열이 발생하는 단계다. 여기서 인간은 고립과 죄에 대한 의식을 지니는데, 이러한 분열의 의식은 더 고차적인 통합에 대한 의식의 시작을 의미하기도 한다.65) 셋째는 분열이 재통합되는 단계로서, 여기서 통합은 직접적인 통합이 아니라 정신의 활동의 결과물로서 정신 자신에 의해 형성된 통합이다. 이처럼 직접적 통일, 분열, 그리고 좀더 고차적인 통합의 과정을 통해 정신은 진정한 보편성, 즉 삶의 총체적인 과정에서 스스로를 유지하는 보편성을 지니게 된다고 듀이는 언급한다.66) 듀이는 이와 같은

62) J. Dewey, “A Common Faith”(1934), LW9, 41쪽.
63) LH, 100쪽.
64) LH, 101쪽.
65) LH, 102쪽.
66) LH, 103쪽.

발전단계를 서술한 후, 헤겔의 철학적 방법을 이 삼단계적 과정과 연관시키고 있다. 특히 듀이는 헤겔이 피히테의 정립과 반정립, 그리고 종합이라는 사유의 과정에 대한 서술에서 자신의 철학적 토대를 발견했다고 주장한다. 정립은 사유가 자신을 단순하게 정립하는 단계이고, 반정립은 근원적인 통일이 대립하는 요소들로 분열되는 단계이고, 종합에서 정립과 반정립이 더 고차적인 전체로 통합되며, 이것이 헤겔적인 방법의 형식적 측면이라고 듀이는 주장한다.[67] 그리고 이 세 단계를 독단적 사상, 회의주의 그리고 비판 또는 자기의식적 사유의 시기에 대응시키며, 더 나아가 헤겔 자신의 전체 철학 체계, 즉 논리학, 자연철학, 정신철학도 이 세 단계에 따라 파악될 수 있다고 주장한다.[68] 즉 논리학은 내면적으로 함축된 미발전된 정신의 이론이고, 자연철학은 외면성의 상태에 있는 정신의 이론이며, 정신철학에서 정신은 자기 자신을 의식하면서 이 의식적 삶 속에서 주체와 객체가 재통합된다는 것이다.[69]

듀이가 언급한 것처럼, 실제로 헤겔은 「1800년 체계단편」에서는 그 이전보다 자신의 철학 체계의 구상을 좀더 구체화한다. 그런데, 엄밀히 말해 헤겔 자신의 체계구상에서는 유한자와 무한자의 관계보다는 '유한한 삶'과 '무한한 삶'의 관계가 그 중심을 차지한다.[70] 헤겔에 의하면 유한자와 무한자는 "단순한 반성의 산물로서 그 자체로는 유한자와 무한자의 분리가 절대화되어 버리며", 정신을 지닌 인간의 고양은 "유한자로부터 무한자로의 고양이 아니라, 유한한 삶으로부터 무한한 삶으로의 고양"이기 때문이다.[71] 헤겔은 여기서 무한한 삶을 정신으로 보면서, 직접적 통일에서 분열을 거쳐 고차적인 통합에 이르는 과정을 '유한한 정신의 삶'이 '무한한 정신의 삶'으로 고양되는 과정으로 서술하고 있다. 헤겔은 "유한자 자신도 삶이라고 하는 조건에서만, 유한자는 무한한 삶으로 고양될 수 있는 가능성을 지닐 수"[72] 있고 "정신만이 정신을 자신 속에서 포착"할 수 있다는 점에서 이러한 상승의 과정을 정당화한다. 이처럼 이 시기에 헤겔의 철학적 방법은 아직 논리적으로 완전히 정식화되지는 않았지만, 삶을 중심으로 그 이전보다 좀더 구체화되었다는 것을 알 수 있다.[73] 이를 잘 보여주는 것이 다음과 같은 헤겔의 서술이다.

---

67) LH, 106쪽.

68) LH, 107쪽.

69) 같은 곳.

70) 이하의 논의는 다음을 참조할 것. 서정혁, 「프랑크푸르트 시기의 헤겔」, 『헤겔연구』, 제14호, 한국헤겔학회 편, 동과서, 2003, 213-40쪽.

71) N, 347쪽.

72) N. 348쪽.

73) 킴멀레는 헤겔의 초기 이해가 후기보다 정합적이지 못하다고 하더라도, 그것이 헤겔의 후기 입장의 관점에서 극복되어야 하는 전형식이거나 결함으로 해석되어서는 안 되며, 헤겔의 후기 입장이 초기 입장의 최종 목적으로 이해되어서도 안 된다고 주장하고 있다. H. Kimmerle, "Anfänge der Dialektik", in: *Der Weg zum System,*

> "삶은 결합이나 관계로서만 고찰될 수 있을 뿐만 아니라 동시에 대립으로도 고찰되어야 한다. 그런데 내가 삶은 대립과 관계의 결합이라고 말하면, 이 결합 자체는 다시 고립될 수 있고 이 결합은 비결합에 대립된다고 반론이 제기될 수 있다. 그래서 나는 삶은 결합과 비결합의 결합이라고 표현해야만 할 것인데, 이러한 표현은 모두 반성의 산물이다."[74]

헤겔에 의하면 유한한 인간은 총체적인 삶을 순수한 상태 그대로 파악할 수 없으며, 반성적 추상화가 불가피하다. 그런데, 이 시기 헤겔에 의하면 이러한 추상에 의해서도 "일체의 소행, 모든 규정된 것의 혼, 핵심"은 유지될 수 있고,[75] 이것은 유한한 인간의 의식이 자신의 유한성을 지양하고 무한한 삶인 정신으로 고양됨으로써 가능하다. 이 시기 헤겔은 이러한 상승의 과정에서 나타나는 것이 종교적 단계이며, 종교가 등장하면서 철학은 중단된다고 주장한다. "철학은 종교와 더불어 중단되어야만 하는데, 왜냐하면 철학은 하나의 사유이므로 한편으로는 비사유와의 대립을 지니며, 다른 한편으로는 사유자와 사유된 것의 대립을 지니고 있기 때문이다."[76] 여기서 철학과 종교는 대립적으로만 이해될 것이 아니라 상승의 연속선상에서 파악되어야 하며, 이 연속선상에서 철학은 '자기본연의 부정성'을 자기 내면에 지니게 된다. 즉 철학은 유한한 삶 속에 깃든 비진리성을 드러냄으로써, 동시에 참된 무한한 삶이 어떤 것인가를 예견하는 역할을 하게 된다.[77] 삶의 측면에서 보자면, 살아있는 개별자의 자기 억류 또는 본래적인 부자유로 파악될 수 있는 개별자의 정립작용이나 실정화는, 동시에 유한한 삶이 무한한 삶으로 고양되는 과정으로서 자유로워지는 과정이기도 하다.[78] 이처럼 헤겔에 의하면 이성은 자신의 분열, 대립 상태로부터 "생기발랄하고 생명력 있고 무한한 삶"을 이끌어낼 수 있고, 반성의 한계를 인식하면서 고정된 반성으로부터 벗어나는데, 이러한 벗어남은 "유한성 속에서 스스로를 반성하며 고착화하는 인간적 삶이 자신을 넘어서고 벗어나게 하는 것"이기도 하다.[79]

듀이의 언급 속에는 이 같은 좀더 구체적인 내용들이 상세히 소개되고 있지는

Materialien zum jungen Hegel, hrsg. von Ch. Jamme & H. Schneider, Frankfurt am Main: Suhrkamp Verlag, 1990, 273-274쪽 참조.

74) N. 348쪽.

75) N. 303쪽.

76) N. 348쪽.

77) 부흐너는 철학의 이 역할을 '부정적 이성', '회의주의적 이성'이라는 용어로 표현하고 있다. H. Buchner, "Philosophie und Religion im einigen Ganzen des Lebens (Zu Hegels «Systemfragment von 1800»)", in: *All-Einheit*, hrsg. von D. Henrich, Stuttgart: frommann-holzboog, 1985, 218-219쪽 참조.

78) 이 점에서 부흐너는 부자유의 근거가 곧 자유의 근거이기도 하다고 주장한다. H. Buchner, 같은 글, 212쪽 참조.

79) H. Buchner, 같은 글, 205-207쪽 참조.

않다. 그럼에도 불구하고, 이 시기 헤겔에 대한 듀이의 이해는 철학적으로 상당히 유의미하다고 판단된다. 앞서 언급했듯이, 듀이는 헤겔의 변증법적 방법의 기초에 '사태 그 자체의 드러남'을 중시하는 헤겔의 문제의식이 자리하고 있음을 강조한다. 그리고 이러한 듀이의 주장은 직접적 통일, 분열, 그리고 고차적 재통합이라는 변증법적 지양의 과정에서 이성이 자신의 한계를 스스로 극복한다는 자기 부정의 관점에서 설득력 있게 다가온다. 특히 듀이가 형식적 측면에서 헤겔이 비판적으로 수용했다고 주장하는 피히테와 헤겔의 관계를, 듀이 당대의 신헤겔주의자인 그린(T. H. Green)에 대한 듀이의 해석과 비교하여 살펴보면 이러한 점이 분명하게 드러난다. 듀이에 의하면 피히테는 보편적 정신과 물질적 측면 사이에서 칸트가 해결하지 못하고 남겨 놓은 문제를, 보편적 자아의 세계 산출 활동을 통해 해결하려고 하였다. 즉 자아는 자기 스스로에 대립하여 비아로서 경험 세계를 정립하지만, 이 경험 세계는 오직 자아에 의해 부정되기 위한 계기로서만 존재한다는 것이다. 듀이는 이러한 피히테의 관점이 자연과 경험의 과정을 순전히 주관적인 것으로 만들고, 자연과 역사의 영역에 어떤 참된 객관적 가치도 부여하지 않는 문제점을 지닌다고 주장한다.[80] 피히테에게는 "자연과 역사의 영역들은 단순한 자아의 활동을 위해서, 또는 그를 위한 수단으로만 존재한다."[81]는 것이다. 따라서 듀이의 관점에서 볼 때, 피히테의 주관주의에 대한 헤겔의 비판 속에는 곧 듀이 자신의 비판이 담겨있기도 하다. 왜냐하면 듀이는 이미 1890년대 초에 그린의 윤리학은 본래 '신피히테주의'라고 불려야 마땅한데, '신헤겔주의'로 잘못 간주되었다고 주장하면서 피히테 철학의 주관주의를 비판하고 있기 때문이다. 듀이는 그린을 헤겔주의자로 간주하는 사람들에게 반대 입장을 분명히 했다. "나는 절대로 이같은 동일시에 어떤 근거도 찾을 수가 없다. 헤겔은 지속적으로 칸트-피히테 윤리학에 반대 입장을 표명하며, 그린의 입장은 본래 후자쪽이다."[82] 듀이에 의하면 피히테처럼 그린은 자아를 두 부분, 즉 '이미 지금까지 실현된 자아'와 '아직 실현되지 않은 이상적인 자아'로 분리시킴으로써 도덕적 이상을 달성될 수 없는 것으로 만들어 버렸다. 듀이는 그린이 일반적으로 문제를 해결하는 것처럼 보이지만, 실제로는 해결을 필요로 하는 실천적 문제들을 도외시함으로써 단순히 형이상학적 정의에서 멈추어버렸다고 비판한다.[83] 심지어 듀이는 칸트보다 더 그린이 순수 이성과 실천적 욕구 사이의 대립을 심화시켰다고 비판하기도 한다.[84] 따라서 그린에 대한 듀이의 이러한 비판과 연관해서 볼 때, 듀이는 이 시기 「헤겔의 정신철학 강의」를

80) LH, 109-110쪽 참조.
81) LH, 110쪽 참조.
82) J. Dewey, "The Metaphysical Method in Ethics"(1896), EW5, 25쪽.
83) J. Dewey, "Self-Realization as the Moral Ideal"(1893), EW4, 52-53쪽.
84) J. Dewey, "Green's Theory of the Moral Motive"(1892), EW3, 159-160쪽 참조.

통해 헤겔 철학 자체를 거부한 것이 아니라 그린으로 대표되는 신헤겔주의에 대해 반대했다는 것을 알 수 있다.[85)]

그러나 듀이에 의하면 이처럼 헤겔이 주관주의를 강하게 비판한다고 해서 그 반대인 객관주의를 무조건적으로 수용한 것은 아니다. 대표적인 예로 듀이는 셸링에 대한 헤겔의 비판을 소개한다. 셸링은 자연과 정신의 두 평행하는 실재를 통합하는 근거로 '동일성의 원리'를 주장하는데, 듀이는 예나 초기에 헤겔은 주관주의를 비판하는 맥락에서 셸링의 입장에 동의를 표하면서도 이미 잠재적으로 분명히 입장을 달리하고 있었다고 주장한다.[86)] 즉 셸링이 주장한 통일은 그 자체로 무차별적인 통일처럼 보이며 대립의 저변이나 배후에 있는 동일성처럼 보인다는 것이다. 반면에 헤겔은 이미 이 시기에 통일을 통합의 단순한 근거점이나 기체로 생각하지 않고, "다양성과 대립을 통해 실현되는 실행성(activity)의 통일"로 파악하기 시작했다는 것이다.[87)] 그래서 헤겔은 셸링이 주장한 절대적 동일성을 단지 출발점인 것처럼 생각했고, 이로부터 출발하여 이 근원적 동일성이 스스로를 차별화하고 자신의 차이로부터 삶과 활동의 통일에 도달할 때에만 "참된 절대자"가 발견될 수 있는 것으로 생각했다는 것이다. 셸링이 개념적 파악이 아니라 '지적 직관'에 의존할 수밖에 없었던 이유도, 사상이나 세계의 다양한 국면들을 검토할 수 있는 방법론을 헤겔처럼 지니지 못했기 때문이라고 듀이는 주장한다.[88)] 이처럼 피히테의 주관주의와 셸링의 객관주의에 대한 헤겔의 비판을 통해 듀이가 강조하고 싶은 것은, 초기 헤겔 철학에 고유한 '실행성(activity)'이라는 측면이다. 듀이는 다음과 같이 말한다.

> "헤겔은 위대한 실행주의자(actualist)이다. 이 말에 의해 나는 헤겔이 그의 사상에서나 실천면에서 가장 존경을 받았다는 것을 뜻한다. 왜냐하면 실행적으로 어떤 것에 상응하는 것은, 외적인 형식을 적절하게 취하는 데 실행적으로 성공하기 때문이다."[89)]

듀이는 초기 헤겔이 정신적인 면과 세속적인 면을 대립하는 것으로 보지 않고, 관념은 그것이 실재하는 세계에 영향을 미치는 정도로만 가치를 지니는 것으로 보았다는 점을 중시한다. 듀이가 주장하는 '실행성'은 주체와 객체, 정신과 자연, 이론과 실천을 통합하는 과정을 나타내는 말이다. 흔히 듀이 연구자들은 듀이가 1880년대 동안 전통적인 기독교에 대해 거부감을 나타내면서 헤겔 철학에 대해서

85) J. A. Good, "Reading Dewey's "Permanent Hegelian Deposit"', 71-72쪽.
86) LH, 110쪽 참조.
87) LH, 110쪽.
88) LH, 111쪽.
89) LH, 97쪽.

도 마찬가지의 경향을 보였다고 지적한다. 이러한 해석자들은 초자연적인 실재를 거부하는 듀이의 자연주의가 헤겔 철학과 상충된다고 보고, 관념은 실재 세계에서 작용을 해야 한다는 듀이의 실용주의적 개념은 헤겔 철학과 조화되기 힘들다고 주장한다.[90] 그러나, 초기 헤겔을 '위대한 실행주의자'로 간주하면서, 정작 듀이 자신은 헤겔 철학 속에서 일종의 실용주의적 내용들을 재발견하고 있다. 「헤겔의 정신철학 강의」를 통해 우리는 헤겔이 '실행적인 것[현실적인 것]의 합리성'에 기여한 바를 듀이가 실재론이나 실천 철학에 대한 기여로 해석하고 있음을 알 수 있다. 앞서 살펴본 것처럼, 듀이는 헤겔의 주요 관심은 처음부터 단순히 이론적이기보다는 실천적이었다는 점에 주목한다. 칸트에 비해 헤겔은 이전 철학자들의 전문적인 이론에 대한 연구를 통해 성장한 것이 아니라, 그가 역사에서 발견한 삶 자체와 종교의 주요 문제, 특히 사회적 발전과 관련된 문제를 숙고하였다는 점이 듀이에게는 중요하다. 물론 전문적인 철학이 헤겔 사유의 외형적 틀을 제공해 주었으며, 전문학술적 용어와 그의 방법과 진술 양식의 형식적 측면을 제공해 주었다는 사실을 듀이가 부정하는 것은 아니다.[91] 그럼에도 불구하고, 그보다 실천적인 면에 대한 강조가 헤겔 철학에서 더 중요하다고 생각하고 듀이는 다음과 같이 언급한다.

> "궁극적으로 헤겔은 주로 삶의 통일성 문제에 관심이 있었던 것이다. 사유의 통일성과 자연의 통일성에 관한 질문들에 그가 관심을 보인 것도, 이것들이 실천적 물음과 연관되기 때문이다."[92]

이 같은 듀이의 언급은 예나 시기 이후 철학적 체계를 본격적으로 구체화하는 헤겔이 남긴 미발표 단편에 있는 다음의 내용을 상기시킨다.

> "철학에 대한 요구의 보편적인 측면과 관련해서 보자면, 우리는 '철학이 삶과 어떤 관계를 맺고 있는가?'라는 물음에 대해 답변을 하는 형식 속에서 철학에 대한 요구의 보편적인 면을 명확하게 하고자 한다. 이 물음은 '철학은 어느 정도로 실천적인가?'라는 물음과 같은 물음이다. 왜냐하면 철학의 진정한 욕구는 철학으로, 철학에 의해 살아가는 법을 배우는 것 외에 어떤 것과도 관계하지 않기 때문이다."[93]

초기 헤겔의 실천적 문제의식이 그의 철학 체계와 어떤 관계를 맺고 있는지, 그리고 헤겔의 철학 체계는 어느 정도로 그 밑바탕에 삶에 관한 실천적 문제의식을

90) J. A. Good, "Reading Dewey's "Permanent Hegelian Deposit"", 66쪽 참조.
91) LH, 103쪽 참조.
92) 같은 곳 참조.
93) GW5, 261쪽.

지니고 있는지에 대해서는 별도의 면밀한 검토가 필요하다. 그럼에도 불구하고, 실용주의자로서의 듀이가 헤겔 철학을 실천적 맥락에서 적극적으로 해석하고 긍정적으로 받아들인다는 사실을 확인하는 것만으로도, 이 두 철학 사이에 근거 없이 가로 놓인 선입견들을 불식시키기에 충분하다고 판단된다.

Ⅴ. 맺음말

이상에서 우리는 듀이의 「헤겔의 정신철학 강의」에 기초하여, 초기 헤겔에 관한 듀이의 언급을 소개하고, 그러한 언급이 타당한지 여부를 검토해 보았다. 우선 초기 헤겔에서 일종의 '객관주의'를 강조하는 듀이의 해석은 근래의 헤겔 연구 등에 비추어 비교적 설득력 있는 주장이라고 보았다. 그리고 초기 헤겔의 문제의식이 역사적·사회적 맥락에서 종교에 대한 비판과 관련되어 있다는 점, 그리고 이 비판이 칸트 철학에 대한 비판적 수용과 함께 한다는 점 등에서 이 시기 헤겔 철학에 대한 듀이의 해석은 상당히 긍정적인 평가를 받을 수 있다고 생각된다. 더 나아가 헤겔의 철학체계 구상과 방법의 측면에서 삶의 통일성과 실천적 문제의식을 강조하는 듀이의 해석도 초기 헤겔의 관점에서 볼 때 충분히 수용할 만한 주장이라는 점을 살펴 보았다. 물론, 초기 헤겔에 대한 듀이의 서술에는 길지 않은 분량에 초기 헤겔의 특징들을 빼놓지 않고 소개하려는 의도로 인해, 개괄적인 장점에 따른 구체적 논의의 불충분함이 동시에 드러나는 문제가 없지 않다. 그리고 기본적으로 듀이는 초기 헤겔 철학의 근본적 문제의식을 강조하려다 보니, 헤겔 철학의 초기와 예나 시기, 그리고 특히 후기 사이의 차이를 상대적으로 간과하고 있는 모습을 보이기도 한다.

그러나, 위와 같은 검토 내용들을 놓고 볼 때, 듀이의 실용주의적 관점이 헤겔의 철학과 공유하는 부분이 없을 것이라거나, 심지어 대립적일 것이라고 하는 예상은 근거 없는 선입견임이 드러난다. 오히려 듀이 스스로는 헤겔의 사상과 자신의 사상 사이에 맺어질 수 있는 유대의 끈을 모색하는 데 강의를 집중하고 있다. 이러한 관점은 우리에게 듀이 철학뿐만 아니라 헤겔 철학에 대한 피상적인 이해에서 좀더 구체적인 이해로 한 걸음 더 나아가게 하는 데 도움을 주며, 영미철학과 독일관념론 사이에 가로 놓여 있는 이유 없는 거리감에 대한 선입견을 불식시켜 상호 소통의 길을 열어 준다는 데에서 긍정적인 의미를 찾을 수 있다고 생각한다.

참고 문헌

1. 1차 문헌

* 헤겔의 저술

Hegel. G. W. F., *Gesammelte Werke*, in Verbindung mit der Deutschen Forschungsgemeinschaft, hrsg. von der Reinische-Westfälischen Akademie der Wissenschaften, Hamburg: Felix Meiner Verlag, 1968ff.(=GW)

______, *Theorie Werkausgabe in zwanzig Bänden*, Redaktion von E. Moldenhauer & K. M. Michel, Frankfurt am Main: Suhrkamp Verlag, 1969ff.(=TW)

______, *Briefe von und an Hegel*, Bd. 1-3, hrsg. von J. Hoffmeister / Bd. 4, hrsg. von F. Nicolin, Hamburg, Felix Meiner, 1952ff, 1977.(=BH)

______, *Theologische Jugendschriften* (1907), hrsg. von H. Nohl, Frankfurt am Main: Minerva Verlag, 1991. (=N)

* 듀이의 저술

Dewey, J., *The Collected Works of John Dewey*, 1882-1953, 37 vols., edited by Jo Ann Boydston, Carbondale: Southern Illinois Univ. Press, 1969-1990.

______, *The Early Works: 1881-1898.*(=EW)

______, *The Middle Works: 1899-1924.*(=MW)

______, *The Later Works: 1925-1953.*(=LW)

______, *John Dewey's Philosophy of Spirit with the 1897 Lecture on Hegel*, ed. by J. R. Shook & J. A. Good, New York: Fordham Univ. Press, 2010.(=LH)

______, "A Common Faith"(1934), LW9.

______, "Green's Theory of the Moral Motive"(1892), EW3.

______, "Illusory Psychology"(1887), EW1.

______, "Kant and Philosophic Method"(1884), EW1.

______, "Psychology as Philosophic Method"(1886), EW1.

______, "Self-Realization as the Moral Ideal"(1893), EW4.

______, "The Metaphysical Method in Ethics"(1896), EW5.

______, "The Psychological Standpoint"(1886), EW1.

______, 김진희 옮김, 『자유주의와 사회적 실천』, 책세상, 2011.
______, 이홍우 옮김, 『민주주의와 교육』, 교육과학사, 2007.
______, 홍남기 옮김, 『현대 민주주의와 정치 주체의 문제』, 씨아이알, 2010.

2. 2차 문헌

김태길, 『존 듀이의 사회철학』, 김태길 전집6권, 철학과 현실사, 2010.

남기호, 「헤겔의 인식론」, 『헤겔연구』, 제24호, 한국헤겔학회 편, 용의숲, 2008.

박인성, 「Hegel에서 Dewey에로－정신현상학이 듀이에 준 영향」, 『인문과학연구』, 제9권, 전주대 인문과학종합연구소, 2003.

서정혁, 「프랑크푸르트 시기의 헤겔」, 『헤겔연구』, 제14호, 한국헤겔학회 편, 동과서, 2003.

이병덕, 「현대영미분석철학의 헤겔주의적 전회: 왜 칸트가 아니라 헤겔인가?」, 『헤겔연구』, 제23호, 한국헤겔학회 편, 용의숲, 2008.

이정은, 「민중종교와 이성종교의 갈림길－헤겔의 『예수의 생애』는 민중종교의 연속인가 단절인가?」, 『헤겔연구』, 제14호, 한국헤겔학회 편, 동과서, 2003.

정대성, 「'반성문화'에 대한 청년 헤겔의 비판과 '화해하는 이성' 개념－베른시기에서 예나 초기까지」, 『헤겔연구』, 제14호, 한국헤겔학회 편, 동과서, 2003.

정현철, 「진화 윤리적 상호주관성 이론 연구－듀이의 정치철학을 중심으로」, 『헤겔연구』, 제30호, 한국헤겔학회 편, 용의숲, 2011.

황설중, 「헤겔은 프래그머티스트인가?－브랜덤의 추론주의에 나타난 헤겔의 관념론」, 『헤겔연구』, 제20호, 한국헤겔학회 편, 용의숲, 2008.

Bondeli, M., *Der Kantianismus des jungen Hegel. Die Kant-Aneignung und Kant-Überwindung Hegels auf seinem Weg zum philosophischen System*, Hamburg: Felix Meiner Verlag, 1997.

Brandom, R., *Making It Explicit*, Harvard Univ. Press, 1994.

______, *Tales of the Mighty Dead*, Harvard Univ. Press, 2002.

Buchner, H., "Philosophie und Religion im einigen Ganzen des Lebens (Zu Hegels «Systemfragment von 1800»)", in: *All-Einheit*, hrsg. von D. Henrich, Stuttgart: frommann-holzboog, 1985.

Busche, H., *Das Leben der Lebendigen, Hegel-Studien Beiheft* 31, Bonn: Bouvier Verlag, 1987.

Fulda, H. F., 남기호 옮김, 『헤겔. 생애와 사상』, 용의 숲, 2010.

Garrison, J., "The "Permanent Deposit" of Hegelian Thought in Dewey's Theory of Inquiry", *Educational Theory*, vol.56, no.1, 2006.

Good, J. A., "John Dewey's "Permanent Hegelian Desposit" and the Exigencies of War", *Journal of the History of Philosophy*, vol.44, no.2, 2006.

______, "Reading Dewey's "Permanent Hegelian Deposit"", *John Dewey's Philosophy of Spirit*, ed. by J. R. Shook & J. A. Good, New York: Fordham Univ. Press, 2010.

Harris, H. S., *Hegel's Development: Toward the Sunlight, 1770-1801*, Oxford: Clarendon Press, 1972.

Haym, R., *Hegel und seine Zeit*, Darmstadt: Wissenschaftliche Buchgesellschaft, 1962.

Hösle, V., 나종석 옮김, 『비토리오 회슬레, 21세기의 객관적 관념론』, 에코리브르, 2007.

Johnston, J. S., "Dewey's Critique of Kant", *A Quarterly Jouranal in American Philosophy*, vol.42, no.4, 2006.

Kant, I., *Kant's Gesammelte Schriften*, hrsg. von der Königlich Preußischen Akademie der Wissenschaften, Berlin: Druck und Verlag von Georg Reimer, 1910ff.(=AA)

______, *Die Religion innerhalb der Grenzen der bloßen Vernunft* (1793), in: AA6, hrsg. von der Königlich Preußischen Akademie der Wissenschaften, Berlin 1913.

Kimmerle, H., "Anfänge der Dialektik", in: *Der Weg zum System, Materialien zum jungen Hegel*, hrsg. von Ch. Jamme & H. Schneider, Frankfurt am Main: Suhrkamp Verlag, 1990.

McDowell, J., *Mind and World*, Harvard Univ. Press, 1994. R. Rorty, *Philosophy and Social Hope*, Penguin Books, 1999.

Pinkard, T., 전대호 · 태경섭 옮김, 『헤겔, 영원한 철학의 거장』, 이제이북스, 2006.

Portales, G., *Hegels frühe Idee der Philosophie*, Stuttgart: frommann-holzboog, 1994.

Ritter, J., *Hegel und die französische Revolution*, Frankfurt am Main: Suhrkamp Verlag, 1965.

Rockmore, T., *Hegel, Idealism, and Analytic Philosophy*, New Haven and London: Yale Univ. Press, 2005.

Rosenkranz, K., "Hegel as Publicist", trans. by G. Stanley Hall, *Journal of Speculative Philosophy* 6, 1872.

Royce, J., "Two Philosophers of the Paradoxical", *Atlantic Monthly* 67, 1891.

Russell, B., *My Philosophical Development*, London: Allen and Unwin, 1959.

Sellars, W., *Empiricism and the Philosophy of Mind*, Harvard Univ. Press, 1997.

______, *Science, Perception and Reality*, Atascadero: Ridgeview Publishing Company, 1963.

J. Dewey's Understanding of G.W.F. Hegel's Early Philosophy

Seo, Jeong-Hyok

Abstract

Dewey lectured on Hegel's Philosophy of Spirit at the University of Chicago in 1897. It should be investigated how appropriate Dewey's understanding of Hegel's intellectual development from his birth in 1770 until the publication of the *Phenomenology of Spirit* in 1807 is. In this investigation we can make sure this; First, Dewey emphasized 'objectivism' in Hegel's early Philosophy. In spite of his insufficient argumentations, it is sure that Dewey's emphasis on 'objectivism' is proper to Hegel's idealism which emphasizes objective affairs. Second, Hegel's early Philosophy is associated with the criticism of religion from the historical and social context, and this criticism accompanies with a critical reception of Kant's philosophy. Dewey can receive a very positive assessment, because he also agrees on this point. Finally, According to Dewey, Hegel criticizes both Fichte's subjectivism and Schelling's objectivism and presents a unity as 'activity' in his early philosophy. In this point Dewey calls Hegel as 'a great actualist' and interprets this activism positively from his viewpoint of pragmatism. Now, when on the basis of discussions so far, it is possible to reconsider the relationship between Dewey and Hegel that has been negatively interpreted until now. And a groudless distance between Dewey's pragmatism and Hegel's idealism can be narrowed considerably. Furthermore, the possibility of mutual communication between the Anglo-American philosophy and German Idealism can be sought actively.

Key words: objectivism, activity, criticism of religion, pragmatism, Dewey, Hegel, Kant

• 투고일: 2012.08.29. 심사완료일: 2012.09.16. 게재확정일: 2012.09.17.

이성과 감정의 이원론을 넘어

–현대 감정론을 통해서 본 헤겔 감정론–*

소 병 일

요약문

감정에 관한 현대의 철학적 연구는 인지주의와 비인지주의의 대립구도 속에 활발히 진행되고 있다. 일반적으로 인지주의는 감정의 인지성을 비인지주의는 감정의 신체성을 강조한다. 본 논문은 과연 인지주의자와 비인지주의의 대립구도에서 나타나는 이론적 전제와 방법론이 감정에 관한 적절한 논의구도가 될 수 있는가라는 물음에서 시작한다. 양자 사이의 끊임없는 논쟁들이나 이론적 절충 과정이 나타나는 이유는 근본적으로 그들의 이원적 대립구도에서 찾을 수 있을 것이다. 이에 본 논문은 이러한 대립구도를 넘어서 있는 또 다른 관점으로서 헤겔의 감정론을 검토해보고자 한다. 헤겔 철학은 감정의 인지적인 요소와 비인지적 요소를 대립적인 것이 아니라 하나의 과정으로서 통합할 수 있는 체계를 보여주기 때문이다. 헤겔 철학의 방법론과 습관 개념은 기존의 논쟁구도를 넘어서 감정을 좀 더 구체적이고 입체적으로 이해할 수 있는 기회를 제공할 수 있을 것이다.

● 주요어: 감정, 인지주의, 비인지주의, 헤겔의 감정론, 습관

* 이 논문은 2011년도 정부재원(교육과학기술부 인문사회연구역량강화사업비)으로 한국연구재단의 지원을 받아 연구되었음(ANRF-2011-413-A00002)

Ⅰ. 들어가며

본 논문은 현대 영미 감정론의 기본적인 주장과 쟁점을 검토한 후, 그 이론구도로 포섭되지 않는 또 하나의 관점으로서 헤겔 감정론의 특징을 논하고자 한다.

오늘날 감정에 대한 연구는 현대 영미 철학에서 인지주의와 비인지주의의 대립구도로 활발히 진행되고 있다. 두 입장의 핵심적인 쟁점은 감정에 관한 그들의 철학적 전제와 인지성을 어떻게 규정할 것이냐에 관한 것이며, 이에 관해 양자는 물론이고 같은 계열의 입장 내부에서도 논쟁이 지속되고 있다. 그런데 이러한 상황은, 다른 분과 학문을 통해 이룬 이론적 발전과 그 세부적인 논의의 긍정성을 받아들일 수 있다고 하더라도, 근본적으로 감정에 관한 그들의 이론적 대립구도가 다분히 소모적인 인상을 준다.

본 논문은 과연 인지주의자와 비인지주의를 가르는 그들의 이론적 전제와 대립구도가 감정에 관한 연구에 있어 적절한 출발점이 될 수 있는가라는 물음에서 시작한다. 그리고 양자의 대립적 구도를 넘어설 수 있는 또 다른 철학적 관점으로서 헤겔 철학의 검토하고자 한다. 외면적으로 보자면 헤겔의 입장은 현대의 인지주의에 가까워보인다. 그러나 그가 인지를 이해하는 방식이나 감정의 운동 원리에 대한 이해에 있어 현대의 인지주의와 동일선상에 놓기는 어렵다. 헤겔의 감정론은 인지주의와 비인지주의의 대립구도로 포섭되지 않는 감정 이해방식을 제시한다. 더 정확히 말하면, 헤겔은 현대 감정론에서 언급하는 감정의 인지적인 요소와 비인지적 요소가 대립적인 것이 아니라 상호전제하거나 작용한다고 본다.

헤겔 감정론의 고유한 특징을 설명하기 위해 본 논문은 우선 현대 감정론의 기본 입장과 대립구도와 그 이론적 한계 상황을 검토할 것이다. 그리고 헤겔의 감정 이론의 특징을 설명하고, 마지막으로 현대 감정론과 헤겔의 입장을 비교해 볼 것이다.

Ⅱ. 현대 감정론의 논쟁 구도

감정(emotion)은 인간의 심성에 관한 다른 개념들처럼 명확하게 정의하기 어려운 개념이다.[1)] 철학사를 보면 감각이나 감정에 관한 논의는 (도덕적) 실천에 대한

1) 고대 그리스는 쾌와 불쾌 그리고 사랑, 미움, 즐거움, 공포 등을 pathos라고 표현했고, 이는 라틴어로는 passio, affectus로 표현되었다. 근대에 이르러 emotion은 광의의 정서를 나타내는 표현이 되었고, 좁은 의미로는 passion이 감정을 나타내는 표현으로 사용되었다. 오늘날 감정 개념은 정념, 열정, 정동, 욕망, 성향, 충동 등을 포함한다. 공포 등과 같은 세부적인 감정까지 고려할 때 감정은 그 외연이 매우 큰 개념이라고

관심에서 시작되었다.[2] 그리고 철학사적으로 감정의 본성과 역할에 관한 다양한 정의와 논쟁이 있었다. 일반적으로 플라톤이나 스토아주의에서 나타나듯이 고대 그리스부터 이성을 강조하는 철학적 입장들은 감정을 이성과 도덕적 삶에 장애가 되는 심적 상태로서 간주하였다.

감각과 감정에 대해 고유한 지위를 부여하려는 시도는, 특히 인식론적 차원의 연구는 근대의 경험주의에 이르러 본격적으로 시작되었다고 볼 수 있다. 그리고 현대의 영미 감정이론은 감정을 인식의 재료로 상정하고, 투명하게 분석될 수 있다고 믿었던 경험주의적 입장을 비판하며 감정에 새로운 지위를 부여하려는 노력의 일환이다.[3] 그러나 현대의 감정이론의 논쟁들에서 나타나듯이 여전히 모두가 동의하고 따를 만한 통일된 감정 규정이나 이해방식이 있다고 말하기 어렵다. 물론 현대의 감정이론은 형식적이나마 공유할만한 감정의 특징을 논의의 출발점으로 삼는다. 감정은 '불안정성(instability)', '강한 격렬함(great intensity)', '국부성 혹은 지협성(partiality)', '짧은 지속성(brief duration)' 등과 같은 특성을 가지며, '인지', '평가', '동기', 그리고 '느낌' 등과 같은 기초적인 구성요소(basic component)로 갖는다.[4] 이러한 감정의 특성들을 고려할 때 감정에 관한 통일된 이론이 제시되기 어려우며, 그 특성 중 무엇에 집중하느냐에 따라 다양한 쟁점이 형성될 수 있음을 쉽게 예상할 수 있다. 또한 감정이 고전적인 논쟁, 즉 형이상학적으로는 마음과 신체의 관계, 인식론적으로는 인식의 확실성의 문제, 윤리학적으로는 도덕의 기원에 관한 물음 등과 맞물려있다고 했을 때 그에 관한 일관된 논의의 어려움은 더욱 커진다.

영미를 중심으로 활발하게 진행되고 있는 감정에 관한 연구는 크게 두 가지, 인지주의(cognitivism)적 이해방식과 비인지주의(non-cognitivism)적 이해방식으로 전개되고 있다. 인지주의의 경우 그 내부적으로 작은 이견들이 있지만, 감정이 '대상인식'이나 '가치평가'의 기능을 가진다고 주장한다. 반면 비인지주의는 감정은 신체적 변화에 대한 느낌 혹은 반응일 뿐, 그 자체로 인지적 기능을 갖지 않는다고 주장한다. 그들 사이에서 나타나는 논쟁의 큰 줄기와 변화를 요약하면 거칠지만 다

말할 수 있다. 서양의 감정 개념에 대한 간단한 정리로는 김정현, 「서양정신사에 나타난 감정의 두 얼굴」, 『열린정신 인문학연구』, 제7집, 원광대 인문학연구소, 2006, 74-75쪽 참조.

2) 고대의 감정에 관한 논의는 덕과 도덕 교육과 밀접한 연관이 있다. 고대와 현대 감정론의 연구방향을 비교한 논문으로는 Amy Coplan, Feeling without Thinking Lessons from The Ancients on Emotion and Virtue-Acquisition, in: *Metaphilosophy,* vol. 41, Blackwell, 2010 참조.

3) John Deigh, Concept of Emotion in Modern Philosophy and Psychology, in: *The Oxford Handbook of Philosophy of Emotion,* ed. by Peter Goldie, Oxford New York, 2010.

4) Arron Ben-Ze'ev, The Thing Called Emotion, in: *The Oxford Handbook of Philosophy of Emotion,* ed. by Peter Goldie, Oxford New York 2010 참조.

음과 같다.

인지주의 계열의 철학자들은 감정이 인지적이라고 주장하는 근본적인 이유를 대상에 대한 '지향성(intentionality)'에서 찾는다.[5] 여기서 출발하여 그들은 감정이 일종의 인식과 판단의 기능을 설명하고자 한다. 인지주의 계열의 학자들의 주장처럼 감정이 대상인식과 가치평가에 특정한 역할을 한다는 사실을 부정하기 어려울 것이다. 그러나 그 인지의 범위와 다른 인지 기능과의 연관관계는 그들 내부에서도 논쟁의 대상이다. 예를 들어 인지주의 계열의 누스바움은 감정이 '명제태도'라고 주장하는가 하면[6], 같은 계열로 분류되는 드 수자는 감정의 인지적 성격이란 믿음이 아니라 '지각'의 형태에서 찾아야 한다고 본다. 또한 감정의 기원을 마음과 신체 중 무엇에서 찾아야 하는가라는 물음에 대해서도 그들은 상이한 입장을 취한다. 드 수자는 '지각과 믿음도 신체적'이라고 주장하면서 명제적 진리와 구분되는 감정 진리의 영역을 제안하고자 한다. 달리 말해 그는 명제만이 진리치를 갖는다는 믿음에서 벗어나 참과 거짓을 부여할 수 있는 별도의 인식을 감정에서 찾을 수 있다고 주장한다.[7] 이러한 인지주의 내부의 입장 차이는 결국 인지를 어떻게 정의할 것이냐는 문제에 놓여있다. 인지를 개념적 인식으로 규정할 것인지, 비개념적 인식까지 포괄할 지가 인지주의 내부의 이론적 편차와 대립구도를 형성한다.[8]

비인지주의자들은 감정이 신체적 느낌(feeling)이며, 그 신체적 느낌은 신체적 변화에 대한 지각이라고 설명한다.[9] 공포를 예로 들어 설명하자면, 인지주의자들이 공포라는 감정이 어떤 대상에 대한 판단을 포함한다고 주장한다. 반면 비인주의자들은 공포란 어떤 대상에 대한 신체적 변화에 대한 느낌일 뿐이며, 이러한 느낌은 인지적인 것이 아니라고 본다. 비인지주의 계열의 감정론이 가지는 이론적 난점은 공포라는 감정에서도 나타나듯이 감정이 어떤 대상에 관한 것임을, 즉 감정의 대상성과 지향성을 설명하기 어렵다는 것이다. 이러한 문제를 보완하기 위해 프린츠(Prinz)의 경우 신체적 느낌을 강조하는 '느낌 이론'을 수정한 '체현된 평가이론

5) 지향성은 감정이 그 자체와는 다른 그 무엇에 관한 것, 즉 대상과 연결되어 있음을 의미한다. 감정의 지향성을 주장하는 철학자들은 인지주의자들이라고 말할 수 있다. 그런데 이 지향성 이론 자체도 통일된 혹은 일반화된 개념이나 이론틀을 제시하지 못하고 있다. 지향성 이론 내부의 난점에 관해서는, 김영진, 「서얼, 케니, 그리고 감정의 지향성 이론의 정초」, 『과학철학』, vol. 10, 2007, 57-60쪽 참조.

6) Nussbaum, Emotion as Judgement of Value and Importance, in: *Thinking about Feeling,* ed. by Robert C. Solomon, New York 2004, 186쪽.

7) De Sousa, Emotions: What I know, What I'd like to think I know, and What I'd like to think", in: *Thinking about Feeling,* ed. by Robert C. Solomon, New York, 2004, 65쪽.

8) 인지주의 내부의 인지에 관한 논쟁에 관한 좀 더 구체적인 소개는 오성, 「감정에 대한 인지주의 이론의 경계 짓기-Nussabum과 de Sousa의 논의를 중심으로」, 『철학사상』, vol. 27, 서울대학교 철학사상연구소, 2008 참조.

9) J. Prinz, Embodied Emotions, in: *Thinking about Feeling,* ed. by Robert C. Solomon, New York 2004, 45쪽.

(embodied appraisal theory)'으로 제시하는데, 이에 따르면 감정은 기본적으로 신체적이지만 의미론적인 것이다. 신체적 느낌으로서 감정이 어떤 의미를 가질 수 있다는 주장은, 인지를 인지주의와 어떻게 다르게 이해하고 있느냐는 물음을 남기지만, 감정의 고유한 속성으로서 인지적 성격을 시인하는 것이라고 말할 수 있다. 물론 비인지주의 내부에서 감정과 인지능력을 계속해서 명확하게 구분하려는 입장도 있다. 비인지주의 계열에 속하는 느낌 이론가 중 위팅(Whiting)은 프린츠와 달리 감정은 지향성과 인지성을 갖지 않는다고 단호하게 주장한다. 그에 따르면 사고는 표상적인 상태이지만, 느낌은 표상적인 것이 아니라 신체적인 것일 뿐이다. 예를 들어 호랑이에 대한 공포는 느낌과 사고가 '합성된(compositive)' 심적 상태이다.[10] 감정 자체 속에는 인지주의자들이 주장하는 것과 같은 인지적 요소가 없다. 인지적인 요소란 사고가 개입할 때 나타난다. 이에 따르면 감정에서 내재되어 있다고 상정되는 대상지향성은 감정과 사고와 결합된 상태를 의미할 뿐이다.

감정에 관한 현대의 논쟁들은 감정과 이성에 관한 기존의 이원적 대립구도를 넘어 감정을 새롭게 이해하려는 시도들이며 여전히 해명해야만 할 많은 과제가 남아있다고 할 수 있다. 달리 말하면 여전히 감정에 대한 통일된 규정은 물론이고, 이와 관련된 다른 심적 상태에 대한 일관된 이해방식과 체계를 기대하기는 어려워 보인다.

이성과 감정에 관한 고전적인 논의 구도로 보자면 현대의 인지주의적 입장은 감정을 넓은 의미의 이성에 포섭시키거나 혹은 감정 속에 내재된 이성적 구조를 해명하려는 시도라고 말할 수 있다. 이러한 인지주의는 감정을 자연이 부여한, 즉 자기보존을 위한 기능이라고 규정하고 감정을 보편적인 자연의 원리로 설명하려고 했던 스토아주의의 이론 구도를 연상시킨다. 스토아주의에 따르면 감정은 사고의 일종이며, 그릇된 감정을 사고 혹은 판단의 오류이다.[11] 실지로 누스바움은 그 자신의 입장을 '신스토아주의(neo-Stoics)'라고 규정하기도 한다.[12] 그런데 인지를 의식에 자명하게 드러나는 논리적 판단이나 추론이라고 볼 경우, 누스바움와 같은 강한 인지주의자들은 감정이 발생하는 다양한 조건과 맥락, 즉 감정의 특수성에 대해서는 이론적으로 한 걸음 물러설 수밖에 없다. 이에 따라 인지주의는 감정을 사후적으로 평가하고 도식화하는 것에 만족한다는 인상을 준다.

인지주의와 비인지주의는 감정에 관해 서로가 상이한 입장이라고 주장하지만

---

10) Demian Whiting, The Feeling Theory of Emotion and the Object-Directed Emotion, In *European Journal of Philosophy*, issue 2, 2011, 287쪽.

11) 스토아주의에서 감정은 좋음과 나쁨에 대한 믿음과 연관되어 있다. 이에 관한 좀 더 구체적인 국내 논의는 강성훈, 「스토아 감정 이론에서 감정의 극복」, 『고대 그리스 철학의 감정 이해』, 동과서, 2010 참조.

12) 누스바움에 따르면 "감정은 판단의 맥락에서만 규정될 수 있다." Nussbaum, Ibid.

결국 양쪽의 이론적 발전과정은, 인지주의자인 드 수자와 비인지주의자인 프린츠의 주장에서 나타나듯이, 서로가 각각의 이론적 전제로부터 설명하지 못하는 부분을 상호차용하거나 보완해가는 양상을 보인다. 이러한 사태는 감정을 명제태도로도 신체적 느낌으로도 단순하게 환원하여 설명하기 어렵다는 사실을 반영하는 것으로, 인지주의자들과 비인지주의자들 사이의 이론적 절충은 일상적인 개인의 삶을 돌아보면 당연한 결과처럼 보인다. 왜냐하면 우리가 일상생활에서 어떤 대상에 대할 때 나타나는 의식 상태는 감정과 사고의 영역으로 순수하게 분리되지 않기 때문이다. 그렇다면 감정의 신체성을 고려하면서도 그 인지적 성격을 해명할 수 있는 이론적 설명은 불가능한가? 달리 말해 인지주의와 비인지주의 사이의 논쟁을 극복할 수 있는 더 포괄적인 이론체계를 구축할 수 없는가? 양자의 대립구도를 넘어설 수 있는 새로운 패러다임과 사유 방식의 전례는 없는 것인가?

방법론적으로 보자면 감정이론의 일관된 체계화를 위해서는 감정의 인지적 요소와 비인지적 요소에 대한 일반화된 규정과 그것들 간의 상호작용를 설명할 수 있는 설명틀이 필요할 것이다. 우리는 헤겔의 철학 체계에서 이러한 이론적 모색의 한 전례를 찾을 수 있다.

Ⅲ. 현대 감정이론의 구도에서 본 헤겔의 감정 개념

현대 감정론과 헤겔의 감정 이론을 비교하기 전에 헤겔이 자신의 시대에 감정을 다루었던 목적을 잠시 언급할 필요가 있을 것이다. 고대 그리스 철학자들이 그러했듯이 감정에 관한 헤겔의 논의는 실천철학적 문제의식에서 시작한다. 헤겔의 초기 저작들이나 후기 저작들에 관통하는 실천철학적 문제의식은 인륜적 공동체의 실현이었다. 헤겔은 사회 계약설이나 형식 윤리학을 넘어서고자 하였고, 이는 인륜성의 토대를 인간의 자연적 충동 속에 내재한 이성적 구조를 해명하려는 시도로 나타난다. '자연상태'라고 상정되는 인간의 본성으로부터 국가의 필요성을 연역하는 사회 계약설이나 감정의 영역을 제거하는 방식으로 도덕의 보편성을 획득하려고 했던 스토아주의적 윤리학은 헤겔이 보기에 인간의 삶이 보여주는 분열과 통일의 과정을 담지할 수 없는 이론체계였다. 여기서 그는 감정을 흔히 이성이라는 불리는 보편적 사유능력에 반하는 것이 아니라 이성이 구체적 보편성을 획득하기 위해 필수적인 계기로 받아들임으로써 이 문제를 해결하고자 한다.

헤겔은 현대의 감정론처럼 감정을 하나의 독립된 주제로 다루지는 않았다. 그러나 헤겔의 저작들을 통해 그가 감정을 체계적인 구조 속에서 파악하고 있음을 알 수 있다.[13] 감정에 관한 헤겔의 가장 정형화된 논의는 『정신현상학』[14]과 『엔찌클로페디III』(1832)[15]에서 찾을 수 있고, 본 논문은 그 논의구도를 현대의 감정론과 함께 비교·논의할 수 있는 기본 발판으로 삼을 것이다. 넓은 의미에서 보자면 감정에 대한 헤겔의 이해방식은 현대의 인지주의적 관점의 전사를 이루는 것처럼 보인다. 그러나 그의 감정론은 현대의 인지주의와 비인주의를 대립구도로 환원할 수 없는 구조로 감정을 이해하였다고 보는 것이 적절할 것이다.

1. 감각과 감정

헤겔은 인식의 출발점을 근대 경험주의자들처럼 '감각(Empfindung)'에서 찾는다. 감각은 직접적으로 대상과 관계하는 인간의 인식능력이다. 그런데 감각은 단순한 직접적인 육체적 자극을 넘어서는 것이기도 하다. 그 이유를 헤겔은 인간의 영혼이 가지는 '관념성(Idealität)'에서 찾는다.[16] 그에 따르면 인간이 무엇을 느끼는 것은 감각 자체가 아니라 관념화된 감각이라고 말해야 한다. 감각 대상과 관련하여 말하자면 감각 작용은 대상 자체에 관한 것이 아니라 감각 주체의 관념 활동이라고 말할 수 있다. 헤겔은 신체적 느낌 자체로서 감각이 아닌 이처럼 관념이 개입된 감각을 '감정(Fühlen)'라고 규정한다. 감정은 감각들의 체계화된 것이며, 일반적으로 감정을 규정하듯이 직접적이고 수동적인 것이라고 말할 수 없다. 헤겔의 용어를 쓰면, 감정은 '자기본위적(Selbstischkeit)'이다.[17] 여기서 '자기본위적'이라는 표현은 감정은 감각의 단순한 다발로 이루어진 파편화된 정보가 아니라 감정의 주체, 즉 무엇을 느끼는 자아, 즉 '나'를 중심으로 형성된 것임을 강조하기 사용된다. 요약하면 헤겔에게 감정은 관념화 과정을 통해 나타나는 것이기에 단순하게 육체의 직접성으로 환원될 수 없다.

---

13) 헤겔의 철학 체계 내에서 감정의 의미와 구조에 관한 구체적인 분석은 소병일, 「헤겔 철학에서 나타난 감성의 운동구조」, 『헤겔연구』 18호, 2005 참조. 이 논문의 내용을 기반으로 본 논문은 감정에 관한 헤겔의 핵심적인 주장이 가지는 현대적 의미를 검토할 것이다.

14) G.W.F. Hegel, *Phänomenologie des Geistes*, Hamburg 1952. 이하 PhG로 약칭.

15) G.W.F. Hegel, *Enzyklopädie der philosophischen WissenschaftenIII*, in: G. W. F. Hegel Werke in zwanzig Bänden, Hrsg. von E. Moldenhauer und K. M. Michel, Bd. 10, Frankfurt a. M. 1986. 이하 EnIII으로 약칭.

16) "영혼은 자연의 보편적 비물질성이며, 자연의 단순한 관념적 생명이자, 실체이며, 정신의 모든 특수화와 개별화의 절대적 기초이다." EnIII, § 389. 헤겔은 자신의 고유한 철학적 체계에 따라 인간의 심적 능력이 '영혼'에서 '의식'을 거쳐 '정신'으로 발전한다고 본다. 감정은 영혼의 단계에서 고려되는데, 영혼을 단순하게 도식화하자면 아직 명증하지 못한 인지 단계라고 정의할 수 있다. '영혼'이란 자연의 우위에 있는 물질과 대비되는 개념으로서 정신적인 것이며 인간의 본성이다. 그리고 영혼의 본성은 '관념성'이라는 용어로 압축될 수 있다.

17) EnIII, § 403.

헤겔은 이러한 관념성을 전제로 감정에는 이미 “오성적, 이성적 의식이 내재해 있다”고 주장하기도 한다.[18] 이러한 주장이 가능한 이유는 내가 그 무엇인가를 느낀다고 했을 때, 그 순간 자아와 대상의 관계가 형성되는 것이며, 자아와 대상 간의 분리와 결합이라는 인지의 기본 구조가 형성되기 때문이다. 헤겔은 이 구조에 의해 인간은 기본적으로 감정 자체에 매몰되지 않는다고 생각한다. 여기서 그는 감정과 거리를 두고 인식하는 능력을 동물과 달리 인간에게만 있는 고유한 것으로 전제하고 있다.[19]

감정에서 나타나는 ‘자기본위성’, 즉 감정에 내재될 수밖에 없는 주관적 요소란 감정이 외부 대상에 대한 단순한 수동적 반응이 아니라는 의미이며 헤겔은 이러한 감정의 속성을 ‘자기감정(Selbstgefühl)’이라고 규정한다. 자기감정이란 대상에 대한 직접적인 반응이 아니라, 나의 것으로 특수하게 추상화된 감각들의 총체이다. 이러한 감정들의 예로 헤겔은 ‘욕구(Bedürfnis)’, ‘충동(Trieb)’, ‘격정(Leidenschaft)과 그것의 만족’과 같은 것을 제시한다.[20] 그리고 그는 이러한 자기감정들에는 이미 판단이 개입된다고 주장한다. 그 무엇에 관한 욕구나 충동과 같은 자기감정은 주관적인 것이기에 명확하지는 않지만, 그러한 감정들은 내가 그 무엇을 원한다는 측면에서 대상에 대해 어떤 판단을 한다고 말할 수 있기 때문이다. 여기서 헤겔은 현대의 인지주의적 입장과 궤를 같이 하는 것처럼 보인다. 그러나 감정에 이미 판단이 개입한다는 헤겔의 주장은 현대의 강한 인지주의자들이 주장하는 것처럼 감정 자체에 ‘명제태도’로 환원할 수 있을 정도의 인지적 요소가 있다는 의미는 아니다. 이는 헤겔이 자기감정은 주관과 판단의 요소가 개입한다고 해도 특수성만을 고집할 수밖에 없다고 말할 때 잘 드러난다. 감정은 완전히 ‘신체성’에서 벗어난 것이 아니다.[21] 여기서 신체성이란 감정적 인지의 기본적인 한계상황을 의미한다. 감정은 관념성에 관한 언급에서 확실히 암시되듯이 인지적 구조 속에 놓여 있는 것이나, 그것의 기원인 육체의 제한성에 의해 객관적인 인식으로 아직 나아가지 못한, 모호한 인지적 상태에 놓인 것이다. 헤겔은 감정이 판단과 같은 의식으로 나아가기 위해서는 특별한 과정이 필요하다고 생각한다. 달리 말해 개별적이고 특수한 감정에서 벗어나 보편적 의식, 즉 오성이나 이성으로 나아가기 위해서는 감정의 육체성, 특수성에서 벗어날 수 있는 계기가 필요하다. 헤겔은 그 계기를 바로 ‘습관(Gewohnheit)’에서 찾는다.

---

18) EnIII, § 405.

19) 이러한 사태는 논리적으로 설명할 수 없는 인간학적 본성과 같은 것이기에 헤겔은 이를 은유적으로 ‘수호신’이 개입한 것이라고 서술하는 것으로 대신한다. Ibid.

20) EnIII, § 409.

21) EnIII, § 408.

> 습관은 다양한 감각, 표상, 욕망 등등과 관계하는 것이 아니라 영혼이 개별성을 띠면서 그 내용들과 보편적인 방식으로 관계하는 것이고 따라서 내용에서 자유로운 것이다.[22)]

헤겔에게 습관은 신체적 특수성에서 벗어나 그것이 인간의 정신활동의 일부임을 자각시키고 감정의 직접성에 연연하지 않게 만드는 인식의 고유한 계기이다. 그래서 헤겔은 습관을 '의식의 기초'라고도 표현한다.[23)] 여기서 주의할 것은 헤겔이 감정을 논하면서 언급하는 습관은 좋은 감정을 유지하거나 나쁜 감정에서 벗어나기 위한 의도적이고 반복적인 노력과 같은 것은 아니라는 점이다. 감정에서 의식으로의 전환을 설명하면서 헤겔이 언급하는 습관은 반복되는 감정에 대한 인간의 무의식적인 반응 방식을 의미한다.[24)] 예를 들어 어떤 음식이 맛있다고 느끼는 미각적 만족은 음식을 먹는 동안 동일한 강도로 지속되지 않는다. 이 과정에서 맛있다는 그 직접적인 느낌은 사라지지만 내가 느낀 그 맛이라는 의식이 형성될 수 있는 간격이 만들어진다. 즉 습관은 감정의 직접성에서 벗어날 수 있는, 즉 그 감정을 나의 것으로서 바라볼 수 있는 간격을 제공한다. 그래서 헤겔은 감정 단계의 습관을 오성과 이성과 같은 고차원적 의식능력으로 나아갈 수 있는 조건이자 출발점으로 삼는다. 습관에 관한 헤겔의 설명은 육체적인 감정이 어떻게 의식의 활동에 포섭될 수 있는가를 보여준다. 그에 따르면 인지주의자들의 주장처럼 감정은 그 속에 어떤 대상에 대한 가치평가나 판단의 기능을 가진 것이 아니라, 습관을 통해 그 속에 가치평가와 판단의 기능이 덧붙여지는 것이라고 말할 수 있다. 이러한 설명 방식에 따르면 감정 자체는 육체적인 것이며 직접적이라는 측면에서 비인지적인 것이다. 그러나 감정이 오성과 이성과 같은 사고 능력과 단절된 것이 아니라, 그것들이 항상 개입된다는 점에서 넓은 의미에서 인지적인 구조에 놓여 있는 것이라고 말할 수 있다.

2. 의식의 전개와 감정

헤겔 철학에서 감정의 역할은 '자기의식'에 관한 논의에서도 강조되는데, 여기에서도 감정은 인지주의와 비인지주의의 대립구도로 설명될 수 없다. 형식적으로

---

22) EnⅢ, § 410 Zusatz.

23) EnⅢ, § 409.

24) 헤겔은 아리스토텔레스처럼 의지적 행위로서 습관을 강조하는 것이 아니다. 그는 습관을 인간이 스스로 통일성을 이루며 감정에 매몰되지 않게 만드는 인간학적인 차원의 선천적 조건과 같은 것으로 파악한다. 습관에 관한 헤겔과 아리스토텔레스의 관점 차이에 관해서는 David Forman, Second Nature and Spirit: Hegel on The Role of Habit in The Appearance of Perceptual Consciousness, In *The Southern Journal of Philosophy* vol. 48, Issue 4, Dec. 2010, 334-337쪽 참조.

보자면 헤겔 철학 체계에서 자아와 대상이 분리되는 낮은 단계의 의식은 자기의식을 거쳐 정신과 같은 높은 단계의 의식이 발전하는 목적론적 구조를 가진다. 그에 따르면 의식은 대상 중심의 의식일반을 거쳐, 자아를 대상으로 하는 '자기의식'으로 발전한다. 헤겔의 철학 체계에서 자기의식이란 삶 속에서 자아가 외부 대상과 맺는 관계에서 나타나는 분리와 차이를 실천을 통해 직접적으로 극복하려는 의식을 지칭한다.[25] 그런데 자기의식의 전개과정은 직선적이거나 혹은 단절적인 이행 과정이 아니다. 여기서도 헤겔은 감정과 사고의 영역이 상호작용하며 공존한다고 본다. 이에 관한 근거는 헤겔이 자기의식이 대상과 관련된 일면적인 의식을 벗어나 보편적인 의식으로 나아갈 수 있는 이유를 감정, 즉 '욕망(Begierde)'에서 찾을 때 잘 나타난다. 도식적으로 보자면 헤겔의 자기의식은 개인이 자신의 주관적 감정에서 벗어나 세계를 단순한 대상이 아닌 나와 연관된 것으로 받아들이는 의식 혹은 태도이다. 그러나 헤겔이 보기에 욕망은 다른 철학자들이 간주했던 것처럼 사고를 흐리고 대립과 투쟁을 낳는 그래서 극복해야만 할 부정적 감정이 아니라, 보편적 의식으로 발전하기 위한 필수적인 계기이자 동시에 고유한 의식의 구조를 만들어낸다. 물론 그가 언급하는 욕망은 명제태도로 환원할 수 있는 원함이나 바람과 같은 것이 아니라, 삶의 원리를 압축하는 원초적 본능과 같은 것을 의미한다. 그것은 생존을 위해 대상을 나아가 타자를 나의 것으로 만들려는 원초적 태도이다. 이러한 욕망을 통해 자아와 대상을 분리시키는 분열 속에 놓인 의식은 자신의 한계를 넘어서게 된다. 욕망은 형식적으로 보면 욕망하는 대상과 타자를 나의 것으로 만들어버리려는 혹은 절멸시키려는 감정이지만, 역으로 타자를 인정할 수밖에 없는 계기가 된다. 왜냐하면 타자의 절멸은 욕망의 소멸을 의미하며, 욕망의 소멸은 결국 삶의 소멸을 의미하기 때문이다. 욕망을 통한 삶의 과정은 결국 삶을 유지하기 위해 욕망의 대상을 인정할 수밖에 없는 구조 속에 놓여 있는 것이다.[26] 헤겔은 타자를 부정하는 것인 동시에 타자를 인정해야만 이러한 구조가 자신의 개별성을 넘어서려는 '보편적 자기의식'으로 나아갈 수 있는 필연적인 계기라고 주장한다. 헤겔은 보편적인 자기의식의 단계를 개인들 간의 관계를 반영하는 감정이 발생할 수 있는 조건으로 삼는다. 그에 따르면 보편적 자기의식의 단계에서 '사랑', '우정', '용기'와 같은 감정이 형성된다.[27] 위의 감정들은 단순히 주관적이고 개별적인 감정이 아니라 타자와 맺는 관계 속에서 형성되는 감정들이다.

---

25) 헤겔에게 자기의식을 '진리의 본고장'이라고 표현하기도 하며, 자아가 대상을 단순한 도식으로 받아들이는 것에서 벗어난 사유방식이라고도 표현한다. PhG, 134-136쪽 참조.

26) 헤겔의 욕망 개념과 그 운동의 구조에 관한 구체적인 논의는 소병일, 「헤겔 철학의 관점에서 본 욕망의 지위와 역할－'영혼'과 '자기의식'을 중심으로－」, 『철학연구』 32호, 고려대학교 철학연구소 2006; 「인륜성의 실현으로서 욕망의 변증법－헤겔 철학에서 인륜성과 욕망의 관계」, 『철학연구』 41호, 고려대학교 철학연구소 2010 참조.

27) EnⅢ, § 436 참조.

그런데 보편적 자기의식에서 나타나는 감정을 헤겔은 '보편적 개념'이라고도 지칭한다. 그는 타자와의 관계를 고려한 의식, 즉 자신의 주관성을 넘어선 의식은 감정과 배제하거나 혹은 무관하게 형성되는 것이 아니라 감정을 기반으로 한다고 파악하고 있는 것이다. 인식의 진리는 이성의 독자적인 영역이 아니라 감정을 통해 구체성을 획득한다. 그래서 헤겔에게 감정은 진리를 담아내기에 부족한 형식일 뿐, 구체적인 보편성을 갖는다.

감정의 역할과 관련하여 이와 유사한 논의 구도는 공포에 관한 헤겔의 언급에서도 찾을 수 있다. 그는 '죽음의 공포'라는 감정을 개인들이 상호공존의 가능성을 모색하게 만들 수 있는, 즉 의식전환의 강력한 동기라고 생각한다.[28] 헤겔의 용어를 빌면 죽음의 공포는 그 앞에서 모든 것이 무의미해지는 절대적 부정성을 의미한다. 그런데 헤겔은 공포라는 감정을 의식이 보편성을 획득할 수 있는 매우 주요한 요소로 파악한다. 공포는 개별자가 자신의 제약성을 넘어서게 만들기 때문이다. 앞서 언급한 욕망과 연관하여 보자면, 헤겔은 욕망이 자기중심적이라는 사실을 부정하거나 의지를 통해 자연스럽게 극복될 수 있다고 생각하지는 않는다. 욕망은 원초적인 것이고 무의식적인 방식으로 의식의 영향을 끼치는 것이고, 나와 대상을 분리시키는 자기중심적 사고방식으로 벗어나게 하는 역할을 하는 것이다. 그런데 욕망의 충족과정 속에 내재된 상호인정의 구조와 이를 기반으로 하는 보편적 의식의 발전은 그 자체로 실현되는 것이 아니라 공포라는 감정을 필요로 한다. 죽음의 공포는 개인들 간의 상호 적대적인 욕망이 만들어 내는 대립과 분열에서 벗어나게 할 수 있는 외적 충격과 같은 역할을 한다. 헤겔이 보기에 인간이 노동을 하는 것도 타자에 대해 실질적으로 고려하게 하는 만드는 것도 죽음의 공포라는 감정 때문이다. 공포는 욕망하는 인간들이 타자를 그 자체로 인정하게 만드는 감정인 동시에, 타자에 대한 인정을 강제하는 외적 기제의 역할을 한다. 공포는 한 개인에게 자연적 충동으로서 욕망을 반성할 수 있는 기회를, 즉 자기중심적으로 타자를 절멸하려는 욕망을 대상화시키고 반성할 수 있는 계기를 부여한다.

정리하자면 헤겔 철학 체계에서 감정은 의식의 발전과 더불어 감정의 신체성, 즉 직접적이고 우연적이기에 배제되어야 할 자신의 한계를 극복한다. 또한 의식은 감정을 통해 형식적인 보편성에서 벗어나 삶의 구체성을 담지할 수 있는 실질적인 내용을 획득한다. 이 과정에서 감정은 이성을 포함한 이전의 모든 의식 활동을 촉발시키는 동시에 그 속에 의식활동의 내용을 응축한다. 예를 들어 '도덕적 감정'과 '종교적 감정'은 『엔찌클로페디III』에서 말하는 '영혼'의 단계, 즉 아직 신체성에서 완전히 벗어나지 못한 상태에서도 나타나지만, 의식 발전의 최고 단계로 설정된 '정신'에 이르러 그 감정들은 그 속에 보편성과 절대성을 함축하게 된다. 이

28) 헤겔의 공포에 관한 논의는 PhG, 148쪽 이하 참조.

때 이성적 의지와 정념을 이원적으로 구분했던 고전적인 관점은 무의미해진다. 헤겔에 따르면 그 의지와 정념은 그 본성상 차이가 없다. 단지 양자의 차이는 실현되는 방식의 차이가 있을 뿐이다. 제한된 영역의 의지가 정념이며, 정념은 의지의 출발점이 된다.[29)]

앞선 장에서 언급했듯이 헤겔은 감정과 오성이나 이성과 같은 의식능력은 상호 전제하는 것이며, 상호작용하는 관계 속에 놓여 있다고 본다. 그런데 감정이 판단의 형태를 띨 수는 있지만 인지주의자들이 주장하는 것처럼 감정 자체가 판단의 결과물이거나 판단과정인 것은 아니다. 또한 강한 비인지주의자들의 주장처럼 감정에는 어떠한 인지적 기능도 없다고 말할 수 없다. 헤겔의 관점을 현대 감정론의 개념을 빌어 설명하자면, 감정과 사고는 각각 고유한 기능을 갖는 동시에 서로 영향을 주고받는다. 감정은 무의식적인 차원에서 판단과 평가라는 인지적 능력을 만들어내는 의식의 출발점이자 또한 의식의 전개 속에 나타나는 인지의 내용을 그 속에 축적하는 것이기도 하다. 헤겔의 입장에서 보자면 감정에서 나타나는 육체성과 인지성이라는 이중성은 서로 대립하기에 결합될 수 없는 것이 아니다.

감정은 그 무엇에 대한 감정이라는 측면에서 대상성과 지향성을 갖지만, 엄밀한 의미의 판단은 감정이 그 육체적 직접성에서 벗어날 때 가능하다. 감정은 앞 절에서 언급한 습관에 의해서 그 무엇에 관한 판단의 형식을 갖출 수 있다. 맹아적인 형태의 감정은 의식과 유사한 구조와 내용을 가질 뿐이다. 정형화되고 단일한 형태의 원초적 감정을 상상할 수 있지만 실지로 그런 감정의 상태란 존재하지 않는다. 헤겔 철학에서 '영혼' 단계의 감정과 '이성'이나 '정신' 단계의 감정은 의식의 발전과 맞물려 변화하는 것이기에 그 내용이 동일하지 않다.

습관에 관한 헤겔의 언급은, 현대 감정이론의 개념적 분류에 따르자면, 감정과 사고의 관계를 설명하기 위해 중요하다. 감정은 육체적인 것이기도 하지만 인지적인 구조 속에 놓인 것이기도 하다. 헤겔은 육체적인 것과 인지적인 것이 대립적으로 분리되지만 매개된다고 생각하였고, 그 대립적인 구도에서 벗어날 수 있는 이유를 습관에서 찾았다. 왜냐하면 인간학적으로 습관은 감정의 신체성과 직접성에서 벗어나 감정의 육체성 혹은 직접성에 매몰되지 않는 간격을 만들어내기 때문이다. 이 간격은 소위 감정의 육체성과 그 인지성에 관한 논의는 감정이 발생한 그 순간이 아닌 사후적으로만 가능하다는 사실을 반영한다고 말할 수 있다. 이러한 측면, 즉 감정의 인지성은 습관의 과정을 거치고 난 후 사후적으로만 논의될 수 있다는 점에서 헤겔은 감정을 비인지적이라는 것으로 보았다는 해석이 가능하다. 결국 감정의 신체성과 인지성은 서로 상이한 속성처럼 보이지만, 다른 맥락에

29) "의지는 내용 형식에 따르면 자연적인 것이며, 그 규정성과 직접 동일한 것으로서 충동이며 경향으로 나타난다." EnIII, § 473.

서 보자면 그 상이함은 일시적이고 부차적인 것이 된다. 헤겔이 습관을 통해 해명하고자 한 것처럼 만약 감정과 사고가 대립하면서도 중첩되거나 이행하는 관계에 놓여있다면, 인지주의와 비인지주의의 사이의 근본적 대립 구도가 형식적이고 자의적일 수 있음을 환기시킨다. 육체의 반응에 대한 지각으로서 감정과 감정 속에 내재된 것으로 보이는 인지성은 서로 화해할 수 없는 이론적 전제라기보다는 두 국면의 공존이나 이행의 문제라고 볼 수도 있다.

Ⅳ. 나오며

앞서 살펴보았듯이 헤겔 철학에서 감정은 기본적으로 인지적인 활동구조 속에 놓여있다. 이는 헤겔이 감정을 관념화의 과정을 거친다고 말할 때 잘 나타난다. 감정이 신체적인 반응과 맞물려 있다는 점에서 '직접적'이라는 표현을 사용하지만, 헤겔에 따르면 그 관념성에 때문에 감정은 그 직접성에 단순히 머물러 있는 것은 아니다. 헤겔의 관점에서 보자면 인지주의와 비인지주의 논쟁에서 나타나는 양자의 대립 구도는 인간학적인 차원에서 '습관'이 만들어내는 간격을 간과하였거나 '정신'의 발전과정 중 특정한 계기를 극단적으로 확대하였기에 나타난다. 헤겔은 인지주의와 비인지주의의 대립적 주장을 의식 전체의 운동과정에서 나타나는 계기나 국면으로 포섭하려는 것이다. 감정은 의식 발전의 과정에서 보자면 신체적인 것이기도 하면서 동시에 관념적인 것일 수 있다. 감정은 기본적으로 신체적인 것과 연관이 있으나 비신체적인 감정도 존재할 수 있다.

비인지주의 관점에 따르면 신체적 변화 후에 감정이 형성된다. 그런데 헤겔의 입장에서 보면 감정과 판단 혹은 사고 사이에 항상 시간적 선후관계가 있는 것은 아니다. 원초적 감각작용은 논리적으로 대상에 대한 반응이기에 신체적 변화와 그 변화에 관한 느낌은 시간적 선후 관계가 있다고 상정할 수 있다. 그러나 느낌은 그 자체로 유지되지 않으며 의식의 전개과정 속에서 사고와 명백히 구분되지 않고 혼재해 있다고 보는 것이 적절할 것이다.

또한 헤겔의 입장에서 보자면 이성적 판단과 같은 높은 단계의 의식으로 발전한다고 해서 감정의 요소가 제거되는 것은 아니다. 감정의 특수하고 개별적인 성격이 지양될 뿐 감정은 고유한 속성을 가진 것으로 여전히 이성적 의식과 공존한다. 물론 앞선 장에서 언급했듯이 헤겔이 감정을 판단 혹은 사고 작용과 동일한 기능을 하는 것으로 파악하는 것은 아니다. 감정은 명제태도로 드러날 만큼 판단이나 사고에 종속되지 않는다. 헤겔은 감정을 의식으로 환원하지 않고 의식과 독립해서 작동하는 감정의 역할을 인정한다. 이에 관한 대표적인 예가 앞서 언급한 욕망과 공포였다. 헤겔 철학에서 욕망과 공포는 그 자체로 인지적인 것은 아니지만 자기의식의 기본구조를 형성하며, 대상적 의식의 한계를 극복하게 하는 인간의 고유한 감정으로 규정된다. 감정은 의식의 형식적 자기논리 혹은 자기중심성에서 벗어날 수밖에 없는 조건으로 작동하는 것이기도 하다.

헤겔의 철학 체계에서 감정과 이성은 서로 분리된 독립적인 구조를 갖지 않는다. 감정이나 사고능력은 모두 상위의 질서인 '정신'의 자기운동의 현상 혹은 계기이기 때문이다. 헤겔이 말하는 정신은 인지와 비인지적 능력을 포괄하는 것이며, 단순하게 말해 나와 타자의 분리와 분열이 지양된 상태를 의미한다. 정신의 자기운동이라는 관점에서 감정은 이성의 전단계 혹은 불완전하고 잘못된 판단과 같은 낮은 인지능력이 아니라, 분열과 분리에 빠질 수밖에 없는 사고의 한계를 보완하는 것이다. 이처럼 헤겔은 감정을 세계와 나의 분리에서 벗어나 세계의 구체성을 획득하는 삶의 과정으로 포섭한다.

이제 좀 더 선명하게 현대 감정론과 헤겔의 입장이 어떻게 대비되는지 살펴보자. 현대 감정론에서 자주 언급하는 원초적인 감정인 공포를 다시 예로 들어보자. 일반적으로 사람이라면 숲에서 갑자기 호랑이를 보면 공포를 느낀다. 호랑이를 보고 공포를 느끼는 것은 인지주의자들의 주장처럼 그 호랑이가 위험하기에 도망가야 한다는 일종의 판단을 포함한다고 말할 수 있다. 혹은 비인지주의자들의 주장처럼 호랑이를 본 순간 식은땀이 나고 머리털이 곤두서는 신체적 반응이 일어난 후 그 느낌을 공포라고 부를 수 있다. 근본적으로 철학함의 차이겠지만 공포라는 감정이 인지적이냐는 여부는 헤겔에게는 논쟁의 대상이 아닌 것으로 보인다. 그는 정신의 자기운동 속에서 감정과 사고의 관계를 설명할 수 있다고 믿기 때문이다. 이러한 헤겔의 입장에 대해서는 추상적이고 모호하다고 비판이 가능하다. 그런데 현대의 감정이론도 형이상학적 전제에서 자유롭다고 말할 수 없다. 인지주의나 비인지주의나 감정이 작동하는 궁극적인 원리를 설명하기 위해 생명체의 자기보존의 원리를 전제한다. 자기보존의 원리를 전제한다는 것은 양자 모두 감정이 무엇인지 명확히 설명할 수 없지만 어떤 보편적인 구조 속에서 작동한다는 사실을 어쩔 수 없이 받아들이는 것이다. 결국 방법론적으로 육체성과 인지성이 어떤 상위의 구조와 질서 속에서 상호관계하는 것으로 볼 수 있는가의 여부가 헤겔의 관점과 현대 감정이론의 차이를 형성한다. 현대 감정이론가들은 상위의 구조와 질서를 상정하지 않고 구조와 감정의 다양한 속성 중 특정한 속성에 집중한 것이라고 볼 수 있으며, 이는 왜 그들이 현대 감정이론이 끊임없이 논쟁하고 절충의 과정을 겪을 수밖에 없는가를 보여준다.

헤겔의 형이상학적 전제를 받아들이기 어렵다고 해도 그의 입장은 감정을 입체적으로 이해할 수 있다는 관점을 제시한다. 현대의 감정 이론들은 어떤 감정의 상태가 존재하며 그 자체로 규정할 수 있다고 상정한다. 그런데 우리가 일상생활에서 경험하듯이 인간이 가지는 다양한 감정은 항상 원초적인 감정으로 분류될 수 있는 것은 아니다. 감정은 의식의 발전과 맞물려 그 인지의 성격과 내용이 달라지는 것이기 특정한 감정을 상정하고 그 특성을 논하는 것은 한계를 가질 수밖에 없다. 달리 말해 원형 타입의 공포라는 감정은 존재한다고 가정할 수 있지만, 그 공포가 항상 동일한 방식으로 발생하며, 이에 따른 일반적이고 동일한 인지성을 가진다고 말하기 어렵기 때문이다.

현대 감정이론은 그 자체로 명확히 구분되는 순수한 질과 내용을 가진 감정이 존재한다고 상정하는 것으로 보인다. 그러한 감정이 있다고 가정할 수는 있지만 그 감정은 객관적인 관찰과 평가의 대상으로서 계량화될 수 있는가? 근본적으로 순수한 감정상태가 있는지 의심스러우며, 만약 그러한 형태의 감정이 있다고 하더라도 지속되지 않으며 사후적으로만 평가되고, 변화된다고 보아야할 것이다. 이러한 사실을 수긍할 수 있다면, 감정이 가지고 있다고 상정되는 인지성은 그 감정 자체에 관한 것이 아니라 이론적으로 재구성된 것이라고 받아들어야만 한다. 이러한 상황은 감정에 관한 모든 연구가 처한 어려움을 보여주는 것이기도 하다.

감정과 관련하여 가장 기초적인 인식론적 질문을 던져보자. "나는 나의 감정을 객관적으로 인식할 수 있는가?" 감정의 발생과 그 역할에 관한 논의는 감정 자체에 대한 의식 혹은 인식이 그야말로 객관적일 때만 논리적 정합성을 가질 수 있다. 달리 말해 내가 공포와 같은 감정을 느낀다고 했을 때, 과연 그 감정은 명확히 분류될 수 있는 대상으로서 자명하게 인식되었다고 말할 수 있는가? 현대 심리학자들의 '자기지각' 이론이나 '귀인이론'은 감정과 그 감정에 대한 인식과 평가가 일치하지 않으며 심지어 왜곡될 수 있다는 여러 실험 결과들을 제시한다. 일단 감정적 인지의 한계는 신체적 변화가 감정을 변화시키는 것은 맞지만, 의식의 차원에서는 그 신체적 변화에 따른 감정의 변화와는 상이한 판단이나 평가 작용이 이루어질 수 있다. 감정 자체에 인지적 요소가 있다고 주장할 수 있으나, 그 감정의 인지적 요소는 그 정당성과 타당성을 논의하는 과정으로 넘어갈 때 망각되거나 왜곡될 수 있다. 이는 감정의 인지성에 관한 논의는 무의식적인 차원의 감정에 관한 가설적인 논의에 국한될 수밖에 없다는 한계 상황을 보여준다.[30] 그리고 이러

30) 예를 들어 한 심리학 실험에 따르면 자신이 흥분제를 먹은 줄 모르는 사람의 경우 코미디 영화를 보면서 더 많이 웃는다. 그러나 그는 나중에 그 영화를 그다지 재미있었다고 평가하지 않는다고 한다. 즉 비인지주의자들의 주장처럼 흥분제에 따른 신체적 변화가 감정에 영향을 주기는 하지만 그 감정에 대한 평가는 그 신체적 느낌을 그대로 반영하지 않는다는 것이다. 이는 감정과 사고의 연관성이 투명하게 드러나지 않으며, 달리 말해 감정에 대한 객관적 인식이 불가능하며, 감정의 인지성이란 일종의 착각일 수 있음을 보여준다. 현대 심리학의 '적응 무의식' 이론은 감정적 인지의 한계와 더불어 기존의 인지주의와 비인주의의 구분이 작위적일 수 있다고 지적한다. 티모시 윌슨/진성록, 『나는 내가 낯설다』, 부글 북스, 2007, 210-212쪽 참조.

한 상황은 현대 감정론이나 헤겔 철학에 동일하게 적용될 수 있다.

그러나 이 한계 상황은 또한 감정이론의 이론적 자기완결성이나 논증을 넘어 감정연구의 목적과 방법론을 다시 한 번 환기시킨다. 헤겔이 감정을 논의하면서 자주 '삶(Leben)'이라는 개념을 언급한다. 한 개인의 일상적인 삶의 과정에서 그 개인이 그 무엇을 결정하고 행위하는 이유가 감정인지 사고인지 명확히 구분되지 않는다. 삶이 가지는 역동성은 양자의 끊임없는 결합 혹은 긴장에 의한 것이라고 볼 수 있다. 감정과 의식의 두 계기를 분리하는 순간 삶의 역동성은 사상될 수밖에 없고, 그 어떤 계기를 통해서 보건 인간의 삶은 온전하게 이해될 수 없다. 물론 감정을 통해 인간의 구체적인 삶을 포섭하려는 헤겔의 문제의식이 그의 철학 체계를 통해 얼마나 성공적으로 해결되었는지 여전히 의문거리일 수 있다. 그럼에도 불구하고 인간의 구체적인 삶을 하나의 체계 속에서 포섭하려는 그의 노력과 방법론은 현대의 감정론이 자신의 이론적 대립구도를 극복하는 과정에서 여전히 재고할만한 가치가 있어 보인다.

참고 문헌

강성훈, 「스토아 감정 이론에서 감정의 극복」, 『고대 그리스 철학의 감정 이해』, 동과서, 2010.

김영진, 「서얼, 케니, 그리고 감정의 지향성 이론의 정초」, 『과학철학』, vol. 10, 2007.

김정현, 「서양정신사에 나타난 감정의 두 얼굴」, 『열린정신 인문학연구』, 제7집, 원광대 인문학연구소, 2006.

소병일, 「헤겔 철학에서 나타난 감성의 운동구조」, 『헤겔연구』 18호, 2005.

______, 「헤겔 철학의 관점에서 본 욕망의 지위와 역할－'영혼'과 '자기의식'을 중심으로－」, 『철학연구』 32호, 고려대학교 철학연구소 2006.

______, 「인륜성의 실현으로서 욕망의 변증법－헤겔 철학에서 인륜성과 욕망의 관계」, 『철학연구』 41호, 고려대학교 철학연구소, 2010.

오성, 「감정에 대한 인지주의 이론의 경계 짓기-Nussabum과 De Sousa의 논의를 중심으로」, 『철학사상』, vol. 27.

티모시 윌슨/진성록, 『나는 내가 낯설다』, 부글 북스, 2007.

Ben-Ze'ev, Arron, The Thing Called Emotion, in: *The Oxford Handbook of Philosophy of Emotion,* ed. by Peter Goldie, Oxford New York 2010.

Coplan, Amy, Feeling without Thinking Lessons from The Ancients on Emotion and Virtue-Acquisition, in: *Metaphilosophy* vol. 41, Blackwell, 2010.

De Sousa, Ronald, Emotions: What I know, What I'd like to think I know, and What I'd like to think, in: *Thinking about Feeling,* ed. by Robert C. Solomon, New York 2004.

Deigh, John, Concept of Emotion in Modern Philosophy and Psychology, in: *The Oxford Handbook of Philosophy of Emotion,* ed. by Peter Goldie, Oxford New York 2010.

Demian Whiting, The Feeling Theory of Emotion and the Object-Directed Emotion, in; *European Journal of Philosophy*, issue 2, 2011.

Forman, David, Second Nature and Spirit: Hegel on The Role of Habit in The Appearance of Perceptual Consciousness, in: *The Southern Journal of*

Philosophy vol. 48, Issue 4, Dec. 2010.

Hegel, G.W.F., *Enzyklopädie der philosophischen Wissenschaften III*, in: G. W. F. Hegel Werke in zwanzig Bänden, hrsg. von E. Moldenhauer und K. M. Michel, Bd. 10, Frankfurt a. M. 1986.

______, *Phänomenologie des Geistes*, Felix Meiner, 1952.

Nussbaum, Martha, Emotion as Judgement of Value and Importance, in: *Thinking about Feeling,* ed. by Robert C. Solomon, New York 2004.

Prinz, J., Embodied Emotions, in: *Thinking about Feeling,* ed. by Robert C. Solomon, New York 2004.

Beyond the Dualism of Reason and Emotion

-On the Hegel's Theory of Emotion Compared with Anglo-American Theory Today-

So, Byoung-Il

Abstract

Today, major researches on emotion are divided into two: coginitivism, non-congnitivism. Cognitivists think that emotions, like other cognitive states, belong to intelligent thought and action. According to them, emotion has the intentionality and evaluative cognition is essential to emotion. On the other hand, non-cognitivists say that emotions have not intentionality and emotions are just bodily feeling or representation of the body. The disputes about emotions still have many problems to be solved. It does not seem that theories of emotions have a unified and consistent foothold to research emotions each other. And there are not concepts and systems to understand other mental states that are related with emotions. For overcoming the dualism between the theories of emotions, it is needed to search another theoretical system and paradigm. For this, paying attention to the methodology and the concept of 'habit', this article will examine Hegel's philosophy for finding the solution to the problem of theories of emotion.

Key words: emotion, congnitivism, non-cognitivism, Hegel's theory of emotion, habit

• 투고일: 2012.10.02. 심사완료일: 2012.10.28. 게재확정일: 2012.10.30.

헤겔과 아시아

-동아시아 근대와 서구 근대성에 대한 비판적 성찰-*

나 종 석

요약문

이 글에서 필자는 헤겔의 역사철학에 드러난 동양관을 비판적으로 분석한다. 특히 그의 동양에 대한 핵심적 주장, 즉 동양은 자체적으로 역사의 진보를 이루어내는 능력이 결여되어 있기에 미성숙의 문명 상태에 머물러 있다는 주장을 반박할 것이다. 이런 문제의식을 구체적으로 서술하기 위해 이 글은 다음과 같이 서술될 것이다. 우선 헤겔의 동양관을 중국을 중심으로 살펴본다. 이를 통해 헤겔의 동양에 대한 이해의 핵심적 주장들을 요약할 것이다. 이와 더불어 헤겔의 동양에 대한 인식이 일본을 통해 어떻게 우리의 동양에 대한 인식으로 내면화되었는가를 간단하게 살펴본다.(1) 그 다음으로 다루어지는 것은 동양은 역사에서 아무런 진보나 내재적 발전의 동력을 갖추지 못했다는 헤겔의 주장을 반박하는 것이다. 이 때 주자학의 성립 배경이었던 송대, 혹은 당송변혁기로 규정되는 시기의 변화상을 통해 동아시아에서의 독자적인 시대 창출의 힘이 존재했음을 서술한다.(2) 마지막으로 필자는 사상의 측면에서 동양의 역사가 헤겔이 주장하듯이 결코 '지속의 제국'도 아니고 서구 근대의 충격이 있기까지 주관적인 자율성의 이념에 대한 자각을 성취하지 못한 미성숙의 노예적 역사를 지속해온 역사가 아님을 보여주고자 한다. 이 때 주자학의 핵심적 주장을 유교적 자율성 이론 및 동아시아 고유의 독자적 근대성 이론으로 해명하고자 한다.(3)

* "이 논문은 2008년 한국연구재단지원을 받아 수행된 연구임"(NRF-2008-361-A00003)

● 주요어: 헤겔의 오리엔탈리즘, 타자로서의 아시아, 유교적 근대, 주희(朱熹), 주자학(朱子學), 동양적 자율성, 실학(實學)

Ⅰ. 들어가는 말

헤겔이 서구 근대의 정체성을 서술하면서 아시아를 타자화시킴으로써 아시아 문명의 자생적인 진보의 가능성을 박탈했음은 널리 알려져 있다. 역사철학에서 그는 동양을 인류역사의 유년기로 보고 인류사의 정점을 서구 근대문명에서 구하는데, 이런 관점은 더 이상 설득력을 지닐 수 없다. 더구나 근대의 주권적 국민국가를 중심으로 인류의 역사를 자유의식의 진보의 역사로 서술하는 헤겔의 입론 역시 파탄지경에 이르고 있다. 주권국가를 중심으로 한 세계질서가 동요되고 있고 주권국가들 사이의 질서가 전쟁을 방지하고 인류의 항구적 평화를 유지하는 체제와는 거리가 멀다는 점은 이제 분명해졌다.

새로운 역사적 상황에 직면해서 헤겔의 오리엔탈리즘을 비판하는 작업은 매우 손쉬운 것처럼 보인다. 인종·민족·종교·성차별 등과 연관해서 편견을 불러일으키는 표현을 사용하지 않는다는 '정치적 올바름'의 차원에서는 오리엔탈리즘은 적어도 지식인 사회에서 금기어임에는 분명하다. 그렇다고 서양의 오리엔탈리즘이 학문적으로 극복된 것은 아니다. 전 지구적 세계사회로의 이행에서 서양의 문명을 여타 문명에 비해 탁월한 것으로 보는 입장은 수정되어야 한다. 그런 점에서 서양의 오리엔탈리즘에 대한 비판은 여전히 의미가 있다. 더구나 동아시아가 새로운 미래를 개척하기 위해서도 과거에 대한 서구중심적인 해석과 기억의 전유 방식은 비판적으로 성찰되어야 한다. 서구에 의해 타자화된 동양 인식을 내면화한 관점은 보다 바람직한 미래상을 구축하는 과정에서 걸림돌로 작용하고 있기 때문이다. 동양에 대한 새로운 인식은 서구 근대에 대한 비판적 성찰과 긴밀하게 연결되어 있다. 동양이라는 타자 인식을 매개로 해서 서구의 자기 인식이 가능했기에 타자 인식의 한계에 대한 성찰은 자신의 정체성에 대한 성찰로 이어지지 않을 수 없기 때문이다. 그러므로 우리가 아시아에 대한 새로운 상상을 위해 헤겔로 상징되는 서구 근대성의 논리를 상대화하려는 작업은 서구적 근대성 및 동아시아 근현대사에 대한 비판적 성찰이라는 이중적 과제를 해결하는데 필수적이다.

그러나 필자는 이미 헤겔의 오리엔탈리즘에 대한 선행 연구[1])를 발표한 경험이 있기에 '헤겔과 아시아'라는 주제를 통해 이전의 연구를 심화·확대할 수 있는 기

---

1) 나종석, 「헤겔에서의 오리엔탈리즘을 넘어서－아시아에 대한 새로운 상상을 위한 불충분한 성찰」, 『헤겔연구』 28, 2010, 83-110쪽 참조 바람.

회로 삼고자 한다. 인류사회가 처하고 있는 21세기의 위기의 상황에서 동아시아의 새로운 가능성에 대한 철학적 모색의 일환으로 헤겔과 아시아에 대한 주제를 좀 더 천착해보고자 한다.

1. 헤겔의 동양관

헤겔의 역사철학은 서구 근대에서 나타난 역사철학의 종합이자 절정이다. 그는 동양세계에서 시작하여 그리스·로마를 거쳐 게르만 세계에서 정점에 이르는 인류 역사의 전체 모습을 자유 의식을 그 본질적 특성으로 하는 이성의 자기실현이라는 원리에 입각하여 체계적으로 보여준다. 헤겔의 동양관의 핵심적 주장들을 간단하게 살펴보자. 헤겔에 의하면 동양 세계는 세계사의 서막을 알리고, 그 성숙과 완성은 서양에서 이루어진다. 그는 말한다. "세계사는 동방에서 서방으로 진행한다. 유럽이야말로 실로 세계사의 실마리이기 때문이다. [……] 밖에 있는 자연의 태양도 여기에서 떠올라 서쪽으로 진다. 그 대신 보다 고귀한 빛을 발하는 자의식이라는 내적인 태양은 서방에서 출현한다. 세계사는 무제약적인 자연적 의지를 보편적인 것과 주관적인 자유로 가르쳐 길러주는 것이다. 동양은 단지 한 사람만이 자유라는 것을 알고 있었을 뿐이고, 지금도 여전히 그렇다. 이에 반해서 그리스와 로마의 세계는 약간의 사람이 자유라는 것을, 게르만의 세계는 모든 사람이 자유라는 것을 알고 있다. 따라서 우리들이 세계사에서 보는 첫 번째 형태는 **전제정**(Despotismus)이고, 두 번째는 민주정과 **귀족정**이고, 세 번째 형태는 **군주정**(Monarchie)이다."[2]

이처럼 헤겔은 동양의 의미를 세계사의 시초라는 데에서 구한다. 그가 이해하는 동양에는 중국, 인도, 페르시아 그리고 이집트 문명이 포함되어 있다. 그러나 여기에서는 중국을 중심으로 헤겔의 동양관을 살펴보기로 한다. 인도와 중국에 대해서 언급하면서 이 두 민족에게는 "자유 개념에 관한 본질적 인식이 결여"되어 있다고 강조한다.[3] 중국이 자유에 대한 정확한 인식을 결여하고 있고, 그리하여 한 사람의 자의적인 권력으로 운영되는 전제정치의 문명[4]으로 이해되는 근본적인 이유는 무엇인가? 헤겔에 의하면 그 이유는 중국 문명이 정신을 정신으로 파악하지 못한다는 데 있다. 달리 말하자면 중국 문명의 정신은 정신적인 것과 자연적인 것을 명확하게 구별하지 않고 이 둘을 직접적인 방식으로 통일된 실체로 파악하는 데

2) G. W. F. Hegel, *Vorlesungen über die Philosophie der Geschichte*, in: *G. W. F. Hegel Werke in zwanzig Bänden*, hg. v. E. Moldenhauer und K. M. Michel, Frankfurt am Main 1970, Band 12, 134쪽. 강조는 헤겔에 의한 것임.

3) 같은 책, 95쪽.

4) 헤겔의 동양적 전제주의에 대한 서술이 안고 있는 유럽 중심주의에 대한 비판적 연구로는 이동희, 「헤겔 역사철학에 있어 '동양적 전제주의'의 문제」, 『헤겔연구』 28, 2010, 59-82쪽 참조 바람.

그치고 있다. 중국 문명은 "내적인 것과 외적인 것" 그리고 "정신적인 것과 자연적인 것"이 구별되어 있지 않은 문명이라는 것이다. 그러므로 헤겔은 중국의 문명의 성격을 "자연적 정신성"(natürliche Geistigkeit)의 문명으로 혹은 "실체적 힘"(die substanzielle Macht)힘이 지배적 원리인 문명으로 이해한다.[5]

실체적 정신성이 지배적인 힘으로 작동하며 주관적 자유를 인식하지 못하는 중국 문명은 가족의 원리에 바탕을 둔 정치질서로 구체화된다고 헤겔은 말한다.[6] 그는 중국에서 전제정과 주관적 자유의 부재 그리고 불변적인 정치적 질서로서의 중국적인 헌정질서(Verfassung)를 실체적 정신, 즉 인류의 유년기이자 정신의 시초기인 자연적 정신성의 구체적 발현 양태로 이해한다. "중국에 대해서는 헌정질서(Verfassung)를 말할 수 없다. 왜냐하면 헌정질서란 개인과 단체, 혹은 개인의 특수한 이해에 관해서 혹은 국가 전체에 관해서 어느 면에서도 독립적인 권리를 가지는 것으로 간주하지 않으면 안 되기 때문이다. 그런데 여기에서는 이러한 계기가 결여되어 있기 때문에 단지 기존 국가 행정만을 논할 수 있을 뿐이다. 중국에는 절대적 평등의 나라가 있다. [……] 그러나 중국에는 평등이 있다고 할지라도 자유는 없기 때문에 거기에 마땅히 생기는 통치형태는 전제정치이다. 우리들이 살고 있는 곳에서는 인간은 다만 법률 앞에서만 평등하고 재산의 소유의 측면에서 평등함에 지나지 않는다. 그밖에도 자유가 우리들에게 있어서 존재해야 할 한에 있어서 인간은 보증 받지 않으면 안 되는 많은 이해와 특수성을 갖고 있다. 그러나 중국에 있어서는 이들 하나하나의 이해도 그 자신으로서는 인정되지 않는다."[7]

앞에서 본 것처럼 헤겔은 중국의 전제정치, 실체성의 정신 그리고 가족관계에 기초를 든 국가 사이의 상관성을 강조한다. 그리고 지속성과 안정성의 문명의 나라인 중국 역사의 특성을 "공간의 나라, 비역사적인 역사"로 규정한다.[8] 달리 말하자면 중국을 비롯한 동양의 문명은 역사에서의 진보와 발전을 모르는 정체된 문명이라는 것이다. "거기서는[동양에서는－나종석] 끊임없이 항쟁이 되풀이되어, 그 항쟁으로 말미암아 각각의 나라가 차례차례 성급히 몰락해간다. [……] 따라서 이 역사도 그 자신은 무어라 해도 몰역사적인 것이다. 왜냐하면 그 역사는 단지 같은 것(태양)의 장엄한 몰락의 (매일의) 되풀이에 지나지 않기 때문이다. 전대의 권세를 독차지하여 제 마음대로 하던 왕조의 호사에 대해 용기와 힘과 의분에 의거해서 이에 대치된 치세(治世)도 같은 조락과 몰락의 운명을 더듬는다. 그러므로

---

5) G. W. F. Hegel, *Vorlesungen über die Philosophie der Weltgeschichte*, Band II-IV, Hamburg 1988, 268쪽 이하.

6) G. W. F. Hegel, *Vorlesungen über die Philosophie der Geschichte*, 앞의 책, 152쪽 이하 참조 바람.

7) 같은 책, 157쪽 이하.

8) 같은 책, 136쪽.

이 몰락 역시 참다운 몰락은 아니다. 왜냐하면 이와 같은 쉴 새 없는 변화에도 불구하고 거기에는 어떠한 진보도 이루어지지 않기 때문이다."[9)]

헤겔은 중국 문명의 정치적, 사회문화적 그리고 사상적 측면을 다루고 나서 중국 문명과 역사의 미성숙성, 즉 자유에 대한 자각의 부재를 다음과 같이 요약한다. "이상이 여러 가지의 점에서 본 중국 민족의 성격이다. 이 민족의 특징은 그들에게 무릇 정신에 속하는 모든 것, 즉 자유로운 인륜이라든가 도덕이라든가 심정이라든가 내적인 종교라든가 학문이라든가 또 본래적인 예술 등이 결여되어 있는 점에 있다. 황제는 항상 존엄과 아버지 같은 자애와 온정으로 인민을 대하지만, 인민은 자기 자신에 대해서는 극히 비굴한 감정만을 가질 뿐이고, 자신은 단지 황제 폐하의 권력의 수레를 끌기 위해서 탄생했다고 믿고 있다. 그들을 땅에 닿을 정도로 밀어붙이는 무거운 짐도 그들에게는 어떻게 할 수 없는 운명으로 생각되어 자기를 노예로 팔고 예속의 쓰디쓴 맛을 보는 것도 그들에게는 별로 무서운 일이 아니다. 복수의 수단으로서의 자살, 일상다반사로서 벌어지는 자식들을 버리는 행위 등도 자기 자신과 인간에 대해서 존경의 마음을 가지지 않는 증거이다. 그래서 거기에 신분의 구별이 없고 누구든지 최고의 지위에 오를 수 있다 하더라도, 이와 같은 평등은 내적인 인간이 고투에 의해 얻은 것으로 의미를 갖는 것이 아니고, 오히려 그것은 [정신과 자신의－나종석] 구별에 아직 도달하지 못한 저급한 자기감정에 지나지 않는다."[10)]

앞에서 본 것처럼 헤겔은 동양의 역사를 미성숙, 즉 미성년의 역사로 보고 이성의 자기실현 과정에서의 출발점으로 보면서 정신의 계몽과 자유의식의 결여를 그 문명의 내적 본질로 규정한다. 더구나 미성숙에서 성숙에 이르는 길, 즉 스스로의 힘으로 자신의 사유를 활용할 수 있는 용기를 갖춘 자유로운 존재로 성숙해 가는 길은 아프리카, 라틴 아메리카 그리고 동양에게 외부로부터 오는 것이다. 달리 말하자면 선의의 제국주의이든 아니면 다른 선진 문명의 세례를 받지 않으면 안 된다는 생각을 헤겔은 하고 있다. 따라서 동양 문명의 정체성과 후진성은 외부, 즉 유럽의 충격이 아니라면 자체적으로 해결될 수 없다는 결론은 그의 역사철학의 필연적 귀결이다. 헤겔은 다음과 같이 말한다. "중국과 인도는 오직 즉자적으로 그리고 우리[유럽인들－나종석]에 대해서만 역사의 맥락 속에 들어올 수 있다."[11)] 이 구절과 함께 우리는 다음과 같은 헤겔의 주장을 함께 읽어야만 할 것이다. "영국인들은 전 세계에서 **문명**(*Zivilisation*)의 전도사라는 위대한 사명(Bestimmung)을 떠맡았다."[12)] 즉 스스로의 힘으로 역사에서의 발전을 수행할 수 없는 민족이나 지

9) 같은 책, 137쪽.
10) 같은 책, 204쪽.
11) G. W. F. Hegel, *Vorlesungen über die Philosophie der Weltgeschichte*, 앞의 책, 415쪽.
12) G. W. F. Hegel, *Vorlesungen über die Philosophie der Geschichte*, 앞의 책, 538쪽. 강

역은 역사발전에서의 선진적인 단계에 있는 문명과 국가의 지도를 받지 않으면 안 되는 것이며, "세계정신의 발전 단계"의 현재적 단계의 사명을 인수 받은 민족의 권리 앞에 다른 민족은 아무런 "권리도 없는 것"(rechtlos)이다.13)

그러므로 이제 우리는 중국과 인도는 유럽인들인 "우리에 대해서만 역사의 맥락 속에 들어올 수 있다"는 명제가 무엇을 의미하는가를 분명하게 이해할 수 있다. 그것은 아시아의 역사는 세계사의 과정에서 자각적인 자유의식의 실현의 과정에 스스로의 힘으로는 도달하지 못하는 역사, 즉 잠재적으로만 역사 세계일뿐인 몰역사적인 역사 세계라는 것을 의미한다. 달리 말하자면 중국과 인도의 역사는 인류사의 유년기로서 인류사의 초기 국면을 보여주는 것에 그치고 있을 뿐이어서, 스스로 성숙된 역사의 시대를 창출하는 힘을 지니지 못한 역사의 세계로 이해되는 것이다. 그러므로 아시아의 역사는 정체된 문명이자 역사와 시대를 의식하지 못하는 자연적인 공간의 역사의 상태에 매몰되어 있는 후진적인 문명을 상징하는 역사 없는 역사인 것이다. 역사 없는 역사로 아시아를 규정하는 것은 물리적인 시간이 존재하지 않는다는 것을 의미하지 않는다. 동양의 역사는 서구의 역사보다 더 장구한 세월을 갖고 있다. 그러나 이 시간은 불임의 시간이자 자연적인 시간에 그치는 것이어서 아시아에 무수히 등장하는 왕조 변경의 역사는 인간이 인간으로서 존엄하고 자율적인 존재라는 해방의 역사를 구성하지 못하는 역사라는 것이다. 즉, 아시아는 자유의식의 실현이라는 세계사의 근본 규정을 자각적으로 실현하는 해방의 역사적 경험을 스스로 창출하지 못한 세계라는 것이다. 그러므로 아시아는 헤겔이 '우리'라고 표현한 유럽인들에 의해서만 세계사 속에 편입될 수 있다는 것이다.

서구 근대의 문명사관이나 자유의 진보의 역사로서의 세계사에 대한 헤겔의 통찰은 바로 타자화의 힘을 잘 보여주는 사례라 할 것이다. 헤겔의 동양관은 그 자체로 비서구, 그러니까 서구의 타자에 대한 폭력을 토대로 하고 있다. 아시아는 진보가 없는 정체되고 낙후되어 있는 역사 세계라는 관점은 몽테스키외에서 시작하여 헤겔과 마르크스를 거쳐 막스 베버와 비트 포겔에 이르는 주문(呪文)이다.14) 이런 입장을 헤겔의 역사철학처럼 매혹적이고 체계적이며 노골적으로 드러내주는 사상은 드물다. 그러므로 고야스 노부쿠니의 다음과 같은 지적은 수긍할만한 것이다. "헤겔의 역사철학적인 '동양'의 기술이 유럽 근대의 성립과정에서 유럽인이 직면한 이질 동양에 대한 인식과 체험의 이론적이고 포괄적인 역사철학적 표상이라

조는 헤겔의 것임.

13) G. W. F. Hegel, *Grundlinien der Philosophie des Rechts*, in: *G. W. F. Hegel Werke in zwanzig Bänden*, hg. v. E. Moldenhauer und K. M. Michel, Frankfurt am Main 1970, Band 7, § 347, 506쪽.

14) 미조구치 유조(溝口雄三), 『중국의 공과 사』, 정태섭・김용섭 옮김, 신서원, 2004, 143쪽 이하 참조.

면, 그것은 유럽 근대문명에 기초한 동양관을 이론적인 포괄성을 가지고 대표하는 것이 된다."[15]

서구 근대를 문명 자체로 바라보고 서구 이외 지역의 역사와 문명을 정체되고 후진적인 몰역사적인 역사 세계로 바라보는 헤겔의 입장은 일본을 매개로 해 우리나라에 광범위하게 유포된다. 전후 일본을 대표하는 석학이자 양심적 지식인으로 존경받는 마루야마 마사오(丸山眞男)의 일본의 근대성에 대한 정치사상사적 기원에 대한 탐구조차도 일본의 근대성이 동양에서의 예외주의임을 그리고 중국은 철저하게 헤겔이 묘사한 정체되고 아무런 발전과 진보도 없는 역사임을 극명하게 대비시키고 있다. "그렇다면 이처럼 유교사상의 자기 분해 과정을 통한 [일본에서의-나종석] 근대의식의 성장을 사유 양식의 변용이라는 관점에서 살펴본 데에는 과연 어떤 근거가 있는 것일까. [……] 결국 일본에 있어서의 근대적인 것이 갖는 양면적인 성격, 즉 그 후진성과 그럼에도 불구하고 그 **비(非)정체성**이 위에서 본 것과 같은 방법론을 규정했던 것이다."[16] 마루야마 마사오는 일본 근대성의 독특성을 '후진적이지만 정체되지 않은 발전의 모습을 보여주는 문명'으로 정의한다. 즉 일본의 근대성은 유럽의 근대에 비추어 볼 때 후진적이지만, 헤겔이 동양을 정의한 바와 같이 정체되고 진보나 발전이 없는 역사 없는 역사가 아닌 발전성을 담보하고 있는 비(非)정체성의 역사라는 것이다.[17]

마루야마 마사오와 같은 일본의 대표적 지식인이 보여주는 동양관, 물론 서구적 근대성의 맹아를 자체적인 역사 속에서 보여주는 일본을 예외로 하는 동양관은 헤겔의 그것을 그대로 반복한다. 그 역시 중국에서의 역사가 유교와 밀접하게 연결되어 진행되었으며 그 역사를 진보 없는 역사로 보는 헤겔의 동양관을 그대로 수용한다. 그에 의하면 중국에 대한 "헤겔의 해석에는 역시 문제의 본질을 꿰뚫어 보는 예리함이 있다."[18] 마루야마 마사오가 보기에 중국이 근대적인 것에 직면하게 된 것은 서구의 충격에 의한 것이었다. 그러므로 그는 "최근세에 국제적인 압력이 중국사에 점자 근대적=시민적인 것을 침투시켰을 때, 유교는 비로소 삼민주의(三民主義)라는 자기와 완전히 계통을 달리하는 사회사상과 만나게 되었다"고 주장한다.[19]

---

15) 고야스 노부쿠니(子安宣邦), 『동아 · 대동아 · 동아시아-근대 일본의 오리엔탈리즘』, 이승연 옮김, 역사비평사, 2006, 73쪽.
16) 마루야마 마사오(丸山眞男), 『일본정치사상사연구』, 김석근 옮김, 통나무, 1995, 307-309쪽.
17) 같은 책, 105쪽 이하 참조. 강조는 마루야마 마사오의 것임.
18) 같은 책, 108쪽.
19) 같은 책, 109쪽. 물론 이런 마루아야 마사오의 입장은 유지되기 힘들다. 손문의 삼민주의와 전통 유교 사상 사이의 연계성에 대해서는 허리 글레스너 크릴(Herrlee Glessner Creel), 『공자-인간과 신화』, 이성규 옮김, 지식산업사, 1998, 334쪽 이하 참조 바람. 또한 삼민주의에는 유가의 도덕사상인 대동사상 및 仁과 公 사상이 매우

헤겔의 동양관과 일본 제국주의가 동양 문명의 중심으로 자처하면서 조선을 강제 병합하고 조선의 식민지 지배를 정당화하는 논리를 비교하면 그 핵심은 동일하다는 것을 알게 된다. 조선을 정체·낙후된 사회로 보는 일본인의 인식은 청일전쟁 이후 본격화된 것으로 알려져 있다. 예를 들어 1894년 갑오농민전쟁 시기에 일본인은 조선인을 '짐승에 가까운 자' 혹은 도저히 인간의 생각으로 이해하려고 해야 '이해할 수 없는 인간 외의 인간'으로 간주하기에 이르렀다. 그리고 이렇게 조선을 타자화시키면서 조선을 열등한 민족으로 간주하는 생각은 조선을 식민지로 전락시키면서 일본의 식민 지배를 정당화하는 최대의 이데올로기로 사용되었다.[20] 그런데 조선의 망국, 즉 일본에 의한 식민지로 전락한 상황에서 수많은 조선의 근대적 지식인들이 이런 조선에 대한 타자화된 시선과 관점을 수용하고 내면화한다는 데에 문제의 심각성이 있다. 예를 들어 애국계몽운동의 대표적 지식인인 장지연은 조선인을 "당파의 지병, 기질의 나쁜 버릇, 의뢰의 중독, 나태의 지병, 무국가의 사상"이라는 '다섯 가지 병의 근원'에 철저하게 사로잡혀 있는 집단으로 생각한다.[21] 그리고 일본에 의해 발견되고 유포된 조선인에 대한 부정적인 시각을 내면화한 근대 지식인의 한 유형이 바로 춘원 이광수라는 점은 널리 알려져 있다. 그는 조선인 나태론을 민족성론으로 전개시켜 조선의 일반 백성에 대한 멸시관을 조선 민중의 불변적인 본질로 보고 민족독립에 대한 체념을 합리화하는 데까지 이른다.[22]

조선이 일본으로부터 독립하고 분단과 한국전쟁을 겪고 산업화와 민주화를 압축적으로 달성한 우리의 최근의 역사에도 불구하고, 일본인에 의해 우리에게 내면화된 조선에 대한 부정적이고 멸시적인 인식에 얼마나 많은 변화가 존재하는지를 반문해본다. 한국의 유교적 전통사회가 정체되고 타율적인 사회이기에 주체적으로 근대로 이행할 수 있는 발전역량을 갖추고 있지 않았다는 견해는 일제식민지사관에 국한되어 있지 않기 때문이다. 대표적으로 식민지근대화론자들도 여전히 이런 입장을 갖고 있다.[23]

질게 투영되어 있다는 사실에 대한 설명으로는 미조구치 유조, 『개념과 시대로 읽는 중국사상 명강의』, 최진석 옮김, 소나무, 2004, 232쪽 이하 참조 바람.

20) 조경달, 『식민지기 조선의 지식인과 민중-식민지 근대성론 비판』, 정다운 옮김, 선인, 2012, 54쪽 이하 참조.

21) 같은 책, 61쪽 참조.

22) 같은 책, 65쪽.

23) 정연태, 『한국근대와 식민지근대화 논쟁: 장기근대사론을 제기하며』, 푸른역사, 2011, 29쪽 그리고 이영훈, 「민족사에서 문명사로의 전환을 위하여」, 임지현 외 지음, 『국사의 신화를 넘어서』, 휴머니스트, 2004, 41쪽 이하 참조 바람.

2. 송대의 사회변화, 주자학 그리고 동아시아적 근대의 문제

동양사회의 정체성과 낙후성의 사상문화적인 주범으로 주자학적인 유학의 사조가 언급된다. 일본의 근대성의 사상적 기원을 주자학적 사유 방식의 해체에서 구하는 마루야마 마사오의 입장이나 조선의 유교적 정치문화의 전통, 즉 주자학을 조선사회의 후진성과 망국의 원인으로 상정하면서 조선 후기 실학에서 근대 지향의 맹아를 발견하려고 한 한국의 실학사상 연구의 주류적 관점은 그 대표적 사례일 것이다.[24] 그래서 임형택은 20세기 한국의 실학 연구에서의 "관건어는 '근대지향'"이었으며, 이 근대지향은 한국을 비롯한 동아시아 사회에서의 근대로의 "내재적 발전의 가능성을 확인"하는 작업이었다.[25] 그리고 실학에서 근대지향의 맹아를 추적하려는 작업은 주자학에 대한 부정적 평가를 동반하는 것인데, 역설적이게도 주자학과 조선왕조에 대한 부정적인 평가는 일본학자들이 처음 주장한 것이다. 그리고 이런 입장은 한국사연구자들이나 일반인들에게도 광범위하게 수용되었다는 평가가 존재한다.[26]

망국, 식민지, 분단, 군사독재 등을 거치면서 산업화와 민주화에서 일정한 성공을 보여준 한국사회나 아시아신흥공업국(NIES)의 흥기는 물론이고 사회주의 혁명과 문화대혁명을 거쳐 개혁개방을 통해 세계 강대국으로 부상한 중국 등으로 인해 이제 서구적 근대를 문명의 기준으로 설정하고 이에 의해 타자화된 동아시아의 역사상을 비판적으로 성찰하는 작업은 미룰 수 없는 과제가 되었다. 이제 아시아 지역은 외형적으로는 서구사회와 별반 다르지 않을 정도로 서구화가 상당히 진행되었다. 자본주의 근대화라는 기준을 놓고 볼 때 아시아에서 최초로 서구화에 성공한 우등생 일본은 뒤처지고 중국이 일본을 앞지르는 형국이 진행되고 있다. 그 동안의 역사에서 한국을 비롯한 동아시아는 자본주의적 근대화와 민주주의라는 서구적 근대를 창조적으로 수용하면서도 서구적 근대의 기준으로는 온전하게 이해되지 않는 독자적 모습을 보여주었다.[27] 이런 상황에서 서양=문명 대 전통적 동양

---

24) 오해를 피하기 위해 강조하는 싶은 것은 일제식민지사관을 극복하는 과정에서 '내재적 발전론'과 실학에서 '근대지향' 및 '민족지향'을 강조한 연구들이 커다란 역사적 성취를 달성했다는 사실이다. 뿐만 아니라 후술되는 것과 같은 유교적 근대 이론은 내재적 발전론의 비판적 계승이라는 측면에서도 중요하다는 것이 필자의 입장이다.

25) 임형택, 「新實學, 그 가능성과 方向」, 『韓國實學硏究』 22, 2011, 7쪽 이하 참조.

26) 미야지마 히로시(宮嶋博史), 「동아시아 小農사회론과 사상사연구」, 『韓國實學硏究』 5, 2003, 134쪽 이하 참조. 많은 실학연구자들이 식민사관을 주장한 일본학자들과 주자학 망국론을 공유하고 있다고 해서 한국의 실학연구가 일본의 조선주자학의 타자화 작업에서 영향을 받았다고만 해석하는 것은 무리다. 조선후기 이래 실학이라고 명명되는 탈주자학적 사유의 경향이 존재했고 한국의 실학연구가 이런 사조를 계승·발전시키고자 하는 문제의식을 지녔음을 간과해서는 안 되기 때문이다.

27) 민주화와 산업화가 상당히 진척된 오늘날에도 한국의 가족에서 서구에서 일반화된

사회=후진적 야만사회라는 도식, 즉 동양적 전통의 전근대성과 서구적 근대라는 이분법적 관점을 형성하는데 결정적 영향력을 행사하는 서구 중심주의적 시각을 비판적으로 성찰하는 작업은 중요하다.

필자는 주자학을 반근대적(anti-modern), 봉건적(feudal) 사상이라고 보는 관점을 서구 근대 = 근대라는 주장을 전제하는 것으로 보고, 이런 관점을 극복하는 것이 필요하다고 생각한다. 이 문제의식은 동아시아에서 독자적인 방식으로 전개되어 온 역사에서의 질적 변혁 과정의 논리를 추적하는 것과 연결되어야 한다. 그럴 때 비로소 유럽적 근대의 우월성에 의해 타자화된 비서구 역사의 모습에 대한 제대로 된 이해는 물론이고 서구 중심주의에 대한 비판적 성찰도 더 확실해질 것이기 때문이다. 이런 맥락에서 필자는 동아시아에 독자적 근대의 흐름이 존재했다는 관점을 승인한다. 필자는 어떤 점에서 당송변혁기를 동아시아적 근대의 출발점으로 이해하고 송대의 주자학을 동아시아적 근대의 사상적 표현으로 재독해할 수 있다고 보는지에 대해 두 개의 절을 통해 언급하고자 한다.[28)]

중국사에서 당송시기에 커다란 변혁이 이루어져 당과 송 사이의 시대가 분명하게 구분된다는 데에 학자들의 의견은 일치된다. 다만 이 시기에 일어난 변혁의 성격을 어떻게 이해할 것인가를 둘러싸고 논쟁이 진행되고 있다. 그러므로 마크 엘빈은 "800년에서 1300년까지의 기술혁신과 발명은 너무나 커다란 변화를 발생시켜 그 결과가 별 무리 없이 혁명으로 기술될 수 있다"고 주장한다.[29)] 안드레 군더 프랑크에 따르면 송대 시기의 경제는 당시 세계에서 우월적 지위를 유지하고 있었다.[30)] 당송 변혁기를 나누는 중요한 징표로는 황제 독재권의 강화, 과거 관료층 내지 사대부 계층의 성립, 농업에서의 생산력의 진전 그리고 인쇄술 등의 발전으로 인한 생활혁명과 문화혁명의 등장 등이 언급된다.[31)]

개인주의적 자아관은 찾아보기 어렵다는 연구가 있다. 즉 근대화의 진전에도 불구하고 한국사회에서의 가족주의는 여전히 그 위력을 잃지 않고 강화되어 가고 있다는 사실이다. 이에 대해서는 권용혁, 『한국 가족 철학으로 바라보다』, 이학사, 2012, 37쪽 이하 참조 바람.

28) 미조구치 유조의 경우 명말청초에 중국의 독자적 근대 혹은 종적 근대의 본격적 출현을 주장한다. 그러나 그는 명말청초의 중국의 독자적 근대를 송대와의 연속성 속에서 이해한다. 특히 명말청초의 중국의 근대의 사상적 표현 형성에 중요한 역할을 한 왕양명의 양명학을 송대 주자학의 민중화라는 관점에서 이 두 사상 사이의 연속성을 강조한다. 즉 '양명학 = 주자학 노선의 민중화'라는 주장을 전개하는 것이다. 미조구치 유조 외, 『중국의 예치시스템』, 동국대 동양사연구실 옮김, 청계, 2001, 112쪽 참조.

29) 마크 엘빈(M. Elvin), 『중국역사의 발전형태』, 이춘식 외 옮김, 신서원, 1996, 334쪽.

30) 안드레 군더 프랑크(Andre Gunder Frank), 『리오리엔트』, 『리오리엔트』, 이희재 옮김, 이산, 2003, 18쪽 참조. 그는 중국이 세계경제에서 차지하는 우월적 지위는 적어도 1800년까지는 지속되었다고 본다.

31) 기시모토 미오(岸本美緖) · 미야지마 히로시, 『조선과 중국 근세 오백년을 가다』, 김현형 · 문순실 옮김, 역사비평사, 2003, 17쪽 이하 참조.

송대에서 황제 독재권이 강화되었다는 점은 널리 알려져 있다. 특히 송 이후의 중국 정치체제는 '군주독재체제'라는 학설이 존재한다.[32] 당나라 시대까지 큰 영향력을 행사한 신분적인 귀족제도가 사라지고 정치적 결재를 황제가 모두 전담하는 질서가 등장했기 때문이다. 그러나 이런 군주독재체제는 헤겔이 이해하듯이 백성을 노예로 전락시키고 황제 일개인이 자의적인 방식으로 통치를 하는 그런 식의 전제주의로 이해하면 곤란하다. 고지마 쓰요시(小島毅)가 강조하듯이 송대에서의 독재는 '황제 한 사람이 결재한다'는 의미이지, '황제가 제멋대로 할 수 있다'는 의미는 아니기 때문이다. 뒤에서 좀 더 상세하게 다루겠지만 합리적인 과거제도에 의해서 관료는 개인의 능력에 의해 시험을 통해 선발되었다. 그래서 예외가 존재하지만 이런 관료제도로 인해 황제 개인의 자의적 권력행사가 견제될 수 있었다. 예를 들어 보면 사형판결을 포함한 중앙과 지방의 모든 정치적 사안들은 문서를 통해 처리되었고 황제는 지방관의 보고를 보고 재가를 해야 했다. 심지어 그 경우도 중앙의 사법관청에서 조사한 선례나 관례를 바탕으로 이루어지는 것이었다. 그리고 이런 통치 질서를 정당화하는 사상은 바로 주자학에 의해 가장 분명하게 정리된 천리(天理)론이었다. 황제라 할지라도 천리(天理)의 체현자로서 천명을 부여받은 존재일 경우에만 그의 정치적 정당성은 확보될 수 있었다. 그러므로 황제에게는 천리를 일탈하는 자의적인 권력 행사가 허용되지 않았다.[33]

물론 이런 주장에 대해 천리에 의한 황제 권력의 제한 시도가 유학자의 규범적이고 도덕적인 주장에 그치는 경우가 허다하고 황제 권력의 독단적 행사를 차단하는데 충분치 않다는 반론이 있을 수 있다. 그러나 유교사상, 특히 주자학의 새로운 천인합일설이나 천리에 의거한 왕권의 견제 방식 등이 권력의 자의적 행사에 제동을 걸고 권력을 순치시켜 그것을 백성을 위해 활용되도록 만드는 데 일정하게 성공했음도 부인될 수 없다. 그러므로 송대에서의 정치질서는 독특한 방식으로 정치권력의 책임성의 문제를 해결하는 방안을 지니고 있었다고 할 것이다. 중국의 제도와 유교사상이 유럽 민주주의 발전과 프랑스 혁명의 배경에 중요한 역할을 했다는 점은 이제 점점 더 많은 사람들에 의해 설득력을 얻고 있다.[34] 미국의 보수주의 정치이론가인 프랜시스 후쿠야마조차도 중국의 진제국은 "막스 베버

32) 미조구치 유조 외, 『중국 제국을 움직인 네 가지 힘』, 조영열 옮김, 글항아리, 2012, 166쪽 참조.

33) 같은 책, 167쪽 이하 참조.

34) H. G. 크릴, 『공자 - 인간과 신화』, 앞의 책, 26쪽 그리고 제15장 '유교와 서구민주주의' 참조 바람. 이외에도 동양이 르네상스 이래 유럽의 근대를 형성하는데 지대한 역할을 수행했다는 망각되어 버린 사실에 대한 탐구는 이루 헤아릴 수 없을 정도로 많다. 그 중에서 두 가지 번역 책만을 소개하면 다음과 같다. 존 홉슨(John M. Hobson), 『서구문명은 동양에서 시작되었다』, 정경옥 옮김, 에코리브르, 2005. 존 제임스 클라크(John James Clarke)『동양은 어떻게 서양을 계몽했는가』, 장세룡 옮김, 우물이있는집, 2004.

가 근대국가만의 특성이라고 꼽은 속성을 전부는 아닐지 몰라도 대부분 갖고 있었다"고 말한다. 그래서 그는 통일된 진제국에서 이미 "정치적 근대화" 혹은 "정치적 근대국가의 초기 형태"를 발견하게 된다고 강조한다.[35)]

송대에서의 인쇄술의 비약적 발전과 보급은 송대 사회의 변화를 극명하게 보여준다. 이는 성리학 혹은 주자학[36)]의 발생 조건의 하나임도 분명하다. 인쇄술의 발명으로 책의 가격이 매우 저렴해졌으며 보다 많은 사람들이 쉽게 책을 구할 수 있게 되었다. 그 전에 많은 경우 손으로 베껴 써야 했지만 이제는 그럴 필요가 없어졌다. 따라서 학문의 보급에서 혁신적인 변화가 발생했다.[37)] 이처럼 송대에는 출판업이 성황을 이루었고 출판을 통해 경제적 이득을 보려는 사람들이 많았다. 1108년에 어떤 정치가는 학자들이 돈을 많이 벌기 위해 출판을 한다고 불평했다고 한다.[38)] 북송시대의 유명한 문인인 소식(蘇軾)의 다음과 같은 말을 들어보자. "내가 年輩인 선생에게서 실제로 들은 이야기로는 그 사람이 젊은 시절에 『사기』나 『漢書』를 읽으려고 애를 써도 좀처럼 그 책을 손에 넣을 수가 없었다고 한다. 운 좋게 빌릴 수가 있으면 자기 스스로 전부 책을 베껴 써서 낮이나 밤이나 낭독하였고, 또한 맞지 않는 부분을 두고 고민하였다고 한다. 최근에는 장사꾼들이 매일같이 제가백가의 책을 잇따라 대량으로 인쇄, 출판하고 있다. 이제 학생들은 책을 간단한 방법으로 많이 구비할 수 있게 되었다."[39)]

송대에서의 농업과 상업의 발달 그리고 인쇄술의 광범위한 보급은 새로운 지식인 계층의 성장을 가능하게 해주었다. 송대에 들어와 그 이전 시기까지 중국사회를 주도했던 세습적 귀족세력은 몰락하고 새로운 지주계급 출신의 사대부 계층이 등장했다. 그리고 이 지식인 계층의 성장을 촉진시켰던 또 다른 요인으로 관료 선발 방식의 변화가 중요했다. 송대의 등장 이후 중앙집권적인 문신 관료 제도를 확립하는 과정에서 효율적인 관료 선발 제도로 과거제도가 개혁되었다. 이제 학문적 교양을 갖춘 신흥 세력이 실력으로 과거시험을 거쳐 중앙 정치무대에 등장할 수 있는 길이 열리게 되었다. 이리하여 비세습적인 관료에 의한 중앙집권제도가 확립되기 시작했다.

---

35) 프랜시스 후쿠야마(F. Fukuyama), 『정치질서의 기원』, 함규진 옮김, 웅진지식하우스, 2012, 157쪽 참조, 122쪽과 158쪽에서 인용.

36) 朱子學은 理를 중요하게 생각했기에 理學이라고도 하고 性卽理의 명제로 人性論과 理氣論을 통일했다고 하여 性理學이라고 하며, 어느 경우에는 주자학이 도덕을 중요하게 여겼다는 이유로 道學이라고도 한다. 미조구치 유조, 『개념과 시대로 읽는 중국사상 명강의』, 앞의 책, 125쪽.

37) 패트리카 버클리 에브레이(Patricia Buckley Ebrey), 『중국여성의 결혼과 생활 : 송대 여성을 중심으로』, 배희숙 옮김, 삼지원, 2000, 27쪽 참조.

38) 마크 엘빈, 『중국역사의 발전형태』, 앞의 책, 185쪽 참조.

39) 소식, 「이씨산방장서기李氏山房藏書記」, 고지마 쓰요시(小島毅), 『사대부의 시대』, 신현승 옮김, 동아시아, 2004, 23쪽 이하에서 재인용.

시마다 겐지(島田虔次)가 묘사한 것처럼 송대 사대부는 "출생을 원리로 하는 폐쇄적인 신분이 아니라 능력을 원리로 하는 개방적인 계급이며, 그 능력이란 유교 경전적인 교양 능력이었다."[40] 송대 사대부에 대한 이러한 설명은 선비의 정체성이 송대에 이르러 그 이전 시기와 분명하게 변형되었음을 보여준다. 그리고 송대에서 사대부와 일반 서민 사이의 차이는 신분적인 것으로 세습에 의해 고정된 것이 아니었다. 이제 사대부와 일만 서민의 차이는 능력, 즉 학문적인 교양의 차이였다. 그러므로 송대 후기의 사상가인 葉適은 다음과 같이 말하였다. "보통사람(民) 모두가 士가 될 수 있다. 그러나 모든 사람이 그렇게 되지는 않는다. 그리고 모든 士가 다 관리가 되지는 않는다."[41] 송대에서 과거제도는 상당한 정도의 평등주의를 보장했으며 가난한 계층의 자제들에게도 과거에 의해 사대부층에 편입되는 신분상승의 기회가 허용되었다.[42]

송대에서 발생한 사회전반에서의 거대한 변환을 바탕으로 인간의 정치세계나 사회질서에 대한 새로운 이해를 추구하는 학문의 조류가 발생했는데 이는 주자학이라 일컬어지는 신유학의 사조이다. 사대부는 주자학(朱子學) 혹은 넓은 의미에서의 송학(宋學)의 주체였다.[43] 즉 주자학은 "사대부의 학문이며 사대부의 사상이다."[44] 그리고 송대라는 아주 변화된 시대 상황 속에서 성장한 사대부들은 유교 학술 체계의 혁신을 통해 자신들의 이상을 실현시키고자 노력했다. 송 시대의 사대부들의 정신을 보여주는 드높은 이상주의는 송학 창시자의 한 사람인 장재(張載)의 다음과 같은 말에 잘 드러나 있다. "천지를 위해서 마음을 세우고, 백성을 위해서 삶의 길을 세우고, 옛 성인을 위해 끊어진 학문을 잇고, 만세를 위해 태평을 연다."(爲天地立心, 爲生民立道, 爲去聖繼絶學, 爲萬世開太平)[45]

시마다 겐지에 의하면 이 장재의 말은 주자학의 "근본정신" 혹은 "근본적인 기분"을 드러내주는 표현이다. 그리고 송학의 결정체로서의 주자학과 일본의 주자학 사이의 차이도 장재의 이 주장에서 확실하게 감지할 수 있다고 한다. 즉, 일본 주자학에는 "천지를 위해서, 인류를 위해서, 학문의 전통을 위해서, 또 만세를 위해서라는 것과 같은 규모가 웅대한 정신, 바로 그런 것이 매우 결여되어 있는 것처럼 보인다"는 것이다.[46] 또 고지마 쓰요시에 의하면 "만세를 위해 태평을 연다"는

40) 시마다 겐지(島田虔次), 『주자학과 양명학』, 김석근 · 이근우 옮김, 까치, 2001, 21쪽.
41) 피터 볼(P. Bol), 『역사 속의 성리학』, 김영민 옮김, 예문서원, 2010, 71쪽에서 재인용.
42) 시마다 겐지, 『주자학과 양명학』, 앞의 책, 21쪽 참조.
43) 송학과 주자학의 관계, 달리 말하자면 주자학 이외의 어디까지를 송학이라고 불러야 하는지에 대해서 현재 학자들 사이에 공통의 견해가 없다고 한다. 고지마 쓰요시, 『사대부의 시대』, 앞의 책, 19쪽 참조.
44) 시마다 겐지, 『주자학과 양명학』, 앞의 책, 20쪽.
45) 주희(朱熹) · 여조겸(呂祖謙) 편저, 『근사록집해 I 』, 이광호 역주, 아카넷, 2004, 315쪽.
46) 시마다 겐지, 『주자학과 양명학』, 앞의 책, 5쪽 이하.

구절은 “송대의 신흥 유교에 공통하는 정신”인 웅장한 기개를 보여준다.[47)]

3. 주자학에서의 유학의 혁신과 ‘유교적 근대’

헤겔에 의하면 동양적 사유는 철학적 사유에 걸맞지 않는 미성숙한 단계의 정신의 표현에 불과하다. 이는 왜 동양적 사유에서 인격적 주체의 고귀함이나 모든 인간을 자유로운 존재로 간주하는 보편적 자유의식이 성립될 수 없었는가에 대한 궁극적 이유이다. 황제의 자의적인 권력에 대한 공포를 원리로 하는 전제정이 동양의 정치제도인 것과 마찬가지로 이런 제도에 상응하는 사상도 아직 자유로운 정신의 단계에 이르지 못했다. 그래서 헤겔은 “동양적인 것은 철학사에서 배제되어야만 한다”[48)]고 결론짓는다.

이 절에서는 주자학의 성격을 대략 네 가지 측면을 통해 왜 주희의 이론이 중국 고유의 근대적 사유의 발전으로 평가될 수 있는지를 살펴보고자 한다. 1) 천즉리(天卽理)에 의한 보편주의적 인간관의 출현의 문제. 2) 천하위공(天下爲公)에 의한 중앙집중적 국가 권력의 통제의 이론 정립을 통한 유교적 문명주의의 확립의 문제. 3) 성인가학론(聖人可學論)에 입각한 일반 백성의 자발성과 자율성(선비 자율주의)을 존중하는 이론. 4) 균분적인 공(公)관념에 의한 조화로운 사회의 지향.

이들 네 가지 주자학의 특성은 조반니 아리기가 설명한 동아시아 국제체제의 성격과 조응한다. 즉 동아시아 국제체제는 끝없는 군비 경쟁과 해외로의 영토 팽창이 아닌 내향적이고 평화 지향적이었으며, 자본 및 에너지 집약적인(천연자원을 과도하게 활용하는 자연 파괴적인) 질서가 아니라 인적자원을 중시하는 경제 발전 경로를 택한 사회이었으며 불평등한 자본주의 시장경제체제가 아니라 호혜와 평등을 원리로 하는 비자본주의적 시장경제를 지향하는 것이라는 주장과 주자학의 사상적 성격이 서로 조응하는 것임을 알 수 있다.[49)]

---

47) 고지마 쓰요시, 『사대부의 시대』, 앞의 책, 33쪽.

48) G. W. F. Hegel, *Vorlesungen über die Geschichte der Philosophie* Ⅰ, in: *G. W. F. Hegel Werke in zwanzig Bänden*, hg. v. E. Moldenhauer und K. M. Michel, Frankfurt am Main 1970, Band 18, 121쪽.

49) 동아시아 발전경로의 특수성에 대한 설명으로는 조반니 아리기, 『베이징의 애덤 스미스-21세기의 계보』, 강진아 옮김, 길, 2009, 59-61쪽 참조. 동아시아적 근대의 성격을 유교, 특히 주자학과의 비교를 통해 분명히 하는 작업은 후속작업을 통해 보안되어야 한다. 특히 서구적 근대의 길에서 수반된 병리적 현상과 별도로 동아시아적 근대의 길에서 출현한 사회병리적 현상의 문제를 비판적으로 분석하는 작업이 필요하다. 소유 개인주의적인 원자화 및 파편화 그리고 자연에 대한 지배를 기반으로 한 서구 근대의 길에서 초래된 사회병리적 현상과 달리 가족의 원리 및 인적자원을 중요시한 동아시아적 근대의 병리적 현상으로 폐쇄적 가족주의나 연고주의가 언급될 수 있다.

1) 주자학에 의한 보편주의적 인간의 존엄성의 승인

주희는 송대에 발생한 새로운 유학 체계를 종합한 사상가이다. 그러므로 그에 의해 집대성된 송대의 유학 체계를 朱子學이라 부르는 것도 자연스럽다. 주자학은 송대의 사회적 · 정치적 · 경제적 · 문화적 변동에 상응하는 사상에서의 일대 변혁을 보여주는 사건이다. 주자학에서의 유교 사상의 혁신은 우선 천관(天觀)의 변화에서 찾아볼 수 있다.

주희 이론의 기초는 흔히 理氣論이라고 하며 그 이론의 핵심은 理法적 천 개념이다. 그러므로 주자학 체계의 핵심은 天理論이다. “태극은 단지 천지만물의 이치일 뿐이다.”[50] 또한 주희는 천리론에 입각하여 자연, 개인의 도덕 그리고 인간 세계를 관통하는 일관된 철학체계를 수립하였다. 천리는 모든 사물의 생성의 근거이자 존재의 이치이다. 그리고 모든 사람에게도 천리가 부여되어 있다. 즉 인간을 포함한 우주의 만물에는 각각 천리가 갖추어져 있다는 말이다. 주희에 의하면 天은 자연법칙적인 천, 도덕적인 천 그리고 천지 만물에 조화로운 생성을 부여하는 公으로서의 천이라는 세 측면이 존재한다.[51] “성은 천에 근원하며 사람이 똑같이 얻은 것이다”(性原于天而人之所同得也)[52]라는 주장에서 보듯이 사람 각자에게 부여된 천리는 인간의 본연의 性과 연관되며, 이제 모든 사람들은 이런 인간의 내재적인 도덕적 본성을 노력에 의해 함양함으로써 개인의 도덕적 완성과 천하태평의 이상적 상태를 실현할 수 있는 주체로 인정된다.

그러므로 천즉리의 인식은 성인관의 변화로도 나타난다. 주희는 다음과 같이 말한다. “성인은 나면서부터 아는 자요 학자는 배워서 아는 자이지만 알게 되면 같다. 성인은 편안히 행하고 학자는 힘써 노력하여 애쓰지만 성공하게 되면 같다.”(聖人生知, 學者學而知之, 及其知之則一也. 聖人安行, 學者勉而行之, 及其成功則一也)[53] “보통사람도 학문으로써 도에 통달할 수 있다. 그 지극함을 다한다면 역시 한계가 없는 성인과 같이 된다.”(常人而能學以通乎道. 極其至則亦聖人之無涯也)[54] 이처럼 성인은 이상적인 도덕적 인간상으로 혈통이나 황제와 같은 특정한 지위와 무관하게 모든 인간의 내재적 가능성으로 이해된다. 이와 같이 성인의 개념은 “내면화되어 인의도덕의 완전한 체현자로서의 성인”으로 전환된다.[55] 그리고 이제 인간이 평등하게 부여받은 본연의 성을 완성할 수 있는지의 여부는 전적으

---

50) 여정덕(黎靖德) 편, 『朱子語類1』, 허탁 외 옮김, 청계, 1998, 86쪽.
51) 미조구치 유조 외, 『중국의 예치시스템』, 앞의 책, 60쪽 참조.
52) 주희(朱熹) · 여조겸(呂祖謙) 편저, 『근사록집해1』, 앞의 책, 157쪽.
53) 같은 책, 168쪽.
54) 주희 · 여조겸 편저, 『근사록집해2』, 이광호 역주, 아카넷, 2004, 801쪽
55) 시마다 겐지, 『주자학과 양명학』, 앞의 책, 27쪽.

로 각 개인의 노력 여하(수양)에 달려 있게 된다. 누구나 배움을 통해 성인이 될 수 있다는 주장(聖人可學論)은 주자학의 가장 중요한 학설의 하나이다. 그러므로 성인의 내면화에서 "마음의 자율성에 대한 새로운 주장과 개개인이 직접 도에 접근해 터득할 수 있다는 주장"을 발견하는 것도 일리가 있다.[56)]

주자학에서 하늘의 이치의 궁극적 담지자는 황제나 최고 권력자가 아니라 공자의 도를 이어받는 사대부에게 있는 것으로 간주된다. 주자학이 성립된 이후 사대부들이 자신들의 삶의 지침으로 삼았던 '수기치인'의 이상도 바로 이런 인식의 전환을 전제로 한다. 이렇게 송대의 주자학은 인간 스스로의 노력에 의해 모두 다 성인이 될 수 있는 가능성을 분명하게 자각하고 이를 바탕으로 사회와 정치를 바로잡아 천하를 태평하게 할 수 있다는 이상적 세계를 지향하게 되었다.

2) 천하위공(天下爲公)을 통한 왕권 견제의 사상

천리를 구유하고 있는 인간의 도덕적 완성은 어진 마음(仁)을 최대로 함양하는 길을 통해 가능하다. 인은 지극히 어려운 것이지만, 인을 이해하고 실천할 수 있는 방법은 바로 서로 끊어져 있는 사람과 사람 그리고 사람과 만물의 관계를 이어주는 행위를 통해서이다. 그러므로 사람이 인해지는 것은 공의 추구와 실천을 통해서 가능해진다는 점이 분명해진다. 이런 점에서 공은 '인의 도'라고 하는 것이다. 인자함과 공정함(公) 사이의 관계에 대해 말하면서 주희는 "공정함이 인자함의 도리이다"라는 정명도·정이천 형제의 말을 수용한다.[57)] 또 주희는 다음과 같이 말한다. "인의 도는 요컨대 단지 하나의 公자로 말해 버릴 수 있다. 공은 인의 理일 뿐이니, 공을 곧 인이라 불러서는 안 된다. 공을 사람이 체득하면 인이 된다." (仁之道, 要之只消道一公字. 公只是仁之理, 不可將公便喚做仁, 公而以人體之故爲仁)[58)] 이 주장에서 보듯이 주희에게 공은 인을 실현할 수 있는 방법이자 매체이다. 공은 막힌 곳을 열어 타자와의 만남을 성사시키는 소통 행동으로 이해된다. 이는 私가 타자와의 격리/단절로 이해되고 있다는 점에서 주희의 공사의 구별을 이해할 수 있는 중요한 측면이다.[59)]

사람이 공을 통해 어진 마음을 실현하는 과정에서 능동적 주체로 인정받는다는 점은 사람이 배움을 통해 누구나 성인이 될 수 있다는 이론과 밀접하게 연결되어 있다. 모든 사람이 公을 통해 개인의 수양은 물론이고 치국평천하의 능동적 주체로 활동할 수 있다는 주장은 주자학에 낯설지 않다. 그래서 주희는 정확한 시기를

56) 윌리엄 시어도어 드 배리, 『중국의 '자유' 전통』, 표정훈 옮김, 이산, 2004, 51쪽.
57) 여정덕 편, 『朱子語類2』, 허탁 외 옮김, 청계, 1998, 778쪽.
58) 주희·여조겸 편저, 『근사록집해1』, 앞의 책, 244쪽.
59) 같은 책, 245쪽.

확인할 수 없는 편지에서 다음과 같이 말한다. "'나라를 다스리고, 천하를 평정하는 것'과 '뜻을 정성스럽게 하고, 마음을 바르게 하고, 몸을 닦고, 집을 가지런히 하는 것'은 단지 하나의 이치여서 격물과 치지라는 것도 이것을 아는 것일 뿐이라 했으니, 이것이 『대학』의 본뜻입니다. 이제 반드시 나라를 다스리고 천하를 평정하는 것이 임금과 재상의 일이어서 배우는 사람이 간여할 수 없다고 한다면 안팎의 도리가 근본을 달리하여 귀착처가 달라질 것이며, 경의 본뜻과도 정면으로 모순될 것입니다. 우 임금, 후직, 안회 등이 도를 함께 했다지만, 어떻게 꼭 (인군의) 자리에 있어야만 정치를 했다고 하겠습니까?"[60)]

이 편지가 보여주듯이 주희는 왕이나 관료의 위치가 아니라고 해도 지식인으로서의 사대부는 정치에 관여하고 활동할 수 있다고 강조한다. 그럼 어떻게 사대부가 관료도 아닌 위치에서 정치를 할 수 있단 말인가? 주희는 상소문을 올리거나 지방학교를 세워 학생을 양성하는 일에서만 그런 가능성을 본 것은 아니었다. 말과 글을 통해 공적 사안들에 대한 의견을 표현하는 작업 역시 주희가 염두에 둔 정치적 행위였다. 황제가 정말로 그 자리에 마땅히 어울리는 능력과 자질을 갖추어서 성왕의 길을 제대로 걸어갈 수 있도록 황제의 자의적 권력 행사를 비판적으로 견제하는 활동을 사대부가 감당해야 할 역할이라고 보았던 것이다.[61)] 이처럼 관료의 길과 상충되는 것은 아니지만 관료로서가 아니라 사대부로서 정치에 관여할 수 있는 길 중의 하나가 '公論'이었다. 송대는 '공론'장의 활성화가 본격화된 시기이기도 했다.[62)] 특히 사대부의 공론장[63)]에서 서원의 역할이 중요했다.

인에 이르는 방법인 공은 천리의 완전한 달성에 이르기까지 지속된다. 그런데 이렇게 인간이 천리의 궁극적 경지, 즉 천인합일의 경지에 이르는 것은 바로 천리의 공의 경지에 이르는 것을 의미한다. "무릇 하나의 일처리에는 두 가지 측면이 있다. 올바른 것(是)은 하늘의 이치가 공정한 것이고(天理之公), 그릇된 것(非)은 사람의 욕심이 사사로운 것이다(人慾之私). 모든 일처리마다 이 두 가지 측면으로 구분한다면, 다스리고 넓혀가는 공부가 일처리에 따라 드러난다."[64)] 앞에서도 강조했듯이 천리지공(天理之公)은 황제의 권력을 제어하는 도덕적 근거이다. 황제가 지배자가 될 수 있는 정당성의 근거는 모든 사람이 평등하게 구비하는 천리의 공에 합당할 경우에만 확보될 수 있기 때문이다. 황제 권력보다도 더 규범적으로 우월한 원칙으로서의 천리지공의 관념은 전통적인 유교에서의 천하위공(天下爲公)[65)]

60) 주희, 『주자대전9』, 주자대전번역연구단 옮김, 전남대학교 철학연구교육센터 · 대구한의대학교 국제문화연구소, 2010, 575쪽.

61) 피터 볼, 『역사 속의 성리학』, 앞의 책, 228쪽 이하 참조.

62) '公論' 개념이 중국사상사에서 본격적으로 등장한 시기는 북송대일 것이라고 이상익은 추정한다. 『유교전통과 자유민주주의』, 심산, 2005, 360쪽 참조.

63) 사대부의 공론이라는 단어는 『주자대전3』, 앞의 책, 311쪽 각주 304참조.

64) 여정덕 편, 『朱子語類4』, 앞의 책, 679쪽.

사상의 발전으로 이해될 수 있다. 주지하듯이 주희에게서 公 사상은 모든 만물과 하나가 되는 것을 표현하는 "백성들은 나의 동포이고, 만물은 나의 친구이다"는 명제로 응축되어 나타난다.[66)]

이상에서 살펴본 것처럼 새로운 성인관과 천리론 등에 입각하여 개인의 도덕과 정치의 세계를 넘어 천지만물 일체의 상호 연계의 필연성을 수미일관하게 보여주는 주희의 이론은 송대 유학의 위대성을 잘 보여준다. 시마다 겐지가 주장하듯이 "유학은 하늘과 사람을 일관하는 규모의 웅장함에서, 또 현실적, 정치적 활동을 회피하지 않는 착실함에서 불교, 도교를 훨씬 능가하고 있는 것"이다.[67)]

3) 사(士) 자발주의 혹은 향리(鄕里)공간의 형성과 발전

주희가 활동하던 시기는 오늘날 중간영역 혹은 민간영역이라 불리는 독자적인 지방사회가 성장했던 시기였다. 주희 역시 관료 생활 중 주로 지방 관료의 직무를 수행했으며 지방학교에 관심이 많았다.[68)] 그는 도서관을 건립하거나 지방의 선현들을 모시는 사당을 짓는 일에도 많은 관심을 기울였다. 그리고 주희는 지역공동체의 자치규약인 향약을 만들기도 했다.[69)] 피터 볼이 주장하듯이 새로 등장한 송대 사대부들이 중앙권력과 관료조직으로부터 일정한 자율성을 획득할 수 있었던 것은 단순히 이론의 혁신에만 기인한 것은 아니다. "애당초 신유학자들은 정부의 확장, 그리고 신법에 의해 요구된 중앙집권을 거부하였다. 대신 지방의 자율적 통제, 도덕적 리더십, 서원, 義倉처럼 공동체를 위해 선행을 행할 방법을 제공하는 제도 등 지방 士엘리트들을 조직할 다양한 자발적 제도에 대해 논하였다."[70)]

서원은 남송 시기 선비들의 자발적인 향촌 공동체 형성의 주된 무대이었다. 서원은 중앙 정부가 하사한 田地에서 나오는 세금과 지방 유지들의 기부금으로 운영되었다. 서원은 조직화된 강학을 가능하게 해주었다. 주희는 서원을 증축하고 재건하는 데에도 많은 관심을 기울였다.[71)] 서원은 공통의 문제에 대해 사대부들 사이의 공적 토론의 장을 마련해주었으며, 선비들은 서원에서의 활동을 통해 연대감

65) '천하위공'에 대한 설명으로는 김상준, 『맹자의 땀 성왕의 피－중층근대와 동아시아 유교문명』, 아카넷, 2011, 270쪽 이하 참조 바람.
66) 주희・여조겸 편저, 『근사록집해1』, 앞의 책, 287쪽.
67) 시마다 겐지, 『주자학과 양명학』, 앞의 책, 22쪽.
68) 평생 주희는 지방관으로 9년 그리고 중앙정부에서는 약 40여일 정도 일했다. 미우라 쿠니오(三浦國雄), 『인간 주자』, 김영식・이승연 옮김, 창작과비평사, 1996, 220쪽 참조.
69) 윌리엄 시어도어 드 배리, 『중국의 '자유' 전통』, 앞의 책, 75쪽 참조. 주희・여조겸 편저, 『근사록집해2』, 앞의 책, 723쪽 참조.
70) 피터 볼, 『역사 속의 성리학』, 앞의 책, 50쪽.
71) 미우라 쿠니오, 『인간주자』, 앞의 책, 164쪽 이하 참조 바람.

을 형성할 수 있었다. 그리고 서원은 선비들 사이에 초지역적인 네트워크를 형성하도록 도움을 주었다.72)

송대 시기 가장 격렬한 정쟁의 대상이었던 왕안석의 신법을 둘러싼 논쟁도 당시 변화된 송대의 질서를 어떻게 운영해야 하는지에 대해 다양한 해석과 정책들을 갖고 있었던 사대부들 사이의 갈등이기도 했다. 왕안석은 국가가 송대에 급속하게 성장한 경제활동의 결과인 사적인 부에 어떤 방식으로 결합해야 하는가를 근본 문제로 보고 있었다. 왕안석은 지방에서 신용을 통제하고 상품 배분을 통제하는 대상인들을 억제하여 경제영역에서의 국가의 역할을 강화하고자 했다. 왕안석의 신법은 경제 성장을 권장했고, 장거리 무역을 고무하였으며 돈과 신용의 가용성을 높였다고 한다.73) 주희가 왕안석 신법의 취지에 대해 동의하면서도 그에 반대한 이유는 관료적인 방식으로 수행되는 개혁 방법에 대해 동의할 수 없었기 때문이다. 뒤에서 살펴보겠지만 주희가 실행에 옮긴 사창법(社倉法)은 왕안석의 개혁 정책과 취지를 같이 하면서도 왕안석의 국가주도의 개혁과 달리 향촌 공동체의 자립성을 적극적으로 긍정하였다. 왕안석과 마찬가지로 주희 역시 중앙집권적인 국가체제에 대해 동의하였지만 그는 사대부 계층을 중심으로 이루어지는 지방에서의 자율적인 활동의 공간, 즉 향리(鄕里)공간을 창출하고 그 긍정적 역할을 강조했다.74)

4) 균분적인 공(公)관념에 의한 조화로운 사회의 지향.

송 시대에 철제농기구의 대량 생산은 농업 생산력의 증대로 이어졌으며 화폐경제가 발전함에 따라 상공업과 도시가 활성화되었다. 뿐만 아니라 송대에서 대외무역은 매우 활발하게 진행되었다.75) 이런 상황에서 정치적·사회적 방면에서뿐만 아니라 사상의 측면에서도 부(재산)와 권력에 대한 다양한 입장들이 등장했다. 국가와 사적인 부의 관계에 대한 송대에서의 한 흐름은 왕안석에게서 볼 수 있다. 왕안석은 국가가 강력하게 시장에 개입해서 대상인들의 기득권을 파기하여 경제성장을 활성화시켜야 한다는 입장을 대변했다.76)

왕안석으로 대표되는 신법당이 국가의 주도적 역할을 지나치게 강조했다면 이에 반대하는 사람들 중 일부는 정부가 무역과 신용 문제에 덜 개입하는 것을 선호했다. 초기 신유학자들 중 일부는 고대 정전법의 이상에 따라 사적인 토지시장

72) 피터 볼, 『역사 속의 성리학』, 앞의 책, 395쪽 이하 참조.
73) 같은 책, 59쪽 이하 참조.
74) 미조구치 유조, 『개념과 시대로 읽는 중국사상 명강의』, 앞의 책, 132쪽 이하 참조.
75) 같은 책, 128쪽.
76) 같은 책, 129쪽 이하 참조.

을 없애고 토지를 농부들에게 균등하게 분배하자는 입장을 갖고 있었다.[77] 그러나 주희는 재산이나 명예도 의로운 방식으로 달성된 것인 한에서 존중되어야 한다고 강조한다.[78] 이런 국가와 경제의 연관 방식에 대한 다양한 입장은 송대의 향촌사회가 매우 심각한 경제적 불평의 문제를 안고 있었다는 사실을 반영한다.[79]

주희를 비롯한 신유학자들은 이익을 무조건적으로 긍정하지도 않고 또 반대로 모든 경제적 불평등을 폐지하자는 주장에 동의하지 않았다. 그들은 사적인 부의 독립성을 긍정하면서도 이를 도덕의 원칙과 동일시하는 것에는 반대했다. 유학에서의 공리주의적 사유 방식을 전개한 당대의 진량(陳亮)과의 논쟁은 이를 잘 보여준다. 진량은 빈부의 차이는 늘 존재했던 것이고 부호들의 존재가 공공의 이익을 가져온다고 보면서 "빈부의 불균형을 자연스러운 것으로 여기자"는 입장을 옹호했다.[80] 또한 진량은 사창제도와 같은 지역적인 복지제도에 대해서도 지지하지 않았다.[81]

경제적 불평등의 문제를 해결하기 위해 토지를 농민들에게 균등하게 배분하자는 일부 유학자들에 대해 주희의 태도는 애매했다. 정전제에 대해 그는 호의적인 모습을 보이면서도 상고시대의 이상주의적 제도를 옹호하는 사람들을 비판하기도 했다. 그러나 그는 지방과 재산에 대한 정부 및 국가의 과도한 개입은 사대부의 자립적 활동의 여지를 봉쇄하는 것으로 생각했다.[82] 국가의 과도한 개입 대신 신유학자들은 사적인 부에 기반을 둔 지방사회에서 재산을 공적으로 활용할 수 있는 방안을 강구했다. 그런 방법들 중에는 "출판 지원, 사당과 사원의 건립, 의창(義倉)에 대한 기부, 종법체계의 확립" 등이 있었다.[83] 이런 활동을 통해 신유학자들은 사대부들의 사사로움을 극복하고 공적 마음가짐을 육성할 수 있을 것이라고 생각했다. 즉 송대에서 본격적으로 드러난 '민간사회의식'은 어려운 상황에 처한 이웃에 대한 자발적인 도움주기의 조직적 활동을 통해 강한 공동체 의식을 형성할 수 있었다. 그렇기에 주희과 같은 신유학자들은 사회활동이 사람들의 어진마음(仁)을 체득할 수 있는 방법이라고 생각했다.[84] 주희가 관료였을 때 실시한 정책 중의 하나인 사창법(社倉法)은 이런 신유학자들의 권력과 재산에 대한 태도를 잘 보여준다.

사창법과 사대부의 독자적인 활동에 대한 주희의 생각은 송대에서 출현한 향촌

77) 피터 볼, 『역사 속의 성리학』, 앞의 책, 60쪽 참조.
78) 주희(朱熹), 『주자대전9』, 앞의 책, 485쪽 참조 바람.
79) 호이트 틸만(Hoyt C. Tilman), 『주희의 사유세계－주자학의 패권』, 김병환 옮김, 교육과학사, 2010, 213쪽 참조.
80) 같은 책, 215쪽에서 재인용.
81) 같은 책, 214쪽 참조.
82) 같은 책, 213쪽 이하 참조.
83) 피터 볼, 『역사 속의 성리학』, 앞의 책, 60쪽.
84) 호이트 틸만, 『주희의 사유세계－주자학의 패권』, 앞의 책, 137쪽.

공동체의 자율성을 인정하면서 국가와 가정의 연계를 추구하는 성리학의 公 이론의 특성을 보여준다. 윌리엄 시어도어 드 배리에 의하면 주희는 “국가권력과 가족의 이익을 조정하고 매개해 줄 수 있는 지역공동체의 질서 안에 자발성을 중시하는 원리를 구현시키려 했다.”[85] 또한 주희의 실천이 사회적 불평등의 완화를 지향한 것도 우연이 아니다. 경제적 불평등을 시정하는 작업이 국가에 의해 시혜적으로 베풀어지는 것으로 주희는 생각하지 않는다. 예를 들어 그는 경제적 불평등의 극복을 인간의 인간다움의 실현의 방법인 ‘인정’(仁政)에 연결된 것으로 이해했다. 『근사록』에는 다음과 같은 구절이 기록되어 있다. “‘仁政’은 반드시 경계(經界)에서 시작된다. 빈부가 균등하지 않으면 가르치고 길러줄 방법이 없으니, 다스림을 말하고자 해도 구차해질 뿐이다.”[86] 균등의 이념은 경계(經界)라는 용어가 보여주듯이 획일적인 평등의 이념을 주장하는 것이 아니라, 분화 속에서의 조화 내지 화합을 지향하는 것이다.

앞에서 살펴본 주자학의 여러 혁신적 성격을 필자는 미야지마 히로시가 주창한 유교적 근대의 이론으로 평가해야 한다고 본다. 그는 주자학을 동아시아적인 근대성 이론으로 평가하고 있다. “유교는 주자학에 의해 처음으로 사상으로 성립되었다고까지 말할 수 있으며, 주자학은 세계에서도 보기 드문 포괄적인 사상임과 동시에 어떤 의미에서는 지극히 근대적인 사상이었다. 개인의 석출(析出)과 그것을 시야에 넣은 사상으로서는 이슬람이 가장 선구적인 사상이었다고 생각되지만, 정치사상, 경제사상을 포함한 전체제적인 사상으로서는 주자학이 세계에서 처음으로 탄생했던 것이며 그것은 그 당시 중국사회의 선구성을 반영한 사상이었다고 말할 수 있을 것이다. 유럽에서는 근대에 와서 비로소 실현된 일들의 많은 부분이 이미 주자학이나 그것에 기반을 둔 중국사회에서 일찍부터 실현되어 있었던 일들이어서, 19세기에 서구가 동아시아에 본격적으로 등장했을 때 중국이 그것에 빨리 대응할 수 없었던 것도 그런 의미에서는 당연한 사태이었다.”[87]

Ⅱ. 나가는 말

이 글에서 우리는 헤겔의 역사철학에서 분명하게 서술되어 있는 서구 근대에 의해 타자화된 동양의 모습과 다른 방식으로 동양의 과거와 현재를 바라볼 가능성을 유교적 근대성의 맥락에서 탐색했다. 이런 탐색을 통해 우리는 동아시아의

85) 윌리엄 시어도어 드 배리, 『중국의 ‘자유’ 전통』, 앞의 책, 76쪽.
86) 주희 · 여조겸 편저, 『근사록집해2』, 앞의 책, 743쪽.
87) 미야지마 히로시, 「동아시아 소농사회론과 사상사연구」, 앞의 글, 127쪽.

역사 속에 내재적으로 시대를 창출하는 문명의 힘이 존재했음을 알 수 있다. 그리로 이런 연구는 헤겔의 서구 중심주의를 보다 분명하게 비판할 수 있는 장점을 지닌다. 오리엔탈리즘의 이데올로기적 성격을 비판하는 것을 넘어 동아시아 역사의 독자적 전개과정에 대한 내적 접근을 가능하게 하기 때문이다. 그러나 동아시아의 역사 속에 내재적으로 시대를 창출하는 문명의 힘이 어떤 방식으로 작동되어 왔는지를 사회경제사, 정치사상사, 정치제도사 그리고 문화사 등의 측면에서 심층적으로 보여줄 연구가 필요함은 물론이다.

끝으로 이 연구의 한계와 앞으로의 연구 방향에 대해 언급하고자 한다. 서구적 이성과 근대성의 해방성과 폭력성을 성찰하는 작업에서 필자가 추구하는 것은 이성과 근대성 일반에 대한 거부가 아니다. 필자가 헤겔의 오리엔탈리즘적 사유방식에 대한 비판 속에서 서구적 근대와 '가족유사성'을 지니면서도 그와 구별되는 '독자적 근대'의 역사 논리를 동아시아의 역사에서 재구성해내려는 시도를 한 이유도 이성과 근대성을 전면적으로 거부하지 않으려는 문제의식의 표현이었다. 서구적 근대를 지방화하고 상대화해 유럽 중심주의적인 근대성의 문제점을 극복할 수 있음과 아울러 서구 근대에 의해 타자화된 동양의 재평가를 통해 인류의 보편적 해방을 향한 가능성을 모색해야 한다는 것이다. 이런 해방의 기획은 서구적 근대와 비서구적 근대 사이의 다양성을 존중하면서도 전체 인류를 포괄할 수 있는 보편적인 근대성 이론의 모색을 요청한다.[88)]

88) 이 논문에서 필자는 근대에 대한 재정의를 본격적으로 입증하고 있지 않다. 여기에서 필자는 가설적으로나마 서구적 근대와 동아시아적 근대의 양상들을 포괄할 수 있는 근대(성)에 대한 재정의를 다음과 같이 할 것을 제안한다. 즉 근대를 인간의 보편적인 존엄성의 자각과 그 자각의 사회·정치적 실현이 본격적으로 출현하는 시대로 볼 것을 제안한다. 이런 근대에 대한 재정의에서 출발하여 서구적 근대와 동아시아적 근대를 인간의 자율성과 인간의 보편적 존엄성의 자각 그리고 그 실현의 상이한 유형으로 해석할 수 있다는 관점을 필자는 옹호하고 싶다.

참고 문헌

1차문헌

주희(朱熹), 『주자대전3/9』, 주자대전번역연구단 옮김, 전남대학교 철학연구교육센터 · 대구 한의대학교 국제문화연구소, 2010.
주희(朱熹) · 여조겸(呂祖謙) 편저, 『근사록집해1』, 이광호 역주, 아카넷, 2004.
주희(朱熹) · 여조겸(呂祖謙) 편저, 『근사록집해2』, 이광호 역주, 아카넷, 2004.
여정덕(黎靖德) 편, 『朱子語類1/2/4』, 허탁 외 옮김, 1998.

Hegel, G. W. F., *Grundlinien der Philosophie des Rechts*, in: *G. W. F. Hegel Werke, in zwanzig Bänden*, hg. v. E. Moldenhauer und K. M. Michel, Frankfurt am Main 1970, Band 7.
______, *Vorlesungen über die Philosophie der Geschichte*, in: *G. W. F. Hegel Werke in zwanzig Bänden*, hg. v. E. Moldenhauer und K. M. Michel, Frankfurt am Main 1970, Band 12.
______, *Vorlesungen über die Geschichte der Philosophie* Ⅰ, in: *G. W. F. Hegel Werke in zwanzig Bänden*, hg. v. E. Moldenhauer und K. M. Michel, Frankfurt am Main 1970, Band 18.
______, *Vorlesungen über die Philosophie der Weltgeschichte*, Band II-IV, Hamburg 1988.

2차문헌

강진아, 「동아시아로 다시 쓴 세계사－포머란츠와 캘리포니아학파」, 『역사비평』 82, 2008.
김상준, 『맹자의 땀 성왕의 피－중층근대와 동아시아 유교문명』, 아카넷, 2011.
나종석, 「헤겔에서의 오리엔탈리즘을 넘어서－아시아에 대한 새로운 상상을 위한 불충분한 성찰」, 『헤겔연구』 28, 2010.
이동희, 「헤겔 역사철학에 있어 ‘동양적 전제주의’의 문제」, 『헤겔연구』 28, 2010.
이상익. 『유교전통과 자유민주주의』, 심산, 2005.

이영훈, 「민족사에서 문명사로의 전환을 위하여」, 임지현 외 지음, 『국사의 신화를 넘어서』, 휴머니스트, 2004.
임형택, 「新實學, 그 가능성과 方向」, 『韓國實學硏究』 22, 2011.
정연태, 『한국근대와 식민지근대화 논쟁: 장기근대사론을 제기하며』, 푸른역사, 2011.
조경달, 『식민지기 조선의 지식인과 민중－식민지 근대성론 비판』, 정다운 옮김, 선인, 2012.

고야스 노부쿠니(子安宣邦), 『동아・대동아・동아시아－근대 일본의 오리엔탈리즘』, 이승연 옮김, 역사비평사, 2006.
고지마 쓰요시(小島毅), 『사대부의 시대』, 신현승 옮김, 동아시아, 2004.
기시모토 미오(岸本美緖)・미야지마 히로시(宮嶋博史), 『조선과 중국 근세 오백년을 가다』, 김현영・문순실 옮김, 역사비평사, 2003.
마루야마 마사오(丸山眞男), 『일본정치사사연구』, 김석근 옮김, 통나무, 1995.
미야지마 히로시(宮嶋博史), 「동아시아 小農사회론과 사상사연구」, 『韓國實學硏究』 5, 2003.
미우라 쿠니오(三浦國雄), 『인간 주자』, 김영식・이승연 옮김, 창작과비평사, 1996.
미조구치 유조(溝口雄三), 『중국의 공과 사』, 정태섭・김용섭 옮김, 신서원, 2004.
______, 『개념과 시대로 읽는 중국사상 명강의』, 최진석 옮김, 소나무, 2004.
미조구치 유조 외, 『중국 제국을 움직인 네 가지 힘』, 조영열 옮김, 글항아리, 2012.
______, 『중국의 예치시스템』, 동국대 동양사연구실 옮김, 청계, 2001.
시마다 겐지(島田虔次), 『주자학과 양명학』, 김석근・이근우 옮김, 까치, 2001.
윌리엄 시어도어 드 배리, 『중국의 ‘자유’ 전통』, 표정훈 옮김, 이산, 2004.
피터 볼, 『역사 속의 성리학』, 김영민 옮김, 예문서원, 2010.
조반니 아리기, 『베이징의 애덤 스미스-21세기의 계보』, 강진아 옮김, 길, 2009.
패트리카 버클리 에브레이, 『중국여성의 결혼과 생활 : 송대 여성을 중심으로』, 배희숙 옮김, 삼지원, 2000.
허리 글레스너 크릴, 『공자－인간과 신화』, 이성규 옮김, 지식산업사, 1998.
존 제임스 클라크, 『동양은 어떻게 서양을 계몽했는가』, 장세룡 옮김, 우물이있는집, 2004.
호이트 틸만, 『주희의 사유세계－주자학의 패권』, 김병환 옮김, 교육과학사, 2010.
안드레 군더 프랑크, 『리오리엔트』, 이희재 옮김, 이산, 2003.
존 홉슨, 『서구문명은 동양에서 시작되었다』, 정경옥 옮김, 에코리브르, 2005.
프랜시스 후쿠야마, 『정치질서의 기원』, 함규진 옮김, 웅진지식하우스, 2012.

Hegel and East Asia-Eastern Asia's Modernity and a Critical Study on Western Modernity

Na, Jong-Seok

Abstract

In this thesis, the author critically analyzes Hegel's orientalism as expressed in his philosophy of history. Specifically, the author will refute Hegel's main assertion regarding the East, which is that the Eastern civilization is entrenched in a state of underdevelopment because it does not possess the capacity to develop the course of its own history. The thesis will be written in the following structure. First, Hegel's orientalism regarding China will be analyzed. Through this, the author will summarize Hegel's key assertions regarding the East. In addition, there will be a simple introduction on how Hegel's perception of the East was internalized into our own view of the East through Japan.(1) Next, the thesis will cover Hegel's key assessment of the historical characteristics of the East, which is that the East does not have the motivation to lead its own progress or internal development. Here, the author will elaborate on the social changes of the Song Dynasty, or the Tang-Song transition period, when Zhu Xi's thoughts were established. Through this, the author will illustrate that East Asia possessed independent capacity to lead its own development.(2) Lastly, the author will prove from a philosophical standpoint that the history of the East does not consist of an 'empire of duration', nor did it maintain a slavish history marked by underdevelopment that failed to recognize the concept of subjective autonomy prior to the appearance of Western modernity as Hegel claims. At this point, the author will explain the key tenet of Zhu Xi as theory of Confucian autonomy and modernity.(3)

Key Words: Hegel's orientalism, confucian modern era(modernity), asia as the other, asian autonomy, Zhuxi(Chu Hsi), Neo-Confucianism, Silhak

• 투고일: 2012.11.05. 심사완료일: 2012.11.10. 게재확정일: 2012.11.12.

Hegels Naturbegriff aus epistemologischer Perspektive

Christian Spahn

Ⅰ. Das Grundproblem des Anspruchs einer wahrhaften Erkenntnis der Natur
Ⅱ. Hegels absoluter Idealismus als Aufhebung und Vollendung der Skepsis
Ⅲ. Überwindung der Skepsis und Hegels Naturbegriff
Ⅳ. Natur als Anderssein *der Idee*: Logifizierte Natur
Ⅴ. Ein Fazit und abschließende Fragen

요약문*

헤겔 자연철학은 현재 여러 이유에서 수용되지 않는 체계 부분들에 속한다. 무엇보다도 *헤겔의 자연 개념 자체*가 오늘날의 사유에 낯설게 보이기 때문이다. 헤겔은 『논리학』으로부터 (“자신의 타자존재 내의 이념”)으로서 자연을 구성하며, 이를 통해 *반자연주의적으로* 현상하는 자연 개념을 대변한다. 그러한 낯섦에도 불구하고 헤겔 연구 외부의 실제적인 *인식적 토론*에서는 동시에 체계적 관점에서 다시금 헤겔이 신중하게 고려되고 있다. 가장 대표적인 예가 바로 존 맥도웰의 『정신과 세계*Mind and World.*』이다. 맥도웰은 실재론의 복권을 위해 헤겔의 *인식적* 테제들을 다시 취하지만, 헤겔의 *존재적* 자연 개념을 고려하지는 않는다. 그렇지만 헤겔의 사유에는 자연 개념의 구성 즉 자연은 우리가 그것을 인식하는 바대로 그렇게 있는 것만이 아니라 그 내적인 면에서 논리적인 것과 연관되어 있다는 가정과 참다운 인식 가능성의 인식적 근본 가정 간에 밀접한 연관이 존립한다. 따라서 헤겔의 자연 개념은 단지 그의 인식적 반회의적 관점으로만 이해될 수 없으며 오히려 반대로 헤겔의 인식적 낙관론은 그의 자연 개념을 필요로 한다.

● 주요어: 헤겔 자연철학, 존 맥도웰, 인식적 자연 개념, 존재적 자연 개념, 논리적인 것

---

* 국문 요약문:남기호옮김

Kaum ein Beitrag zur Hegelschen Naturphilosophie in der jüngeren Vergangenheit kam um ein apologetisches Eingeständnis gleich zu Beginn umhin, demzufolge die Hegelsche Naturphilosophie zu den verdächtigsten Teilen des Systems gehört, denen in systematischer Absicht sich zu nähern einer besonderen Rechtfertigung bedarf. Es schien fast so, dass, wenn man Hegel als systematischen Denker der Gegenwart anempfehlen wollte, es am besten sei, es nicht besonders hervorzuheben, dass es da neben den anregenden Einsichten in der Logik, Phänomenologie, Rechtsphilosophie, usf. *auch* noch eine Naturphilosophie gäbe. Um Hegel zu aktualisieren oder auch nur, um ihn zu verstehen, sei man am besten beraten, an dieser rückständigen Eigentümlichkeit Hegels vorbeizusehen. Um ein noch junges Beispiel zu zitieren, so schreibt Sebastian Rand in seiner Verteidigung der Hegelschen Naturphilosophie (nach einem kurzen Referat einschlägiger abschätziger Urteile):

> „On the whole, then, both passionate anti-Hegelians and passionate Hegelians are united in their rejection of the *Philosophy of Nature.*“[1]

Durch die anspruchsvollen rekonstruktiven Arbeiten von Dietrich Engelhardt, Michael J. Petry, Wolfgang Neuser, Dieter Wandschneider, Alison Stone, Stephen Houlgate, jüngst Sebastian Rand und anderen[2] sind allerdings viele tradierte Vorurteile, denen zufolge die Naturphilosophie Hegels zu den gänzlich 'toten' Systemteilen[3] gehöre, nicht in einem wesentlichen Zusammenhang mit den anderen Gedanken des Hegelschen Entwurfs zu bringen sei[4] und Beweis dafür sei, dass ein

---

1) Sebastian Rand: "The Importance and Relevance of Hegel's Philosophy of Nature", in: *Rev Metaphys* 61 no2, 2007, 379-400, 381.

2) Dietrich Engelhardt, *Hegel und die Chemie: Studie zur Philosophie und Wissenschaft der Natur um 1800*, Wiesbaden: Pressler 1976; Dieter Wandschneider, *Raum, Zeit, Relativität: Grundbestimmungen der Physik in der Perspektive der Hegelschen Naturphilosophie*, Frankfurt am Main: Vittorio Klostermann, 1982; Michael J. Petry (Hrsg.), *Hegel und die Naturwissenschaften*, Stuttgart-Bad Cannstatt: Frommann-Holzboog 1987; Stephen Houlgate (ed.), *Hegel and the philosophy of nature*, Albany N.Y.: State University of New York Press 1998; Alison Stone, *Petrified intelligence-nature in Hegel's philosophy,* Albany N.Y.: State University of New York Press 2005.

3) Benedetto Croce, *Lebendiges und Totes in Hegels Philosophie,* Heidelberg: C. Winter 1909.

4) So etwa Robert Pippin: "Leaving Nature behind, or, Two Cheers for 'Subjectivism'", in: Nicholas Smith (ed.), *Reading McDowell on Mind and World,* London/New York: Routledge 2002, 58-75, 60: "There is of course a *Philosophy of Nature* in his *Encyclopedia*, but as anyone who has slogged through it knows, there is a lot there that seems to turn no other wheel elsewhere in what Hegel says, and very little in the *Philosophy of Spirit* seems to depend on it or refer back to it."

'großer Geist auch im Irrtum sich groß irrt'[5], jedoch obsolet geworden.[6] In der jüngeren Annährung an Hegels Naturphilosophie sind vor allem die *Nähe und Kompatibilität* zu den Naturwissenschaften,[7] die *Zurückweisung eines vermeintlich radikalen Apriorismus Hegels*,[8] die These, dass Hegel keinesfalls als ein *metaphysischer Idealist* zu verstehen[9] sei, usf. bemüht worden, um Hegels Naturphilosophie dem *heutigen* Leser anzuempfehlen. Woran liegt es, dass trotz jener Entwicklung von allem Systemteilen Hegels die Naturphilosophie noch immer eine eher stiefmütterliche Beachtung in der Gegenwart findet?

Die Zurückweisung der Hegelschen Naturphilosophie ist in erster Linie verbunden mit einem weitverbreiteten, typisch *nachhegelschen* expliziten Verständnis von Philosophie und einem damit einhergehenden impliziten Verständnis von Natur. Weite Teile der heutigen westlichen Philosophie sind „*naturalistisch*" geprägt, dies heißt, sie sind in ihren Selbstbeschreibungen *ontologisch* ‚anti-idealistisch', ‚anti-platonisch' oder ‚physikalistisch' und *methodologisch* empiristisch oder anti-aprioristisch, womit

5) Vgl. Heinrich Scholz, *Die Bedeutung der Hegelschen Philosophie für das philosophische Denken der Gegenwart,* Berlin: Reuther & Reichard 1921, 38.

6) Einen guten knappen historischen Überblick über die Forschung zur Hegels Naturphilosophie gibt Cinzia Ferrini einleitend in "Hegel on Nature and Spirit: Some systematic Remarks", in: *Hegel-Studien* 46 (2012), 117-149.

7) Auf die enormen Kenntnisse Hegels der Wissenschaften seiner Zeit verweisen vor allem Engelhardt, Neuser und Petry in den zitierten Werken.

8) S. Rand, *The Importance and Relvance of Hegels Philosophy of Nature*, 385f.

9) William Maker: "The Very Idea of the Idea of Nature, or why Hegel is not an Idealist" in: S. Houlgate, *Hegel and the Philosophy of Nature*, 1-27. Ähnlich bemüht sich Tom Rockmore, *Hegel, idealism, and analytic philosophy,* New Haven: Yale University Press 2004, darum, Hegels Theorie von einem „Idealismusverdacht" frei zu sprechen, und rückt Hegels Position in die Nähe der Kantischen. Rockmores Interpretation von Hegel wird dem absoluten Idealismus Hegels jedoch nicht gerecht, was hier nicht weiter ausgeführt werden kann. Zugespitzt kann gesagt werden, dass die durch den britischen Idealismus mit beeinflusste Hegel-Karikatur, gegen die sich seiner Auffassung nach der Neubeginn der analytischen Philosophie wendet, *näher* verwandt mit Hegels ontologischen Thesen ist als Rockmores *eigene* kantianisierende Interpretation. Eine nähere Analyse der verschiedenen Paradigmen der jüngeren englisch-sprachigen Hegel-Interpretationen kann hier nicht weiter verfolgt werden. Zu der Annäherung der jüngeren analytischen Philosophie an Hegel siehe Paul Redding, *Analytic philosophy and the return of Hegelian thought*, Cambridge: Cambridge University Press 2010, und kritisch gegen jene Thesen, dass es sich um eine ‚Rückkehr" zu Hegel handelt siehe in Bezug auf McDowell Christoph Halbig: „Varieties of Nature in Hegel and McDowell", in: *European Journal of Philosophy* 14:2, 2006, 222-241, und allgemeiner Ch. Spahn: „Hegels absoluter Idealismus als Antwort auf drei Grundprobleme des Naturalismus?", im Erscheinen.

einhergeht, dass eine ausgearbeitete *eigenständige Naturphilosophie* als philosophische Disziplin in der Gegenwart so gut wie nicht existent ist.[10] Noch radikaler formuliert könnte man sagen, dass in der Gegenwart *nicht nur* keine eigenständige Naturphilosophie, die dem hegelschen Anliegen vergleichbar wäre, existiert, sondern dass sogar in weiten Teilen der philosophischen Debatte um den 'Naturalismus' mitunter nicht einmal *ein ausgearbeiteter Naturbegriff* vorliegt oder auch nur in abstraktester Form diskutiert wird.[11] Was Natur ist, sei schlicht das, was die Naturwissenschaften für real erachten und in ihren ontologischen Annahmen aufnehmen. Trotz diesem vermeintlich *offenen* „Scheckbuch-Naturbegriff" gibt es jedoch oftmals ein *implizites Einverständnis* darüber, als was Natur sich wohl in keinem Fall erweisen wird: Sie ist nicht ‚Geist', sie ist nicht ‚Gedanke', sie ist nicht ‚Idee', sie ist nicht ‚Erscheinungsform des Absoluten' – und sie ist vielleicht auch nicht einmal eine Domäne *genuin philosophischen* Nachdenkens. Natur ist vielmehr dasjenige, was dem bloß begrifflichen *Denken* als das *Reale* und *Gegebene* eigenständig gegenübersteht und das in der methodische kontrollierten wissenschaftlichen

---

10) Eigenständige Naturphilosophie, so verkündeten es Wittgenstein, Reichenbach und Carnap, die *über Wissenschaftstheorie hinausgeht*, sei unmöglich oder sinnlos; so schreibt Hans Reichenbach: „Wir können deshalb einen Unterschied zwischen Naturphilosophie und Naturwissenschaft nicht anerkennen [⋯]. Es hieße auf die gewaltige logischkritische Arbeit, die in dem weitverzweigten Bau mathematisch-naturwissenschaftlicher Erkenntnis implizit mitgeleistet worden ist, blindlings verzichten, wollte man bei jener naiven Naturphilosophie stehen bleiben, die die Naturwissenschaft von der Philosophie abtrennen möchte.", Hans Reichenbach: „Ziele und Wege der heutigen Naturphilosophie" (1931), wieder abgedruckt in: H. Reichenbach, *Ziele und Wege der heutigen Naturphilosophie: Fünf Aufsätze zur Wissenschaftstheorie,* Hamburg: Meiner 2011, 47-93, 49. Dessen ungeachtet gibt es natürlich immer wieder nicht nur wissenschaftstheoretische, sondern genuin philosophische Reflexionen auf die Grundbegriffe der Natur, und in neueren Publikationen taucht auch der Begriff Naturphilosophie wieder auf, um aktuelle Auseinandersetzungen mit der Naturwissenschaft zu bezeichnen, siehe etwa Michael Esfeld, *Einführung in die Naturphilosophie*, Darmstadt: Wissenschaftliche Buchgesellschaft 2002, und besonders lesenswert: Michael Esfeld, *Naturphilosophie als Metaphysik der Natur*, Frankfurt am Main: Suhrkamp 2008. Eine eigenständige, an Hegel anknüpfende exzellente Einführung in die aktuelle Naturphilosophie stellt Dieter Wandschneider, *Naturphilosophie,* Bamberg: C.C. Buchner 2008, dar.

11) Daniel Stoljar, *Physicalism,* London; New York: Routledge 2010, etwa vertritt die Auffassung, dass ein Physikalismus, der diesen Namen verdient, eine falsche Position sei, oder aber, um plausibel zu sein, so weit erweitert werden muss, dass es sich nicht mehr um eine genuin physikalistische Position handelt. Das umfangreiche Buch erhellt, dass es in der Tat nicht einfach ist zu definieren, was genau unter ‚Physikalismus' inhaltlich oder philosophisch verstanden werden soll – und es verweist in der Tat ebenfalls darauf, dass die Thesen des Physikalismus oftmals via Negation (S. 87ff.) gewonnen werden: Das Physikalische ist *nicht* geistig, *nicht* bewusst usf.

Erfahrung erkannt wird – jeder andere Naturbegriff steht im Verdacht in einem Idealismus (und das meint: subjektiven Idealismus) oder gar Solipsismus zu verfallen. Aus jener Perspektive erscheint die Hegelsche konstitutive *Verbindung* zwischen *Logik* und *Naturbegriff, Theorie des Ideellen und Theorie des Natürlichen* verdächtig: nichts, so scheint es, ist dem heute gängigem Denken fremder, als die Natur *von der Logik* oder *vom objektiven Gedanken her* zu konzeptualisieren. Nicht nur die Tatsache, *dass* zum Hegelschen Denken das Programm einer Naturphilosophie integral gehört, sondern näher *insbesondere* die *inhaltliche Konturierung* des Naturbegriffs, der zufolge das Natürliche als *Idee in ihrem Anderssein* zu verstehen sei, ist der Gegenwart fremd.[12)]

Umso erstaunlicher ist, dass mit McDowells epistemischen Überlegungen zum Problem des Realismus in *Mind and World*[13)] zum ersten Mal in der jüngeren Geschichte der Debatte um das epistemische Realismusproblem eine *Erweiterung des Naturbegriffs* und eine Veränderung unseres Verständnis der Reichweite des begrifflichen Denkens ins Spiel gebracht wurden, Erweiterungen, die beide durchaus absichtlich explizite hegelsche Assoziationen evozieren. Zurecht aber ist bemängelt worden, dass sowohl die These der *Unbegrenztheit des Begrifflichen* und das Konzept der *zweiten Natur* nicht hinreichend von McDowell ausgearbeitet werden.[14)] Der Begriff der zweiten Natur sei laut McDowells eigener Aussage gar lediglich ein Brückenbegriff, der uns als Wittgensteinsche Leiter dienen möge, ein Problem des Realismus zu lösen, der selbst aber nicht weiter auszubuchstabieren sei.[15)]

Ich möchte diesen Gedanken nachgehen: inwiefern können sich Naturbegriff und Logik, Hegels *epistemische Option* und seine *ontologischen Thesen zum Naturbegriff* gegenseitig erhellen – und vorsichtig abschließend gefragt, können sie zum Problem des modernen Realismus etwas beitragen? Können wir die hegelsche Leiter für

---

12) „Indem die Idee sich nämlich als absolute *Einheit* des reinen Begriffs und seiner Realität setzt, somit in die Unmittelbarkeit des *Seins* zusammennimmt, so ist sie als die *Totalität* in dieser Form-*Natur*.", G.W.F. Hegel, *Werke,* Auf der Grundlage der Werke von 1832-1845 neu ed. Ausg., Red. Eva Moldenhauer und Karl Markus Michel, Frankfurt am Main: Suhrkamp 1996, Band 6, Wissenschaft der Logik, 572.

13) John McDowell, *Mind and world: with a new introduction,* Cambridge, Mass.: Harvard University Press, 1996.

14) Siehe etwa Ch. Halbig, *Varieties of Nature*, 230f.

15) In John McDowell: „Responses", in: N. Smith (ed.), *Reading McDowell*, 277, bezeichnet McDowell den Begriff „zweite Natur" als einen wittgensteinschen Leiter-Begriff, der nicht systematisch ausgebaut werden soll. McDowell schreibt entsprechend schon in *Mind and World,* xxiv, dass er keine „*konstruktive*" Philosophie anstrebt.

Arbeiten auf fremden Grundstücken ausleihen, oder sollten wir diese nur im hegelschen Hause selber verwenden? Ich beginne dazu mit einer denkbar knappen, fast verantwortungslos kurzen Skizze des Grundproblems des modernen empirisch-wissenschaftlichen Realismus und der quasi-hegelschen Intuitionen zur Problemlösung von McDowell[16] und werde dann ausführlicher den Zusammenhang zwischen Hegels eigener epistemischer Position und seinem Naturbegriff erörtern, um zu zeigen, inwiefern jener Aspekt des Hegelschen Naturbegriffs, der am weitesten vom heutigen naturalistischen Realismus entfernt zu sein scheint – die konstitutive Beziehung zwischen ‚Begriff/Logik' einerseits und ‚Natur' andererseits – tatsächlich mit Hegels epistemischer Option aufs Engste verbunden ist.

I. Das Grundproblem des Anspruchs einer wahrhaften Erkenntnis der Natur

Als realistisch gilt eine Position im Bezug auf Naturerkenntnis, wenn sie, knapp gesagt, behauptet, dass wir die unabhängig von unserem Erkenntnisakt bestehende Natur vermittels einer ausgezeichneten Methode unter Standartbedingungen in ihrem Wesen zutreffend erfassen können, und wir ferner über eine oder mehrere paradigmatische Methoden verfügen, um zutreffende von unzutreffender Naturerfassung zu unterscheiden.[17]

Eine grundsätzliche Spannung einer jeden realistischen Position besteht nun darin, dass *einerseits* die Erkennbarkeitsthese auf eine Art *Homologiethese* drängt: Die Natur soll vermittels unserer Begriffe, Sprache, unseres Denkens usf. zutreffend erkannt werden. *Sein* der Natur und die *Erfassung durch das Bewusstsein* müssen dann aber in gewisser Weise ‘in eins’ fallen können. Gleichzeitig soll anderseits jene realistische Position abgegrenzt werden von einem (epistemischen) Idealismus, also von einem Konstruktivismus: es soll nicht die Welt *bloß so wie wir sie sehen*, so wie sie im Bewusstsein *gedanklich* vorliegt, sondern die Welt, *wie sie ist* – an sich selbst betrachtet, nicht bloß von unseren Modellen oder Gedanken her – erkannt werden.

---

16) Etwas ausführlicher siehe Spahn, *Hegels objektiver Idealismus als Antwort auf drei Grundprobleme des Naturalismus?,* im Erscheinen.

17) Es gibt die verschiedensten Spielarten epistemischer Realismen, jene knappe Definition mag als eine erste Ausgangsbasis dienen.

Sein der Natur und *Erfassung durch das Bewusstsein* sind damit *auch* zu unterscheiden.

Zwei historische Voraussetzungen der jüngeren, dem logisch-positivistisch konturiertem Realismus nachfolgenden Diskussion verschärfen nun diese Spannung des realistischen Programmes und führen zu einem *Grundproblem des empirischen Realismus:* die moderne, meist implizite, *Kontravalenzthese* von Gedanke und Realität oder Sprache und Natur einerseits, und die implizite *Kontravalenzthese* von Sinnlichkeit und Begrifflichkeit andererseits. Beide Theoreme sind zwei Seiten derselben Sicht, die sich aus dem, was ich 'Primat des Empirischen' nennen möchte, ergeben: Als paradigmatische Erkenntnissituation gilt *methodisch* heute zumeist die empirische *Wissenschaft*: Die Ausgangsfrage jener Epistemologie lautet: wie ist es möglich, sich vermittels logischer und sprachlicher Theorien auf *durch Erfahrung* verifizierbare Gehalte zu beziehen? Im Unterschied zu Kants und Hegels Ansinnen einer Theorie genuiner Vernunfterkenntnis, sei es als *Theorie synthetischer Urteile apriori* oder als *Wissenschaft der Logik*, ist stattdessen die *empirische Überprüfung* ausgezeichnet, insbesondere insofern die formale Logik – und damit das ‚reine Denken' – leer seien, und ihren Gehalt und ihren Wirklichkeitsbezug erst durch den Rückbezug auf die Erfahrung erhalten. Ziehen wir die Sinne ab, wird denken sinn-los, es droht ein leeres Kreisen in spekulativen Begriffen.[18] *Ontisch* bedeutet der Primat der Sinne, dass ein gewisses Naturbild stillschweigend vorausgesetzt ist. Spricht Wittgenstein zunächst noch davon, dass es Tatsachen gäbe,[19] so wird jene These bald als Restmetaphysik betrachtet, und das *sinnlich-partikularistische Vorurteil* setzt sich mehr und mehr durch: was es gibt, ist vereinzeltes Naturseiendes, das Komplexe ist aus seinen Teilen zu verstehen, Allgemeinbegriffen gegenüber, wenn sie sich nicht mittelbar oder unmittelbar extensional auf Einzelnes zurückführen lassen, ist eher Skepsis angesagt. Begriffliches und Allgemeines ist Vehikel des Denkens, aber es gibt – will man nicht ein arger Platonist sein – nur einzelne Dinge da draußen in der Natur. Umgekehrt: das Allgemeine, Begriffliche, Gedankliche existiert nur im Bewusstsein.[20]

---

18) Ausführlicher zum Grundparadigma eines logisch-empiristischen Realismus siehe Christian Spahn, *Lebendiger Begriff, begriffenes Leben: Zur Grundlegung der Philosophie des Organischen bei G.W.F. Hegel,* Würzburg: Königshausen & Neumann 2007, 23ff.

19) Wittgenstein, Tractatus, 1.1.

20) So versucht Russell bekanntlich zunächst einen *logischen Atomismus* zu propagieren, entsprechend startet Carnap zunächst von Einzelwahrnehmungen und Protokollsätzen. Schon recht bald werden jene Ansätze aber zu mehr holistischen Thesen überwunden. Das Vorurteil gegen die ‚Hypostasierung' ‚abstrakter Begriffe' ist freilich lebendig

Sinnlichkeit ist damit aber von Begrifflichkeit getrennt, und Begriffliches ist Proprium des Denkens.

Keinesfalls können diese wenigen und nur sehr groben Pinselstriche ausreichen, um ein komplexes Bild des Neuansatzes der Debatte um den epistemischen Realismus zu zeichnen, dies ist auch für das Folgende gar nicht beabsichtig. Vor dem Hintergrund jener freilich zugespitzten Thesen, die historisch jeweils teils bedeutende Modifikationen erfahren haben,[21] lässt sich aber nun in aller Kürze das angesprochene *Grundproblem des Realismus* näher skizzieren, das schließlich historisch immer wieder ein Umschlagen naiv-realistischer Positionen in Antirealismen, Internalismen, Konstruktivismen usf. zur Folge hatte.[22] Worin besteht jenes *Grundproblem des*

geblieben. Die Welt soll nicht *überbevölkert* werden. Nimmt man an, dass es *neben* den Objekten (etwa drei Äpfeln auf dem Tisch) noch die Tatsache *gäbe*, dass es drei Äpfel gibt, so müsse es auch die Tatsache geben, dass es die Tatsache gibt, dass dem so ist und so weiter ad infinitum. Die These, dass uns die Grammatik dazu verführe, zuviele ontologische Objekte anzunehmen, ist weiterhin einflussreich. Siehe etwa Russells berühmtes Diktum: [T]here are *fewer* things in heaven or earth than are dreamt on in *our* philosophy.", The Philosophy of Logical Atomism (1918), wieder abgedruckt in: Bertrand Russell, *Logic and Knowledge: essays 1901-1950*, London: G. Allen and Unwin 1956, 175-281, 260. Jenes Argument des infiniten Regresses mag allerdings lediglich zeigen, dass Tatsachen nicht nach der Logik von Dingen zu konzeptionalisieren sind, die *neben* oder *hinter* den Objekten (*als Objekte*) existieren (siehe auch Bernd Braßel, *Das Programm der idealen Logik*, Würzburg: Königshausen & Neumann 2005, 76ff.). Eine ontologische *Erweiterung* der partikularistischen Ontologie mag insbesondere einerseits in Bezug auf den Statuts der Naturgesetze und in Bezug auf die epistemische Möglichkeit wissenschaftlicher Aussagen andererseits notwendig sein, siehe D. Wandschneider: „Die Möglichkeit von Wissenschaft. Ontologische Aspekte der Naturforschung", in: *Philosophia Naturalis* 22 (1985), 200-213. Dies ist allerdings kontrovers. Gegen den Partikularismus argumentiert von einer Analyse des Naturgesetzes her Wandschneider auch in *Naturphilosophie*, 42f. Für eine Interpretation von Kausalität *aus Dispositionen* (also eher ‚partikularistisch') argumentiert jüngst Stephen Mumford, *Laws in nature*, London, New York: Routledge 2004.

21) Zur allmählichen Aufhebung des Empirismus durch Quine siehe zusammenfassend Dirk Koppelberg, *Die Aufhebung der analytischen Philosophie: Quine als Synthese von Carnap und Neurath*, Frankfurt am Main: Suhrkamp 1987. Zur „hegelschen" Entwicklung jener Aufhebung siehe Wolfgang Welsch, „Hegel und die analytische Philosophie", in: Jenaer Universitätsreden, 15, Jena 2005, 145-221, der zurecht ebenfalls auch schon auf Neuraths Einwände verweist, und zum Überblick sei abermals auf die in Anmerkung 9 genannte Literatur verwiesen.

22) Vgl. Ch. Spahn: "Prospects of objective Knowledge", in: W. Welsch, W. Singer, A. Wunder (ed.): *Interdisciplinary Anthropology: The Continuing Evolution of Man*, Berlin, Heidelberg: Springer 2011, 55-77. Gegen jene Tendenz der Relativierung des Realismus argumentiert ebenfalls mit Selbstanwendungsargumenten Paul Boghossian, *Fear of Knowledge: Against Relativism and Constructivism*, Oxford: Clarendon Press 2006.

empirischen Realismus, was ist das von Thomas Nagel sogenannte Grundargument des Antirealisten, also des subjektiven Idealisten?[23)]

(1) Alles, was wir wissen, ist im Bewusstsein, wir können sogar (2) ein Argument entwickeln, das nahe an einer Tautologie ist, demzufolge wir nichts denken können, was *außerhalb des Denkbaren liegt*. Diese *Unhintergehbarkeit des Denkens*, im modernen Jargon die Unhintergehbarkeit der „conceptual schemes“[24)], drängt auf die Frage, woher wir wissen, dass die Natur, wie *wir* sie konzeptualisieren, die *echte* Natur ist? Dies könnten wir (3), so die empiristisch verifkationistische These, nur anhand eines *Vergleichs* zwischen Weltbild und Welt, Naturbild und Natur, überprüfen. (4) Empirischer Input ist *aber* entgegen den ersten Versuchen einer Etablierung eines empirischen Atomismus oder eines direkten Realismus selbst schon *immer begriffs- oder theoriegetränkt*, d.h. immer nur Input im Modus des Bewusstseins. Um zu wissen, ob es die echte Welt widerspiegelt, wäre aber ein *View from Nowhere* oder ein *God's eye view*[25)] nötig. (5) Diese ist jedoch für uns *unerreichbar*, da auch noch die Konzeption einer *Welt an sich,* in Wahrheit die Konzeption einer *Welt an sich für uns*, und damit nicht die vermeinte wahre *Welt an sich* ist. Wir bleiben diesen Gedankengängen zufolge innerhalb des Gefängnisses unserer Begriffe.

In Sinne einer analogen Zuspitzung rekonstruiert auch McDowell die jüngere Geschichte der Epistemologie. Mit der Entdeckung der *Unhintergehbarkeit* begrifflicher Leistungen, mit der Entdeckung des begrifflichen Holismus von Quine bis zu Davidson, droht uns der den Realismus garantierende Rettungsanker in der Welt, *die empirische verifizierende Erfahrung*, verloren zu gehen, und ein Sieg des Internalismus oder schlimmer des Idealismus blüht uns.[26)] Will man dagegen an den Kontaktstellen zur Außenwelt in den Sinnen festhalten, indem man diese als *möglichst begriffsferne*

23) Vgl. Thomas Nagel, *The view from nowhere,* New York: Oxford University Press 1986, Kapitel V. Zur Analyse der „Idealismus-Falle“ siehe Ch. Spahn, „Ein anderes Argument für den Realismus? Nagels Ausweichen vor der Idealismusfalle“, in: Fabian Geier, Andreas Spahn, Christian Spahn (Hrsg.), *Perspektiven philosophischer Forschung Band II*, Essen: Oldib-Verlag 2012, 23-50. In moderner Terminologie wird im Englischen das Wort Idealismus oft für epistemische Positionen verwendet, die eine Erkennbarkeit der geistesunabhängigen Welt bestreiten. Oftmals wird dabei nicht zwischen subjektivem und objektivem Idealismus unterschieden.

24) Vergleiche den berühmten Aufsatz von Donald Davidson: „On the very idea of a conceptual scheme“, in: *Proceedings and Addresses of the American Philosophical Association*, Vol. 47 (1974), 5-20.

25) Nagel, *The view from nowhere* ,HilaryPutnam, *Reason, truth, and history*, Cambridge (Cambridgeshire); New York: Cambridge University Press 1981.

26) McDowell, *Mind and world*, xiif.

und realitätsnahe Anker betrachtet, die von internalistisch verfälschten Konzeptualisierungen möglichst freizuhalten sind und uns *daher* einen ‚direct touch'[27] mit der Realität bieten, so droht die andere Seite des Dilemmas. Ein bloß kausales Geschehen, ein Anstoßen der Kognition an die Welt kann – wenn es als bloß kausales, vollständig unbegriffliches Geschehen konzeptionalisiert ist, keine *Begründung* oder *Rechtfertigung* irgendeiner Aussage über die empirische Welt geben.[28]

McDowells Lösungsstrategie in jenem Dilemma ist es, das Sinnliche als nicht außerhalb des Begrifflichen liegend zu denken:[29] der Begriff des Begrifflichen muss *erweitert* werden. Empirischer Input ist nicht qua empirischer Input schon unbegrifflich. Begriffe, die wir sonst auch spontan in unseren Begründungen verwenden, werden in der rezeptiven Sinnlichkeit in Bewegung gesetzt.[30] Jene hier nicht zu diskutierende *Erweiterung des Begrifflichen* wird von McDowell mit Hegels Konzept der *Absolutheit* oder *Unbegrenztheit des Begriffs* in Verbindung gebracht. Es gibt kein Außerhalb des Begrifflichen,[31] aber dennoch gibt es natürlich eine dem Subjekt gegenüberstehende und selbständige empirische Realität – nur ist diese nicht *außerhalb begrifflicher Rekonstruktionen oder Erfassungen* zu suchen. Umgekehrt sieht McDowell, dass parallel zu jener Erweiterung der Konzeption des Begrifflichen spiegelbildlich unsere *Konzeption der Natur* erweitert werden muss. Der Unterschied zwischen Begründung und Verursachung, bloßem Anstoßen, soll erhalten bleiben,

---

27) D. Davidson, *On the very idea*, 20.

28) *Mind and World*, 10-14, und siehe S. 20: "Calling something to which spontaneity does not extend "a concept", and calling the linkage "rational", is fraudulent labelling: in effect, labelling a mere exculpation a justification, in the vain hope that that could make it be one."

29) Wir können das Verhältnis von Gedanken und Gehalt also nicht anhand der irreführenden Innen-Außen-Metaphern ausbuchstabieren: „That is exactly the shape our picture must not take", *Mind and World*, 34f. McDowell empfiehlt dort, dass wir uns etwa eher an den Gadamerschen Metaphern einer Horizontverschmelzung orientieren sollten, denen zufolge die eine Seite nicht ein Jenseits für die andere darstellt.

30) *Mind and World*, 9: "We should understand what Kant calls 'intuition'-experiential intake-not as a bare getting of an extra-conceptual Given, but as a kind of occurrence that already has conceptual content." und ausführlicher S. 26ff.

31) McDowell übernimmt mit Verweis auf Hegel die Rede von der Unbegrenztheit des Begrifflichen, *Mind and World, 44.* Hegels 'wilder' absoluter Idealismus kann damit vielleicht in seiner Grundidee verstanden und übernommen werden, aber die metaphysischen Implikationen können 'gezähmt' und 'gebändigt' werden: "It is central to Absolute Idealism to reject the idea that the conceptual realm has an outer boundary, and we have arrived at a point from which we could start to domesticate the rhetoric of that philosophy.", ebd.

McDowell will nicht radikaler Naturalist sein.[32] Somit muss der Begriff der Natur mindestens um den der *zweiten Natur* erweitert werden, will man Wahrheitsgeschehen *in der* Welt, *in der* Natur als möglich erachten: das Geben von Gründen und das Folgen von Einsichten, also die *Spontanität* des logischen Denkens im Unterschied zur passiven *Gesetzlichkeit* der Natur und der Sinne gehört ganz aristotelisch zu *unserer Natur*, ist somit nicht etwas der Natur Fremdes. Wir müssen die Konzeption der Natur und ihrer Gesetzlichkeit so erweitern, dass in ihr Raum für die *sui generis* Eigenschaften der Rationalität besteht, zu denen McDowell in Kantischer Terminologie die Spontanität des freien begründeten Denkens zählt.[33]

Während der ersten Erweiterung zuzustimmen ist – sie wird gleich mit Hegelschen Argumenten untermauert werden – bleibt die zweite Erweiterung freilich vage. Epistemologie erfordert nicht nur eine Verbindung von Spontanität des Denkens und Gesetzlichkeit der Natur. Ein *anderer* Dualismus ist hier viel entscheidender: Begriffliches und Reales sind der modernen Entgegensetzung von Sprache bzw. Logik und Realität bzw. Gegenstand *wesensverschieden*: dies-so kann hier nur angedeutet werden-scheint mir die eigentliche Grundfrage der Epistemologie zu sein, die zudem *unabhängig* von der Frage der Spontanität ist: Wie können wir die *Logik der Natur* in der Naturerkenntnis, um die es uns hier geht, erkennen, wenn ihr *Sein und ihr Wesen,* das Wesen der *ersten Natur,* dem menschlichen logischen Denken fremd und entgegengesetzt bleibt? Zugespitzt: Die eigentlich epistemisch relevante Frage ist nicht, worin das Natürliche des menschlichen Gebens von Gründen besteht, sondern worin das *Logische der Natur* besteht. Nur wenn gegen jene Kontravalenz von Gründen und Ursachen, Begrifflichem und Sinnlichem jene Frage beantwortet werden kann, kann von der Möglichkeit wahrer Naturerkenntnis, und damit von *empirischem Realismus*, gesprochen werden.[34] Andernfalls droht eine

32) *Mind and World,* xviiif.

33) *Mind and World,* xix, und siehe S. 77: "If we can rethink our conception of nature so as to make room for spontaneity, even though we deny that spontaneity is capturable by the resources of bald naturalism, we shall by the same token be rethinking our conception of what it takes for a position to be called ‚naturalism'."

34) Hält man an der Gleichsetzung von Natur/Realität und Gesetzlichkeit fest und behauptet einen ‚sui generis' Charakter des Logischen, so verfällt man McDowell zufolge in den "rampant platonism", vgl. *Mind and World,* 83. Hier ist nicht der Ort, um diese von McDowell freilich *nur als Karikatur* betrachtete Option *ernsthaft* zu diskutieren. Analog argumentiert schon Richard Rorty, freilich ebenfalls ironisch, dass nur eine These, die ‚nature's own mode of convention", also eine ‚Begrifflichkeit der Natur' postuliere, dass Dilemma der Epistemologie und des Realismus lösen könne, vgl. Rorty, Richard:

hermeneutisch-pragmatistische Aufgabe des realistischen Anspruchs. Wenn die McDowellsche Position also maximal in Ansätzen die Konturen einer Lösung erahnen lässt, wie können wir mit Blick auf Hegel selbst den Zusammenhang zwischen epistemischer Position und Naturbegriff ausbuchstabieren? Wenden wir uns nun Hegel zu.

II. Hegels absoluter Idealismus als Aufhebung und Vollendung der Skepsis

Hegels epistemische Position lässt sich knapp in Hegels eigener Formulierung als *Aufhebung* der Skepsis und damit nach Hegel als *vollbrachter* Skeptizismus betrachten.[35] Dies bedeutet, dass eine negative Seite der Skepsis überwunden wird und eine produktive Seite bestehen bleibt. Die negative Seite vornehmlich der von Hegel so genannten „neueren Skepsis", besteht darin, dem menschlichen Denken und Erfassen des Wirklichen eine Grenze ziehen zu wollen und dieses auf die 'Tatsachen des endlichen Bewusstseins'[36] zu beschränken; dies ist dem empirisch-positivistischen Ansatz der Gegenwart durchaus in vielerlei Hinsicht ähnlich.[37] *Jenseits* unserer Konzeptionalisierung, *jenseits* unseres Denkens gäbe es den ‚neuen Skeptikern'

„Transcendental arguments, self-reference, and pragmatism", in: Bieri, Peter; Horstmann, Rolf-Peter; Krüger, Lorenz (Ed.): *Transcendental Arguments and Science*, Dordrecht, Holland: D. Reidel 1979, 77-103, und ebenfalls ironisch in Richard Rorty, *Philosophy and the Mirror of Nature,* Princeton: Princeton University Press, 1979, 298. Insofern es dogmatische *naturalistische* Vorbehalte gegen eine solche Position gibt, werden im zeitgenössischen Diskurs nur Hegels epistemische Thesen, nicht aber die ontische These einer in ihrem Wesen ‚logisch verfassten' Natur ernstgenommen, vgl. Ch. Spahn: „Hegels objektiver Idealismus als Antwort auf drei Probleme des Naturalismus?", Abschnitt 3.

35) G.W.F. Hegel, *Verhältnis des Skeptizismus zur Philosophie* (1802), in: Werke, Band 2: Jenaer Schriften 1801-1807. Einschlägig zu Hegels Verhältnis zur Skepsis siehe Klaus Vieweg, *Skepsis und Freiheit: Hegel über den Skeptizismus zwischen Philosophie und Literatur,* Paderborn: Wilhelm Fink 2007. Zum Terminus „vollbrachter Skeptizismus" siehe Hegel, Enzyklopädie der philosophischen Wissenschaften I, Werke 8.168.

36) Hegel, *Verhältnis des Skeptizismus,* Werke 2.220 und 2.247.

37) Zur Parallelisierung von ‚neuer Skepsis' und Hegelscher Philosophie siehe Ch. Spahn, „Alte, neue und ganz neue Skepsis. Hegels Begründung der Philosophie und Wege ihrer Aktualisierung", in: E. Ficara (Hrsg.), *Die Begründung der Philosophie im Deutschen Idealismus*, Würzburg: Königshausen & Neumann 2011, 107-120.

zufolge die *wahre*, vom Denken *unberührte* und das heißt unverfälschte *Welt an sich*, zu der wir aber *nur vermittels unserer* Begriffe gelangen. Dadurch, so die dogmatischen Skeptiker, erfassen wir aber nicht die Welt wie sie *ist*, sondern *nur* wie wir sie *rekonstruieren*.[38)]

Analog unterscheidet Hegel zu Beginn der Naturphilosophie zwei einseitige Verhaltensweisen gegenüber der Natur: ein *praktisches* Verhalten, das die Gegenstände nach eigenen Zwecken verwendet, sich einverleibt und verzerrt, damit aber als nicht substantiell selbständig bestehendes Gegenüber betrachtet, und ein *theoretisches Verhalten*, das zwar die Dinge, wie sie *für sich* sind, bestehen lasse und *als solche*, nicht im Lichte beliebiger äußerlicher Zwecke, erkennen oder verbrauchen will, aber doch nur gedankliche Abstraktionen, nicht mehr die *konkrete Natur* selbst erkennen kann.

> „Je mehr des Denkens in der Vorstellung wird, desto mehr verschwindet von der Natürlichkeit, Einzelheit und Unmittelbarkeit der Dinge: durch den sich eindrängenden Gedanken verarmt der Reichtum der unendlich vielgestalteten Natur, ihre Frühlinge ersterben, ihre Farbenspiele verblassen. Was in der Natur von Leben rauscht, verstummt in der Stille des Gedankens; ihre warme Fülle, die in tausendfältig anziehenden Wundern sich gestaltet, verdorrt in trockene Formen und zu gestaltlosen Allgemeinheiten, die einem trüben nördlichen Nebel gleichen.[39)]

Es ist Hegels dezidiertes Anliegen, diese Form von bloß skeptischer oder kritischer Philosophie[40)] und diese Form der Ohnmacht der Erkenntnis – im Folgenden epistemischer *subjektiver Idealismus* genannt – zu überwinden. Dies erfordert die Erarbeitung einer Position, die die wahre Erkenntnis einer von unserem Denken *unabhängigen* Welt vermittels *unseres Denkens* – und hierum geht es insbesondere in der Naturerkenntnis – zu konzeptionalisieren und vom Fischen im ‚trüben nördlichen Nebel' zu unterscheiden erlaubt. In der Naturerkenntnis muss es darum gehen, sie *als das* zu erkennen, was sie *‚von sich aus'* ist. Dieser sich immer wandelnde „Proteus" der dem Geist *gegenüberstehenden Andersheit* der Natur soll und muss bezwungen werden,[41)] ohne dass zugleich die *Idee des absoluten Erkennens* aufgegeben werden soll. Inwieweit gelingt Hegel dieser Balance-Akt? Und

38) Hegel, *Verhältnis des Skeptizismus,* Werke 2.219.
39) Hegel, *Enzyklopädie*, Werke 9.16.
40) Hegel, *Verhältnis des Skeptizismus*, Werke 2.227f.
41) Hegel, *Enzyklopädie*, Werke 9.12.

inwieweit folgen die *Konturen seines Naturbegriffs* just aus jenem epistemischen Ansatz?

Ⅲ. Überwindung der Skepsis und Hegels Naturbegriff

Betrachten wir zunächst, wie Hegel die negative, zu überwindende Seite der Skepsis (Skepsis, die der Philosophie gegenübersteht) attackiert und gleichzeitig ihre positive Seite (Skepsis, die in der Philosophie enthalten ist) aufnehmen will.[42]

Hegel überwindet die Skepsis gegenüber dem philosophischen Erkennen – pointiert zusammengefasst – vornehmlich mittels sinnkritischer Reflexionen auf die *in den skeptischen Grenzziehungs-Argumentationen* vorausgesetzten Dualismen und Kontravalenzen: Ein Welt an sich, die nicht durch unser Denken erfasst wird, soll just durch die *Bezeichnung als Welt an sich* selbst wiederum zutreffend erkannt und in ihrem realen, nicht bloß gedachtem *Unterschied* zur Erscheinungswelt zutreffend erfasst sein, es soll die *wahre* Realität sein. Die Annahme, dass der wahre *Gehalt* einer jeden Vorstellung *jenseits* oder *außerhalb* der Vorstellung liege, mache schon die Annahme, dass ich in jener Vorstellung des *Wesens aller Vorstellung* die Vorstellung *als* Vorstellung erkannt habe, unmöglich. Ich könnte, gelte jener radikale Dualismus, nie die Vorstellung eines Gegenstandes, sondern immer nur die Vorstellung der Vorstellung der Vorstellung usf. haben.[43] Wir haben dementsprechend eine naive Opposition von Sinnlichkeit und Verstand einerseits und von Kognition und Realität, Gedanke und Welt, oder wie Hegel sich ausdrückt von ‚Begriff und Sein', andererseits zu überwinden: Das Grunddogma der seichten, zu überwindenden Seite des Skeptizismus ist damit laut Hegel die "Nicht-Identität des Subjekts und Objekts, des Begriffs und des Dings"[44] bzw. die Annahme, „dass Begriff und Sein *nicht eins* ist".[45] Über den Gehalt selbst dieser skeptischen Nichtidentitätspostulate, so Hegels wichtigstes Argument, lässt sich diesen Thesen selbst zufolge begrifflich *nicht ohne Selbstwiderspruch* sprechen. Wie erwartet ist damit die *Gegenthese*, nämlich dass *Begriff und Sein eins sein* können,

42) Zur „edlen" Seite der Skepsis im Unterschied zur seichten siehe Hegel, *Verhältnis des Skeptizismus*, Werke 2.227f., zum neuen (seichten) Skeptizismus siehe auch zusammenfassend 249f.

43) Hegel, *Verhältnis des Skeptizismus*, Werke 2.254.

44) Hegel, *Verhältnis des Skeptizismus*, Werke 2.256.

45) Hegel, *Verhältnis des Skeptizismus*, Werke 2.257.

Hegels erste Antwort an die aus aller radikalen dualistischen Opposition sich ergebenden Erkenntnis-Skepsis.

Damit ist allerdings auch schon die *positive Seite* der Skepsis mit im Blick, sie besteht in ihrem Nachweis der Widersprüchlichkeit der endlichen Verstandeskategorien und Entgegensetzungen[46], und dies drängt letztlich für Hegel auf eine Entfaltung einer komplexen dialektischen Identitätstheorie der absoluten Idee. Es sei das Zeichen einer jeden „echten Philosophie", dass in ihr die „wahre Skepsis" schon enthalten sei, insofern sie sich gerade durch für das verständige Denken widersprüchlich anmutende Formulierungen auszeichne.[47] Dialektik ist die Methode, an den begrenzten Begriffen des Verstandes sowohl die Begrenztheit als auch in dem Versuch des Festhaltens an der Opposition zwischen Gegensätzen ihr Umschlagen und Übergehen zu erweisen.[48] Just der Nachvollzug der Überwindungen falscher, in Hegels Terminologie *endlicher* Oppositionen[49] erlaubt es erst, die Hegelsche Grundposition der Selbstaufhebung kritischer Selbstbegrenzungsversuche der Vernunft, und damit die Überwindung des Dogmas, das Sein *nicht* Begriff sei, im Einzelnen nachzuvollziehen.[50]

Rufen wir uns die bekannten Argumentationslinien Hegels in der Erfahrung des zunächst sinnlichen Bewusstseins auf seinem Wege zum absoluten Wissen in Erinnerung,[51] so ergibt sich ein Bild, das zunächst *verblüffende*, beim zweiten Hinsehen aber doch nur *täuschende* Ähnlichkeit mit dem oben skizziertem Wege vom Realismus zum Internalismus besitzt. Die Ähnlichkeit, und damit auch ein

46) Hegel, *Verhältnis des Skeptizismus*, Werke 2.228 und 2.254.

47) „Dieser Skeptizismus [···] ist aber in jedem echten philosophischen Systeme implicite zu finden, denn er ist die freie Seite einer jeden Philosophie", Hegel, *Verhältnis des Skeptizismus*, Werke 2.229. Auf Seite 228 heißt es, dass es im vernünftigen Denken „sich zeigen [muss], daß diese Begriffe [des Verstandes] zugleich aufgehoben oder auf eine solche Art vereinigt sind, daß sie sich widersprechen, sonst wäre es kein vernünftiger, sondern nur ein verständiger Satz."

48) Hegel unterscheidet bekanntlich das dialektische Moment des Aufweis der Widersprüchlichkeit von der Spekulation als dem Versuch, die Widersprüchlichkeit des Verstandes zu überwinden, vgl. Hegel, *Logik*, Werke 5.557f. Das Dialektische ist damit genauer ein Moment der Methode der Logik, auch wenn es sich eingebürgert hat, von der Dialektik als der Hegelschen Methode zu sprechen.

49) Hegel, *Verhältnis des Skeptizismus*, Werke 2.240.

50) Anhand dieses Paradigmas der semantischen Selbstwidersprüchlichkeit der meisten menschlichen Denkbestimmungen rekonstruiert Wandschneider die Logik der dialektischen Bewegung, vgl. Dieter Wandschneider, *Grundzüge einer Theorie der Dialektik: Rekonstruktion und Revision dialektischer Kategorienentwicklung in Hegels "Wissenschaft der Logik"*, Stuttgart: Klett-Cotta 1995.

51) Man denke an die entsprechende Bewegung in der *Phänonemonologie des Geistes.*

subjektivistisches Missverständnis der Hegelschen Position, verschwindet spätestens dann, wenn man den *Naturbegriff Hegels mit in den Blick nimmt.*[52] Endliches empirisch-sinnliches Erkennen zielt Hegel zufolge auf die unvermittelt scheinende Einzelheit des Sinnlich-Gegeben,[53] damit also auf das, was es für Natur hält, ab. Es vergisst dabei aber, dass jede Erkenntnis vermeintlich sinnlicher Einzelheit bereits auf einem Netzwerk allgemeiner logisch-semantischer Beziehungen basiert, wie Hegel eindringlich in der *Phänomenologie* vor Augen führt.[54] In jeder Erkenntnis erfassen wir immer auch die dem „Begriff" angehörige *allgemeine* Seite des Einzelnen, auch schon dadurch, dass wir es als Einzelnes unter einem *Typ* einer Erscheinung subsumieren. Durch das Zusprechen von Eigenschaften schreiben wir ferner immer auch einzelnen Dingen allgemeine Relationalitäten zu.[55]

Aber hat dieser Einsicht zufolge nicht *auch* die philosophisch *begreifende Naturbetrachtung*, die Hegel einleitend zur Naturphilosophie als Einheit der praktischen und theoretischen konzipiert, mit der gerügten theoretischen Naturbetrachtung die missliche Eigenschaft gemeinsam, die Natur im Akt der Erkenntnis zu verwandeln, ja sie nach geradezu *in das Gegenteil* von dem zu verwandeln, was sie *ist*? Die Eigentümlichkeit Hegels besteht nun darin, dass jene *heute* oftmals als *anti-realistische* Argumentation auftretende Gedankenfigur in seiner Konzeption – zurecht – als *epistemisch pro-realistisch* fungieren kann. Wie ist dies zu erklären? Diese Umwandlung des Argumentes ist *nur* auf objektiv-idealistischer Basis möglich. Der nun zu betrachtende „logische" Aspekt des Hegelschen *Naturbegriffs* ergibt darüber Auskunft.

Ⅳ. Natur als Anderssein *der Idee*: Logifizierte Natur

Natur ist laut Hegel die „Idee in der Form des *Andersseins*"[56]. Wie alles

52) Ähnlich Frederick Beiser: „Hegel and Naturphilosophie", in: *Studies in History and Philosophy of Science Part A* 34, Nr. 1 (2003): 135-147, und Halbig, *Varieties of Nature.*

53) Hegel, *Enzyklopädie*,Werke 8.72.

54) Hegel, *Phänonemonologie des Geistes*, Werke 3, 82-107, insbes. 85f.

55) Dies geht bis zur Einsicht, dass schon die deiktischen Begriffe „Dieses", „Hier" und „Jetzt" auf Allgemeinheiten verweisen und das Konzept des radikal Einzelnen (in Hegels Sprache des Besonderen) selbst ein Konzept ist, vgl. *Phänomenologie*, Werke 3.84ff., und Hegel, *Enzyklopädie*, Werke 8.58, und 8.109f.

56) Hegel, *Enzyklopädie*, Werke 9.24.

Logische und Reale ist für Hegel auch die Natur als eine Daseinsform der absoluten Idee zu betrachten,[57] allerdings gilt für Hegel: „Die Natur ist *an sich* in der Idee göttlich, aber wie sie *ist*, entspricht ihr Sein ihrem Begriffe nicht; sie ist vielmehr der *unaufgelöste Widerspruch*."[58] Damit ist ausgesagt, dass zwar im Modus der „Äußerlichkeit"[59] etwas Gegebenes vorliegt, dieses ist aber, obwohl es als ‚nicht-begrifflich' existiert, so wird postuliert, seinem *inneren Wesen* nach Begriff bzw. Idee.[60] So fern dem heutigen Sprachgebrauch jene Terminologie anmuten mag, so gilt, dass für Hegel nur vermittels jener oder einer analogen Hintergrundsannahme sich die skeptische, subjektiv-idealistische Herausforderung meistern lässt: Einem *solchen Naturbegriff* zufolge ist Natur in der philosophisch und naturwissenschaftlich begreifenden Betrachtung erkennbar *als das, was sie wesentlich von sich aus ist*: die Pointe des Hegelschen Ansatzes aus epistemischer Perspektive ist damit, dass das die Natur begreifende Bewusstsein in seinem Versuch, die Natur ‚auf den Begriff' zu bringen, ihr *dennoch* keine Gewalt, sondern der Natur nur *‚ihr Recht'* antut. Die am Anfang der Naturphilosophie in der Enzyklopädie evozierte und gescholtene bloß ‚theoretische Naturbetrachtung' verwandelte die Natur in etwas, das sie *nicht* ist: ein System bloß *abstrakter* Gedanken und Verstandesbegriffe. Nicht jedoch ist damit jegliche *Verwandlung ins Begriffliche* zu tadeln, sondern die *Art* der nur abstrakten Begrifflichkeit ist ebenso defizient, wie die Vorstellung, dass mit dem Begrifflichen ein *jenseitiger* Bereich aufgespannt werde, der als „übersinnliche Welt" *hinter* oder *jenseits* der Natur oder *jenseits* unseres Denkens läge.[61] Die erste These würde in

57) Vgl. das Zitat in Anmerkung 12.

58) Hegel, *Enzyklopädie*, Werke 9.28, und siehe ebenso S. 25 „[I]n der Natur verbirgt sich die Einheit des Begriffs." Zu den Aspekten des Hegelschen Naturbegriff siehe Spahn, *Lebendiger Begriff*, 166ff.

59) Hegel, *Enzyklopädie*, Werke 9.24.

60) Zu jener „Doppelgestalt" von faktischer Existenz und innerem logischen Wesen des Natürlichen siehe aus moderner wissenschaftlicher Perspektive Wandschneider, *Naturphilosophie*, 42f.

61) Siehe Hegel, *Phänomenologie*, Werke 3. 107ff. zum „Gesetz" als Innerem der Natur, das vom Verstand nicht zureichend ontologisch verortet werden kann. Die logisch-gesetzliche Struktur der Natur kann laut Hegel freilich *weder* mit den endlichen natürlichen Einzeldingen, noch als deren platonisches Jenseits, noch mit unserer *bloß subjektiven* Erfassungsweise der Natur identifiziert werden. Die komplexen Relationen zwischen *Wesen und Erscheinung*, Natur in ihrem Anderssein und 'Idee', können hier nicht weiter verfolgt werden; zu den Schwierigkeiten und Interpretationsmöglichkeiten sei einerseits erneut auf Wandschneider, *Naturphilosophie*, und auf Spahn, *Lebendiger Begriff*, 116f. verwiesen.

einem *schlechten Dualismus*, einem sich missverstehenden Platonismus münden, die zweite in einem *Konstruktivismus* oder in der These der prinzipiellen *Unerkennbarkeit* der Natur durch uns. Dagegen hält Hegel fest:

> „Gleichwohl kann man sagen, es sei die Überzeugung aller Zeiten gewesen, daß erst durch die vermittels des Nachdenkens bewirkte Umarbeitung des Unmittelbaren das Substantielle erreicht werde. Dagegen ist dann vornehmlich erst in der neueren Zeit Zweifel erregt und der Unterschied festgehalten worden zwischen dem, was die Erzeugnisse unseres Denkens und was die Dinge an ihnen selbst seien. Man hat gesagt, das Ansich der Dinge sei ein ganz anderes als dasjenige, was wir daraus machen. Der Standpunkt dieses Getrenntseins ist besonders durch die kritische Philosophie geltend gemacht worden gegen die Überzeugung der ganzen früheren Welt, welcher die Übereinstimmung der Sache und des Gedankens als etwas Ausgemachtes galt."[62]

Dies ist die Grundthese dessen, was als *absoluter* oder *objektiver Idealismus* Hegels zu bezeichnen ist. Nicht das sinnlich-empirische Erfassen alleine, sondern dieses in Union mit dem *begrifflich-allgemeinen* Denken kann die empirische Realität erfassen, obwohl jenes nicht im Modus der sinnlichen Einzelheit operiert und das Einzelne in etwas Allgemeines verwandelt. Diese Verwandlung *trifft* aber, gegen eine *partikularistische Naturauffassung*, das *Wesentliche* der Natur, und so ist Naturerkenntnis und letztlich auch Naturwissenschaft, epistemischer Realismus, möglich.

> „Indem Denken als tätig in Beziehung auf Gegenstände genommen wird, das *Nachdenken über* etwas, so enthält das Allgemeine als solches Produkt seiner Tätigkeit den Wert der *Sache*, das *Wesentliche*, das *Innere*, das *Wahre*."[63]

Hegel gelingt damit die Überwindung des Problem des Internalismus oder des epistemischen Idealismus Kantianischer Provenienz: diese Positionen müssen eine jenseitige Ansichheit oder Andersheit *außerhalb unseres Denkens* voraussetzen, um dieses als *bloß* subjektiv zu verstehen. Jene Voraussetzung erwies sich aber als *selbstaufhebend*, womit, wenn man laut Hegel jene Selbstaufhebung der skeptischen Selbstlimitierung zu Ende denkt, das begreifende Denken als „unendlich" erkannt ist.[64]

---

62) Hegel, *Enzyklopädie*, Werke 8.79.

63) Hegel, *Enzyklopädie*, Werke 8.76.

64) Vgl. auch zur Grenzziehung in der Kritischen Philosophie gegen das ‚Ding an

Begründetes Begreifen kann dann für Hegel kein *absolut* Anderes außerhalb seiner haben – so scheint es wenigstens, wir werden diese Aussage abschließend gleich noch modifizieren müssen – und *deswegen* kann es auch die *gegenüberstehende* Realität erkennen, von dieser nicht getrennt sein. Verstehen wir hingegen gemäß der zitierten anti-realistischen Argumentation den Wegfall des ‘an-sich’ Gesichtspunkt im modernen Sinne als *Wegfall der Möglichkeit wahrhaftiger oder realer Erkenntnis der Welt an sich*, haben wir, so Hegel, das Selbstaufhebungsargument der Ding-an-sich These nicht zureichend verstanden. Just die auch von McDowell monierte Charakterisierung des freien Denkens als ein in sich kreisender Gefängnistaumel[65] setzt die soeben zertrümmerte Fiktion eines ‘wahren Außerhalbs’ voraus, auf das hin das Denken transzendiert werden müsse, um *in* ‚der Welt’ oder ‚der Natur’ zu sein. Ist dieses ‘Außerhalb’ als leere Fiktion enttarnt, befinden wir uns auch nicht mehr ‘*innerhalb*’ des Denkens.

Es erweist sich damit aber, dass, will man einen epistemischen Realismus verteidigen, *spiegelbildlich* zur These der Unbegrenztheit des Begrifflichen auch *ein innerer Begriffscharakter der Natur angenommen werden muss*; die *erste These* erhält nur hierdurch ihre epistemische Leistungsfähigkeit, die im Anspruch jeder wahrhaften philosophisch-begreifenden Erkenntnis der Natur erhoben wird. Knapp zugespitzt: Sollen Begriffe auf die Natur anwendbar sein, kann diese dem Begrifflichen nicht völlig fremd sein, andernfalls wäre eine begreifende Naturbetrachtung unmöglich. Während also oftmals Hegels epistemische Option unter Ausblendung des Anspruchs auf Naturerkenntnis – und damit unter Ausblendung des Hegelschen Naturbegriffs – interpretiert wird, sei mit Nachdruck auf den Zusammenhang von epistemischer, antiskeptischer Option und Hegels Naturkonzeption verwiesen. Entsprechend schreibt im analogen Sinne Halbig nach seiner Analyse des McDowellschen Begriffs der zweiten Natur:

> „Hegel’s thesis of the ‚unboundness of the conceptual’, towards which (…) McDowell gestures in his attempt to overcome the epistemological oscillation, has to be understood in this framework: The conceptual is unbounded because reality as the object of cognition is in itself conceptually structured-Nature is the realm of ‚objective thoughts’ (cf. Enz. § 24). Hegel’s absolute idealism which does imply a rejection of ontological realism is, however, not incompatible with an epistemological realism; quite

sich’-Theorem Hegel, *Enzyklopädie*, Werke 8.143f., und siehe auch entsprechend in der großen *Logik*, Werke 5.131ff.

65) McDowell, *Mind and World*, 16f.

the reverse: It provides the systematic foundation for it."[66]

V. Ein Fazit und abschließende Fragen

Fassen wir zusammen. Im Hegelschen Denken besteht ein enger Zusammenhang zwischen der Konturierung des Naturbegriffs – der Annahme, die Natur sei nicht nur so, wie wir sie erkennen, sondern in ihrem Inneren auf Logisches bezogen – und der epistemischen Grundannahme der Möglichkeit wahrhafter Erkenntnis. Erweitert man durch sinnkritische Attacken gegen Grenzziehungsversuche den Begriff des Begrifflichen, so lässt sich einer gewissen transzendental-semantischen Interpretation der Unhintergehbarkeit des Denkens nichts als *Jenseitiges* oder außerhalb des Denkbaren Liegendes denken. Hierin ähneln die hegelschen Argumenten einigen jüngeren Entwicklungen in der Epistemologie, wie eingangs bemerkt. Unter modernen *dualistischen* Vorentscheidungen wird jene Argumentationslinie aber oftmals verstanden als ein *Argument für einen Internalismus oder subjektiven Idealismus*. Nur unter der Voraussetzung einer radikalen ‚Unbegrifflichkeit' des Realen stellt jene Entdeckung der Unhintergehbarkeit ein, dann zwar freilich *konstitutives* Problem eines epistemischen Realismus dar. Ein Natur- oder Realitätsbegriff, der hingegen ein *inneres begriffliches* Wesen der Natur postuliert, kann jene epistemisch-idealistische Falle umgehen.

Solange in der Gegenwart keine ausgearbeiteten Reflektionen auf die impliziten Annahmen dessen, was begrifflich zu nennen ist, und dessen, was natürlich ist, vorliegen, bleiben epistemische Ansätze im Spiel des Umschlagens naiver Realismen in Antirealismen gefangen. Von Hegel mag zu lernen sein, dass demgegenüber sowohl das Konzept des Logischen oder Begrifflichen als auch das Konzept des Realen oder Natürlichen konsistent zur eigenen epistemischen Perspektive konturiert

66) Ch. Halbig, *Varieties of Nature,* S. 234. Zu einem ähnlichen Schluss kommt F. Beiser, *Hegel and Naturphilosophie*, 146: "The fundamental motivation for doing Naturphilosophie, Schelling and Hegel contend, is that it alone resolves the problems of epistemology that Kant himself could not resolve. Only Naturphilosophie surmounts that dualism between the subjective and objective, the ideal and the real, which poses the main obstacle to resolving the problem of knowledge. All knowledge involves some kind of interaction and correspondence between the subjective and objective, because it presupposes that a subjective representation is true of an objective thing. But how is such correspondence possible if the subjective and objective belong to completely heterogeneous realms of being?"

werden muss. Freilich ist damit *nur eine sehr basale Argumentationsfigur* für einen objektiv-idealistischen Naturbegriffs, und dies *bloß aus der Perspektive epistemischer Konsistenz*, gewonnen, die einerseits vielen Fragen ausgesetzt bleibt und die andererseits uns nur auf *Grundkonturen* eines solchen Naturbegriffs verweist. Alternative epistemische Optionen oder verschiedene Versuche, einen nicht objektiv-idealistischen Naturbegriff mit einem Realismus kompatibel zu machen, wurden hier nicht diskutiert. Keinesfalls kann – oder soll – hierdurch alleine gar Hegels Naturphilosophie insgesamt rehabilitiert werden. Ebenso wenig sind hiermit alle Aspekte auch nur des Hegelschen Naturbegriffs in den Blick geraten.

Die realistische Frage der Naturerkenntnis, soviel ist jedoch Hegel zuzugestehen, konsequent gedacht, drängt auf ein Eingehen auf die Grundkonturierung des Naturbegriffs in seiner Relation zu dem, was als gegenüberstehendes Proprium des Denkens, das Begriffliche, postuliert wird. So lange wir am Anspruch der Erkennbarkeit der Natur festhalten wollen, kommen wir um eine Untersuchung solcher Fragen und um eine Erweiterung der zurzeit üblichen epistemischen Begriffe und Naturkonzepte nicht umhin. Der objektiv-idealistische Naturbegriff ist aus epistemisch realistischer Perspektive dabei ein prüfenswerter Kandidat. Die hier freilich ausgesparte wichtigste Frage besteht dann jedoch darin, gleichsam spiegelbildlich zum Problem des naiven Realismus, *die Andersheit* des Realen und Natürlichen vom bloß Gedachten hinreichend in den Blick zu bekommen, und Andersheitsaspekt und Homologieaspekt so auszubalancieren, dass ein *konsistenter Realismus* möglich ist. Ein Verweis auf den *objektiv-idealistischen Naturbegriff* kann damit nur ein erster Ausgangspunkt sein.

Bibliographie

Beiser, Frederick: „Hegel and Naturphilosophie," in: *Studies in History and Philosophy of Science Part A* 34, Nr. 1 (2003): 135-147.

Boghossian, Paul: *Fear of Knowledge: Against Relativism and Constructivism,* Oxford: Clarendon Press 2006.

Braßel, Bernd: *Das Programm der idealen Logik,* Würzburg: Königshausen & Neumann 2005.

Croce, Benedetto: *Lebendiges und Totes in Hegels Philosophie,* Heidelberg: C. Winter 1909.

Davidson, Donald: „On the very idea of a conceptual scheme", in: *Proceedings and Addresses of the American Philosophical Association*, Vol. 47 (1974), 5-20.

Engelhardt, Dietrich: *Hegel und die Chemie: Studie zur Philosophie und Wissenschaft der Natur um 1800*, Wiesbaden: Pressler 1976.

Esfeld, Michael: *Einführung in die Naturphilosophie*, Darmstadt: Wissenschaftliche Buchgesellschaft 2002.

Esfeld, Michael: *Naturphilosophie als Metaphysik der Natur*, Frankfurt am Main: Suhrkamp 2008.

Ferrini, Cinzia: "Hegel on Nature and Spirit: Some systematic Remarks", in: *Hegel-Studien* 46 (2012), 117-149.

Hegel, Georg Wilhelm Friedrich: *Werke,* Auf der Grundlage der Werke von 1832-1845 neu ed. Ausg., Red. Eva Moldenhauer und Karl Markus Michel, Frankfurt am Main: Suhrkamp 1996.

Houlgate, Stephen (ed.): *Hegel and the philosophy of nature*, Albany N.Y.: State University of New York Press 1998.

Koppelberg, Dirk: *Die Aufhebung der analytischen Philosophie: Quine als Synthese von Carnap und Neurath*, Frankfurt am Main: Suhrkamp 1987.

Maker, William: "The Very Idea of the Idea of Nature, or why Hegel is not an Idealist" in: S. Houlgate, *Hegel and the Philosophy of Nature*, 1-27 (ed.), *Reading McDowell on Mind and World,* London/New York: Routledge

2002, 58-75.

Putnam, Hilary: *Reason, truth, and history*, Cambridge (Cambridgeshire); New York: Cambridge University Press 1981.

Rand, Sebastian: "The Importance and Relevance of Hegel's Philosophy of Nature", in: *Rev Metaphys* 61 no2, 2007, 379-400.

Redding, Paul: *Analytic philosophy and the return of Hegelian thought*, Cambridge: Cambridge University Press 2010.

Reichenbach, Hans: „Ziele und Wege der heutigen Naturphilosophie" (1931), wieder abgedruckt in: H. Reichenbach, *Ziele und Wege der heutigen Naturphilosophie: Fünf Aufsätze zur Wissenschaftstheorie,* Hamburg: Meiner 2011, 47-93.

Rockmore, Tom: *Hegel, idealism, and analytic philosophy,* New Haven: Yale University Press 2004.

Rorty, Richard: „Transcendental arguments, self-reference, and pragmatism", in: Bieri, Peter; Horstmann, Rolf-Peter; Krüger, Lorenz (Ed.): *Transcendental Arguments and Science*, Dordrecht, Holland: D. Reidel 1979, 77-103.

Rorty, Richard: *Philosophy and the Mirror of Nature,* Princeton: Princeton University Press, 1979, 298.

Russell, Bertrand: „The Philosophy of Logical Atomism" (1918), wieder abgedruckt in: Bertrand Russell, *Logic and Knowledge: essays 1901-1950*, London: G. Allen and Unwin 1956, 175-281.

Scholz, Heinrich: *Die Bedeutung der Hegelschen Philosophie für das philosophische Denken der Gegenwart,* Berlin: Reuther & Reichard 1921.

Smith, Nicholas (ed.): *Reading McDowell on Mind and World,* London/New York: Routledge 2002.

Spahn, Christian: *Lebendiger Begriff, begriffenes Leben: Zur Grundlegung der Philosophie des Organischen bei G.W.F. Hegel,* Würzburg: Königshausen & Neumann 2007.

Spahn, Christian: „Alte, neue und ganz neue Skepsis. Hegels Begründung der Philosophie und Wege ihrer Aktualisierung", in: Elena Ficara (Hrsg.), *Die Begründung der Philosophie im Deutschen Idealismus*, Würzburg: Königshausen & Neumann 2011, 107-120.

Spahn, Christian: „Prospects of objective Knowledge", in: Wolfgang Welsch, Wolf Singer, André Wunder (ed.): *Interdisciplinary Anthropology: The Continuing Evolution of Man*, Berlin, Heidelberg: Springer 2011, 55-77.

Spahn, Christian: „Ein anderes Argument für den Realismus? Nagels Ausweichen vor der Idealismusfalle", in: Fabian Geier, Andreas Spahn, Christian Spahn

(Hrsg.), *Perspektiven philosophischer Forschung Band II*, Essen: Oldib-Verlag 2012, 23-50.

Spahn, Christian: „Hegels absoluter Idealismus als Antwort auf drei Grundprobleme des Naturalismus?“, im Erscheinen.

Stoljar, Daniel: *Physicalism,* London; New York: Routledge 2010.

Stone, Alison, *Petrified intelligence-nature in Hegel's philosophy,* Albany N.Y.: State University of New York Press 2005.

Vieweg, Klaus: *Skepsis und Freiheit: Hegel über den Skeptizismus zwischen Philosophie und Literatur,* Paderborn: Wilhelm Fink 2007.

Wandschneider, Dieter: *Raum, Zeit, Relativität: Grundbestimmungen der Physik in der Perspektive der Hegelschen Naturphilosophie*, Frankfurt am Main: Vittorio Klostermann, 1982

Wandschneider, Dieter: „Die Möglichkeit von Wissenschaft. Ontologische Aspekte der Naturforschung“, in: *Philosophia Naturalis* 22 (1985), 200-213.

Wandschneider, Dieter: *Grundzüge einer Theorie der Dialektik: Rekonstruktion und Revision dialektischer Kategorienentwicklung in Hegels "Wissenschaft der Logik"* , Stuttgart: Klett-Cotta 1995.

Wandschneider, Dieter: *Naturphilosophie,* Bamberg: C.C. Buchner 2008.

Welsch, Wolfgang: „Hegel und die analytische Philosophie“, in: *Jenaer Universitätsreden*, 15, Jena 2005, 145-221.

Wittgenstein, Ludwig: *Tractatus logico-philosophicus. Logisch-philosophische Abhandlung*, Frankfurt am Main: Suhrkamp 1994.

Hegels Naturbegriff aus epistemologischer Perspektive

Christian Spahn

Abstract

Hegels Naturphilosophie zählt aus vielen Gründen in der gegenwärtigen Rezeption zu den vernachlässigten Systemteilen. Neben vielen anderen Gründen ist vor allem der *Hegelsche Naturbegriff als solcher* dem heutigen Denken scheinbar fremd: Hegel konturiert die Natur von der *Logik* her (als „Idee in ihrem Anderssein") und vertritt damit einen *anti-naturalistisch* erscheinenden Naturbegriff. Trotz jener Fremdheit zur Gegenwart wird gleichzeitig auch außerhalb der Hegel-Forschung mitunter in der aktuellen *epistemischen Debatte* in systematischer Hinsicht wieder vorsichtig auf Hegel zurückgegriffen, am explizitesten in John McDowells *Mind and World.* Während McDowell zur Rehabilitierung eines Realismus auf Hegelsche *epistemische* Thesen zurückgreift, berücksichtigt er nicht Hegels *ontischen* Naturbegriff. Im Hegelschen Denken besteht jedoch ein enger Zusammenhang zwischen der Konturierung des Naturbegriffs – der Annahme, die Natur sei nicht nur so, wie wir sie erkennen, sondern in ihrem Inneren auf Logisches bezogen – und der epistemischen Grundannahme der Möglichkeit wahrhafter Erkenntnis. Hegels Naturbegriff ist somit nur von Hegels epistemischer anti-skeptischer Option her zu verstehen, und umgekehrt bedarf Hegels epistemischer Optimismus des Hegelschen Naturbegriffs.

Key Words: Hegels Naturphilosophie, John McDowell, epistemischer Realismus, objektiv-idealistischer Naturbegriff, das Logische

• 투고일: 2012.11.01. 심사완료일: 2012.11.10. 게재확정일: 2012.11.12.

제2부

일반논문

감정의 병리학*

-칸트 철학에서 감정의 개념과 위상-

고 현 범

요약문

이 글의 목적은 현대 감정론의 지형 속에서 감정에 대한 칸트의 통찰이 갖는 현재적 의미를 고찰하는 데 있다. 현대 감정론에서 제기되는 주요한 쟁점 중 한 가지는 다음 두 가지 물음을 통해 특징지을 수 있다. 첫째, 감정을 신체적 느낌과 동일시하는가, 둘째, 감정을 마음의 지향적 상태로 보는가? 이런 물음에 대해, 비인지주의는 감정을 느낌 상태로 간주하고, 인지주의는 감정을 지향성을 갖는 것으로 본다. 이 글은 이와 같은 신체적 감정과 지향성이라는 두 가지 쟁점에 초점을 맞추었다. 이러한 고찰을 통해 이 글이 옹호하고자 하는 주장은 첫째 칸트 철학에서 감정은 전적으로 배제되지 않는다는 것이고, 둘째 감정에 대한 칸트의 통찰은 그의 체계적인(그리고 비판적인) 사유와 양립할 수 있으며, 또한 현대 감정론과도 양립할 수 있다는 것이다. 비인지주의 입장이 갖는 물질주의(materialism)적 경향을 고려한다면, 감정에 대한 칸트의 관점을 비인지주의로 보기는 어렵다. 감성과 이성의 관계에 대한 칸트 철학의 입장을 고려할 때, 칸트 철학은 현대의 인지주의에 가까운 것처럼 보인다. 그렇다고 칸트의 입장을 표준적인 인지주의라고 단정할 수

* 이 논문은 2011년도 정부재원(교육과학기술부 인문사회연구역량강화사업비)으로 한국연구재단의 지원을 받아 연구되었음(NRF-2011-413-A00002).

는 없다. 왜냐하면 칸트는 감정을 논의하면서 언제나 그 신체적 성격을 함께 고찰하고 있기 때문이다. 이러한 칸트의 입장은 인지주의와 비인지주의가 서로 수렴하는 근자의 감정론의 방향에 비추어 볼 때 현재적이라고도 할 수 있을 것이다.

● 주요어: 칸트, 감정, 인지주의, 비인지주의, 정동, 정념

Ⅰ. 들어가는 말 – 칸트 철학은 감정을 배제하는가?

현대 철학의 감정 연구에는 다음 두 가지 물음이 특징적이다. 첫째, 감정을 신체적 느낌과 동일시하는가, 둘째, 감정을 마음의 지향적 상태로 보는가? 이 두 물음에 대해 한편에선 감정을 느낌 중심적인 것으로(비인지주의), 다른 한편에선 사고 중심적으로 즉 인지적 상태로(인지주의) 본다. 인간관에 있어서 이른 바 "감정으로의 전환"(emotional turn)이라고도 할 수 있는 이러한 연구 경향의 바탕에는 18세기와 19세기 중반까지 철학과 심리학을 지배했던 감정 개념에 비판적인 프로이트(S. Freud)와 제임스(W. James)로 대표되는 감정 연구에 있어 획기적인 전환이 놓여 있다. 한편 근대 철학에서 감정에 대한 철학적 고찰을 대변하는 스피노자나 흄의 감정론은 현대 철학과 심리학이 부딪힌 일종의 이론적 난관 앞에서 부단히 재고찰되고 있다.

이런 상황 속에서 칸트의 감정 개념에 관한 연구는 일종의 무모한 도전처럼 보인다. 왜냐하면 칸트가 자신의 저서에서 일관적으로 내비치는 감정에 대한 부정적 언급은 그냥 언급에 그치는 것이 아니라 일종의 체계적인 배제에 가깝다고 보이기 때문이다. 이에 칸트 철학에서 감정론이 가능할 것인가에 관해서는 (무엇보다 칸트 철학 연구자들에게서의) 부정적인 반응이 앞선다.[1] 그러나 다른 한편 칸트 철학에서 감정의 역할에 관한 연구는 활발하게 진행 중이기도 하다.[2] 특히 윤리학에선 칸트의 고유한 행위 이론과 동기론에 관한 연구에 있어 감정의 문제는 주요한 축을 형성한다. 여기에는 칸트 당시에는 생소했던 분야인 도덕 심리학에 대한 현재적 논의가 반영되어있으며, 덕윤리(Virtue Ethics)와의 연관성에 대한 연구를 포함한다. 이러한 연구를 추동하는 배경에는 칸트 윤리학에 대해 칸트 당대로부터

---

1) 레키(B. Recki)는 이성 비판에 준하는 감정이론을 칸트에게서 발견하려는 시도는 "헛되다"고 말한다. Birgit Recki, "Kant: Vernunftgewirte Gefühle", hrsg. von Hilge Landweer und Ursula Renz, *Klassische Emotionstheorien: von Platon bis Wittgenstein*, Berlin 2008, 460쪽.

2) 이 주제와 관련된 국내 연구로는 이원봉, 「칸트 윤리학과 감수성의 역할」, 『칸트연구』 제18집, 한국칸트학회 2006. 그리고 맹주만, 「칸트와 '행복한 자선가'」, 『범한철학』 56집, 범한철학회 2010. 안수현, 「칸트 윤리학에서 감성의 문제」, 『동서사상』 제11집, 동서사상연구소 2011 등이 있다.

현재에 이르기까지 부단히 제기되었던 비판(지나치게 엄격하고 공허한 형식주의적 의무론)에 대한 대응이라는 동기가 작용하고 있다.

이 글에서는 칸트의 감정 개념을 그의 후기 저작들을 중심으로 논의하고자 한다.[3] 이 글의 목적은 현대 감정 이론의 지형에서 칸트가 다시 읽힐 수 있는 지점을 찾고자 하는 데 있다. 이러한 시도를 통해 칸트 철학의 고유한 감정이론에까지는 미치지 않더라도 칸트 철학이 포함하고 있는 감정에 대한 비교적 세심한 사유가 드러났으면 한다.

앞서 언급했듯이 현재 감정 연구에 있어 주요한 두 축을 형성하는 방향은 인지주의와 비인지주의라고 할 수 있다. "표준적인(standard)"[4] 인지주의에 따르면 감정을 설명하는 본질적인 요소는 평가적 판단 형식이다. 다시 말하면 인지주의적으로 이해된 감정은 단순히 어떤 생리적 수준의 동요를 반영하는 감각이나 느낌들과는 구별된다. 인지주의에서 신체적인 변화는 곧바로 감정으로 이해되지 않는다. 가령 누군가 숨이 막힐 듯한 호흡 곤란에 놓였을 때, 이러한 신체적 변화는 그것을 야기하는 두려운 대상과 결합되고, 그것을 규정하는 것은 위험에 빠져 있다는 판단이다. 즉 표준적인 인지주의에서 두려운 감정이란 바로 "위험에 빠져 있다는 판단"을 의미한다.

이러한 표준적인 인지주의는 비인지주의 입장에서 제기되는 비판들에 직면했다. 그 중 첫 번째는 감정이 지닌 신체적 느낌의 측면이다. 가령 어둡고 외딴 길을 홀로 걸을 때 느껴지는 두려운 감정은 머리카락이 쭈뼛 서는 듯한 신체적 느낌을 동반한다. 비인지주의에서 이러한 신체적 느낌은 감정의 본질적인 측면이다. 제임스의 다음과 같은 서술은 이러한 신체적 느낌을 강조하고 있다.

> 만약 빨라지는 심장-박동 혹은 가빠지는 숨, 떨리는 입술 혹은 후들거리는 사지, 소름 돋거나 내장들이 동요하는 느낌이 없다면, 어떤 종류의 두려움의 감정이 남을 것인지 생각하는 것은 불가능하다. 우리는 얼굴을 붉히지 않고, 콧구멍이 벌름거리지 않고, 이를 악물지 않고, 격한 행동을 향한 충동이 없이 다만 평상시와 같은 근육상태로, 차분하게 숨쉬는 고요한 얼굴로 분노의 상태를 마음에 그릴 수 있는가, 그리고 가슴이 폭발하지 않는 모습을 그릴 수 있는가? 나는 절대로 그럴 수 없다. …… 슬픔

3) 이 글에서는 칸트의 『실용적 관점에서 본 인간학』(Immanuel Kant, *Anthropologie in pragmatischer Hinsicht*, hrsg. von Willhelm Weischedel, *Werke in zehn Bänden Band 10* (Sonderausg.), 이남원 옮김, 『실용적 관점에서 본 인간학』, 울산대학교 출판부 1998. 이하 『인간학』으로 약칭하고, 바이세델판(B판)의 절수를 표기한다. 칸트 원전 인용은 우리말 번역을 따르고 필요한 경우 수정했다)에서의 감정 논의들, 그리고 정동, 욕망, 정념에 관한 『윤리형이상학』 그리고 『판단력비판』의 논의들을 중심으로 삼으려고 한다.

4) John Deigh, "Concept of Emotions in Modern Philosophy and Psychology ", ed. by Peter Goldie, *The Oxford Handbook of Philosophy of Emotion*, Oxford Univ. Press 2010, 26쪽.

> 의 방식에서처럼, 즉 눈물없이는, 심장이 옥죄지 않고서, 가슴을 때리지 않고서 슬픔은 무엇이란 말인가? 이때 그런 상황들이 애석하다는 느낌없는 인지만이 있을 것이고 그 이상은 없다. 거꾸로 모든 정념은 같은 이야기를 한다. 온전히 체현되지 않은 인간 감정은 의미가 없다.5)

두 번째, 우리는 인지적으로 충분히 정당화될 수 있는 감정 대상들의 속성을 결여하고 있음을 알고 있더라도 그것에 대한 감정을 경험할 수 있다. 즉 "감정적 느낌들이 우리를 얼마나 뿌리깊고 체계적으로 잘못 인도할 수 있는가, 감정들이 얼마나 지각과 이성을 왜곡시킬 수 있는가?"6)

다시, 이러한 비판들은 감정 개념에 있어서 중요한 두 가지 쟁점을 제시한다. 즉 그것은 감정의 신체적 성격과 지향적 성격의 문제다. 그런데 이러한 두 가지 쟁점을 두고서 감정에 대한 인지주의적 입장과 비인지주의적 입장은 현재 서로 수렴하는 방향을 취하는 것처럼 보인다. 즉 인지주의는 감정의 신체적 성격을 인정하며, 비인지주의는 신체적 감정이 지닌 지향성을 밝히려고 한다.

감정에 대한 철학적 논의가 보여주는 이러한 양상 속에서 이 글이 옹호하고자 하는 주장은 우선 칸트 철학은 감정을 배제하지 않으며 나아가 인지주의와 비인지주의적 입장이 현재 취하고 있는 상호 수렴적인 방향과 유사한 관점을 취하고 있다는 것이다. 비인지주의 입장이 갖는 물질주의(materialism)적 경향을 고려한다면, 감정에 대한 칸트의 관점을 비인지주의로 보기는 어렵다. 감성과 이성의 관계에 대한 칸트 철학의 입장을 고려할 때, 칸트 철학은 현대의 인지주의에 가까운 것처럼 보인다. 그렇다고 칸트의 입장을 표준적인 인지주의라고 단정할 수는 없다. 왜냐하면 칸트는 감정을 논의하면서 언제나 그 신체적 성격을 함께 고찰하고 있기 때문이다. 이 글은 위에서 언급한 감정 개념에 있어서 두 가지 쟁점 중 우선 감정의 신체적 성격에 대한 칸트의 논의를 시작으로 칸트 철학에서 감정 개념이 갖는 위상을 논의하려고 한다.

Ⅱ. 신체적 감정

칸트가 감정을 논의하는 태도는 그 출발선에서 볼 때 현대적 의미에서 생리학

5) William James, "What is an Emotion?", *Mind* 9, 194쪽. Peter Goldie, *The Emotions: A philosophical Exploration*, Oxford Univ. Press 2002, 53쪽에서 재인용.

6) Peter Goldie, "Emotion, Felling, and Knowledge of the World", ed. by Robert C. Solomon, *Thinking about Feeling : Contemporary Philosophers on Emotions*, Oxford Univ. Press 2004, 91쪽.

적이다. 칸트에게서 감정[7]이란 기본적으로 쾌(Lust)와 불쾌(Unlust)의 감정이다. 이런 쾌와 불쾌의 감정은 신체적 감각 기관(Sinn)을 통해 감지된다. 이때 "**쾌락(Vergnügen)**은 감관에 의한 쾌다. 그리고 감관을 즐겁게 하는 것은 **쾌적하다(angenehm)**고 불린다. **고통(Schmerz)**은 감관에 의한 불쾌이며 고통을 낳는 것은 **불쾌적하다(unangenehm)**."[8] 바꿔 말하면 칸트에게 감정이란 쾌와 불쾌의 "감수성(Emfpänglichkeit)"[9] 또는 "한 표상에서 쾌나 불쾌를 가질 수 있는 역량"[10]을 의미한다.

칸트가 쾌와 불쾌의 감수성으로서 감정을 보는 것은 칸트 당시 수준에서의 경험 심리학적 관점을 반영하고 있다. 그리고 이는 크게 보아 뉴턴 역학적인 관점이라고 할 수 있다. 즉 칸트는 쾌와 불쾌의 대립 관계가 마치 무엇을 얻고 또 반대로 그것을 결여하는 관계가 아니라 마치 작용과 반작용의 관계처럼 "실재적 대립"의 관계로 이해하고 있다. 그러나 칸트는 이러한 생리학적 또는 경험 심리학적 관점을 단지 이론적 관심에서 도입하고 있는 것은 아니다. 칸트는 감정을 규정하는 곳에서는 언제나 이러한 감정은 주관적인 것임을 강조한다. 이는 쾌와 불쾌의 감정 능력이 사물의 성질에 대한 객관적 인식 능력과는 구별됨을 강조하기 위함이다. 다시 말하면 칸트에게 감정 능력이란 대상에 관한 객관적 정보를 늘려주는 능력과는 구별된다. 이러한 감정은 『인간학』에서는 "실용적 견지" 즉 "숙달과 영리를 통해 사람들이 획득하고자 하는 안녕"[11]에 관한 관심과 관련된다. 즉 감관에 의한 쾌인 쾌락의 감정은 생명을 촉진한다. 반면에 불쾌한 감정인 고통은 생명을 저지한다.

생명의 촉진과 저지의 감정으로서 쾌락과 고통의 관계는 실재적 대립의 관계이기도 하다. 그런데 개체로서 생명은 유한하기 때문에 생명은 무한대로 촉진될 수는 없다. 따라서 개체에 있어 쾌락은 언제나 고통을 동반한다. 특히 생명의 저지

---

7) 독일어 Gefühle는 지각, 감정, 느낌을 포괄하는 말이지만, 의미에 따라 감정(emotion)이나 느낌(feeling)으로 옮겼다. 특히 정동과 정념처럼 의식된(경험된) 감정인 경우 느낌으로 새겨야 할 것이다.

8) 『인간학』 §57.

9) Immanuel Kant, *Die Metaphysik der Sitten*, hrsg. von Willhelm Weischedel, *Werke in zehn Bänden Band 7* (Sonderausg.). 백종현 옮김, 『윤리형이상학』, 아카넷 2012. 이하 『윤리형이상학』으로 칭하고, 쪽수는 B판으로 표기한다. 칸트 원전 인용은 우리말 번역을 따르고 필요한 경우 수정했다.

10) 『윤리형이상학』, B2.

11) 칸트에게서 "실용적(pragmatische)"이란 "복지에 관한(zur Wohlfart[gehörig])"을 의미하며, 이때 복지란 칸트 당시에는 "행복에 관한"과 거의 같은 의미로 쓰였기 때문에, 이는 "행복에 관한" 정도를 의미한다. 그리고 "기술적", "실용적", "도덕적"이라는 삼분법에 의한다면, 이때 실용적이란 "영리함(Klugheit)"을 의미하며 이는 곧 "행복의 실현을 위하여 이미 어떤 방식으로든 습득된 숙련을 올바로 선택하여 사용하는 인간의 능력"이다. 김수배, 「칸트의 인간관-실용적 인간학의 이념과 그 의의」, 『철학연구』 37권 1호, 철학연구회 1995. 176쪽.

로서 고통은 그에 대한 반작용으로서 "활동"을 자극하기 때문에 건강 상태를 이루는 필수적인 계기라고 할 수 있다.

생명이란 "자기 활동성의 내적 원리"[12]이며 "한 존재자가 자기의 표상들에 맞게 행위하는 능력"[13]이다. 그리고 그 표상들은, 감성이나 상상력 또는 지성의 표상인지와는 무관하게, 쾌락이나 고통과 결합되어 있으며, 이는 생명력의 촉진과 저지의 감정은 신체 기관의 감정임을 의미한다.

> 우리 안의 표상들은 객관적으로 한낱 감성적인 것이든 아니면 전적으로 지성적인 것이든 간에, 주관적으로는 쾌락이나 고통과-이 양자가 제아무리 인지하기 어렵다 해도-결합될 수 있다는 것을 부정할 수 없다. (왜냐하면 표상들은 모두 생명감을 촉발하며, 어떠한 표상도 주관의 변양인 한에서 생명감에 무관할 수는 없으니 말이다.) 그뿐만 아니라, **에피쿠로스**가 주장했듯이, **언제나 쾌락**과 **고통**은, 그것이 **무릇** 상상에서 시작된 것이든 또는 심지어는 지성의 표상들에서 시작된 것이든, 결국은 신체적이라는 것도 부정할 수 없다. 왜냐하면 생명은 신체적 기관의 감정이 없다면 한낱 자기의 실존의 의식일 뿐, 안녕과 불편의 감정, 다시 말해 생명력의 촉진과 장애의 감정은 아닐 것이기 때문이다. 마음은 그 자신 만으로 전적으로 생명(즉 생명원리 자신)이며, 그 방해들이나 촉진은 마음 밖에서 그러면서도 인간 자신 안에서, 그러니까 그의 신체와의 결합에서 찾아지지 않으면 안 되니 말이다.[14]

칸트는 『인간학』에서 쾌(불쾌)의 감정을 인간의 마음의 능력에 따라 감성적인 쾌(불쾌)와 지성적인(intellektuelle) 쾌(불쾌)로 나누고 감성적인 쾌를 다시 감관에 의한 쾌(쾌락)과 상상력에 의한 쾌(취미Geschmack)로 나눈다. 한편 지성적인 쾌는 개념에 의한 쾌와 이념에 의한 쾌로 나뉜다. 이러한 쾌의 분류는 『형이상학 강의』에서의 생명의 분류에 상응한다. 즉 생명은 동물적 생명, 인간적 생명, 그리고 정신적 생명으로 나뉘는데, 동물적 생명의 쾌는 쾌락이며, 인간적 생명의 쾌는 취미, 그리고 정신적 생명의 쾌는 지성적 쾌로서 도덕에서만 존재한다. 물론 이러한 쾌(불쾌)의 분류에는 그 소통 가능성과 보편성, 그리고 무엇보다 자유에 근거한 칸트의 일정한 평가가 포함되어있다. 그리고 정신적 생명의 쾌, 또는 지성적 쾌를 감정이라고 볼 수 있는가는 또 다른 논점을 형성한다.[15]

---

12) Immanuel Kant, *Immanuel Kant's Vorlesungen über Metaphysik*, hrsg. von K.H.L. Pölitz. 이남원 옮김, 『칸트의 형이상학 강의』, 울산대학교 출판부 1999. 164쪽. 이하 우리말 번역서의 쪽수를 인용한다.

13) 『윤리형이상학』, B1.

14) Immanuel Kant, *Kritik der Urteilskraft,* hrsg. von Willhelm Weischedel *Werke in zehn Bänden Band 8* (Sonderausg.). 백종현 옮김, 『판단력비판』, 아카넷 2009. B129. 이하 『판단력비판』으로 칭하고, B판의 쪽수를 표기한다. 칸트 원전 인용은 우리말 번역을 따르고 필요한 경우 수정했다.

한편 감정의 분류와 위 인용문을 비교해보면 현재의 논점에선 다음의 논의가 가능하다. 즉 칸트에게 동물적 생명이란 표현은 결코 긍정적 의미로 사용된 것은 아니다. 그러나 생명 일반에 비추어서 "신체적 기관의 감정"은 배제될 수 없는 것이고, 이는 궁극적으로 인간 존재의 유한성에서 비롯한다. 이러한 유한성에 비추어 볼 때 아무리 지성적 표상이라 할지라도 쾌락이나 고통과의 연관을 떨칠 수는 없는 것이다. 이런 관점에서 동물적 쾌에 대한 칸트의 논의는 (이후에 펼쳐질 감정의 스펙트럼에도 적용될 수 있는) 감정의 일반론적 측면을 갖는다고 해도 무방할 것이다.

Ⅲ. 정동과 정념의 구별

감정에 대한 철학적 사유에 있어서 칸트 철학이 기여하고 있는 바는 바로 그의 정동(Affekt, affect)과 정념(Leidenschaft, passion)의 구별이다. 흄 역시도 이러한 구별에는 이르지 못하는데[16], 칸트의 이러한 구별에는 심리적이고, 실용적인 관점, 즉 건강한 삶의 유지에 대한 관심이 작용하고 있다. 즉 계열을 달리하는 감정에 대한 대응 방식도 달라져야 하고 실제로 그것이 병적인 것으로 드러날 경우 그에 대한 의사의 처방 역시 달라진다는 점이다. 그리고 이러한 구별은 감정의 결에 따라 이성적 판단이 개입할 여지를 마련한다는 점에서 주목할 만하다.

1. 정동

칸트에게 정동은 감성적 쾌이자 쾌감과 고통과 관련된 감정인 반면에, 정념은 욕구 능력으로서 욕망, 특히 경향성(Neigung)의 일종이다. 이 둘은 그 유사성 때문에 흔히 혼동되지만, 칸트의 관점에서, 쾌의 감정과 욕구 능력은 서로 구별되는 마음 상태이기 때문에 엄연히 구별되는 상태다.

> 주관의 이성에 의해서 거의 또는 전혀 제어할 수 없는 경향성은 **정념**이다. 반면에 현재의 상태에서의 쾌와 불쾌의 감정이며, 주관 안에 고찰(사람들이 그 느낌을 허용하느

15) "이 쾌는 반성적 쾌일 뿐이며, 우리는 이 경우 어떤 쾌감도 느끼지 못하고, 반성에 의해서 그것을 시인한다. 그러므로 덕은 쾌감을 가지지 않지만, 그 대신 찬동을 가진다. 왜냐하면 사람들은 그의 정신적 삶과 최고도의 자유를 느끼기 때문이다." 『칸트의 형이상학 강의』, 173-4쪽.

16) Louis C. Charland, "Reinstating the Passions: Arguments from the History of Psychopathology", ed. by Peter Goldie, *The Oxford Handbook of Philosophy of Emotion*, Oxford Univ. Press 2010, 249쪽.

냐 혹은 그것을 거부하느냐 하는 것에 대한 이성의 표상)을 낳지 않는 감정은 **정동**이다.[17]

그러나 이 둘이 서로 혼동되는 이유는 그 강함의 정도에 따라서 양자 모두 격렬하며, 그만큼 이성의 지배를 배제하기 때문이다. 따라서 이 둘의 거리는 가깝다고도 할 수 있으며, 칸트가 이 둘을 한 데 묶어 따로 논의하는 이유 역시 정동과 정념이 행위에 미치는 영향이 크다는 점에서 찾을 수 있다. 칸트는 이 둘이 우리를 사로잡을 경우 이를 "마음의 병(Krankheit des Gemüt)"이라고 부른다. 이는 단지 건강을 해친다는 실용적인 의미라기보다는 올바로 살아가는 데 부정적 영향을 미친다는 점에서, 즉 도덕적 의미에서 그러하다. 『인간학』에 등장한 칸트의 이러한 단언은 그의 도덕 철학이 그 정초에 있어서 기조로 삼는 감정과 경향성의 배제 논의와 결합되어서 정동과 정념에 관한 논의에 제한을 가하는 것처럼 보인다. 그러나 『인간학』에서 정동과 정념에 관한 칸트의 논의는 실용적 관점에 초점이 맞추어져 있으며, 그에 따라 감정과 경향성의 일반적 정의에 따라 정동과 정념을 정의하고 사람의 기질(Temperament)과 성향(Disposition)에 따라 이 둘이 어떻게 작용하고 드러나는가에 관한 서술이 주를 이루고 있다.

이 글에서는 『인간학』에서의 이러한 서술 중에서 감정과 행위의 관계에 대한 칸트의 생각에 초점을 맞추려고 한다. 그리고 이를 통해서 현대 감정 이론에서 "감정의 지향성" 문제에 대한 칸트적 사유의 단초를 구하고자 한다.

우선 정동은 칸트에게 도덕적 의미에서 인간의 "내적 자유의 한계를 넘어서는" 감정이며, 무엇보다 "마음의 침착(자신을 지배하는 마음)을 잃게 하는, 감각에 의한 기습"[18]이다. 이러한 기습에 의해 감정은 이성적으로 사태를 가늠하기 어려운 상태로까지 고조된다. 우선 정동은 일정한 마음의 상태를 지칭하는 감정이다. 기쁨과 슬픔, 분노와 수치, 조급함 등을 포함하는 이러한 감정은 감정 일반에 관한 논의에서 드러났듯이 우리의 활동을 자극하고, 일정한 행위의 동기로 작용한다. 가령 분노의 정동은 빠르게 끓어오르고 그만큼 또 쉽게 가라앉는다. 이를 칸트는 "이 정동은 쉽게 망각된다"라고 표현하는데, 분노의 정동은 그만큼 의식에서 쉽게 사라진다는 것이다. 분노의 정동이 작용하는 방식에 관해 칸트는 흥미로운 사례를 제시한다. 즉

> 세찬 분노에 차서 당신에게 거친 말을 하기 위해서 당신의 방에 들어오는 사람에게는 친절하게 앉기를 권유한다. 당신이 그 일에 성공하면, 그의 꾸짖음은 이미 가라앉고 만다. 왜냐하면 앉는다는 것의 안락함은 긴장의 이완이기 때문이다. 이 이완은 서 있는 경우의 위협적인 거동이나 외침과 확실히 결합되어 있지 않다.[19]

17) 『인간학』 §70.
18) 『인간학』 §71.
19) 같은 곳.

이러한 과정을 분석해보면, 우선 a) 분노(정동)가 유발하는 행동(거친 말과 거동), b) 긴장의 이완(신체적 변화)과 결합된 정동(분노의 사라짐)으로 나눌 수 있다. 이러한 서술은 앞에서 논의한 신체적 감정으로서 정동의 측면을 보여주지만 한편으론 이러한 정동에 개입할 수 있는 이성적 판단의 여지를 보여준다. 즉 긴장의 이완이라는 신체적 변화를 야기할 수 있는 선택의 여지가 있다는 점이다. 즉 신체적 변화와 그 느낌으로서 정동의 과도함이 문제가 되는 것은 적절한 판단을 결여할 때다. 그리고 이러한 적절한 판단의 결여가 그 감정의 오류를 의미하지는 않는다. 칸트에게 오류란 판단에서 일어나기 때문에 감정 자체의 오류를 말하는 것은 무의미하다. 다만 정동이란 감정은 도취 상태와 같은 "무분별"(Unbesonnenheit)이라 칭해질 뿐이다. 그런 의미에서 상대방을 '사랑하는' 감정과 상대방에 '반해있는' 정동은 구별된다. 전자가 상대방에 대한 시각을 바로 유지하고 있는데 반해서, 후자는 흔히 말하듯 콩깍지가 씌운 상태이기 때문에 상대의 결점을 보지 못한다(칸트는 시각을 되찾는 데에는 결혼 후 일주일이면 충분하다고 말한다!).

따라서 정동의 상태에 대한 적합한 정의는 특정한 감정의 강렬함이라기보다는 적절한 판단의 결여라고 할 수 있으며, 그러한 적절한 판단이란 "이 감정을 그 상태에서 (쾌와 불쾌의) 모든 감정들의 총계와 비교하는 고찰"[20]을 의미한다. 가령 어떤 부자가 잔치를 벌이던 중에 하인이 귀한 유리잔을 깨뜨렸을 때, 만약 이 부자가 하나의 쾌락의 상실(유리잔의 깨어짐)을 그가 누렸던 부자로서의 행운이 가져온 모든 쾌락의 양과 비교한다면, 이 상실은 사소한 것으로 여길 것이다. 그러나 정동의 상태에서 그는 고통이라는 하나의 감정만을 허용할 뿐이며, 이로써 그가 가진 모든 행복을 상실한 것 같은 기분에 빠진다.

이러한 정동은 적절한 상황 판단이 가능한 상태로 나아가야 하지만 그렇다고 정동이 그 자체로 배제되지는 않는다. 즉 "정동은 정직하고 개방적이다.……그것은 이성이 아직 충분한 힘에 도달하기 전에 잠정적으로 고삐를 잡기 위한, 환언하면 선을 지향하는 도덕적 동기에 더해서 병리적인(감성적인) 자극의 동기를 이성의 일시적인 대용물로서 추가해서 고무시키기 위한 것이다."[21] 정동이 지닌 이러한 장점을 좀 더 적극적으로 보자면, 우리는 경이(Verwunderung)나 열광(Enthusiasm)과 같은 정동에 주목할 필요가 있다. "예기치 않은 상황 안에 자신이 처해 있다는 것을 알게 되는 곤혹"의 정동인 경이의 경우 처음에는 다른 정동들처럼 일상적인 사고나 상식적인 예측을 방해하기 때문에 불쾌한 것으로 느껴진다. 하지만 이 정동이 지닌 고유함은 다음에 즉, 그러한 예상치 못한 표상이 자극하는 생각들이 우리의 상상력을 확장시킴으로써 쾌적함을 야기하는 데 있다. 불쾌와 쾌적을 동반하

20) 『인간학』 §72.
21) 같은 곳.

는 복합적인 감정으로서 경이는 나아가 숭고(Sublime)의 감정과도 연관된다. 특정한 대상이 촉발하는 정동으로서 경이와 숭고는 어떤 경우 이성에 의해 환기되는 고유한 정동이기도 하다. 즉 "그러한 정동은 단지 이성에 의해서 환기되기 때문에, 초감성적인 것의 심연이 발 앞에 열려진다는 것을 알게 되는 일종의 신성한 전율이다."[22] 그리고 이러한 정동이 중요한 것은 그것이 바로 이성이 일깨우는 자유의 느낌으로서 "존경"의 느낌과 결합하기 때문이다.

2. 정념

정념은 욕구능력(Begehrungsvermögen)에 속한다. 이때 욕구능력은 "자기의 표상들을 통해 이 표상들의 대상들의 원인이 되는 능력"[23]이다. 따라서 욕구능력은 대상들을 야기하는 행위능력과 연관된다. 욕구는 언제나 쾌와 불쾌와 연결되어 있는데, 욕망하는 어떤 대상의 표상이 쾌라는 감정과 결합되어 있을 때 이를 "실천적 쾌"라고 부른다. 이때 이러한 쾌가 욕구능력의 원인으로 작용하기에 언제나 그에 선행할 수밖에 없는, 욕구능력을 욕망이라고 하고, 그렇지 않은 습성적인 욕망은 경향성이라고 부른다. 이러한 쾌와 욕망의 결합이 지성에 의해 일반적 규칙에 따라 주관적으로 타당하다고 판단될 때 이를 이해관심(Interesse)이라고 부르며, 경향성의 관심이 되는 것은 바로 실천적 쾌다. 그리고 쾌와 욕망이 결합할 때 이는 표상의 대상을 야기하기 위한 일정한 의지를 형성한다.

우선 칸트에게 정념이란 "어떤 선택에 관하여 그 경향성을 모든 경향성의 총계와 비교하려고 하는 이성을 방해하는 것"[24]이다. 이때 "선택에 관하여"란 말은 바로 행위를 목전에 둔 상태임을 의미한다. 이때 경향성의 관심이 되는 주관적 타당성을 판단하는 하나의 원칙은 "마음에 드는 **하나의** 경향성 때문에 다른 모든 경향성을 그늘이나 구석에 다 갖다 놓으려는 것이 아니라, 그 경향성이 **모든** 경향의 총계와 공존할 수 있도록 하는 데 유의하라는 원칙"[25]이다.

---

22) 『인간학』 §75, 열광의 경우, 『인간학』에서 칸트는 이성이 그 원인을 제공하는 정동으로서 선의에 대한 열광을 언급하며(§72), 『판단력비판』에서는 숭고한 감정으로 논의한다. 즉 열광은 "이념들에 의한 힘들의 긴장"(122쪽)이다. 그리고 『학부 간의 논쟁』 2부에서 칸트는 프랑스 혁명에 대해 유럽인들이 보내는 관심을 "선에의 열정적인 참여"로서 열광으로 보고 있으며 이때 참된 열광은 항상 "이상적인 것" "권리의 개념과 같이 순수하게 도덕적인 것을 지향하며, 사리사욕을 추구하지 않는다"고 말한다. Immanuel Kant, *Der Streit der Fakultäten*, hrsg. von Willhelm Weischedel, *Werke in zehn Bänden Band 9* (Sonderausg.). A 146. 이한구 편역, 「다시 제기된 문제: 인류는 더 나은 상태를 향해 계속해서 진보하고 있는가?」, 『칸트의 역사철학』, 서광사 1992. 123쪽.

23) 『윤리형이상학』, B1.

24) 『인간학』 §77.

25) 『인간학』 §78.

다시 말하면 정념은 하나의 습성화된 욕망, 즉 경향성이 지배적인 마음 상태이며, 이에 따라 다른 경향성들을 배제한다. 나아가 정동이 감정 상태에 대한 적절한 판단의 결여라고 한다면, 정념은 경향성과 그에 따른 행위에 대한 판단의 결여라고 할 수 있다. 하지만 적절한 판단을 결여했다고 해서 정념은 정동처럼 급작스런 사고의 마비상태에 빠져드는 것은 아니다. 정념은 일정한 행위를 계획하고, 또 이를 철저히 실행하고자 하는 욕망이라고 할 수 있다. 즉 "정념은 항상 경향성이 주관에 지정해주었던 목적에 따라서 행위한다는 주체의 준칙(Maxime)을 전제로 하고 있다. 따라서 정념은 주체의 이성과 항상 연결되어 있다."[26] 즉 칸트에게 정념은 다른 경향성들과의 비교를 통한 적절한 판단을 결여한 상태에서 임의적으로 설정한 목적에 대해 집요하게 수단을 강구하고, 또 목적 달성을 위해 지속적이고도 집요하게 행위를 추동한다는 점에서, 정동보다 더 위험하다. 이는 정념이 정작 활동의 목적을 실용적 관점에서 성취하는 데에서도 그 역할을 다하지 못하며 더욱이 자신을 파괴할 수 있기 때문이며, 나아가 자유의 동인(Motive)을 마련하는 이성과 충돌하기 때문에 도덕적 관점에서도 그러하다.

요컨대 칸트는 욕망이 갖는 신체적 감정으로서의 성격을 분명히 하고 있지만, 그 평가에 있어서 (정동과 마찬가지로) 판단의 결여와 자기 파괴적 충동이란 정념의 성격을 강조한다. 그런데 정념에 관한 칸트의 논의에서 특징적인 점은 정념이 인간의 마음의 영역에서 작용하는 내포적이고 외연적인 범위가 합리론이나 경험론에 비해 상당히 축소되었다는 점이다. 여기에는 우선 칸트 이전에 정념으로 분류되어 고찰되었던 많은 감정들이 대부분 정동의 측면에서 고찰된다는 점을 들 수 있다.[27]

칸트는 정념을 그 경향성이 자연적인 것인가 문화적인 것인가에 따라 나누며, 전자의 정념에는 자유의 경향성과 성적인 경향성(Geschlechtsneigung)이, 후자의 정념에는 명예욕, 지배욕, 소유욕이 해당한다고 말한다. 이러한 정념의 구분에서 특징적인 것은 자연적 정념은 그 격렬함에 있어 정동과 비견되고, 문화적 정념은 목적을 향한 "준칙의 완고함"[28]과 결합되어 있다는 점이다. 이때 칸트가 그 위험성을 경고하는 정념은 정념 일반이라기보다는 문화적 정념에 좀 더 가깝다는 인상을 준다.[29] 그리고 정념의 맹목성에도 불구하고, 정념 일반은 감정 일반이나 다른

---

26) 『인간학』 §77.

27) 여기에는 탐욕으로서 악덕에 해당하는 정념에 대한 태도의 변화가 작용하는 것으로 판단된다. 즉 정념을 일방적으로 억압하고 지배하는 방식에서 정념으로 정념에 대항하는 방안이 16세기 이후 부단히 강구되었고, 18세기를 거쳐 정념 논의가 (정념의 반대개념으로서) 점차로 이해관계에 관한 논의로 이전되는 경향을 보여준다. 이 점에 관해선 Albert O. Hirschman, 『열정과 이해관계-고전적 자본주의 옹호론』, 김승현 옮김, 나남 1994.

28) 『인간학』 §78.

29) 칸트는 다음과 같이 정념을 비유한다. 정념은 "하천 바닥을 항상 보다 깊게 파고 들어가는 강과 같은 작용을 한다. … 폐병이나 쇠약과 같은 것 … 삼켜진 독약이나 발

경향성들과는 달리 동물적 생명에서는 발생하지 않는다. 왜냐하면 정념은 준칙이나 규칙의 능력을 전제로 하며, 또한 그 주요한 특성은 이성적 자유와의 충돌이기 때문이다. 또한 정념은 사물을 향한 욕망이 아니라 인간을 향한 욕망이다. 즉 정념은 다른 사람의 인격을 자신이 추구하는 목적에 대한 수단으로 삼고자 한다. 특히 문화적 정념들은 "직접적으로 목적과 관계있는 모든 경향성을 만족시키기 위한, 수단의 소유에 관계하는 경향성이기 때문에, 이성의 외관을 가지고 있다."[30] 이러한 정념의 경향성은 다른 사람의 인격과 그가 지닌 자유를 사물화한다.

칸트는 흔히 알려진 것과는 달리 욕망 자체를 부정하지 않는다. 오히려 그의 사유 체계에서 중요한 역할을 담당하는 계몽과 역사철학에 있어서 욕망은 중요한 추동력으로 간주된다.

> 이성은 상상력의 도움으로 자연적 충동에 의해서는 **지지되지 않을** 뿐만 아니라 그 충동에 **대립되기까지** 하는 욕망을 만들어 내는 속성을 가지고 있다. 처음에 **정욕(Lüsternheit)**이라는 이름으로 불리던 이 욕망은, 점점 더 전체적인 **열망(Schwarm)**이 제거되어 결국에는 **풍족함(Üppigkeit)**이라 불리는 반자연적인 경향들을 낳게 된다. … 모든 동물들이 종속하고 있는 제한의 한계를 초월하게 하는 능력으로서 이성을 깨닫게 해준 이러한 최초의 시도가 성공한 것은 매우 중대한 사실이었으며, 또 삶의 방식에 대해서도 결정적인 것이었다.[31]

이러한 욕망의 창출이 가져다준 획기적인 전환은 바로 선택 능력의 발견이었다. 정해진 삶의 방식을 벗어날 수 있고 그래서 다른 삶의 가능성이 열림으로써 깨닫게 된 이러한 선택 능력을 발견은-인간은 아직 그 사용 방식에 관해서 무지했지만-이전으로 돌아갈 수는 없는 인류사 최초의 전환이었다. 이러한 선택 능력의 발견이 중요한 것은 이것이 바로 선택의지(Willkür)의 형성과 연관되기 때문이다. 선택의지의 형성은 인간 행위에 있어서 다양한 행위 선택지를 전제하는 것이며, 이것이 바로 윤리적 행위의 바탕이 되는 자유의 출발이다.[32]

육 부전에서 오는 병과 같은 것으로 간주되며, 내과 또는 외과의 정신병 의사를 필요로 한다." 『인간학』 §71 "정념은 순수 실천 이성에서는 암이며, 대개는 불치의 병이다." 『인간학』 §78.

30) 『인간학』 §79.

31) Immanuel Kant, "Mutmaßlicher Anfang der Menschengeschichte", hrsg. von Willhelm Weischedel, *Werke in zehn Bänden Band 9* (Sonderausg.). A 6. 이한구 편역, 「추측해 본 인류 역사의 기원」, 『칸트의 역사철학』, 서광사 1992. 79쪽. 칸트 원전 인용은 우리말 번역을 따르고 필요한 경우 수정했다.

32) 선택의지를 규정하는 것은 경향성의 동기(Triebfedern)이며, 이때 자유로운 행위의 전제조건은 이러한 경향성의 동기의 규정을 받을 것을 준칙으로 삼는 선택이다. 여기에서 행위의 주관적 근거로서 동기가 행위에 대한 추동력을 갖기 위해서는 도덕 법칙에 대한 이성적 인식만으로는 부족하며, 감수성과 감정이란 추동력이 필요하다. 이

이처럼 욕망은 다른 삶의 방식에 눈을 뜨게 할 뿐만 아니라 타고난 자연적 소질을 계발하게끔 한다. 이것이 바로 칸트가 『세계 시민적 관점에서 본 보편사의 이념』에서 논의하는 유명한 "사회 속에서의 인간들 상호 간의 항쟁(Antagonism)" 또는 "인간의 반사회적인 사회성(ungesellige Geselligkeit)"이다. 즉 칸트가 보기에 인간은 기본적으로 함께 모여 살려고 하는 성향과 함께 자신을 그 사회로부터 고립시켜 자신의 생각대로 살려고 하는 강한 성향(Hang)도 갖고 있다. 이러한 강한 성향은 부득이하게 다른 사람들과의 충돌과 저항을 야기한다. 따라서

> 이 저항이야말로 인간의 모든 능력을 일깨워주며, 인간으로 하여금 나태해지려는 성향을 극복하게 하고, 명예욕, 지배욕, 소유욕 등에 의해 행동하게 하여, … 그의 동시대인들 가운데 어떤 지위를 성취하게 해준다. 이렇게 하여 조야함으로부터 본래 인간의 사회적 가치에서 성립하는 문화로의 최초의 진보가 일어난다. 그때부터 모든 재능들이 점차 계발되고 취미가 형성되며, 계속된 계몽에 의해 다음과 같은 사유 방식을 정초할 수 있는 단초가 마련된다. 즉 그 사유 방식은 조야한 자연 소질을 특정한 실천적 원칙들을 지닌 인륜적 구별체로 변화시키며, 그것에 의해 **자연적 감정에 의해(pathologische)** 함께 뭉친 인간의 사회를 **도덕적인** 전체로 바꿀 수 있다.[33]

인용문에서 언급하는 문화적 정념이 작용하는 방식에 대한 고찰과 그 평가에 관해서는 일정한 제한이 필요할 것이다. 즉 「이념」에서 해당 구절을 서술하면서 칸트가 암시하는 아이러니한 뉘앙스와 정작 『인간학』에서 문화적 정념에 관한 언급[34]을 고려할 때 위의 인용문의 함축은 상대화될 수 있다. 그러나 칸트가 감정과 결합한 욕망으로서 경향성에 관해 섬세한 고찰을 하고 있음을 이를 통해 추정할 수 있다.

점에 관해서는 이원봉, 앞의 논문, 284-287쪽.

33) Immanuel Kant, "Idee zu einer allgemeinen Geschichte in weltbürgerlicher Absicht", hrsg. von Willhelm Weischedel, *Werke in zehn Bänden Band 9* (Sonderausg.). A 393. 이한구 편역, 「세계 시민적 관점에서 본 보편사의 이념」, 『칸트의 역사철학』, 서광사 1992. 29쪽. 이하 「이념」으로 약칭. 칸트 원전 인용은 우리말 번역을 따르고 필요한 경우 수정했다.

34) 정념에 대한 다음과 같은 세간의 찬양에 대해, 즉 "이 세상에 격렬한 정념없이는 어떤 위대한 것도 성취되지 않는다. 그리고 섭리 그 자체가 이 정념을 현명하게도 용수철처럼 인간의 본성 안에 심어 놓았다", 칸트는 단호한 거부의 의사를 분명히 한다. "경향성이 **정념**이 된다는 것, 아니 정념으로 되어야 한다는 것을 섭리는 원하지 않았을 것이다. 경향성을 이러한 관점에서 설명하는 것은 시인에게는 허용될는지도 모른다. 그러나 철학자는 이런 원리를 가까이 해서는 안된다. 인류가 문화의 상당한 정도에까지 도달하기 전에, 고의로 인간의 본성 중에 정념을 가져다 놓는 섭리의 잠정적인 준비로서 이 정념을 칭찬할 목적이고 하더라도, 그렇게 해서는 안 된다."『인간학』 §78.

Ⅳ. 감정의 스펙트럼[35]과 지향성

지금까지의 논의를 바탕으로 볼 때, 칸트에게서 감정은 신체적 성격을 갖지만 그와 동시에 이성적 판단과 의지의 개입을 배제하지 않는다. 현재 논의에서 이성적 판단과 의지의 개입이란 점은 강조될 필요가 있다. 왜냐하면 칸트의 감정에 대한 고찰에 있어 어떤 오해는 칸트가 감정을 어떤 정신적 능력과도 연관없는 "단순한 동물적 힘(brute forces)"[36]만으로 보았다고 주장하기 때문이다. 이 주장은 칸트의 이런 관점이 그릇된 심리학적 견해에 바탕을 두고 있다고 말하면서, 제임스의 견해와 칸트의 입장 간의 유사성을 강조한다. 이러한 주장에 대해서는 칸트와 제임스의 두 입장 모두에게서 비판이 가능하다. 이 점과 관련해서 칸트는 다음과 같은 흥미로운 언급을 한다.

> 어떤 종류의 내적인 신체적 감정은 정동과 유사하지만, 그러나 정동 그 자체는 아니다. 왜냐하면 그것들은 순간적이고 일시적일 뿐이며, 뒤에 어떤 흔적도 남기지 않기 때문이다. 어린아이가 밤에 유모로부터 귀신 이야기를 들을 때 그 아이에게 엄습하는 **소름끼침**은 이런 종류의 것이다.-마치 차가운 물을 덮어쓰는 것 같은(소나기의 경우 같은) **몸 떨리는 느낌**도 여기에 속한다. 위험의 지각이 아니라 위험하다는 단순한 생각이-어떤 위험도 없다는 것을 알고 있음에도 불구하고-이런 감각을 낳는다. …

---

35) 쾌/불쾌의 원리에 의해 추동되는 감정의 스펙트럼을 열거해 보면 다음과 같은 순서가 될 것이다. 감정일반, 정동, 원망(願望), 욕망(경향성), 정념, 미감적 취미, 숭고. 앤더슨(E. Anderson)은 그중 행위 능력과 관련된 감정으로, 정동에서 취미까지 5개의 실천 형식을 거론한다. Elisabeth Anderson, "Emotions in Kant's later Moral Philosophy", ed. by Monika Betzler, *Kant's Ethics of Virtues*, de Gruyter 2008. 123-145쪽. 앤더슨은 칸트가 가치 구조에 깊은 관심을 가졌기 때문에 그의 감정과 느낌에 관한 견해는 자세히 살펴볼 가치가 있다고 말한다. 그리고 반성적 판단 혹은 미적 판단이 갖는 인지적 성격에 관해서 칸트는 『판단력비판』 §38주해에서 "취미판단은 인식판단이 아니다"라고 말한다. 그러나 이러한 언급들에 의해서 칸트에게 반성적 판단은 인지적 판단이 아니라는 결론이 따라 나오지는 않는다. 왜냐하면 일정하게 우리의 태도를 규정하는 판단에 있어 어떠한 인지적 성격도 인정하지 않는 것은 불합리하며 칸트가 이를 주장했다고 보기는 어렵기 때문이다. "모든 인간적 판단은 (정치적인 것은 물론이고) 미적 판단을 포함해서 어떤 필수적인 인지적 차원을 포함하고 있는 것처럼 보인다." Ronald Beiner, 「한나 아렌트의 판단이론」, 『칸트 정치철학 강의』, 김선욱 옮김, 푸른숲 2000, 236쪽. 칸트의 미감적 판단이 갖는 (실천적 의미에서) 인지적 성격에 관해서는 박성수, 「미적 판단력 비판에 관한 연구 : 사회철학적 합리성과 관련하여」, 고려대학교 대학원 1994.

36) John Sabini and Maury Silver, "Emotions, responsibility, and character", ed. by Ferdinand Shoeman, *Responsibility, Character and the Emotions*, Cambridge Univ. Press 1987. 165-175쪽. 사비니와 실버의 주장에 대한 비판으로는 Marcia W. Baron, "Sympathy and Coldness in Kant's Ethics", *Kantian Ethics Almost without Apology*, Cornell Univ. Press 1999. 194-226쪽. 이원봉, 앞의 논문, 287쪽 이하 참조.

현기증과 심지어는 **배멀미**도 그것의 원인에 따르면 이러한 관념적인 위험(idealen Gefahr)의 부류에 속하는 것처럼 보인다.[37]

여기에서 칸트가 말하는 "위험하다는 단순한 생각" 또는 "관념적인 위험"은 현대 감정론에 있어서 강한 인지주의를 대표하는 케니(A. Kenny)가 감정에 적용한 "형식적 대상"을 연상케 한다. 케니에 따르면, "어떤 감정의 형식적 대상에 대한 기술은 믿음과 관련된다. 즉 공포를 느끼기 위해서는 어떤 것이 위험하다고 우리는 믿어야만 한다."[38] 그런데 칸트에게 이러한 믿음은 감정의 인지적 성격에 대한 "표준적인" 이해와는 달리 "어떤 위험도 없다는 것을 알고 있음에도 불구하고" 소름끼치는 감정을 낳는다.

한편 프린츠(J. Prinz)는 (네오-제임스주의적인)비인지주의적 감정 이해 역시 감정의 지향성을 논의할 수 있음을 밝히려고 한다. 이런 맥락에서 그가 도입하는 형식적 대상에 대한 논의는 케니와는 대조된다. 즉 프린츠는 감정의 지향성을 설명하면서, 다음 두 가지를 고려한다.

> 첫째, 어떻게 감정이 형식적 대상을 갖는가하는 것과, 둘째, 어떻게 감정이 구체적 대상을 갖는가 하는 것이다. … 예컨대, 내가 길을 지나가다 뱀(구체적 대상)을 보았을 때, 이것의 형식적 대상인 핵심주제 즉 '위험'이란 개념을 떠올리게 되고 이와 같은 형식적 대상에 대한 표상은 몸을 떨고 손에 땀을 흘리게 하는 신체적 변화를 야기한다. 이와 같은 신체적 변화는 곧 바로 공포라는 감정을 야기한다.[39]

프린츠에게 형식적 대상은 지각적 속성을 갖는다. 그런데 형식적 대상을 이렇게 이해할 경우, 형식적 대상을 갖기 위해서는 구체적 대상이 물리적으로 현존해야만 한다.[40] 그러나 가령 공포의 형식적 대상을 '위험성'과 같은 지각적 속성으로 이해한다면, 지각될 수 없는 경우들이나 때론 지각이 없이도 감정을 야기하는 경우를 포괄하기 어렵다. 예를 들어, 방사능이나 테러로부터의 위협, 그리고 위에서 칸트가 말하는 소름끼침이나 현기증과 같은 경우가 그러하다.

감정이 외부 대상과 맺는 관계적 속성과 관련된 지향성 문제에 있어서 칸트는 감정이 단지 신체적이거나 주관적인 것에만 그치는 것은 아니라는 점을 상기시키

37) 『인간학』 §76.

38) 양선이, 「윌리엄 제임스의 감정이론과 지향성의 문제」, 『철학연구』 79권, 철학연구회 2007. 120쪽. "핵심 관계 주제(core relational theme)"와 "형식적 대상"에 관한 프린츠의 논의는 Jesse J. Prinz, *Gut Reactions : A Perceptual Theory of Emotion,* Oxford Univ. Press 2004, 60-69쪽 참조.

39) 양선이, 같은 논문, 121쪽.

40) 양선이, 같은 논문, 123쪽.

는데, 다음의 사례 역시 그러하다. 즉 이성적 표상이 개입하는 감정의 경우(쾌락과 고통의 느낌을 거부할 것인가, 허용할 것인가에 관한 판단의 개입), 칸트는 어떤 대상은 쾌적하지만, 그러한 쾌적한 대상에 대한 쾌락의 감정은 흡족하지 않은 경우를 언급한다. 가령 아주 어려운 처지에 놓여 있는 어떤 사람이 자신의 부모로부터 유산을 상속한다면, 그는 그들의 죽음을 기뻐할 것이지만, 이렇게 기뻐하는 자신을 비난할 것이다. 이때 부모의 죽음이라는 상황 판단과 곤란으로부터의 벗어남이란 상황 판단 속에서 감정은 충돌한다. 이런 감정은 "쓰라린 즐거움"[41]이다. 이러한 감정의 충돌에는 이성적 판단의 개입과 함께 그러한 판단이 가져오는 감정이 함께 한다. 한편 어떤 대상은 불쾌적하지만, 그 대상이 대한 고통의 감정은 마음에 들 수 있다. 가령 남편과 사별한, 하지만 다른 점에서는 유복한 미망인은 위로받기를 거부한다. 이는 "달콤한 고통"이다.

이러한 감정의 충돌 또는 공존하는 감정은 신체적 감정만으론 고찰하기 어려운 국면으로 인도한다. 이때 감각적 만족과 충돌하는, 판단에서 흡족함이란 "누구에게나 요구할 수 있는 어떤 것"이란 점에서 감각적 만족과는 구별된다. 즉 판단에서 흡족함이란,

> 더 이상 기쁨의 대상 자체가 아니라, 우리가 그것을 기쁘다고 판단하고 있는 사실이다. … 우리는 세계나 자연이 우리를 기쁘게 한다는 사실 때문에 기쁘다고 말할 수 있다. 바로 그 시인(Billigung)의 행위가 기쁘게 하는 것이며, 바로 그 부인(Mißbilligung)의 행위가 불쾌하게 만드는 것이다. 따라서 문제는 어떻게 시인과 부인 사이에서 선택하는가이다. 한 가지 기준은 … 소통가능성 혹은 공공성이라는 기준이다.[42]

시인과 부인의 행위에 따르는 이러한 기쁨과 불쾌는 도덕 감정으로의 길을 연다. 물론 칸트 도덕 철학에서 감정의 문제는 독립적인 논의가 요구될 것이다. 하지만 분명한 것은 칸트는 감정이 유기체의 자기 보존 문제와 직결된다고 보고 있으면서도, 또한 그러한 감정의 영역에 있어서 선택의 여지를 마련해두고 있다는 점이다.

Ⅴ. 맺음말

지금까지 칸트 철학에서 감정 개념과 그 위상에 관해서 그의 후기 저작들, 특히 『실용적 관점에서 본 인간학』에서의 감정 논의를 중심으로 고찰했다. 감정은 칸트

41) 『인간학』 §61.
42) Hannah Arendt, 『칸트 정치철학 강의』, 134쪽.

철학에서는 낯선 주제다. 그리고 칸트 후기 저작들과 세 비판서를 집필한 비판 철학기와의 관계 또한 따로 검토되어야 할 주제다. 왜냐하면 칸트는 후기 저작들에서 자신의 비판 철학과 충돌하는 듯 보이는 논의를 전개하기도 하기 때문이다. 그러나 이 글의 의도는 그러한 충돌점들을 강조하는 데 있지 않다. 다만 감정에 대한 칸트의 입장이 널리 알려진 바처럼 그렇게 단순하거나 경직되지 않는다는 가정 하에서 칸트의 다른 저작들에 비해 상대적으로 감정에 관해 직접적으로 언급하고 있는 저작들을 참조했다.

그리고 그런 가정을 검토하기 위해서 감정에 대한 현재적인 철학적 논의들과 대조했다. 이러한 대조가 인지주의와 비인지주의로 양분되는 현대 감정론의 관점을 이 글이 전적으로 수용하고 있음을 의미하지는 않는다. 왜냐하면 현대 감정론의 이러한 논의 구조는 논점을 부각시키고 논의를 풍부하게 하는 이점이 있는 반면에 감정이 갖는 전체적인 모습들을 통찰하는 데 있어 한계 또한 노정시키기 때문이다. 그러한 한계는 두 입장들이 최근에는 수렴되는 경향을 통해서도 알 수 있다.

이러한 경향 속에서 감정에 대한 칸트의 통찰은-현재적 논의와의 간극에도 불구하고-현대 감정론에서의 완화된 혹은 절충주의적 인지주의 입장에 가깝다고 보인다. 이때 신체적 감정에 대한 칸트의 논의는 다음 두 가지 방식으로 해석될 수 있을 것이다. 즉 첫째, 이는 인간 유한성에 대한 칸트 철학의 고유한 파악에서 비롯한 것이며 둘째, 현재 감정론의 표준적인 인지주의가 갖는 "낙관주의"[43]적 경향에 대한 거리두기라고 보아야 한다.

칸트 철학의 감정 개념과 그 위상에 관한 연구 결과는 무엇보다 실천철학적 함축을 갖고 있다. 이 글은 일차적으로 칸트 철학에서 감정 개념을 이론적이고 인간학적인 관점에서 접근했기 때문에 칸트의 감정 개념이 갖는 실천철학적 의미를 충분히 논의하지는 못했다. 이와 관련한 추후적인 논의가 필요할 것이다.

---

43) Peter Goldie, "Emotion, Feeling, and Knowledge of the World", 103쪽.

참고 문헌

김수배, 「칸트의 인간관-실용적 인간학의 이념과 그 의의」, 『철학연구』 37권 1호, 철학연구회 1995.

맹주만, 「칸트와 '행복한 자선가'」, 『범한철학』 56집, 범한철학회 2010.

박성수, 「미적 판단력 비판에 관한 연구 : 사회철학적 합리성과 관련하여」, 고려대학교 대학원 1994.

안수현, 「칸트 윤리학에서 감성의 문제」, 『동서사상』 제11집, 동서사상연구소 2011.

양선이, 「윌리엄 제임스의 감정이론과 지향성의 문제」, 『철학연구』 79권, 철학연구회 2007.

이원봉, 「칸트 윤리학과 감수성의 역할」, 『칸트연구』 제18집, 한국칸트학회 2006.

Anderson, Elisabeth, "Emotions in Kant's later Moral Philosophy", ed. by Monika Betzler, *Kant's Ethics of Virtues*, de Gruyter 2008.

Arendt, Hannah, 『칸트 정치철학 강의』, 김선욱 옮김, 푸른숲 2000.

Baron, Marcia W., "Sympathy and Coldness in Kant's Ethics", *Kantian Ethics Almost without Apology*, Cornell Univ. Press 1999.

Beiner, Ronald, 「한나 아렌트의 판단이론」, 『칸트 정치철학 강의』, 김선욱 옮김, 푸른숲 2000.

Charland, Louis C., "Reinstating the Passions: Arguments from the History of Psychopathology", ed. by Peter Goldie, *The Oxford Handbook of Philosophy of Emotion*, Oxford Univ. Press 2010.

Deigh, John, "Concept of Emotions in Modern Philosophy and Psychology ", ed. by Peter Goldie, *The Oxford Handbook of Philosophy of Emotion*, Oxford Univ. Press 2010.

Goldie, Peter, *The Emotions: A philosophical Exploration*, Oxford Univ. Press 2002.

______, "Emotion, Felling, and Knowledge of the World", ed. by Robert C. Solomon, *Thinking about Feeling : Contemporary Philosophers on Emotions*, Oxford Univ. Press 2004.

Hirschman, Albert O., 『열정과 이해관계-고전적 자본주의 옹호론』, 김승현 옮김, 나남 1994.

Kant, Immanuel, *Die Metaphysik der Sitten*, hrsg. von Willhelm Weischedel, *Werke in zehn Bänden Band 7 (Sonderausg.)*. 백종현 옮김, 『윤리형이상학』, 아카넷 2012.

______, *Kritik der Urteilskraft*, hrsg. von Willhelm Weischedel *Werke in zehn Bänden Band 8 (Sonderausg.)*. 백종현 옮김, 『판단력비판』, 아카넷 2009.

______, “Idee zu einer allgemeinen Geschichte in weltbürgerlicher Absicht”, hrsg. von Willhelm Weischedel, *Werke in zehn Bänden Band 9 (Sonderausg.)*. 이한구 편역, 「세계 시민적 관점에서 본 보편사의 이념」, 『칸트의 역사철학』, 서광사 1992.

______, “Mutmaßlicher Anfang der Menschengeschichte”, hrsg. von Willhelm Weischedel, *Werke in zehn Bänden Band 9 (Sonderausg.)*. 이한구 편역, 「추측해 본 인류 역사의 기원」, 『칸트의 역사철학』, 서광사 1992.

______, Der Streit der Fakultäten, hrsg. von Willhelm Weischedel, *Werke in zehn Bänden Band 9 (Sonderausg.)*. 이한구 편역, 「다시 제기된 문제: 인류는 더 나은 상태를 향해 계속해서 진보하고 있는가?」, 『칸트의 역사철학』, 서광사 1992.

______, *Anthropologie in pragmatischer Hinsicht*, hrsg. von Willhelm Weischedel, *Werke in zehn Bänden Band 10 (Sonderausg.)*, 이남원 옮김, 『실용적 관점에서 본 인간학』, 울산대학교 출판부 1998.

______, *Immanuel Kant's Vorlesungen über Metaphysik*, hrsg. von K.H.L. Pölitz. 이남원 옮김, 『칸트의 형이상학 강의』, 울산대학교 출판부 1999.

Prinz, Jesse J., *Gut Reactions : A Perceptual Theory of Emotion*, Oxford Univ. Press 2004.

Recki, Birgit, “Kant: Vernunftgewirte Gefühle”, hrsg. von Hilge Landweer und Ursula Renz, *Klassische Emotionstheorien: von Platon bis Wittgenstein*, Berlin 2008.

Sabini,John/Silver,Maury, “Emotions, responsibility, and character”, ed. by Ferdinand Shoeman, *Responsibility, Character and the Emotions*, Cambridge Univ. Press 1987.

Pathology of Emotion
–The Concept of Emotion and its Contour in Kant's Philosophy–

Ko, Hyun-Bum

Abstract

This article aims at researching the point of re-reading Kant's philosophy in the topography of the contemporary theory of emotion. Through this, I wish to reveal Kant's subtler thought on emotion than it has been appreciated so far. This article is focused on two issues: bodily feeling and intentionality. In modern philosophy the research of emotion has been characterized through following two questions: first, whether emotions are identified with bodily feelings and second, whether emotions are seen as intentional state. According to these questions, the one regards emotions as feeling state (non-cognitivism), and the other as cognition (cognitivism). My main argument is that Kant doesn't exclude emotion at all, and his insight into emotion is compatible with his systematic (critical) thought and contemporary research of emotion. His position on this issue is closer to cognitivism (given his idealistic position it may be not possible that he is non-cognitivist). But he is not "the standard cognitivist". For his thoughts on emotions are always accompanied with thought on bodily feeling. Recently, two positions-above mentioned-compromises on two issues, that is, cognitivism recognizes bodily feelings and non-cognitivism makes effort to explain intentionality of emotion. Concerning these trends, Kant's thoughts on emotions nowadays suggest a lot of things.

Key words: Kant, emotions, cognitivism, non-cognitivism, affect, passion

• 투고일: 2012.09.26. 심사완료일: 2012.10.10. 게재확정일: 2012.10.12.

'긍정철학'(positive Philosophie)의 원리와 그 가능성*

이 광 모

요약문

셸링은 실존의 이유는 결코 이성에 의해 해명될 수 없다고 생각한다. 그렇다면 실존의 이유를 설명하기 위해서는 이성이 아니라 모든 사유에 선행하는 존재를 원리로 하는 학문이 있어야 한다. 셸링은 이 학문을 '긍정철학'(positive Philosophie)이라고 부른다. 하지만 긍정철학의 원리가 사유와 무관할 뿐만 아니라 오히려 사유에 선행하는 것이라면, 다음과 같은 물음이 발생한다. 즉 그러한 '사유 이전의 존재'로부터 어떻게 사유와 함께 시작되는 철학이 가능할 수 있는가? 이러한 물음은 긍정철학 자체의 가능성에 대한 문제를 제기한다. 본 논문에서는 긍정철학이 어떻게 가능한지를 고찰하며, 그 특성은 무엇인지를 서술한다.

● 주요어: 셸링, 긍정철학, 부정철학, 이성, 근거

---

* 본 논문은 2011년 숙명여자대학교 교내연구지원(과제번호: 1-1103-0555)에 의해 이루어진 것임.

Ⅰ. 철학의 과제와 이성학문의 한계

철학은 무엇을 탐구하는가? 아리스토텔레스에 따르면 철학은 존재자로서의 존재자를 탐구한다. 이때 존재자로서의 존재자를 탐구한다는 것은 존재자를 그러한 존재자이게끔 하는 원리를 탐구한다는 것을 의미한다.[1] 모든 학문은 자신이 탐구하고자 하는 존재자의 원리를 전제하지만 이때 전제되는 원리에 대한 증명은 그 학문 내에서는 이루어지지 않으며 이루어질 수도 없다. 왜냐하면 그 원리가 전제되어야 그 존재자에 대한 탐구 자체가 가능해지기 때문이다.[2] 그렇다면 각 학문이 전제하는 원리 자체에 대한 탐구는 어디에서 이루어지는가? 아리스토텔레스는 각 학문이 전제하는 원리에 대한 탐구는 최고 학문으로서의 철학의 과제가 된다고 말한다.

후기의 셸링이 철학이 무엇인지를 설명하기 위해 받아들이는 것은 바로 이러한 최고 학문에 대한 개념이다. 그는 다음과 같이 말한다. "내가 이제까지 연구한 모든 학문들은 그 자체 내에서는 결코 정당화될 수 없는 전제들에 근거한다. 수학적 학문들은 그 자체 내에서 어떤 의미 있는 동기 없이 진행될 수 있다. 그럼에도 불구하고 수학은 자기 자신을 개념적으로 파악하지는 못한다. 왜냐하면 수학은 자기 자신과 그 가능성에 대한 어떤 정당화도 제시할 수 없기 때문이다. 그리고 만약 수학이 자기 자신을 근거지우려고 한다면 자기 자신을 넘어가야 할 것이며, 그로써 그 결과들이 목표로 하는 그 토대를 떠나야 할 것이다."[3] 이것은 언어학이나 자연학에 있어서도 마찬가지이다. 예를 들어 "자연학은 자연현상들을 설명하기 위한 여러 가지 개념들을 제시한다. 그것은 중력과 같은 비물질적 원인들이거나 혹은 계측할 수 없는 질료들(stoffe)이 될 수도 있다. 하지만 이렇게 제시되는 개념들에 대해 궁극적으로 다음과 같은 물음이 던져질 수 있다. 즉 이러한 원인들이나 질료들 자체는 어디로부터 온 것이며 무엇을 위해 있는 것인가? 존재해야할 필연성은 도대체 어디에 있는가? 다시 말해 그러한 것들은 왜 있는 것인가?"[4] 자연으로서의 존재자의 원리를 묻는 이러한 물음들에 대한 대답은 결코 자연학 내에서는 주어질 수 없다. 만약 그것을 설명하는 학문이 있다면, 그것은 철학 이외에 다른 것일 수 없다.

그렇다면 아리스토텔레스에게 있어 모든 존재자를 존재자이게끔 하는 궁극적

1) Aristoteles, *Metaphysik*, übersezt von Hermann Bonitz, Hamburg 1994, 994 a.
2) Aristoteles, *Lehre vom Beweis oder Zweite Analytik*, übersezt von Eugen Rolfes, Hamburg 1990, 76 a 15-33.
3) F.W.J. Schelling, *Philosophie der Offenbarung, Erstes und zweites Buch*, 1858, in *Schellings Werke* Sechster Ergänzungsband, hrsg. von Manfred Schröter, München 1954(차후 *Philosophie der Offenbarung*으로 인용), S. 3-4.
4) *Philosophie der Offenbarung*, S. 5.

원리는 무엇인가? 그에 따르면 모든 존재자를 그러한 존재자이게끔 하는 원리는 다음과 같은 네 가지이다. 즉 질료, 형상, 목적, 작용(aitia)이 그것이다. 이때 목적이 곧 형상이고, 그 형상을 향해 전개시키는 동인이기 때문에 형상과 작용은 자연적 존재자나 예술적 존재자에 있어서 똑같이 목적 안으로 융합된다.[5] 그렇다면 결국 모든 존재자의 궁극적 원리는 그 목적이라고 할 수 있다. 셸링은 아리스토텔레스의 이러한 견해에 동조한다. 그렇기 때문에 그는 '무기물과 유기물을 포함하여 자연의 모든 존재자들이 도대체 왜 그렇게 있는가?'라는 물음은 단지 그 목적이 무엇인지가 밝혀질 때 대답되리라 생각한다.

그가 볼 때, 자연사의 최종 목적은 인간이다. "그 이전의 모든 것들은 단지 인간에 도달하기 위한 단계들일 뿐이다. 따라서 이 모든 물음들에 대해 대답하는 최후의 학문인 철학의 유일한 대상은 인간이다."[6] 다시 말해 인간이 자연 발전의 마지막 단계이자 목적인 한에서, 자연의 모든 존재자의 존재 이유는 인간 속에서 비로소 개념적으로 이해된다. 그러나 자연적 존재자들의 최종 원인으로서 인간이 제시되었다고 해서 '그러한 것들이 왜 있는 것인가'라는 물음이 완전히 대답되는 것일까? 셸링은 다음과 같이 말한다. "인간과 그의 행위가 세계를 이해하게 만드는 것과는 반대로 인간 자체가 가장 파악하기 힘든 것이며 인간 자체가 나로 하여금 모든 존재가 축복 받지 못했다는 생각, 즉 예부터 그리고 우리시대에 그렇게 고통스럽게 내뱉은 생각들로 몰아간다. 바로 그, 인간이 나로 하여금 절망에 가득 찬 마지막 물음을 던지게 한다. 왜 도대체 어떤 것이 있으며 없는 것이 아닌가?(warum ist überhaupt etwas? warum ist nicht nichts?)"[7] 결국 모든 존재자의 최고 원리를 탐구하는 철학에게는 실존의 근거에 대한 물음이 마지막으로 남게 된다.

철학은 진리를 탐구하는 한 실존의 근거에 대한 물음에 답해야 한다. 하지만 이러한 물음에 다다를 때, 우리는 문제의 심각성을 깨닫게 된다. 왜냐하면 존재자의 근거를 묻는 물음은 이성을 통해 던져지는 것인데, 역설적이게도 이성은 이 물음 앞에서 무기력해지기 때문이다. 그러나 셸링은 "이 물음이 대답되지 않는다면 모든 다른 것들은 가없는(bodenlos) 무의 심연(Abgrund)으로 떨어지게 된다. 따라서 이제 이러한 물음들에 대해 대답하고 우리를 저 절망으로부터 벗어나게 해줄 하나의 학이 있어야 한다는 것은 논박할 여지없이 다급한 것이며 필연적인 요구이다. 즉 이러 저러한 개인에 대한 요구가 아니라 인간 본성 자체에 대한 요구이다." 라고 말한다.[8] 그리고 이어서 "인간들에게 알려져 있고 그들에 의해 고안되거나 형성된 모든 다른 학문들은 나름 그 특정한 과제들을 안고 있다. 하지만 어떤 학

5) A. E. Taylor, *Aristotle* (New York 1955) 이정우 역, 종로서적, 1986, S. 55.
6) *Philosophie der Offenbarung*, S. 5.
7) *Philosophie der Offenbarung*, S. 7.
8) *Philosophie der Offenbarung*, S. 7.

문도 이 마지막이며 가장 일반적인 물음에 대해 대답하지 못하고 있다. 따라서 철학이 그 자체에 있어서나 모든 시대에 있어서 연구할만한 학문이라고 하는 데에는 의심의 여지가 없다. 왜냐하면 철학을 통해서만 모든 다른 지들은 비로소 그 최고의 연관과 마지막 정지 점을 갖게 되기 때문이다."라고 말한다.[9] 결국 후기 셸링에게 있어서 철학은 실존의 근거를 해명하는 학문이 된다. 문제는 이성을 근거로 하는 이제까지의 철학은, 그 이성의 한계 때문에 원천적으로 이 물음에 답할 수 없다는데 있다. 그렇다면 이성의 한계란 무엇인가?

이성의 한계를 이해하기 위해서는 먼저 이성 자체가 무엇인지 생각해 보아야 한다. 전통형이상학, 즉 스콜라철학에 따르면 인간인식의 세 가지 원천에는 오성(intellectus), 경험 그리고 이성(ratio)이 있다. 이때 오성이란 개념의 능력으로서, 감각적 경험이 주어질 때 일반적 원리들을 그 경험에 적용함으로써 인식을 만드는 능력이다. 반면 이성이란 추론능력으로서, 오성과 함께 주어진 일반적 원리들을 경험 속에 놓여 있는 우연적인 것에 적용함으로써 이 둘을 넘어서는 공통적인 어떤 것을 도출할 수 있는 능력이다. 전통형이상학은 이러한 인식원천에 근거해서 오성의 일반적 개념과 원리들을 경험에 적용함으로써 경험을 넘어서는 것에로 추론해 나간다. 인간 인식에 대한 이러한 이해는 칸트에게 이어진다. 칸트는 인간의 인식능력을 감성, 오성, 이성으로 구분하지만 한 걸음 더 나아가 이러한 인식능력들을 넘어서는 보다 보편적인 상위의 능력이 있다고 생각한다. 그것은 특수한 능력으로서의 이성을 넘어서는 보편적 이성능력이다. 그는 이러한 보편적 이성에 근거해서 인식능력 일반에 대한 비판을 수행한다. 이렇게 본다면 사실 '이성비판'이란 보편적 인식능력으로서의 이성의 자기인식이 된다. 왜냐하면 그곳에서 비판하는 주체뿐만 아니라 비판의 대상이 동일한 이성이기 때문이다.

셸링은 칸트의 인식비판 속에서 성립되는 이성을 "인식함과 존재함의 무한한 가능성 혹은 힘(Potenz)"이라고 규정하며,[10] 이러한 이성에 의해 성립되는 학문을 '이성학문'이라고 부른다. 이처럼 이성이 자신을 인식의 대상으로 삼는 이성학문은 무제약적인 학문이다. 왜냐하면 그때 인식의 내용과 형식은 동일하기 때문이다.[11] 이것은 이성이 모든 존재자의 선천적 인식의 원리가 됨을 의미한다. 따라서 셸링은 "이성학문이란 이성이 자신으로부터, 즉 자신의 고유한 근원적인 내용으로부터 존재의 내용을 발견하는 학문"이라고 말한다.[12] 하지만 유감스럽게도 이와 같은 이성을 원리로 하는 이성학문은 실존의 이유에 대해서는 아무 것도 말할 수 없다. 왜냐하면 이성이 자신으로부터 길러내는 존재란 단지 개념일 뿐 실존 자체는 아

9) *Philosophie der Offenbarung*, S. 7.
10) *Philosophie der Offenbarung*, S. 62.
11) *Philosophie der Offenbarung*, S. 57.
12) *Philosophie der Offenbarung*, S. 62.

니기 때문이다. 다시 말해 이성이 존재자에 대해 선천적으로 인식하는 것은 단지 그 존재자가 존재할 경우 그 존재자는 무엇이라는 것(quid)일 뿐이며 결코 그 존재자가 있다는 것(quod)은 아니기 때문이다.[13]

특히 이성이 존재자의 본질을 통찰할 때, 그 본질은 개념으로서 이성이 그 존재자에게 선천적으로 부여한 것이다. 따라서 개념에 대한 인식은 재인식이라고 해야 한다. 문제는 이러한 인식이 가능하기 위해서는 우선 존재자가 경험 속에 주어져야 한다는 것인데, 경험 속에 존재자가 주어지는지는 단지 경험이 가르쳐줄 뿐이지 결코 이성이 가르쳐 주지는 못한다는 것이다. 결국 경험 속에 나타나는 존재자에 대해 그것이 실존하는지에 대해서는 이성학문은 결코 아무 것도 말할 수 없게 된다.[14] 그렇다면 셸링에게 '저 절망으로부터 벗어나게 해줄 하나의 학', 다시 말해 실존의 이유를 해명할 수 있는 학은 무엇인가?

셸링이 볼 때, 실존의 이유를 해명하기 위해서는 이성이 아니라 모든 사유에 선행하는 존재를 원리로 하는 학문이 있어야 한다. 셸링은 이 학문을 '긍정철학'(positive Philosophie)이라고 부른다. 이 학문이 긍정철학인 이유는 이성학문이 '부정철학'인 것과 견주어 이해해야 한다. 이성학문이 사물의 가능성을 개념적으로 파악하고자 할 때, 이성은 존재자의 개념 속에 있는 우연적인 것들을 부정하고 본질적인 것만을 포착하고자 한다. 그렇다면 결국 이성학문은 부정을 통해 존재의 규정에 도달한다고 할 수 있으며, 그런 한에서 '부정철학'(negative Philosophie)이 된다.[15] 이것이 방법적인 면에서 고찰한 이성학문에 대한 이해라면 내용적인 측면에서도 마찬가지이다. 이성학문이 부정하는 방법을 통해 도달하게 되는 최후의 내용은 실존 자체가 아니라 '존재하지 않을 수 없는 것(den Begriff des nicht nicht Seienden)'이라는 부정적 개념이다.[16] 따라서 이성학문은 내용적으로도 '부정철학'이 된다.

그렇다면 이러한 부정철학과 비교해 볼 때, 긍정철학이 무엇인지는 분명해진다. 우선 긍정철학은 그 원리가 사유 즉 부정성이 아니라는 점이며, 방법적으로도 사유의 추상화 혹은 부정을 통해 대상을 규정하는 것이 아니라 적극적 경험을 통해 존재자를 규정하는 철학이라고 할 수 있다.[17] 이때 긍정철학의 원리가 사유와 무관할 뿐만 아니라 오히려 사유에 선행하는 것이라면, 그러한 '사유 이전의 것으로부터 어떻게 사유와 함께 시작되는 철학이 가능할 수 있을까'라는 긍정철학 자체의 가능성에 대한 물음이 제기된다.

---

13) *Philosophie der Offenbarung,* S. 58.

14) *Philosophie der Offenbarung,* S. 58.

15) *Philosophie der Offenbarung,* S. 79 및 S. 68. 우연적인 것들을 부정한다는 의미로 셸링은 ausscheiden 혹은 hinwegschaffenden이라는 단어를 사용한다.

16) *Philosophie der Offenbarung,* S. 70. Michael Theunissen, 「Die Aufhebung des Idealismus in der Spätphilosophie Schellings」, in *Philosophisches Jahrbuch*(1976) S. 12-13 참조.

17) *Philosophie der Offenbarung,* S. 84.

Ⅱ. 신의 실존에 관한 '존재론적 논증'의 한계

긍정철학이 '학'으로 가능하기 위해서는 비록 그 원리가 사유에 선행하는 존재라고 할지라도 이성적 사유가 그 존재에 다가가는 것이 가능해야 한다. 하지만 문제는 만일 사유가 그 존재에 다가갈 수 있다면, 이성을 원리로 하는 이성학문은 적어도 긍정철학을 위한 예비학이 되거나 아니면 긍정철학을 기초지운다고 해야 하며, 그 결과 긍정철학의 독창성은 사라지게 된다. 반면 이성이 이 존재에게 다가갈 수 없다면, 긍정철학은 기존의 철학과는 전혀 다른 의미의 새로운 철학이 될 수는 있겠지만 학으로서 성립하기는 힘들어 보인다. 따라서 우리는 먼저 사유가 사유에 선행하는 존재에 다가갈 수 있는지를 살펴보아야 한다. 이 고찰을 위해 이성학문이 그 종국 점에서 만나는 존재가 어떤 것인지를 생각해 보자.

우선 이성이 '인식함과 존재함의 무한한 포텐츠'라고 할 때, 이성이 내용으로 하는 존재자란 현실적 실존자가 아니라 가능적 존재자라는 것은 분명하다. 이성은 이러한 가능적 존재자를 우연적인 것을 배제함으로써 그 개념에 따라 완전하게 규정하려고 한다.[18] 그러나 "존재자 즉 존재함(das Ist)을 그 마지막 목표로 삼는 이성이 얻는 것은 단지 '존재하지 않을 수 없는 것'(das nicht nicht Seiende)이라는 개념뿐이다."[19] 결국 이성철학이 도달하게 되는 마지막 존재란 더 이상 다른 것으로 이동할 수 없다는 의미에서는 종결점이긴 하지만 '존재하지 않을 수 없는'이라는 부정적 개념이다. '존재하지 않을 수 없는 것'은 물론 현실적 실존자(wirklich Existierende)는 아니다. 그렇다고 해서 그것이 단순히 포텐츠도 아니다.[20] 셸링은 그것을 '더 이상 포텐츠가 아닌 포텐츠'(die Potenz, die nicht mehr Potenz ist) 혹은 '존재하는 포텐츠'(die seiende Potenz)라고 부른다.[21] '더 이상 포텐츠가 아닌 포텐츠'인 이 마지막 포텐츠는 가능태가 현실태로 이행함으로써 성립되는 것이 아니라 선천적으로(apriori) 존재한다. 다시 말해 그것은 존재를 우선적인 것(prius)으로 하는 포텐츠인데,[22] 이러한 포텐츠가 이성철학이 도달하게 되는 마지막 귀결점이다.

이성철학은 이 마지막 귀결점을 신이라고 부른다. 왜냐하면 신은 칸트가 말하듯이 "이성의 최후의 모든 것을 종결하는 개념"일 뿐만 아니라,[23] "마지막이며 최고의 이성이념의 필연적인 내용"이기 때문이다.[24] 문제는 이때 이성철학이 이러한

18) *Philosophie der Offenbarung,* S. 75.
19) *Philosophie der Offenbarung,* S. 70.
20) *Philosophie der Offenbarung,* S. 155.
21) *Philosophie der Offenbarung,* S. 155.
22) *Philosophie der Offenbarung,* S. 156.
23) *Philosophie der Offenbarung,* S. 62.
24) *Philosophie der Offenbarung,* S. 45.

최종 개념인 신의 실존을 논증을 통해 증명할 수 있다고 생각한다는 점이다. 다시 말해 이성은 존재론적 증명을 통해 신의 실존을 증명할 수 있다고 생각한다. 만일 이성철학이 생각하듯 그렇게 신의 실존이 증명된다면, 바로 그곳에 실존을 원리로 하는 긍정철학의 출발점이 놓인다고 할 수 있다. 그리고 그런 한에서 긍정철학은 부정철학을 통해 근거 지워진다고 말해야 한다.[25] 하지만 셸링이 볼 때 신의 실존을 증명할 수 있다는 생각은 근본적인 오류에 근거한다. 그 오류가 무엇인지 파악하기 위해서는 존재론적 증명의 내용을 살펴보아야 한다.

셸링에 따르면, 신의 존재를 증명하는 논증이 '존재론적인' 이유는 그 논증이 신의 단순한 본질로부터, 다시 말해 어떤 경험에 의존함이 없이 선천적으로(apriori) 수행되기 때문이다.[26] 특히 이 논증의 핵심은 '그 본질이 실존을 포함하는 존재'(deus est ens, ex cujus essentia sequitur existentia)라는 신에 대한 정의이다. 이 정의는 신의 개념으로부터 즉 그 본질과 본성으로부터 '만일 신이 존재한다면 그 신은 선천적으로(apriori) 실존하는 자이어야 하며 달리 실존할 수는 없다'는 것을 도출하게 한다. 하지만 문제는 이 논증의 전제인 '만일 신이 존재한다면'으로부터 그 결론인 '신이 실존한다'는 것이 도출되는가 하는 점이다.[27] 물론 이때 존재론적 논증을 제시하는 자들이 신의 개념은 필연적으로 실존하는 것이라고 주장할 수 있다. 하지만 그 경우라면 증명 자체가 필요 없게 될 것이며, 그렇지 않은 경우라면 신의 개념 자체 속에 실존이 포함된다고 말할 수는 없다. 그렇다면 존재론적 논증의 추론이 왜 오류추론인지를 구체적으로 안셀무스와 데카르트의 논증에서 살펴보자.

존재론적 논증 가운데 가장 오래된 안셀무스의 논증은 다음과 같이 전개된다. 첫째, 그 위에 더 이상 아무 것도 존재하지 않는 최고의 개념은 신이다. 둘째, 만일 그 최고의 개념인 신이 실존하지 않는다면 그것은 최고의 것이 아니다. 왜냐하면 그 경우 우리는 실존을 갖는 존재를 그 최고의 것에 앞서는 것으로 생각할 수 있기 때문이다. 결론, 따라서 최고의 것은 실존한다. 이러한 증명에서 문제가 되는 것은 '최고 존재'라는 첫 번째 전제 속에 이미 실존이 함축된다는 것이다. 셸링에 따르면 그 경우 논증의 결론으로 주어지는 그 존재가 실존한다는 것은 사실 동어반복일 뿐이며 결코 논증이라고 할 수 없다.[28]

셸링이 볼 때 데카르트의 논증 또한 마찬가지의 오류를 범한다. 그의 논증에 따르면, 첫째, 가장 완전한 존재는 결코 우연적으로 존재하지 않고 단지 필연적으로만 존재한다. 둘째, 신은 가장 완전한 존재이다. 따라서 신은 실존한다. 데카르트

25) *Philosophie der Offenbarung,* S. 160-161.
26) *Philosophie der Offenbarung,* S. 156.
27) *Philosophie der Offenbarung,* S. 156.
28) *Philosophie der Offenbarung,* S. 157.

의 논증이 오류추리인 이유는 그 논증이 실존의 방식에 대한 논의로부터 직접적인 실존을 추론하기 때문이다.[29] 다시 말해 데카르트의 논증은, 만일 신이 존재한다면 그 신은 가장 완전한 존재로서 필연적인 방식으로 실존한다는 것만을 말할 뿐이며 신이 실존하는지 안 하는지에 대해서는 결코 아무 것도 말하지 않는다는 것이다. 따라서 데카르트가 오류추론을 범하지 않으려면 '신은 필연적으로 실존할 수 있다'고 결론을 도출해야한다.[30]

정리해서 말하자면, 존재론적 논증이 신을 '필연적으로 실존하는 존재'(das notwendig seiende Wesen)로 정의할 때, 이 정의가 말하고자 하는 것은 단지 만약 신이 실존한다면 그때 신은 필연적 실존자일 수 있다는 것뿐이다. 존재론적 논증을 제시하는 자들이 생각하듯이 그렇게 신의 실존을 증명할 수 있으려면 그때 신의 정의는 필연적 존재자라는 것뿐만 아니라 '필연적으로 필연적 존재자'라는 것을 함축해야 한다.[31] 셸링이 볼 때 이러한 차이는 결정적인 것이다. 왜냐하면 전자에서는 사유가 개입되는 반면 후자에서는 사유는 배제되고 단지 실존함(das Existieren)만이 생각되기 때문이다. 하지만 이와 같은 필연적으로 필연적인 존재자는 존재론적 논증이 신을 정의할 때 이해하는 것이 아니다.[32] 긍정철학의 원리가 되는 사유 이전의 존재란 바로 이와 같은 '필연적으로 존재하는 자'(das notwendig Seiende)이다. 모든 사유에 선행하는 것(prius)으로서의 이러한 존재자는 어떤 가능태도 포함하지 않는 순수 현실태이다. 그렇다면 결국 신의 개념으로부터 시작하여 순수 현실태로 나아가고자 하는 존재론적 논증은 결코 신의 실존을 증명하는 것이 아니므로 그 논증을 최후의 수단으로 하는 이성철학은 철학의 궁극적 과제인 실존을 다룰 수 없음이 밝혀지게 된다.

Ⅲ. 긍정철학의 원리(Anfang)에 이르는 길

이성철학이 실존의 문제를 다룰 수 없다면, 긍정철학의 가능성과 관련해서 이성철학은 전혀 의미가 없는 것인가? 셸링에 의하면 비록 이성철학이 실존의 문제를 다루지는 못한다고 할지라도 그렇다고 해서 전혀 무의미한 것은 아니다. 왜냐하면 이성철학은 그 마지막 귀결점에서 얻게 되는 '존재하지 않을 수 없는 것'이라는 개념을 통해 실존자를 지시함으로써 자신의 귀결점을 긍정철학에게 원리(Prinzip)로서가 아니라 과제(Aufgabe)로서 넘겨주기 때문이다. 다시 말해 이성철학이 실존

29) *Philosophie der Offenbarung,* S. 157.
30) Dieter Henrich, *Der ontologische Gottesbeweis*, Tübingen, 1960, S. 222 참조.
31) *Philosophie der Offenbarung,* S. 159.
32) *Philosophie der Offenbarung,* S. 160.

을 다룰 수 없다는 사실로부터 긍정철학은 자신의 과제가 무엇이어야 하는지를 명확하게 인지하게 된다는 것이다. 실존을 과제로 부여받은 긍정철학은 이성철학과 관계없이 그 자체로 시작되어야 한다. 따라서 셸링은 “올바르게 이해된 부정철학은 긍정철학에로 이끌지만, 그에 반해서 긍정철학은 올바르게 이해된 부정철학에 대해 대립할 때 비로소 가능하게 된다.”고 말한다.[33)]

이때 문제는 이성이 긍정철학의 원리인 사유에 선행하는 존재 즉 순수 존재자에 다가갈 수 없음에도 불구하고, 셸링이 “긍정철학은 순수 실존자의 원리와 함께 그 자체로 출발할 수 있다. 즉 어떤 이성철학이 선행되지 않더라도 시작될 수 있다.”고 말한다는 점이다.[34)] 왜냐하면 이 경우 철학은 이성이 아니라면 도대체 무엇으로 시작할 수 있는가라는 물음이 제기되기 때문이다. 만일 사유가 단지 가능성, 즉 포텐츠만을 다루며 실존 앞에서는 완전히 무기력해진다면 사유와 더불어 시작되는 철학 자체는 전혀 불가능한 것처럼 보인다. 그렇기 때문에 이성 즉 사유를 철학의 원리로 하는 자들은 모든 가능성에, 즉 모든 사유에 선행하는 현실성은 생각될 수 없다고 말한다. 그러나 이러한 주장에 대해 셸링은 다음과 같이 말한다. “이러한 주장은 일견 타당할 수 있다. 그러나 그렇기 때문에 현실성은 실제적 사유의 시원일 수가 있다. 왜냐하면 사유의 시원은 그 자체에 있어서 사유일 수는 없기 때문이다.”[35)] 다시 말해 우리가 사유를 결코 벗어날 수 없기 때문에, 우리는 사유 외부에 있는 어떤 존재자를 원할 수 있는 것이며 또한 그렇기 때문에 철학은 사유에 절대적으로 선행하는 존재로부터 시작될 수 있다는 것이다.[36)] 셸링은 사유 외부의 존재가 사유에게는 알려지지는 않지만 그럼에도 불구하고 사유의 시원이어야 한다는 이러한 생각을 이미 칸트가 파악하고 있다고 말한다. 왜냐하면 칸트는 인간 이성의 ‘심연’(Abgrund)으로서 모든 사유에 선행하는 실존자가 있으며, 그 앞에서 인간의 이성은 침묵하게 되고 집어 삼켜지게 된다고 말하기 때문이다.[37)]

---

33) *Philosophie der Offenbarung,* S. 80. 이성철학은 긍정철학을 근거 짓기 위해서 불가피한 어떤 것이라고 생각되거나 혹은 철학의 완성을 위해서는 부정철학뿐만 아니라 긍정철학도 필요하다고 말할 수도 있다. 물론 이때 긍정철학이 필요하다는 것은 이것이 부정철학을 근거지우거나 혹은 부정철학의 연장(fortsetzung)이라는 의미는 아닐 것이다. 왜냐하면 긍정철학에는 부정철학과는 완전히 다른 양태가 존재하기 때문이다. 하지만 만약에 긍정철학이 부정철학에 의해 근거 지워 진다면, 그것은 단지 부정철학이 긍정철학에게 ‘이미 인식된 것’으로서의 대상을 제공한다는 의미 이상은 아니다. 이런 맥락에서 셸링은 다음과 같이 말한다. “순수 이성철학에 있어서 우선적인 것은 여기(긍정철학)에서는 부차적인 것이 된다. 이성철학의 끝에서 부정철학은 긍정철학에 대한 요구를 갖는다. 다시 말해 자기 자신을 의식하고 스스로를 완전히 이해하는 부정철학은 자신 외부에 긍정철학을 설정하려는 욕구를 느끼게 된다.”고 말한다.(S. 92)

34) *Philosophie der Offenbarung,* S. 161.

35) *Philosophie der Offenbarung,* S. 162.

36) *Philosophie der Offenbarung,* S. 164.

셸링이 볼 때 칸트의 이러한 이해는 올바른 것이다. 이것이 올바른 이유는 심연으로서의 실존자가 더 이상 해명되지 않는다는 의미를 지니기 때문이기도 하지만 동시에 이성에게는 떨어져(Ab) 있음에도 불구하고 그 근거(Grund)일 수 있기 때문이다. 다시 말해 이러한 심연은 이성의 눈에는 해명되지 않기 때문에 심연이지만 사실은 그의 존재론적 근거이다.[38] 이성은 이 '떨어진 근거'(Ab-grund) 앞에서 굴복하고 아무 것도 할 수 없다. 따라서 인간의 몫으로서의 철학이 가능하기 위해서 사유는 이 심연 앞에서 심연이 자신에게 다가오도록 기다려야 한다. 다시 말해 사유는 자신으로부터 실존자에게로 나아갈 수는 없지만, 그 실존자가 추후적으로(a posteriori) 자신에게 다가오도록 기다릴 수는 있다는 것이다. 그렇다면 어떤 경우에 실존자는 사유에게 다가오는가?

이성은 스스로를 포기할 때, 그때 자신이 어떤 개념도 갖지 못하는 이 존재자를 "절대적 탈자"(ein absolute Außer sich)로 정립하게 된다. "이러한 정립 속에서 이성은 스스로의 바깥에 것(außer sich)이 되고 절대적으로 탈자적(extatisch)이게 된다."[39] 여기서 '탈자'(Extase)란 사유가 "자신의 밖에, 주체로서의 자신의 위치 밖에 놓이게 되는 것"이며,[40] "그 속에서 이성은 스스로를 벗어나게 되는(außer sich gesezt ist) 그런 이념이다."[41] 이러한 자기 포기 속에서 존재자는 사유에게 다가오게 된다. 그렇기 때문에 자기 포기란 하나의 경이(Erstaunen)이다. 경이 속에서 존재자는 사유에게 다가오게 되고 철학은 시작된다. 따라서 셸링은 다음과 같이 말한다. "철학이란 증명된 학이 아니라 한마디로 말하자면 자유로운 정신의 행위이다. 자유로운 정신의 첫 번째 발걸음은 지(Wissen)가 아니라 오히려 무지(Nichtwissen)이며 인간에게 있어 모든 지의 포기이다."[42]

---

37) *Philosophie der Offenbarung,* S. 164. 칸트는 모든 사물의 담지자로서 무제약적인 필연성이 있어야 한다고 생각했다. 다시 말해 만일 어떤 것이 실존한다면 그리고 더욱이 자아 자체가 실존한다면, 필연적이지만 그 자체는 더 이상 다른 것에 근거를 두지 않는 몰근거적인 어떤 것이 있어야 한다는 것이다. 그는 이러한 무제약적이며 모든 사유에 선행하는 존재의 필연성을 인간 이성에게는 심연(abgrund)이라고 말한다. 그에 따르면 모든 선험철학을 근거지우는 자아조차도 이 심연으로부터 근거한다. 왜냐하면 존재구성의 근거인 자아가 어디로부터 근거하는가에 대한 물음에 직면하면 이 심연에 마주 설 수밖에 없기 때문이다.(162)

38) *Philosophie der Offenbarung,* S. 162.

39) *Philosophie der Offenbarung,* S. 163.

40) Schelling, *Über die Natur der Philosophie als Wissenschaft.* ausgewälte Werke, Darmstadt, 1989(추후 Philosophae로 표기) S. 251.

41) *Philosophie der Offenbarung,* S. 162.

42) Philosophae, S. 250.

Ⅳ. '사유 이전의 존재'(Unvordenklichessein)로부터 철학의 가능성

긍정철학은 이성적 사유가 모든 개념과 함께 스스로를 내려놓을(fallen lassen) 때 비로소 가능케 된다. 셸링은 이러한 사유의 자기 포기 속에서 사유에게 다가오는 실존자를 모든 사유에 선행한다는 의미에서 '*사유 이전의* 존재'(das *unvordenkliche* Sein) 혹은 '몰 개념적인 것'(Begrifflose) 내지 '개념적으로 파악할 수 없는 것'(Unbegreifliche)이라고 부른다.[43] 긍정철학이 학으로 가능하기 위해서는 이와 같이 '개념적으로 파악할 수 없는 것'이 개념적으로 파악할 수 있는 것으로 바뀌어야 한다. 하지만 순수 현실태인 '사유 이전의 존재'가 과연 가능태로 이행할 수 있을까? 셸링은 이에 대해 다음과 같이 대답한다. "만일 우리가 모든 가능성에 선행하는 현실성에 대해 결코 표상할 수 없다고 말한다면, 그것은 잘못된 반박이다. 물론 인간의 모든 산출이란 사전에(vorher) 그 가능성으로부터 파악될 수 있다. 그러나 그 가능성이 현실성을 통해 비로소 파악될 수 있는 것들 또한 있다. 바로 이러한 경우를 우리는 유일하며 근원적인 산출이라고 부른다."[44] 다시 말해 어떤 가능태도 순수 존재자에 대해 선천적으로 선행할 수는 없지만 역으로 순수 존재자는 후천적으로 가능태가 될 수는 있다는 것이다. 따라서 셸링은 "우리가 비판하는 것은 단지 시원에 선행하는 것으로서의 포텐츠이지 결코 사전에, 즉 존재하기 이전에 순수 존재자가 포텐츠가 될 수 있다는 것은 아니다."라고 말한다.[45] 다시 말하면 존재가 존재하고 난 후에 추후적으로, 즉 후천적으로 가능적 존재자(Seinkönnende)가 될 수는 있다는 것이다.

이처럼 순수 존재자에게 "사유 이전의 존재로 있는 것과는 달리 있을 수 있는 가능성"이 주어진다면,[46] 그 순수 존재자는 현실적 존재자(Wirklchseiende)일 뿐만 아니라 동시에 존재가능자(Seinkönnende)가 된다. 셸링은 자신에게 다른 존재를 상정할 수 있는 이와 같은 순수 존재자를 '참된 존재자'(das wahrhaft Seiende) 혹은 모든 가능태에 선행하는 존재 가능자라는 의미에서 '가능태의 가능태'(potentia potentiae)라고 부른다.[47] 이것이 참된 존재자인 이유는 모든 것에 선행하는 가능성과는 무관하게 참으로 선천적인(apriori) 존재로서의 자신의 근원존재(Ursein)를 확신하기 때문이며, 동시에 존재가능자인 이유는 다른 존재를 가정할 지 말지를 완전히 자유롭게 결정하기 때문이다.[48] 그렇다면 결국 긍정철학의 가능성은 스스

---

43) *Philosophie der Offenbarung(1841/42),* hrsg. von Manfred Frank, Frankfurt am Main, 1977.(추후 Paulus로 인용) S. 161, 166.

44) Paulus, S. 162.

45) Paulus, S. 162.

46) Paulus, S. 162.

47) Paulus, S. 162-163.

로를 포기하는 이성에 의해 주어지는 것이 아니라 궁극적으로 순수 존재자의 사유 이전의 존재와는 다르게 존재할 지에 대한 결정에 근거한다. 왜냐하면 아무리 이성이 자신을 포기한다고 할지라도 순수 존재자가 스스로 자신과 다르게 존재하기를 원하지 않는다면 긍정철학은 불가능해지기 때문이다.

하지만 셸링에 따르면 사실적으로 순수 존재자는 자신과 다르게 존재하기를 원했다. 그는 순수 존재자의 이러한 결정을 설명하기 위해 가설적인 방법을 택한다.[49] 먼저 우리는 그러한 사태가 어떻게 일어나는지를 이성적으로 파악할 수는 없다. 왜냐하면 그것은 사유의 한계 너머의 것이기 때문이다. 그러나 어떻든 간에 그러한 사태는 일어났다. 우리가 사유하고 있다는 것이 그 증거이다. 왜냐하면 이것은 이미 사유 이전의 존재와는 다른 존재가 주어졌다는 것을 의미하기 때문이다. 그렇다면 사유 이전의 존재에 어떤 변화가 생긴 것이라고 봐야 한다. 셸링에 의하면 이 변화는 단지 '자유'라는 개념을 통해서만 설명될 수 있다. 순수 존재자는 신으로서의 자신과 다른 것이 아니라 '사유 이전의 존재'로서의 자신과 다른 것을 자신에게 제시한다. 이때 순수 존재자는 존재하기를 원할 수도 있고 그렇지 않을 수도 있기 때문에 순수 존재자가 이렇게 사유 이전의 존재와는 다른 존재를 스스로에게 상정하는 것은 완전한 자유 속에서 이루어진다. 그 어느 경우에도 이유는 없으며 그것은 단지 절대적으로 우연적이며 그 존재자가 그것을 원할 때만 그렇게 된다.[50]

이러한 자유는, 즉 '근원적으로 존재하는 것과는 달리 존재할 수 있음'은 존재가 있는 거기에서 그 존재에게 영원히 현상한다.(sie *erscheint ihm von da an, daß es ist, von Ewigkeit*.)[51] 그런 한에서 이 자유는 '영원한 자유'이다. 그것이 영원인 이유는 사유가 그것에 결코 선행할 수 없는 것이기 때문이다. 이렇게 본다면 '영원한 자유'는 아직 존재하지 않는 '어떤 존재의 주'(Herr eines Seins)일뿐만 아니라 그것을 통해 순수 존재자가 '사유 이전의 존재'와는 다른 존재함을 통해 '사유 이전의 존재'의 의미가 비로소 드러나게 되므로 '사유 이전의 존재의 주'라고도 말할 수 있다. 따라서 셸링은 "우연적 존재를 정립하는 존재의 주는 순수 현실태를 가능태로 고양시킴으로써 그의 근원존재를 지배하는 것이 된다."고 말한다.[52] 순수 존재자가 전적인 자유 속에서 자신과 다른 것을 자신에게 제시한다는 것은 곧 그 존재자가 '가능태의 가능태'(potentia potentiae)가 된다는 것을 의미한다.[53]

이러한 가능태의 가능태는 더 이상 순수 실존자라고 할 수는 없지만 셸링은 이

48) Paulus, S. 163.
49) Paulus, S. 162, 165.
50) Paulus, S. 162.
51) Paulus, S. 163.
52) Paulus, S. 164.
53) Paulus, S. 163.

러한 이행을 순수 존재자가 높은 차원으로 고양되는 것이라고 말한다. 왜냐하면 순수 실존자가 근원적으로 존재할 때는 우리에게 생각될 수조차 없었지만, 그 존재자가 가능태의 가능태가 됨으로써 비로소 근원적으로 존재한다는 것의 의미도 드러나게 되기 때문이다. 영원한 자유에 의해 "이러한 방식으로 운동이 없는 존재에 하나의 운동이 들어오게 된다."[54] 존재가 운동하게 된다는 것은 곧 그 존재가 자신 속에 하나의 부정(포텐츠)을 받아들인다는 것이며, 부정을 받아들인다는 것은 곧 그 존재가 더 이상 현실태가 아니라 잠재적인 현실태가 된다는 것을 의미한다. 셸링은 다음과 같이 말한다. "움직임이 없는 존재는 부정, 즉 포텐츠를 자신 속에 받아들임으로써 자기 자신을 소유하는 존재가 되며, 자기 자신 속으로 (재)정립되며, 자기 자신이 된다." 이러한 정립 속에서 순수 존재자에 대한 학문인 긍정철학의 가능성이 열리게 된다.

여기서 우리는 다시 다음과 같은 물음을 갖게 된다. 즉 긍정철학을 가능케 하는 이러한 순수 존재자를 사유는 자신의 근거로 이해할 수 있을까? 역설적이게도 영원한 자유 앞에 선 사유는 영원한 자유인 순수 존재자를 결코 근거로 파악하지 못한다. 왜냐하면 순수 존재자는 모든 사유에 선행하며 그런 한에서 근거관계 속에서 파악되지 않기 때문이다. 그렇기 때문에 순수 존재자는 사유에게 심연(Abgrund)으로 비춰진다. 하지만 이 심연은 사실 그 속에서 모든 존재와 사유가 짜 맞추어지는 탈-근거(Ab-Grund)이다.[55] 이 심연 속에 사유가 매몰된다면 어떠한 이행이나 운동도 없을 것이지만 그것으로부터 분리되는 한에서 이성은 활동하게 되며 긍정철학은 가능케 된다. 그렇기 때문에 셸링은 "학문은 영원성에 머무르지 않으며 그것으로부터 벗어나며, 단지 그것으로부터 떨어져 나가기 위해서 그것을 정립한다."고 말한다.[56]

철학의 과제인 실존의 문제가 '왜 도대체 어떤 것이 있으며 없는 것이 아닌가?(warum ist überhaupt etwas? warum ist nicht nichts?)'라는 물음으로 던져졌다면, 이제 탈-근거로서의 심연에 대한 이해 속에서 그 물음에 대한 대답이 주어진다. 즉, 없는 것이 아니라 어떤 것이 있는 이유는 존재의 주로서 영원한 자유가 활동하기 때문이다. 다시 말해 모든 존재자는 어떤 목적에도 구속되지 않는 절대적 자유가 그러한 존재자를 원하기 때문에 있는 것이다. 이것은 역으로 모든 존재자는 그것이 존재하는 방식 이상의 것을 보여주고 있음을 의미한다. 왜냐하면 모든 존재자는 스스로 영원한 자유의 활동을 현시하기 때문이다. 이 현시를 제시하는 학문이 있다면 그것이 곧 긍정철학이 된다.

---

54) Paulus, S. 164.

55) Paulus, S. 163. 나는 'Abgrund'가 이성적 근거를 벗어날 뿐만 아니라 동시에 이성의 근거를 의미하는 개념이라는 뜻에서 '탈-근거'라고 번역하기를 제안한다.

56) Paulus, S. 163.

V. 긍정철학에서 이성과 경험의 역할

순수 존재자를 파악하는 것(begreifen)이 긍정철학의 과제라면,[57] 이 과제를 수행하기 위해 개념적 사유를 하는 이성의 역할은 불가피해 보인다. 하지만 이성의 역할이 구체적으로 어떻게 수행되는지는 여전히 의문으로 남는다. 이러한 의문점을 해명하기 위해 먼저 이성의 영역 너머에 있는 필연적 실존자와 이성이 파악하는 최고 존재(Wesen) 간에는 어떤 차이가 있는지 살펴볼 필요가 있다. 셸링이 볼 때 철학사 속에서 필연적 실존자와 이성의 대상인 최고 존재와의 차이를 분명하게 인식한 사람은 칸트이다. 칸트에 따르면 필연적 실존자는 절대적으로 초월적인 것인 반면, 이성의 최고 존재는 절대적으로 내재적인 것이다. 따라서 둘은 서로 결합될 수 없다. 이러한 견해가 정당하다고 할 때, 문제는 필연적 실존자에 대한 이성적 해명인 긍정철학은 불가능해진다는 점이다. 왜냐하면 이성이 고찰할 수 있는 것은 단지 내재적 개념뿐이기 때문이다.[58]

셸링은 칸트와 마찬가지로 어떠한 가능태도 포함하지 않는 실존자를 '절대적으로 초월적인 개념'(absolut transcendenten Begriff)이라고 부른다. 일반적으로 '초월적'이라고 하면 그 초월적인 것이 초월되는 것에 묶여 있는 한 상대적인 것이라고 할 수 있다. 하지만 '절대적 초월'이란 모든 개념에 선행하는 것이며 그렇기 때문에 결코 초월이라고도 부를 수 없는 그런 것이다. 따라서 존재자로부터 시작해서 개념으로 이행하는 것은 개념에 대한 초월이 아니라 내재화(immanent)가 된다.[59] 초월자의 이와 같은 내재화는 이성의 탈각 속에서 이루어진다. 즉 이성은 탈각 속에서 실존자를 자신의 외부에 정립하는데, 역설적이게도 이러한 정립에 의해 실존자는 이성에게 다가오게 된다. 따라서 셸링은 다음과 같이 말한다. "이성은 몰개념적 존재로부터 개념에 도달하기 위해 그것을 정립한다. 즉 이성은 자신을 이 외부에 있는 것에 복종하는데, 왜냐하면 다시금 이성의 권리를 얻기 위해서이다."[60] 바로 이 지점에서 이성의 긍정적인 역할이 주어진다.

이성은 자기를 실존자에게 내 맡김(gelassene)으로써 스스로를 필연적 운동으로부터 '자유로운 사유'로 해방시키고 그 해방 속에서 실존자를 개념으로 불러오게 된다. 역으로 말하자면 실존자는 이렇게 자유로워진 사유에게 자신을 내재화시킨다. 이때 자유로운 사유에게 내재화된 실존자는 신이다.[61] 이러한 신은 이성철학의 종결 점에서의 신과는 다르다. 이성철학의 종결 점으로 귀결되는 최고 존재는

57) Paulus, S. 158.
58) *Philosophie der Offenbarung,* S. 168.
59) *Philosophie der Offenbarung,* S. 169.
60) *Philosophie der Offenbarung,* S. 171.
61) *Philosophie der Offenbarung,* S. 170, Paulus, S. 157.

선천적(apriori) 존재로서 모든 개념에 선행하며 필연적으로 실존해야 하는 신이다. 이것이 존재론적 논증에 남아 있는 유일한 진리이다. 반면 이성에게 다가오는 실존자는 후행적인(a posteriori) 신이다. 다시 말해 이성의 내맡김 속에서 이성에게 다가오는 실존자는 자신을 존재 앞에 내세우는 것이 아니라 존재를 자신 앞에 내세운다.[62] 존재를 자신 앞에 내세우는 실존자는 그 우연적 가능성에 따라 신성(Gottheit)으로 고양됨으로써 최고 존재(wesen)인 절대적인 내재적 개념과 결합된다.

긍정철학이 신을 증명한다고 할 때, 그것은 바로 이 신성 즉 개념으로 내재화된 실존자를 증명하는 것이다.[63] 이렇게 내재화되는 실존자는 필연적으로 필연적인 실존자가 아니라 사실적으로 필연적인 실존자이다. 따라서 긍정철학에서 이루어지는 신 증명은 신의 실존의 필연성을 증명하는 것이 아니라 필연적 실존자의 신성을 증명하게 된다.[64] 물론 이러한 증명이 이성을 매개로 수행되는 한, 그 점에서 긍정철학은 '이성학문'이라고도 불릴 수 있다.[65] 하지만 신성을 증명하는 것이 무엇인지를 생각해 보면 이성학문은 아니다. 왜냐하면 그때 증명되는 신성이란 원리로서의 절대적 시원(prius)이 아니라 이 시원으로부터 귀결된 것(Folge), 즉 원리로부터 도출된 것이기 때문이다. 그렇기 때문에 증명은 후천적으로(anposteriori) 이루어진다.[66] 증명이 후천적으로 이루어진다는 것은 곧 경험을 통해 이루어진다는 것을 의미한다. 왜냐하면 실존을 제시하는 것은 사유가 아니라 경험이기 때문이다.[67] 물론 이때 경험이란 "우리가 외적 혹은 내적 감각을 수단으로 외부 세계에 대해 갖게 되는 확실성"이긴 하지만[68] 일부로서가 아닌 전체로서의 경험이며, 그렇기 때문에 경험을 통한 신성에 대한 증명 자체는 단순히 학의 일부가 아니라 전체로서의 학이 되며, 경험은 결코 완결될 수 없기 때문에 이 학은 '체계'로서의 학이 아니라 '지혜에 대한 사랑'(Philo-sophie)이 된다.[69]

물론 긍정철학이 경험을 통해 신을 인식하는 한에서 긍정철학은 경험주의라고도 할 수 있다. 하지만 경험주의가 경험의 대상을 감각에 국한시키는 것이라면 긍정철학은 결코 경험주의일 수는 없다. 왜냐하면 긍정철학은 선천적인 것이며 결코

62) *Philosophie der Offenbarung,* S. 170.
63) *Philosophie der Offenbarung,* S. 129.
64) Paulus, S. 158.
65) Paulus, S. 160. 물론 이때 이성학문은 부정철학으로서의 이성학문과는 다른 의미임을 염두에 두어야 한다.
66) Paulus, S. 147.
67) *Philosophie der Offenbarung,* S. 60-62.
68) *Philosophie der Offenbarung,* S. 112, Paulus, S. 145.
69) *Philosophie der Offenbarung,* S. 131. 경험을 통해 신성을 증명한다는 것은 다음과 같은 방식으로 이루어진다. 첫째, 필연적 실존자가 신이라면 이러 저러한 결과가 귀결된다.-즉 a, b, c 등이 가능하다. 둘째, 우리의 경험에 따를 때 현실적으로 a, b, c 등이 있다. 따라서 필연적 실존자는 현실적으로 신이다.(*Philosophie der Offenbarung, S.* 169).

경험 자체는 아닌 신의 실존을 단지 경험을 통해 후천적으로 인식하려는 것일 뿐이기 때문이다.[70] 이처럼 경험의 근거로서 초경험적인 것을 전제하는 한에서, 셸링은 긍정철학을 감각적 경험주의(Sensualismus)와 구분되는 '형이상학적 경험주의'(metaphysischer Empirismus)라고 부른다.[71] 이러한 긍정철학은 초존재자(uberseiende)를 후천적인 경험에 따라(erfahrungsmäßig) 인식하고자 하지만, 초존재자(uberseiende)의 근원적인 의지와 행위에 근거한다는 점에서 선천적인(apriori) 학문이 된다. 문제는 이때 긍정철학이 선천적인 원리를 후천적인 경험을 통해 인식하고자 할 때, 과연 부정철학과 구분될 수 있는가 하는 점이다.[72] 왜냐하면 부정철학도 마찬가지로 그 이론을 보증하기(bestatigend) 위해 경험을 필요로 하기 때문이다.

이러한 문제는 우리가 경험의 역할을 생각해 보면 해결된다. 왜냐하면 부정철학 혹은 이성철학은 그 진리를 실존과는 전혀 무관하게 사유의 내적 필연성 속에서 가지므로, 아무 것도 실존하지 않는다 해도 그 진리성에서는 변함이 없을 뿐만 아니라 단지 경험 속에서 나타나는 것이 그 구성물과 일치한다면 기쁜 일이 될 것인 반면 긍정철학에서는 그렇지 않을 것이기 때문이다. 다시 말해 긍정철학에서 경험은 단순히 이론을 보증하는 것이 아니라 그 내용을 증명하는 것이 되기 때문이다. 따라서 셸링은 다음과 같이 말한다. "부정철학은 선천적 경험주의이다. 즉 부정철학은 경험적인 것에 대한 선험주의(Apriorismus)이다. 그러나 그렇기 때문에 그 자체 경험주의는 아니다. 그에 반해, 긍정철학은 경험적 선천주의(empirischer Apriorismus)이다. 혹은 긍정철학이 시원(prius)을 후천적으로(per posterius) 신으로 존재하는 것으로 증거하는 한에서, 선천적인 것의 경험주의이다. 다시 말해 세계에 관해서는 긍정철학은 절대적 시원(prius)으로부터 도출되는 선천적인 학문이지만, 신에 관해서는 후천적인 인식이며 학문이다."[73]

Ⅵ. 자유의 철학으로서 긍정철학

이제까지의 논의 속에서 긍정철학의 원리는 무엇이며, 그 원리로부터 어떻게 철학이 가능한지가 해명되었다. 그렇다면 이제 기존의 철학과 비교했을 때 긍정철학이 갖는 의미는 무엇인지 생각해 보자. 이성을 원리로 하는 부정철학은 세계를 개념적으로 이해하고 그 본질을 사유의 내재적 필연성에 따라 밝히려고 한다. 그렇기 때문에 세계에 대한 완전한 이해는 사유의 자기 완결성에 기인하며 사유의 자

70) *Philosophie der Offenbarung,* S. 127-128.
71) *Philosophie der Offenbarung,* S. 114.
72) *Philosophie der Offenbarung,* S. 128.
73) *Philosophie der Offenbarung,* S. 130.

기 완결성은 체계로 표현된다. 반면 셸링에 따를 때, 긍정철학은 세계의 실존 이유에 대한 답을 제시한다. 실존은 사유의 체계 속에서는 결코 해명되지 않으며 사유의 영역 너머에서 제시되어야 하고 경험 속에서 확인되어야 한다. 이때 경험이 전체로서의 경험을 의미하는 한, 긍정철학은 결코 완결된 체계로서의 학문이 될 수는 없다. 따라서 셸링은 "부정철학이란 완전히 그 자체에 닫힌 하나의 항존적 목표에 도달한 학문이다. 그런 의미에서 부정철학은 체계이다. 이에 반해 긍정철학은 동일한 의미에서 체계일 수 없다. 왜냐하면 긍정철학은 결코 절대적으로 완결되지 않기 때문이다." "하지만 만일 체계가 어떤 특정한 즉 긍정적인 주장들을 통해 드러나는 철학이라고 한다면 그런 의미에서 부정철학은 결코 체계가 아니지만 긍정철학은 체계가 된다."고 말한다. [74]

긍정철학이 이처럼 체계로서의 철학이 아니라면, 그것은 어떤 철학일까? 셸링은 주저 없이 긍정철학은 '자유의 철학'이라고 말한다. 긍정철학이 자유의 철학인 이유는 이성학문이 하듯이 그렇게 자유의 개념을 설명한다는 의미에서가 아니라 다음과 같은 이유에서이다. 첫째, 철학의 가능성 자체가 전적으로 그 원리인 실존자의 '자유로운 행위'(freier Tat)와 '결단'(Entschluß)에 의해 이루어지기 때문이다. 다시 말해 순수 존재자는 아무런 이유 없이 절대적으로 우연적으로 그리고 그 존재자가 그것을 원할 때 '사유 이전의 존재'와는 다른 존재를 스스로에게 상정함으로써 가능하게 되기 때문이다.[75] 둘째, 그 원리인 실존자가 자신을 개념 속으로 내재화한다고 할지라도 그렇게 내재화된 개념을 파악하는 것은 단지 내적 필연성을 벗어난 '자유로운 사유'에게만 파악가능하기 때문이다. 따라서 셸링은 다음과 같이 말한다. "긍정철학은 본래적으로 자유의 철학이다. 그 철학(긍정철학)을 원치 않는 자는 누구든지 그 철학을 떠날 수 있다."[76] 다시 말해 긍정철학은 어떤 내재적 필연성에 대한 구속도 없으며 자유로운 정신에게 자유롭게 왔다가 가는 철학이다.

인간의 삶을 이끌어 가는 무한한 경험은 항상 열려있듯이 그렇게 긍정철학에서도 매 단계는 열려있게 된다. 그렇기 때문에 현재는 결코 한계가 아니며 오히려 미래를 향한 시선이 된다. 이 시선 속에서 긍정철학은 존재를 지배하는 초월적 존재자(uberseiende)로서의 힘의 실존을 계속해서 증거하게 된다. 그런 한에서 긍정철학은 항상 진보하는 인식이며 '지혜에 대한 사랑'(philos-sophia)이고 결코 경화된 지라는 의미에서의 학문이 아니다.[77] 이런 연유로 셸링은 "부정철학은 특히 강단을 위한 철학으로 머물지만, 긍정철학은 삶을 위한 철학이다."라고 말한다.[78] 다시

74) *Philosophie der Offenbarung,* S. 133.
75) *Philosophie der Offenbarung,* S. 129.
76) *Philosophie der Offenbarung,* S. 132.
77) *Philosophie der Offenbarung,* S. 132.
78) *Philosophie der Offenbarung,* S. 155.

말해 사유의 내재적 필연성에 의한 체계를 목표로 하는 이성학문의 과제가 세계에 대한 개념적 이해라고 한다면, 긍정철학은 삶의 실존에 대한 고찰이 된다. 따라서 "그들이[이성철학자들이] 단지 행위가 결정적인 곳에서 모든 것을 평화롭고 보편적인 개념들로 조정할 뿐만 아니라 전쟁과 평화, 고통과 탐욕 그리고 구원과 위험이 교차하는 역사를 단순히 사상들의 연속으로 생각해버릴 때"[79] 긍정철학은 유한하고 우연적이며 시간적 제약 속에서 인간이 겪게 되는 문제, 즉 어둠과 어둠의 근원인 선과 악의 문제와 창조와 피조물의 한계에 관한 문제를 고찰한다. 다시 말해 긍정철학은 슬라보예 지젝이 말하듯이 관념론에 의해 지워졌던 인간의 아픔과 고통에 대한 근원적 회복의 철학이라고 할 수 있다.[80]

79) Philosophae, S. 13.
80) Slavoj Zizek, *Der nie aufgehende Rest*, Wien 1996, S. 30-33.

참고 문헌

Aristoteles, *Metaphysik*, übersezt von Hermann Bonitz, Hamburg 1994.

________, *Lehre vom Beweis oder Zweite Analytik*, übersezt von Eugen Rolfes, Hamburg 1990.

Andrew Bowie, *Schelling and modern european Philosophy*, New York 1993.

Allan White, *Absolute Knowledge: Hegel and the Problem of Metaphysics,* Ohio University Press, 1983.

Joseph A. Bracken, *Freiheit und Kausalität bei Schelling,* München 1972.

Christian Iber, *Das Andere der Verninft als ihr Prinzip*, Berlin 1994.

Dietrich Korsch, *Der Grund der Freiheit*, München 1980.

F. W. J. Schelling, *Philosophie der Offenbarung, Erstes und zweites Buch*, 1858, in *Schellings Werke* Sechster Ergänzungsband, hrsg. von Manfred Schröter, München 1954(*Philosophie der Offenbarung*으로 인용).

______, *Über die Natur der Philosophie als Wissenschaft.* ausgewälte Werke, Darmstadt 1989(Philosophae로 인용).

______, *Philosophie der Offenbarung(1841/42),* hrsg. von Manfred Frank, Frankfurt am Main 1977(Paulus로 인용).

Michael Theunissen, 「Die Aufhebung des Idealismus in der Spätphilosophie Schellings」, in *Philosophisches Jahrbuch*(1976).

A. E. Taylor, *Aristotle* (New York 1955) 이정우 역, 종로서적, 1986.

Dieter Henrich, *Der ontologische Gottesbeweis*, Tübingen 1960.

Slavoj Zizek, *Der nie aufgehende Rest*, Wien 1996.

The Principle of 'Positive Philosophie' and it's Possibility

Lee, Kwang-Mo

Abstract

According to Schelling it can't be elucidated by reason why anything exists. Then there has to be a science which takes 'the Being preceding all the thinking'('the *unvordenkliche* Sein') to the principle for explaining why there is not nothing but anything. He calls the science 'positive Philosophy'. But if the principle of 'positive Philosophy' has noting to do with thinking and precedes all the thinking, then the following question is raised, because philosophy always starts with thinking, how is it possible that the philosophy begins with 'the *unvordenkliches* Sein'?

This question suggests the problem on possibility of the establishment of 'positive Philosophy'. This paper tries to show how the 'positive Philosophy' is possible, and what is the meaning and characteristic of the Philosophy.

Key words: schelling, positive Philosophy, negative Philosophy, reason, Ground

• 투고일: 2012.09.30. 심사완료일: 2012.10.20. 게재확정일: 2012.10.2

제3부

번역논문

‘도덕적 세계관’

-초월철학의 실천 이성에 대한 헤겔의 비판-

클라우스 피벡 Klaus Vieweg

박배형, 조종화, 서정혁 옮김 · 박배형 감수

Ⅰ. 정신현상학에서의 도덕성-자기 자신을 확신하는 정신
Ⅱ. 헤겔 법철학에서의 도덕성의 논리적 정초
Ⅲ. 도덕적 의지로서의 법의 세 가지 단계들
Ⅳ. 선과 양심-선의지와 선한 행위
Ⅴ. 필증적 판단과 칸트의 정언명법
Ⅵ. 자기 규정과 낯선 [타자] 규정-지속적인 당위의 이율배반들

요약문

도덕성에서 인륜성으로의 이행은 도덕적인 것의 모순을 지양하는 것을 포함하고, 지속적인 당위의 이율배반을 극복하는 것을 포함한다. 『대논리학』에서 헤겔은 무한 진행의 논리적 결함을 ‘특히 도덕성에 응용하는 데에서’ 다룬다. 한편에는 순수 의지와 도덕법이, 다른 편에는 자연과 감성이 이미 완전하게 ‘자립적이면서도 상호 무관한 것으로 전제되고’, 이 양자 사이에 대립은 공리로 가정되므로 이미 양자 사이의 모순을 뛰어넘는 일은 배제되어 버린다. 모순은 “무한 진행 속에서 해속되지 않으며, 오히려 반대로 해소되지 않고 해소불가능한 것으로 표현되고 주장된다.” 항상 시작할 때 시작과 더불어 그와 같은 모순이 초래된다. 무한 진행은 부당하게 모순되는 것의 해소인 척 사칭하는 모순으로 드러난다. 이렇게 해서 이율배반의 진정한 극복은 실패하고, 저편으로의 연기와 최후의 날에나 가능할 표상적인 해소가 당혹스러운 대답으로 남으며, 이는 세계에 대한 매우 깊은 애정의 표현일 뿐이다. 최종적으로 도덕적 행위 속에 내재한 모순들과 충동들은 극복될 수 없는 모순을 고집하는 것을 내포하지는 않는다. 헤겔이 제안한 해결책에 대한 상세한 논의는 다른 주제가 될 것이다. 헤겔은 사변적 사상의 본성을 다음과 같은 데에서 찾는다. 즉 충돌하는 양 측면들의 관념성을 사유하고 이 측면들을 처음부

터 도덕적 행위 개념의 계기들로 이해하면서, 그 자체로 운동하는 통일 속에서 대립적인 계기들을 파악하고 도덕성에서 인륜적 행위로의 이행을 사유하는 데에서 찾는다. 이 인륜성에서는 도덕적인 것의 모순이 추상적으로 사라져 버리는 것이 아니라, 오히려 지양되고, 보존되면서 극복된다.

● 주요어: 헤겔철학, 칸트 초월철학, 인륜성, 도덕성, 정언명법, 필증적 판단, 자기규정과 낯선 규정

헤겔은 초월철학(Transzndentalphilosophie)의 전통 속에 자신을 위치시키는 동시에 이를 뛰어넘고자 했던 사상가로 간주될 수 있을 것이다. 그는 초월론자들(Transzendentalisten)에 대해서 진정으로 사변적인 사유-이것은 열렬한 찬사를 뜻할 텐데-와 반성철학-이것은 혹독한 비판을 뜻할 텐데-의 혼합이라는 진단을 내렸다. 헤겔이 보여준 이러한 대결의 핵심요소는 실천 이성, 다시 말해서 초월적 사유의 패러다임인 '도덕적 세계관'(moralische Weltanschauung)과 연관을 맺고 있다. 나는 이러한 비판을 『정신현상학』[1])으로부터 시작한 후 특히 『법철학』[2])의 "도덕성"章에 입각하여 논구할 것인데, 이 章의 논리적인 기초라는 특수한 관점에 따라 논구할 것이다.

Ⅰ. 정신현상학에서의 도덕성-자기 자신을 확신하는 정신

개별성에 대한 章에서 특히 정신적인 동물의 왕국에 대해 논한 부분에서 이론철학과 정신철학의 이원성이 극복될 수 있게 된 후, 도덕성 장은 도덕적 세계관에 대해 다루게 되는데, 이것은 초월론자들의 정언적 제국(kategorischen Imperium)에 대한 비판이라는 성격을 갖는다. 여기에서 우리는 『법철학』에 주로 주목하게 될 것이므로 현상학적 논변들과 관련해서는 그 골자들만을 고찰하고자 한다.

도덕적 자기의식에서 자기 자신(das Selbst)은 의식의 대립을 극복한 듯 보인다. 이 의식의 패러다임이 자기 자신에 대한 확신과 대상 사이의 대립에 기인하는 반면에, 이제 순수한 앎(das reine Wissen)은 자기의식의 진리로서 인식되고, 이와 함께 완전한 자기관계가 이룩된 것처럼 보이는데 이 자기관계에서는 주체가 전적으

1) Hegel, *Phänomenologie des Geistes*, in: Hegel Weke in zwanzig Bänden(TWA) Bd. 3(PhG)

2) Hegel, *Grundlinien der Philosophie des Rechts oder Naturrecht und Staastwissenschaft im Grundrisse*, TWA 7, (RPh)

로 객체, 대상과 일치하게 된다. 이 때 앎은 자신의 진리와 완전히 일치하게 된 것처럼 보이고, 그것의 현실성은 '오로지 앎으로서' 존재한다(PhG 441f.). 헤겔은 초월철학에서 보이는 실천 이성의 이러한 원리를 다음과 같이 표현한다: 도덕적 자기의식의 이러한 "인식하는 의지"에서 "모든 대상성과 세계는 물러나버렸다. 자기의식은 자신의 자유를 아는데, 자신의 자유에 대한 바로 이러한 앎이 자신의 실체이자 목적이며 유일한 내용이다"(PhG 442). 도덕성이 갖는 자기입법화의, 즉 자신의 순수한 의식이 갖는 자율성의 (신앙)고백-여기서 이 자율성은 더 이상 타자성의 형식을 갖지 않는데-을 헤겔은 대단히 높이 평가한다.

그렇긴 하지만 그 이후에 이어지는 단어 "그러나"(aber)는 회의적인의 검토와 교정이 시작됨을 알려준다. 첫째, 의무가 유일하게 본질적인 목적을 의미하는 한에서, 의식에 대해 타자존재−세계 내지는 비아(Nicht-Ich)-는 전적으로 무의미한 현실성으로 전락하며 자기의식은 이러한 타자존재에 대해 "자유롭기"도 하고 또한 "무관심적"(gleichgültig)이기도 하다. 이와 더불어 둘째, 대상적인 것은 단지 부정적인 것으로 되어버리며, 자연은 그 속에서 역시 자유롭게 방기된 채로 그리하여 하나의 내적으로 완성된 세계로 현상한다(PhG 443). 이제 도덕적 세계관은 이 두 입장들을, 다시 말해서 한편으로 도덕적인 것과 자연의 완전한 독자성 및 무관심성(Gleichgültigkeit), 다른 한편으로 의무만의 전적인 타당성과 자연의 전적인 비독자성 및 비본질성 양자를 결합시키려 시도한다-그리하여 자연은 도덕적 주체를 아마도 행복하게 되도록 할 수 있거나 또는 할 수 없을 것이다. 이러한 실천 이성은 그런 식으로 하여 오직 행위의 촉발만을, 그 의도만을 고집할 뿐, 행위의 수행을, 귀결을, "성취의 향유"를 주장하지 않는다(PhG 444). 그러나-헤겔은 다음과 같이 지적하는데-도덕적 자기의식은 행복을 단념할 수 없다. 왜냐하면 의무는 개별적인 자기 자신에 매여 있고 이 개별자는 실현을, 그러니까 행위를 목표로 삼는 것이지, 단지 생각에만 붙들려 있는 것이 아니기 때문이다. 행위는 개념으로 스스로를 형상화하는데, 이 개념은 초월론적 입장에 대한 비판의 중심에 위치하여 개별성, 특수성, 보편성의 관계라는 논리적 주제의 서술을 그 토대로 삼는다.

초월적 실천 이성은 특수한 개별성과 추상적이고 순수한, 보편적 목적의 통일을, 즉 순수하게 도덕적인 의도와 "실현된 개별성"으로서의 결과, 양자의 통일을 목표로 삼는다(PhG 444). 철저히 도덕성과 자연의 조화가, 도덕적 의도와 행복 간의 조화가 요구되며 요청되는 것이다. 다른 말로 하면 순수한 자기의식과 개별적 자기의식 간의 통일이 이성의 요구로서 등장하는 것이다. 그러나 순수한 의지와 그것의 목적은 처음부터 욕구, 충동, 경향성의 형태를 지닌 감성과 대면하게 된다. 이러한 대립의 필연적 해소는-헤겔이 제기하는 이의에 따르면-오직 감성, 경향성의 극복을 통해서만 그리고 오로지 무한한 진행 속에서만 이루어지는데, 왜냐하면 실제로 조화가 달성된다면, 이것은 초월적인 도덕적 의식을 파괴하게 될 것이기 때문이다(PhG 445f.). 이에 대해 장 폴(Jean Paul)은 신랄한 풍자를 담아 다음과 같이 쓰고 있다: '정언적인 최고사령관들(Die kategorischen Imperatoren)은 그들에게 유일하게 가능한 수단을 통해, 즉 "담론들과 원고들"(Diskurse und Manuskripte)을 통해 도덕성이라는 유일한 그리고 지고의 선에 도달한다. 그들은 도덕성의 정점에 도달하는데, 거기에서 그들은 ,선한 일을 **하는** 게 아니라, 선한 작품들을 **쓴다**'. 이때에 '그들의 관대함은 풍부한 물질적 하사품에 놓인 것이 아니라, 관대함을 고무하는 데에 놓여 있고, 그렇게 고무된 이들이 계속해서 다른 이들을 고무하고, 그리하여 모든 다른 사람들을 고무하는데, 단 한 푼의 동전도 나누어주는 법은 없다'[3) 조화를 이루는 과제도 달성되어야 하는데, 그렇지만 이것은 단지 요구되는 것일 뿐이다, 한갓 당위(bloßes Sollen)-극복 불가능한 모순.

도덕적 의도와 행복의 통일 또는 조화를 이해함에 있어 그것의 필연성은 논리적 토대 위에서 나타난다. 『정신현상학』에서도 이미 보편성, 특수성 그리고 개별성이 작용하고 있으며, 그 논리성의 포괄적인 관철은 『법철학』에서야 비로소, 『논리학』의 판단론이라는 기반 위에서 이루어지는데, 이것은 또한 논리적으로 정초된 행위이론이라는 틀 내에서 이루어진다.

초월론(Transzendentalismus)의 실천 이성에서 순수한 의무는 개별적인 또 자연적-감성적으로 규정된 자기 자신으로부터 불가피하게 벗어나, 다른 존재, 즉 신성한 입법자에게 귀속하게 된다. 그리하여 개별적으로 행위하는 자아는 불완전하고, 도덕적으로 불충분하며 우연적인 자기 자신으로 강등되는데, 왜냐하면 그의 목적들이 감성에 의해 오염되어 있기 때문이다. 행복은 이렇듯 원리적으로 우연적인 것으로 변이되어 오로지 은총으로부터만 기대될 수 있는 것이 되고 만다. 즉, 현실성 너머에 있는 것으로 가정되어야만 하는 어떤 존재를 통해서만 기대될 수 있는 그런 것이 되고 만다(PhG 447ff.). 그리고 이와 함께 자율성은 타율성으로 바뀐다. 완전한 자기관계, 즉 존재와 사유의 통일은 달성되지 못하는 것이다. 가정된 보다 높은 존재는 오직 하나의 표상, 하나의 형상일 뿐이며 결코 개념이 아니다. 현실적인 것의 너머에 있는 피안성이 현실적이 되어야 하는데(PhG 451), 여기에 칸트의 실천 철학의 딜레마가 존재한다. 즉 그는 영혼의 불멸성이라는 보조장치를 통해 성과도 없는 복구의 노력을 기울이는 것이다. 사고과정을 그저 개략적으로 서술한 지금까지의 아주 간략한 스케치를 마치고, 이제 도덕적 행위에 대한 헤겔의 이론이라는 맥락 속에서 본래의 내용을 이루는 헤겔의 논증을 다루고자 한다.

---

3) Jean Paul, *Palingenesien*, in: Jean Paul, Werke, 1 Abt. 4 Band, S. 813.

Ⅱ. 헤겔 법철학에서의 도덕성의 논리적 정초

헤겔은 도덕성 章에서 욕구(Wollen)와 행위 개념들을 세밀하게 계속적으로 규정한다. 즉 그는 어떤 욕구와 행위가 자유로운 존재에 적합하며 따라서 '좋다'고 평가될 수 있는지에 대해, 도덕적인 **판단행위**의 개념, 즉 판단력의 논리적으로 정초된 도야 개념에 대해 서술하는 것이다. 인격 속에서는 자유의 현존재가 외적인 사태와 관련하여 놓여 있었다면, 이제는 '내적으로 반성적인 의지', **내적인 의지의 규정성**이 문제인데, 여기에서 의지는 필연적으로 또한 **특수한** 의지로 생각되어야만 한다. 주체의 내적 조망, 도덕적 행위자의 의지의 규정성은 부분적으로는 규정들을 자신의 것으로 정립함에 있어 내적인 귀속으로서, 또 부분적으로는 행위의 표명으로서, 행위로서 사용된다: 주체는 그가 자신 속에서 인식하고 욕구한 것만을 인정하며, 또한 자신에게 귀속시키는 것이다(Enz. § 503). 여기서도 또한 헤겔의 의도는 실천 철학이 논리적으로 정초될 필요가 있다는, 또 그런 한에서만 그것은 **행위의 철학**으로서 또 **철학적 행위이론**으로서 적절히 기술될 수 있다는 출발점으로 옮겨질 수 있겠다.

여기에서는 **자유로운 의지와 행위의 논리성**이라는 문제에 특별히 주안점을 두어야만 하며, 다른 대목에서와 마찬가지로 논리적 좌표체계의 발굴은 여기서도 또한 『법철학』의 해석을 위한 결정적인 과제로서 나타난다.[4] 이것은 하나의 이론적인 도전을 의미하는데, 이와 관련하여 몇몇의 중요한 연구들이 있었지만 지금까지도 이 과제는 여전히 해결되지 못한 것으로 여겨진다.[5] 이런 논리구조의 제시는 특수한 방식으로 얼마만큼이나 도덕적 의지와 행위의 단계들의 근저에 **판단의 논리적 형식들**이 놓여 있는가 하는 것을 포함해야 한다. 즉, 어느 정도까지 도덕성의 이론이 갖는 심층구조가 판단의 논리학 속에 정초되어 있는가 하는 것을 포함해야 한다. § 114에서 언급되고 있는, 도덕성이 나아가는 도정에 대한 논리적 뒷받침은 도덕적 입장이 성취하는 것과 한계, 이 입장의 특**수한 법들을 확정하**는 것, 이 입장의 정당화 또 이러한 정당성의 유효범위를 해명하는 데에 도움을 준다: 여기에서 **직접적 판단. 반성판단 그리고 개념판단**이 구분되는 것이다. **도덕성의 규**

4) Dieter Henrich, "*Logische Form* und reale Totalität. Über die Begriffsform von Hegels eigentlichem Staatsbegriff", in: Dieter Henrich/ Rolf-Peter Horstmann(Hg.), *Hegels Philosophie des Rechts. Die Theorie der Rechtsformen und ihre Logik*, Stuttgart 1982, S. 428-450.

5) 여기에 속하는 중요한 연구들로는, Friedrike Schick, "Die Urteilslehre", in Anton Friedrich Koch/Friedrike Schick, *G. W. Hegel. Wissenschaft der Logik*, Berlin 2002; Michael Quante, *Hegels Begriff der Handlung*, Stuttgart Bad Cannstatt 1993 und James, Daniel, *Holismus und Praktischer Vernunft, Hegels Moralitätskritik im Lichte seiner Urteils-und Schlusslehre*. Unveröffentlichtes Manuskript.

정들은 바로 판단 형식들의 이러한 역동적 구조에 근거하여 그것의 세 가지로 구분되는 노정들 위에서 전개되는 것이다.[6)]

Ⅲ. 도덕적 의지로서의 법의 세 가지 단계들

a) 결의와 책임－직접적 판단

행위의 추상적 법, 이 행위의 직접적 현존재 그리고 나의 것(das Meinige)으로서의 이 행위의 내용

b) 의도와 복리-반성판단

행위의 내면적 내용으로서의 그 특수성, b1) 나에 대한 행위의 가치 그리고 이 행위를 나에 대해 타당하도록 만들어 주는 것(의도), b2) 나의 특수한 현존재의 특수한 목적으로서의 행위 내용(복리)

c) 선(善)과 양심-개념판단

보편성 속에서의 행위 내용, 즉자 대자적으로 존재하는 객관성으로 고양된 것으로서-의지의 절대적 목적으로서의 선(善), 이것은 반성의 영역에서는, 부분적으로는 악이고 부분적으로는 양심인 주관적 보편성과 대립함

도덕성과 판단논리학의 입장이 갖는 특수한 연관성은 도덕적 주관성의 특성으로부터 발생하는데, 이러한 주관성은 모든 것을 분할하고 **특수화하는**(besondert) 힘, 즉 **판단하는(urteilende)**, 다시 말해서 **본원적으로 분할하는 힘**으로서 등장한다. 여기서는 자아의 특수화(Besonderung)와 의지 형식들의 구분이 관건이 된다. 판단은 분리의, 모순과 대립의 총괄개념이 된다. 도덕성의 전체 범위는 보편성과 특수성의 모순, 충돌을 보여준다. 본원적 분리에서 사물, 사태에는 그것에 고유한, 특수한 술어가 할당된다. 본원적으로 하나인 것이 내적으로 구분되는 것으로 나뉜다는 의미에서 말이다. 동시에 욕구의 특수성은 객관성 내지는 보편성과 연관되는데, 이렇게 하여 **특수성(Besonderheit)과 보편성(Allgemeinheit)** 간의 계속적으로 발전하는 관계가 관건이 되는 것이다(B의 A와의 관계). 이것은 의지가 갖는 **오성**의, **반성**의, **관계**의, **당위**의, **요구**의 그리고 **현상**의 입장으로서의 도덕성의 입장을 함축

---

6) “판단은 개념의, 자기 자신을 통한 구분이다; 따라서 이러한 식의 **통**일은 근거로서, 이로부터 판단이 자신의 진정한 **객관성**에 따라 고찰되는 것이다. 그런 한에서 판단은 본원적으로 하나인 것의 **본원적 분할**, 개념의 본원적인 분할이다.(Hegel, *Wissenschaft der Logik*, TWA Bd. 6, S. 304, 306), 이후에서는 WdL로 축약.

한다. 여기에서 우리는 본질논리학의 영역 내에서 그리고 주관성과 객관성의 입장, 도덕적 판단력의 입장 위에서, 즉 의지의 내적 구분, 의지의 유한성과 현상이라는 입장 위에서 움직이게 된다.

헤겔은 자신의 논리적인 판단이론 속에서 판단의 근본 형식들을 규정한 후, 범주표의 도식에 따라 판단을 논리적으로 구분했던 칸트의 업적을 기리고 있다. 이 도식의 근저에는-그것의 불충분성에도 불구하고-"논리적 이념 자체의 보편적 형식들을 통해서 판단의 상이한 유형들이 규정될 수 있다"는 통찰이 놓여 있다는 것이다. 헤겔의 논리학에 상응하여 "판단의 세 가지 주요 유형들이 존재하게 되는데, 이것들은 존재, 본질, 개념의 단계들에 상응한다." 여기에서 실천적 판단들의, 즉 행위와 연관되는 판단들의 연속적 단계가 펼쳐질 수 있는 것이다. 이어지는 논의 진행을 보다 쉽게 이해하고자 할 때, 실천적인 판단의 형식들을(그 예시들도 포함하여) 논리학적 기원에 입각하여 일별하는 것은 장점을 지니는 것으로 나타난다. 『법철학』의 § 114는 도덕적 차원의 법이 갖는 근본적인 구조를, 기본적 형식들로서의 세 가지 단계들을 거쳐 가는 판단의 운동을 확정짓는다.[7)]

Ⅳ. 선과 양심 – 선의지와 선한 행위

대상(행위Handlung)은 개념과의 관계에서, 말하자면 행위의 개념적 내용으로서의 자유와의 관계에서 고찰된다. 여기에서 실천적이고 규범적인 판단들로의 전이Transfer가 완성된다. 술어 '선하다gut'는 "사태[각각의 행위]가 단적으로 전제된 당위로서의 그것의 보편적인 개념[자유]에 적합한지 또는 그렇지 않은지 그리고 이 동일한 것[당위로서의 개념]과의 일치에서 존재하는지 또는 그렇지 않은지"(WdL 6, 344)를 표현한다. 이러한 '적합하게 됨Gemessen-Werden'은 하나의 규범적인 판단을 내리는 것을 의미한다. 즉 하나의 규정된 개별적인 행위는 그것이 '선한' 것으로 간주될 수 있는지 또는 그렇지 않은지, 그것이 그것의 개념에 적합한지 또는 적합하지 않은지에 따라 시험되고 가치 평가된다. "우리가 ≫이 행위는 선하다≪고 말할 때, 이것은 개념의 판단이고 […] 술어는 마치 주어의 영혼과 같은 것[이며], 이 영혼을 통해서 영혼의 신체로서의 주어가 점차적으로 규정된다."(Enz § 172 Z) 계사 '이다'와 그리고 이 행위에 대해 참된 술어 '선하다'는 그것의 개념과의 적합성Angemessenheit이라는 의미를 포함하고, '선하지 않다'는 형식은 부적합성Unangemessenheit이라는 의미를 포함한다. (자유로운) 행위의 개념은 지금 두 번

7) 헤겔이 명시적으로 설명하지는 않았지만, 도덕성의 장에서 도추될 수 있는, **실천적 판단표**에 대해서는 다음을 참조하시오. Vieweg, *Das Denken der Freiheit*.

째의 근본적인 규정을 획득한다. 즉 자유로운 행위는 단지 정당한 것(형식적인 옳음Recht에 따라서)을, 다시 말해 의도와 행동Aktion의 통일을 드러낼 뿐만 아니라, 동시에 선한 것으로 가치 평가될 수 있어야만 한다.[8] 행위는, 자신의 행위에 대한 판단이든 다른 사람의 행위에 대한 판단이든 간에, '판단 하에 놓여진' 것으로서 생각되어야만 한다.(§ 124 A)

모순과 안티노미를 고려하면서 특별히 주목해야 할 점은 바로 판단의 최고의 형식인 개념판단의 다음과 같은 구조이다. 말하자면 개념판단의 3가지 단계는 a) 직접적인 지Wissen와 그리고 실천적인 독단론과 결합되어 있는 정언적 판단das assertorische Urteil, b) 동등한 것들Isosthenie, 안티노미, 판단포기 그리고 실천적 회의주의로 나아가는 개연적 판단das problematische Urteil 그리고 c) 그것의 본보기를 정언명법der kategorische Imperativ이 서술하는 필증적 판단das apodiktische Urteil으로 이루어져 있다. 정언적 주장Assertion의 형태에서 각각의 확증Versicherung에는 "동등한 권리를 가진 대립된 확증이 대립되어"(WdL 6, 347) 있으며, 이것이 동등한 것Isosthenia과 판단중지die Epoché, den Suspens des Urteilens를 야기한다. 행위의 보편성은 그것의 성질Beschaffenheit, 즉 특수한 개별성과 함께 사유되어야만 한다. 주어(행위)는 보편성 또는 객관적인 본성(당위)과 현존재의 특수한 성질로 구별되고, '이와 함께 그것이 존재하는 바대로 존재하는지ob es so ist, wie es sein soll에 대한 근거를 포함한다'. 여기에서 보편자와 특수자로의 분화(이것이 판단 자체이다)는 개별성에서 그것들의 즉자적으로 현존하는 통일, 즉 개념을 제시한다.[9]

'선하다'고 판단하는 것은 행위의 양상Modalität에 대해 고려할 것을 요구한다. 그러나 헤겔은 양상을 칸트처럼 한 사태관계에 대한 사유의 주관적인 관점을 나타내는 규정으로서가 아니라, 오히려 개별성, 특수성 그리고 보편성의 상호관계에서의 내적인 특성으로 이해한다.[10] 이것은 필증적 판단에로의 이행을 필요로 하며, 칸트의 정언명법은 이 필증적 판단의 모델로서 간주된다.

---

8) 산책을 가는 것, 빙과점에 가는 것, 탁자 위의 유리잔을 치우는 것, 커피기계를 전원에 연결하는 것 또는 피자를 굽는 것은 **그 자체로** 행위로서 분류될 수 없다. 그러나 상당수의 분석적인 행위이론들에서 종종 이러한 불충분한 예들이 행위로서 사용된다.

9) WdL 6, 348: "사태 자체는 그럼에도 그것의 개념이 개념 자체의 부정적인 통일로서 개념의 보편성을 부정하고 개별성의 외면성에로 정립한다는 것이다." 한 행위가 '선하다'라는 결정은 개념의 노력을, 즉 보편성, 개별성 그리고 특수성의 상호관계에 대한 사유를 요구하고, 행위의 선함에 대한 가치평가는 결코 단순히 감정이나 직관에서 기인하지 않는다. 그것의 기초를 감각, 감정 또는 직관에서 보는 윤리는 처음부터 깨지기 쉬운 얼음 위에서 노는 것과 같고 상대주의적인 입장들을 대변할 뿐이다.

10) 이에 대해서는 헤겔의 판단이론에 대한 프리드리히 쉬크**Friedrike Schick**의 논문들을 참조하시오.

V. 필증적 판단과 칸트의 정언명법

헤겔은 양상 개념에 대한 칸트의 이해의 논리적인 기초가 필증적 판단에 있다고 진단하고, 이 필증적 판단은 동시에 오성에서 이성에로, 반성에서 개념적인 사유에로의 이행형식으로 기능한다고 본다. 칸트의 정언명법을 헤겔은 개념판단에서 기초짓는데, 이 관점으로부터 정언명법은 유래하며, 추론의 논리적인 형식에로의 전환단계로서 고려된다.[11] 우선 이에 해당되는 논리적인 구조 E-B-A에 대한 몇몇 주석이 필요하다. 말하자면 하나의 개별적인 (특칭적인partikulare) 행위('이러이러하게 행위 하시오')를 이끄는 특수한 행위의 근거들('너의 행위의 준칙들')은 보편성에 적합해야만 하고, 보편적인 법칙부여라는 원리로서 간주될 수 있어야만 한다. '객관적인 특칭Partikularität(E)이 주어에서 정립되고', '그것의 현존재의 성질Beschaffenheit'로서 특수성은 선하거나 선하지 않다.

행위(A)의 특칭적이고 직접적인 개별성(E)은 그것의 언어적인 표현을 지시적인 indexikalisch '이것'에서 그리고 특수성은 '이러이러한 성질이 있음'이라는 말에서, 즉 행위의 현존재의 성질에서 발견된다.[12] 지금 도달한 '행위' 개념의 논리적인 중층구조Binnenstruktur는 지속적인 근원적 분화를 고려하지 않는다면 이미 '행위' 개념의 구체적인 동일성을 선취하는 방식에서 파악될 수 있다. 즉 **행위들은 자유에서 그것들의 정의Bestimmung와 목적을 갖는 유Gattung이고, 이 유는 개별적인 현실에서의 행함Tun과 특수한 성질에 대한 유이다.**[13] 비록 개념이 잠재적으로 그것의 계기들의 통일로서 나타나기 시작하고, 계사, 즉 결합이 그것의 '실현Erfüllung'에 힘입어서 추론의 논리적인 형식으로 전환되기 시작한다고 하더라도, 특수성과 보편성 그리고 이 양자의 관계는 여전히 불충분하게 규정된 것으로 남아있다.

이념은 선의 이념으로서 의지의 개념과 특수한 의지의 통일이고, 그러나 여전히 관계라는 상태에 놓여있으며, 정립된 동일성의 상태는 아니다. 그래서 선은 이념의 구조를 가지나, 개념과 실재성에 의해 우선 이 통일은 **요구되고 당위적인 것**으로 간주되며, 그래서 존재해야만 한다('명법적인imperative' 범례). '선하다'는 술어는 "사태가 단적으로 전제된 **당위**로서의 그것의 보편적인 **개념**에 **적합한지** 또는 그렇지 않은지 그리고 이것과의 **일치**에서 존재하는지 또는 그렇지 않은지"(WdL 6,

11) 제임스James, 『전체주의와 실천이성Holismus und praktische Vernunft』, a.a.O., S. 51ff.

12) '이러이러한 성질이 있는 행위는 선하다'(WdL 6, 349).

13) 필증적 판단은 헤겔에게서는 '참으로 객관적인' 판단으로, '판단 일반의 진리'로서 간주된다. "주어와 술어는 서로 상응하고 동일한 내용을 가지며, 이 내용은 그 자체 정립된 구체적인 보편성이다. 말하자면 그것은 두 가지 계기, 즉 객관적인 보편자 또는 유와 개별화된 것을 포함한다. 그러므로 여기에서 그것 자체이고 그것의 대립물을 통해서 스스로를 지속하며 이 대립물과의 통일로서 우선 보편자가 되는 것은 바로 보편자 자신이다."(WdL 6, 349)

344)를 표현한다.[14] 그런데 선의 이념이 여전히 추상적인 한에서는 **적합성이라는 당위**만이 현존하고, 주관적인 의지는 이 당위를 자신의 목적으로 만들고 실현해야만 하며, 동시에 선은 단지 주관적인 의지에 힘입어서만 현실로 들어설 수 있다. 그리고 특수성은 하나의 당위적 연관Sollensbezug, 즉 보편자와의 관계에서 현존하지만, '여전히 정립되어 있지는 않다'(§ 131, A).

선에 대한 통찰의 옳음 Recht은 행위 자체와의 관계에 대한 통찰의 옳음과는 구별되며, 여기서 주제화되는 것은 바로 도덕성의 한계를 제시하고, 인륜성을 선취해야만 하는 통찰의 보다 높은 단계이다. 말하자면 **객관성의 옳음**에 대한 존중은 현실적인 세계의 법칙들에 대한 인정을 함축한다. 물론 이것은 이 세계의 법칙들이 자유의 개념을 충족시키는 한에서만 그렇다. 사람들은 한 특별한 옳음, 즉 '행위를 선 또는 악, 법칙적인 것과 비법칙적인 것이라는 규정에서 **아는** 주체의 옳음에 대해 말한다'(RPh § 132). 여기에서 우리는 '**세 번째 책임귀속능력**Zurechnungsfähigkeit', 말하자면 선에 대한 앎과의 관계Bezug zum Wissen des Guten와 관련되어 있다. 그러나 이것은 "내가 앎에 있어서의 자유와 주체성을 느끼는 바로서가 아니다(오히려 **아는** 바로서 이다)"(RPh § 132, A).

헤겔의 **근본노선**은 **선에 대한 앎의 절대적이고 무한한 옳음**에 대해 말한다. 이 옳음은 무엇이 선한가에 대한 앎의 옳음, 즉 객관적인 것이고 그래서 사유에 의해서 시험된 것으로서의 **이성적인 것의 옳음**이다. 이런 한에서 선은 '자신의 실체성과 보편성에서의 의지의 본질'(RPh § 132)로서 기술될 수 있다. 이로부터 주관적인 의지(주관적인 교양)의 옳음(B)과 보편자(A) 사이에서 차이의 가능성이 성장한다. 이 양자는 서로에 대해 모순과 투쟁 속에서 나타날 수도 있다. 어떤 것은 그것이 주관적인 의지에 의해서 정당화된 것으로 간주될 때에만 선하고, 동시에 객관적인 것의 옳음이 확립된다. 그러나 이러한 객관적인 것은 **단도직입적으로**gerade 현존하는 것과 그리고 **지금** 타당한 것과는 혼동되지 말아야 한다.[15] 자아가 특칭적인 특수성으로 잘못 이해될 수 있듯이 또한 현존하는 특수한 법칙들과 정부들이 그렇게 잘못 이해될 수 있다.(§ 132) 선이 사유 안에서 그리고 사유를 통해서 정당화되는 한, 그것은 그것의 참된 모습에서 의지이며, 이런 한에서만 그것은 모든 행위의 시금석으로 기능한다.

§ 133 RPh은 그것의 특수성에서의(B) 개별적인 행위(E)와 보편자로서의 선(A)의 관계를 논구하며, 선은 행위의 본질적인 것이며, 그것의 무제약적인 의무Verpflichtung라고 부른다. 나의 특수한 행위의 정당화원리로서 준칙은 객관적인 원리로서, '보

14) 필증적 판단은 "개념과 사태의 비교"를 "의식되고 현실적인 성질의 토대 위에서" 행한다. 프리드리히 쉬크Friedrike Schick,『판단론Urteilslehre』, a.a.O., S. 220.

15) 최고의 척도는 국가의 이념이고 긍정적인 법이 아니며, 여기에서 국가는 "이성개념의 객관성"(RPh § 132)을 의미한다.

편적인 법칙'으로서 타당성을 요구할 수 있다. 정언명법에 내적으로 기술된 E-B-A 관계의 구조에 헤겔에게서는 **필증적 판단**에서 파악된 구조가 상응한다. 말하자면 '이러저러한 성질이 있는(특수성-B) 이 행위(직접적인 개별성-E)는 선(보편성-A)하다.'(Enz § 179) 명법적인 것Imperativs의 특징은 보편성이 바로 무제약적인 것이어야 한다는 점에 있다. 성질에서, 즉 이와 같은 무제약적인 요구를 충족해야만 하는 행위의 준칙에서 판단은 자신의 근거를 갖는다. 특수자, 즉 '**이러저러하게 파악된 것**'은 이 행위가 그것의 개념에 상응하는지 또는 그렇지 않은지에 대한 표준을 형성한다. 헤겔은 이 핵심사상이 필증적 판단에 의해 성취된 E, B 그리고 A의 동일성에서 기능한다고 본다. 중요한 것은 각각의 주체가 자유롭게 그리고 이성을 가지고서 자기 **자신에게 부과하며**, **이성으로부터** 동의할 수 있는 그런 **전일적인**(유일하고 모든 것에 공통적인) 법칙이다.

헤겔에 의한 이성에서의 근거지움, 즉 **이성의 자율성**에서의 기초지움이 특히 강조되어야 한다는 것은 결코 놀란 만한 것은 아니다. 최초의 책임귀속Zurechnung이 **표상**에, 두 번째의 책임귀속이 **반성과 오성**에 의거했던 것에 반해, '세 번째의 책임전가Imputation', 즉 책임귀속능력의 세 번째 방식은 **앎과 선**에, 말하자면 이 행함Tun과 이 행위가 선한지 또는 악한지를 내가 **안다**는 것에 기반을 두고 있다. 그래서 이러한 세 번째 형식은 명확히 **사유**에, 다시 말해 그 자체 오성에서 이성에로의 이행을 제시하는 **개념판단**에 기초한다.

필증적 판단은 정언적 판단 및 개연적 판단의 일면성을 극복한다. 우선 필증적 판단에는 **개념으로서의** 개념이 근저에 놓여있다. 이에 반해 정언적 판단은 개념의 보편적인 본성을 정립하는 것을 내용으로 가지고 있으나, 이것은 확증이라는 자의적인Willkür des Versicherns 형태에서, 다시 말해 순전한 주장의 형식에서 그렇다. 정언적 판단과 개연적 판단은 단지 개념의 부정적인 측면만을 고정화하며 판단중지에로 나아간다. 두 가지 정언적 주장Assertionen이 모순대당적으로 반대하고 있는 한, 어떤 하나의 해결방식이 나타나는데, 이 방식은 '한 준칙 또는 다른 준칙이 주어진 객체들에 적절한 것으로 간주되고 참임이 의심되지 않을 때, 이 준칙을 그때그때의 동기에 적용한다'(WdL 6, 443). 그래서 행위의 개념은 단지 암묵적으로만 규정되어unterbestimmt 있고 일면적인 것으로 남아있다.

특수성은 정확히 어디에 정향되어 있는가? '보편적인 법칙'은 무엇을 말하는가? 헤겔이 말하는 바, 보편자 또는 이성적인 것은 도덕성의 최고의 단계의 주창자들에게서는 형식에 따르자면 개념의 판단의 정점에서 나타나는데, 이것은 하나의 긍정적인 및 부정적인 함축적 의미를 갖는다. 하나의 구체적인 행위가 우선 지금 참된 것으로 판단되고, 그것의 개념에 적합하다고 보자. 그래서 '목마를 선물하는 것은 선하고', '경찰에 잘못된 정보를 주는 것은 나쁘다'고 하자. 어떤 하나의 구체적이고 직접적으로 특수한 것이 주어로서 기능하고, 이것은 '그것의 보편자에 대한 이 특수한 현존재의 반성관계를 술어로 갖는다'(Enz § 178).

특수성, 즉 구체적이고 개별적인 행위(목마를 선물하는 것, 경찰에 잘못된 정보를 주는 것)는 단지 종Art의 특수화로서만 그리고 유Gattung의 부정적인 원리로서만 기능한다. 다시 말해 특수성은 보편자에 무관하지만 보편성에 알맞을 수도 있고 또는 그렇지 않을 수도, B는 A에 적합할 수도 있고 또는 그렇지 않을 수도 있다.[16] 주어(이 선물하기, 이 정보주기)**에서** 규정성은 여전히 정립되어 있지 않으며, 이와 더불어 우선 추후적으로 술어에서 표현되어야만 하는 A에 대한 B의 관계도 여전히 정립되어 있지 않다. 목마를 선물하는 것은 보편자의 원리에 적합한 것으로, 그래서 단적으로 선한 것으로 평가될 수 있는가? 이 마음에 든 판단의 '검증Bewährung'은 한 정언적 주장Assertion, 즉 한 개인적인 생각Meinung의 상태에 머무르며, 이 때문에 결코 개념적인 사유라는 의미에서 지의 양태Modus에 있지 않다. 어떤 것이 선하거나 나쁘다는 것, 옳다거나 잘못된 것이라는 것은 그것의 맥락을 어떤 외적인 제3자에서 갖는다.[17]

정언명법이 바로 필증적 판단의, 이와 함께 최고의 개념판단의 형식적 구조를 제시한다고 하더라도, E. B 그리고 A라는 규정적 계기들은 여전히 일면적으로 확립되어 있고, **처음부터 본질적으로 구별되어** 있으며 **서로 교환 가능하지 않으며** 그리고 단지 **암묵적으로만 규정되어**unterbestimmt 있을 뿐이다. 특수성이 선과 구별되어 있고 주관적인 의지에 속하기 때문에, 선은 우선 특수성으로서 취해질 수 없으며, 단지 '보편적이고 추상적인 본질성'이라는 규정만을 담지할 뿐이다. 말하자면 의무는 칸트에 따르자면 의무이기 때문에 행해져야만 한다. 행위는 특수한 경향Neigung으로부터가 아니라, 모든 경향이 배제되고 단적으로 보편적인 법칙에 적합하게 행해져야만 한다. 법칙의 이와 같은 보편성은 그 자체로 참된 것이고, 최고의 것이며 객관적인 원리이다. 특수화, 즉 준칙은 **부가되는**hinzukommen 것이고 보편성으로부터 나오지는 않는다. 왜냐하면 이 보편성에는 진정 내재적인 부정성이 부족하기 때문이다. A와 B는 '부가Hinzu-Kommen' 내지 '또한Auch'과 결합되어 있으며, 이것은 강한 논리적인 엄격성을 결여하고 있다.

주관적인 준칙은 보편적인 법칙에 적합해야만 한다. 헤겔의 관점에서 추상적인 보편성과 특수성 사이에서 나타나는 이러한 위계질서와 그리고 이와 함께 나타나는 이원론은 명백한 논리적인 결함을 겪게 된다. 말하자면 목표로 제시된 B와 A

---

16) "특수자는 보편자에 적합해야만 하지만, 전자는 동시에 한 타자이다. 그러므로 선은 단지 당위로서 정립되었고, 선하고 특수한 것과 의무의 대립은 지양되지 않았다." Georg Wilhelm Friedrich Hegel: Vorlesungen über Rechtsphilosophie 1818-1831, ed. u. komm. v. Karl-Heinz Ilting, 4 Bde., Stuttgart-Bad Cannstatt 1973 ff., Bd. 4: Philosophie des Rechts. Nach der Vorlesungsnachschrift K.G.v. Griesheims 1824/25, S. 360.

17) WdL 6, 346.

의 동일성은 단지 형식상으로만 성취되고, 특수자의 불충분한 '부가'만을 매개해서, 그래서 A와 B, 무한과 유한, 비규정성과 규정성 사이에서 단순히 이쪽저쪽으로의 이행Herüber-und Hinübergehens만을 매개해서 성취될 뿐이다.

보편성이 순수한 보편성으로서 추상적이고 일면적이며 단지 암묵적으로만 규정된 것으로 남아있듯이, 또한 특수성도 마찬가지이다. 주관적인 행위의 근본원리로서의 준칙, 즉 '자신의 주관적인 성질에 따르는'[18] 의지는 평가절하된 것으로서의 '순수한 것'과의 비교에서 드러나며, 모든 규정은 제한Beschränkung, 한계Schranke로서 나타난다. 중요한 것은 바로 규정되고 유한한 것, 헤겔에 따르자면 보편자에 내재하는 부정적인 것, 즉 내재적인 부정성이다. 특수성은 '행위의 현존재의 성질Beschaffenheit des Daseins des Handelns'로서 행위개념의 구성적인 요소를 형성하고, 그래서 A와 B는 그것들의 구별에서 동시에 동일한 것으로 입증된다. 특수성은 형식적이고 내용적인 것의 차원들, 즉 특수자의 다양을 포함한다. 그럼에도 칸트는 행위의 실체적인 것을 '그것으로부터 이 행위 자체가 결과하는 형식과 원리'로 축소시킨다. 행위의 본질적인 선은 "그가 원하는 결과가 존재할 것이라는 신념에 있다besteht in der Gesinnung, der Erfolg mag sein, welcher er wolle".[19] 그래서 특수성에는 결정적인 규정적 계기가 결여되어 있다. 비록 삶의 규칙으로서의 준칙의 정의가 특수한 성질을 모든 차원에서 예의 주시할 필요가 있었다고 하더라도, 궁극에는 **간주관성**Intersubjektivität과 **맥락성**Kontextualität은 서서히 사라진 채로 남아있다. 이것은 도덕성 일반의 한계를 표시하며, 우선 인륜성은 자유로운 행위의 '보편적인 영역'으로 간주된다.[20]

Ⅵ. 자기 규정과 낯선 [타자] 규정 – 지속적인 당위의 이율배반들

추상적 보편성을 진단할 때 도덕적 관점에 대한 헤겔의 비판은 단순히 칸트의 실천 철학에 대한 반박으로만 표현되지는 않는다.[21] 지속적인 당위는 결과주의의 한 변종인 공리주의의 아킬레스건으로도 구체화되는데, 공리주의는 결국 반성의 차원을 고집하면서 무한한 근사치라는 나쁜 무한성의 진퇴유곡에 빠질 수밖에 없는 것이다. 결과주의이건 의무론이건 양자 모두 행위의 개념을 소홀히 한다. 왜냐하면 이 양자는 총체적인 행위의 범위를 충분하고도 적절하게 고려하지 못 하며,

18) Ebd., 413.
19) Ebd., 416.
20) WdL 6, 325.
21) Allan Wood, "Hegel's Critique of Morality", in: L. Siep (Hg.), *G. W. F. Hegel, Grundlinien der Philosophie des Rechts*, Berlin 1997, S.161ff.

충돌하는 개별적 계기들을 선한 행동을 위한 유일한 결정적인 기준으로 고착화시키기 때문이다.[22] 행복할 자격이 있음(Glückswürdigkeit)과 행복하다는 것, 법과 안녕 등은 행위의 가치를 평가하는 데 필수적인 요소들이다. 여기서 필연적인 통일은 포괄적인 선[좋음]으로 기술될 수 있다. 칸트와 도덕주의에 대한 이의 제기는 행위 개념의 관점으로부터 그렇게 따라 나온다.

칸트는 도덕을 행복할 자격이 있음(Glückswürdigkeit)에 귀속시키며, 행복할 자격이 있음을 행복한다는 것(안녕)과 분리한다. 그리고 칸트는 충돌을 반드시 극복하고 양자 사이에 조화로운 상태를 산출하기 위해서 최고선의 요청을 사용하는데, 이 최고선은 행복할 자격이 있음과 안녕의 합치를 보증해 주며, 가장 선량한 본질이다. 그러나 우리는 이 최고선에 대해 그 이상 아무 것도 알 수가 없다. 그래서 헤겔이 보기에 칸트에서 도덕은 행운과 안녕에 대한 기대와 요청으로 환원되어 버리는 것이며, 행위의 두 영역들의 근원적인 분리상태로부터 발생하는 것이다. [그래서 헤겔이 보기에] 다른 이율배반과 마찬가지로 자유와 필연의 이율배반은 "이념의 두 계기들을 분리시켜 이들 각각을 따로 확정하여 주장하는 형식적 사유에 기반하고 있는데, 이는 이념에 부적합하며 비진리의 상태에 있는 것이다."(RPh, §57) 칸트는 정언명법과 행복에 대한 요청의 합치를 [최고선이라는] 선량한 본질을 구성함으로써만 보증할 수 있다. 여기서 행복의 보증은 미래의 행복에 대한 희망으로 환원되어 버린다. 이를 위해 칸트는 영혼의 불멸을 구축할 필요를 느끼며, 이 사상은 미래의 초험적 세계의 가정과 결부된다.[23]

포괄적인 최고선은 순수하며 추상적이고 공허한 가치를 띠며, 우리는 최고선을 더 이상 규정할 수도 없고 인식할 수도 없다. 최고선은 독단적인 계기와 회의적인 계기 사이에 신성하지 않은 동맹을 초래한다. 비록 칸트가 이미지들이나 표상들 대신에 분명한 개념들을 요구하기는 하지만, 최고의 실천 이성은 '신성한 입법자'로서 *표상*의 양식을 띤 존재로 현상한다. 여기서 헤겔은 '앎에 대한 권리', 좀더 정확히 말하자면 선의 *앎*에 대한 권리를 현저하게 위반하는 것을 간파한다.[24] 칸트도 이 최고선에 보편성을 부여하기는 하지만, 그러나 이 최고선은 **오직 사유 속에서만 사유를 통해서만** 규정될 수 있다. 인간은 단지 현상들만을 파악할 수 있

22) "행위에서 결과는 무시되어야 한다는 원칙과, 행위는 결과에 의해 판정되어야 하며 결과를 옳고 선한 것의 척도로 삼아야 한다는 또 다른 원칙이 있다. 그런데, 이 양자는 모두 똑같이 추상적인 오성이다."(RPh, §118).

23) Paul Guyer, "The Unity of Natur and Freedom: Kant's Conception of the System of Philosophy", in: S. Sedgwick (Hg.), *The Reception of Kant's Critical Philosophy*, Cambridge 2000, S.26.

24) 비판 철학에 대해 헤겔은 이성에게 앎과의 어떤 구성적인 관계가 아니라 단지 규제적인 관계만이 허용된다고 비난한다. Hegel, "Glauben und Wissen oder Reflexionsphilosophie der Subjektivität in der Vollständigkeit ihrer Formen als Kantische, Jacobische und Fichtesche Philosophie", TWA 2, S.179.

지,[25] 최고선과 같은 진리는 파악할 수 없다고 주장하는 사람은 도덕적 주체의 기본적인 권리를 무시하는 것이며 통찰과 앎에 대해 이성적 존재자가 주장할 수 있는 권리를 무시하는 것이다.

신성한 입법자로서 요청된 최고 존재자는 보편자와 특수자의 조화에 도달하는 것을 '염려한다(sorgt).' 왜냐하면 "도덕적 의식은 행복을 부정할 수 없고 [행복이라는] 이 계기를 자신의 절대적 목적으로부터 저버릴 수 없기 때문이다."[26] 실연적(assertorisch) 판단의 특징에 상응하는 산출자이자 주인이자 지배자의 역할이 그에게 귀속된다. 이 판단에서 주어는 술어에 종속되며, 술어에 포섭된다. 개별적인 도덕적 주체는 불완전하고 미완결적인 것보다 더 상위의 본질에 대립한다. 즉 이 주체의 목적들은 감성적이며 자연적인 것, 욕망과 경향성들에 의해 일그러지거나 오염되지 않는다. 인간의 육체와 정신의 안녕과 욕구들은 충분히 무시되며, 특별히 순수한 것에 대립하는 '불순한 것'으로 격하된다.

그러나 이 세상에서는 결코 충분한 행복에 도달할 수 없다는 이유로 저 세상의 주인과 입법자를 요청하는 것은, 엄격한 자기입법의 자기 원리에 정면으로 대립한다. 왜냐하면 이 '주인'에 대립하여 유한하고 도덕적인 주체는 '불완전하고 신성하지 않고 온전하지 않은', 또는 '고귀한 목적을 일그러지게 하는'이나 '그에 걸맞지 않은'과 같은 수식어로 받아들여져야 하기 때문이다.[27] 당위에서 나타나는 지속적인 측면, 부단한 동경과 지향은 나쁜 무한에서 나타나는 뒤로 미루어 잠시 위로받는 상태에 이르며, 동일한 것의 반복과 절대적 과제인 지루함을 초래한다. 그리고 이러한 상태는 계속 유지되면서 지금 현재로는 해결될 수 없는 상태로 남는다. 그 과정은 무한 진행의 논리적 불충분상태에 빠지게 된다. 칸트에 의하면 의지의 부적합성으로 인해, '무한히 진행되는 과정에서만 충분히 적합한 그런 상태에 도달할 수 있다.'[28] 헤겔에 의하면 비록 무한한 접근이라는 이 사상은 비록 '지속적으로 정립되는 모순 외의 다른 것이 아님'에도 불구하고(Enz, §60), 어떤 숭고한 것, 일종의 신에 대한 예배처럼 간주되곤 한다.(WdL 5, S.264) 바로 여기에 헤겔 비판의 논리적 핵심이 놓여 있다. 즉 모순만이 단순히 산출되어 남게 되고, 이 모순의 해결은 St. Nimmerleinstag에서만 성취될 수 있다. [역자 주-모순이 결코 해결될 수

25) '그렇다(Es ist)'라는 것에서 '그렇게 보인다(Es scheint)'라는 것으로 계사가 변하는 데에는 중요한 의미가 있다. 여기서 계사는 아직 완전히 규정된 개념으로 출현하지는 않는다. "그렇기 때문에 한편으로는 오성이 단지 현상들을 인식한다는 것을 용인해야 하고, 다른 한편으로는 이 인식이 인간적인 앎의 자연적이며 절대적인 제한이라는 사실일 뿐이라는 점을 밝힘으로써 이 인식을 절대적인 어떤 것으로 주장하는 것을 용인해야 함으로써 엄청난 비일관성을 초래하고 만다."(Enz, §60).

26) Hegel, *Phänomenologie des Geistes*, TWA 3, S.444.

27) '자기 자신을 확신하는 정신. 도덕' 장 참조할 것. 특히 『정신현상학』에서 '도덕적 세계직관' 부분 참조할 것.

28) Kant, *Kritik der praktischen Vernunft*, KpV AA V, S.156.

없다는 것을 우회적으로 표현한 말이다]

비판에도 불구하고 헤겔은 칸트와 피히테의 구상에서 지금까지의 근대 도덕에 관한 사상들 중 최고의 표현을 찾고 있기도 하다. 헤겔은 항상 이상적인 범례의 형식인 도덕에 관한 근본 구조를 목표로 하고 있다. 단순히 특정한 역사적인 이념 형식이 아니라 도덕의 개념이라는 이 틀[패러다임]을 통해, 우리는 개념판단의 주관적이며 논리적인 구조를 띤 의욕을 지니게 된다. 도덕적 관점에서 보편성은 추상이나 내용 없는 동일성의 위상을 띤다. 특수자를 보편자 아래로 포섭하는 것은 논리정연한 것이 아니라 우연적인 것으로 나타난다. 동시에 대립하는 주관의 두 가지 의미들은 그 진리 상 통합되며, 이것으로 인해 행위는 **'일자(Eine)'**로 성립되며, 동시에 **'그에 따라 행위가 어떤 성질을 띠는'** 그러한 일자로 성립된다. '이렇게 저렇게 존재한다(So-und So-Sein)'는 이 속성에 행위의 맥락이 속하고,[29] 행위의 본질적인 상황들이 속하며, 따라서 *형식적인* 계기들뿐만 아니라 *내용적인* 계기들도 속한다. 즉 '친구 딸에게 장난감으로 목마를 선물하는 것은 좋다.' '트로이인들에게 준 아테네인의 목마 선물은 나쁘다.' '나의 금전적 이익을 위해 친구에게 허위정보(거짓말)를 주는 것은 나쁘다.' '거짓말장이인 야콥에 의해 그의 친구에게 허위정보(거짓말이 아닌 것)를 주는 것은 좋다.'[30] 등과 같다. 이러한 필증적 판단의 근본구조는 다음과 같다. 즉 '이 행위는 특정한 상황 하에서, 이러 저러한 성질을 띤 상황 속에서 완수되면 좋다.'[31] 이 속에서 **구체적인 보편성**이 달성된다. 여기서 보편자는 보편자 자신으로 존재하면서도 그 보편자의 대립편에 의해 지속되면서 이 대립편과의 통일로서 비로소 보편자가 되는 그런 것이다. 그래서 다음과 같이 요약할 수 있을 것이다. 즉 **모든 행위들은 특수한 성질을 띤 어떤 개별적 현실성 속에서 그 행동의 하나의 유이다.** 자유로운 것으로 서술되어야 하는 어떤 행위에는 개별, 특수, 보편의 논리적 통일이 내속한다. 이 동일성이 나쁜 행동에는 결여되어 있고, 그래서 나쁜 행동은 행위의 개념에서 빗나가고 만다.

헤겔의 경우에도 자칭 인간애로 인해 거짓말을 할 권리는 존재하지 않는다. 따라서 헤겔의 경우에도 칸트의 원리적인 거짓말 금지는 실체적인 도덕적 정황들과 관련해서 제한 없이 유효하다. 다만 '거짓정보제공'과 같은 행위의 가치를 평가할

---

29) 헤겔의 논리학은 이러한 의미에서 "문자에 앞서는 맥락의 논리다. … 나는 한 인격적 공동체 속에서 다른 인격체들과 내가 맺는 사회적 관계를 통해 그 사회적 관계 속에서 하나의 인격인 것이다." Pirmin Stekeler-Weithofer, "Warum ist der Begriff sowohl Urteil als auch Schluss?", in: Koch/ Schick (Hg.), *Hegels Lehre vom Begriff, Urteil und Schluss*, a.a.O., S. 42.

30) Jurek Becker, *Jakob, der Lügner*, Frankfurt a. M. 1992, 주인공인 유대인 야콥은 바르샤바의 게토에서 전쟁의 경과와 붉은 군대가 바르샤바에 진군에 오는 것에 대한 낙관적인 소식들을 찾아서 정보를 왜곡하여 게토에 억류되어 있던 사람들의 생기를 강화한다.

31) 칸트에게서 정언명법은 '필증적-실천 판단'의 성격을 띠지만, 칸트는 그러한 실천적 판단의 논리적 형식을 철저하게 시험하지는 않는다.

때에만 [행위의] 성질은 논리적으로 엄격하게 고려되며, 이를 통해 거짓말에 대한 새로운 이해가 구상되는 것이다. 칸트와 헤겔의 차이는 **진리**에 대한 규정에 있다. 헤겔은 엄격한 거짓말 금지에 충분히 동의한다. 거짓말하기는 보편적인 가치를 띨 수 없다. 만일 특수성이 보편성과 대립하는 상황이라면, 거짓말하기는 아마도 자유로운 행위의 개념과 공동체성의 토대를 침해할 지도 모른다. 그래서 거짓말하기는 도덕적 권리[법]일 수 없고 결코 진리가 아니며 오히려 진리의 반대일 수밖에 없다. 바르샤바의 유대인 야콥은 인륜적이며 정치적인 맥락을 고려함으로써 철저히 이러한 정언적 원리에 따라서 행위한 것이다. 이미 행위를 통해 모든 권리들[법들]이 전도된 상황인 살인과 테러 정권 하에서는, 거짓과 왜곡된 정보 제공을 통해서 행동하는 저항이 도덕적인 **정당방위**로서 정당성을 얻으며, 특히 불법과 부도덕에 반작용하는 **이차적** 행위로서 정당성을 획득한다. 야콥은 이미 이러한 의미로 진리를 이해했던 것이고, 그래서 헤겔적 의미에서 거짓말 금지를 존중한 것이라고 볼 수 있다. 불법이 법이 될 수 없는 것처럼, 나쁨[악]은 선이 될 수 없다. 그러나 이러한 종류의 가치판단을 내리는 데에는 **단순한** 도덕만으로 부족하다. **전체로서 어떤 행위**는 도덕적인 가치평가에 의해 충분히 규정될 수는 없다. 도덕적인 관점에서 거짓말하기나 선물보내기는 선하거나 **또는** 악할 수도 있다. 결정적으로 중요한 점은 다음과 같다. 즉 헤겔은 **완전히 규정된** 행위와 관련되는 **다른 진리 개념**을 구상했고, 반대로 결코 거짓말을 할 만한 것으로 만들지 않았다는 사실이다. 거짓말을 도덕적으로 배제하는 일은 견고한 정초를 통해 이루어지고, 선은 진리에 기초를 두며, 행위개념의 폭넓은 규정들의 연관, 바꾸어 말하면 이 행위개념의 충분한 규정(주체, 의도, 결과, 맥락)이 도덕을 인륜에로 나아가게 한다.

이미 이러한 측면에서 도덕의 영역을 뛰어넘는 일이 나타나는 것이다. 처음에는 단지 어떤 도덕적 가치평가와 관련 있던 행위에 대한 판단은 이제 완전히 뒤바뀔 수 있다. 거짓말 하지 않기나 도덕적인 정당방위라는 의미에서 형식적인 부도덕은 선하다고 평가되어야 하지 그냥 거짓말하기로 평가되면 안 된다. 왜냐하면 형식적인 부도덕은 자유로운 행위 개념의 조건들을 충족하지 못하기 때문이다. 여기에서 헤겔은 본질적인 의무이자 무제약적인 금지인 형식주의의 업적뿐만 아니라 결손도 보고 있다. 헤겔에 의하면 칸트는 목적으로서 의욕을 이해할 때 이미 이 구체적 보편자를 염두에 두었고, 목적이 이미 '판단 이상의 것으로' 나타나는 객관적 판단도 염두에 두었고, **도덕적** 관점을 뛰어 넘어 **인륜적** 관점을 지시해 주는 **추론의 논리**에 근거하고 있는 추론의 논리적 형식도 염두에 두고 있었다. '단순히 도덕적인 관점을 고수하는 것', 즉 인륜적 입장으로 진전되어 나가지 않는 판단의 입장을 고수하는 것은, 도덕성의 법(권리)들에 의해 성취된 이점들을 또 다시 상실할 위험을 무릅쓰는 일이 된다.

Die 'moralische Weltanschauung'
-Zu Hegels Kritik an der praktischen Vernunft der Transzendentalphilosophie-

Klaus Vieweg
übers. von Park, Bai Hyoung, Cho, Chong-Hwa, Seo, Jeong-Hyok

Zusammenfassung

Der Übergang von der Moralität zur Sittlichkeit beinhaltet die Aufhebung des Widerspruchs des Moralischen, die Überwindung der Antinomie des perennierenden Sollens. In seiner *Wissenschaft der Logik* behandelt Hegel den logischen Defekt des unendlichen Progresses auch 'vornehmlich in seine Anwendung auf die Moralität'. Der reine Wille und das moralische Gesetz einerseits und die Natur und die Sinnlichkeit andererseits werden schon als völlig 'selbständig und gleichgültig gegeneinander vorausgesetzt', der Gegensatz somit als Axiom postuliert und damit bereits ein Überschreiten des Widerspruchs ausgeschlossen. Der Widerspruch 'wird im unendlichen Progreß nicht aufgelöst, sondern im Gegenteil als unaufgelöst und unauflösbar dargestellt und behauptet'. Es resultiert stets 'derselbe Widerspruch, mit welchem angefangen wurde'. Der Progressus ad infinitum erweist sich als Widerspruch, der sich selbst zu Unrecht als Auflösung des Widersprechenden ausgibt. Eine echte Überwindung der Antinomie scheitert, die Verlegung ins Jenseits und die vorgestellte Auflösung an einem jüngsten Tag bleibt eine Verlegenheitsantwort, ist nur Ausdruck für zu viel Zärtlichkeit gegenüber der Welt, die Widersprüche, die Kollisionen im moralischen Handeln sind letztlich entfernt, was das Verharren in unüberwundenden Widerspruch impliziert. Die ausführliche Erörterung von Hegels Lösungsvorschlag wäre ein anderes Thema. Die Natur des spekulativen Gedankens sieht er jedenfalls darin, die Idealität beider Seiten des Widerstreitenden zu denken, d. h. sie von vornherein als Momente des Begriffs des moralischen Handelns zu verstehen, die entgegengesetzten Momente in ihrer sich bewegenden Einheit zu begreifen und den Übergang von der Moralität ins sittliche Handeln zu denken, zur Sittlichkeit, in welcher der Widerspruch des Moralischen nicht abstract verschwunden, sondern aufgehoben, bewahrt und überwunden wird.

Schlagwörter: Hegels Philosophie, Kants Transzendentalphilosophie, Sittlichkeit, Moralität, Kategorischer Imperativ, Apodiktisches Urteil, Selbstbestimmung und Fremdbestimmung

• 투고일: 2012.10.31. 심사완료일: 2012.11.02. 게재확정일: 2012.11.03.

철학과의 연관에서 본 단테에 대하여*

F.W.J. 셸링
심철민 옮김

요약문

근대 문학사의 기념비적 작품인 단테의 『신곡』의 위대함은 어디에서 비롯하는가? 어떤 점에서 그의 시는 근대문학 전체에 대한 예언적이고 모범적인 사례를 보여주는가?

우선 첫째로 그의 참된 독특성은 자기 시대의 역사와 학문, 신화적 소재를 철저하게 시와 융합시키는 데에 있다. 이 점에서 그의 시는 알레고리적인 것과 역사적인 것이 결합된 전적으로 새로운 전형을 드러낸다.

둘째로 그 형식 면에서 그의 시는 지극히 절대적인 개성과 통합되어 있는 보편타당성에 의한 원형적인 작품이다. 다시 말해 『신곡』은 근대적 개인의 절대적 자유에 기초하면서도 하나의 개별적인 시가 아니라 근대문학의 장르 전체를 대표하는 것이자 하나의 독자적인 장르를 이루고 있다. 이는 그의 시가 서사시, 서정시, 극시 중 어느 하나가 아니라 전적으로 특별하고 유례가 없는, 이들 모두의 혼합체인 점에 의거한다.

---

* 이 짧은 논문은 셸링과 헤겔이 공동 편집한 『철학비판잡지Kritisches Journal der Philosophie』 (Zweiten Band drittes Stück)에 처음 발표되었다. 발표 연도는 1803년이다. 번역 텍스트로 사용된 판본은 다음 두 종류이다. F.W.J. Schelling, Ueber Dante in philosophischer Beziehung, in: *Friedrich Wilhelm Joseph von Schellings sämmtliche Werke*. I. Abt., Bd. 5, Stuttgart/Augsburg 1859, SS. 152-163. 및 G.W.F. Hegel, Jenaer Kritische Schriften, in: *G.W.F. Hegel Gesammelte Werke*, Bd.4, hrsg. von H. Buchner u. O. Pöggeler, Hamburg: Felix Meiner, 1968, SS. 486-493.
이 글이 셸링과 헤겔 전집에 각각 포함되어 있는 이유는, 애초 『철학비판잡지』에 실린 이들의 모든 글들이 공동저자로서의 성격을 지니고 있었기 때문이다. 그러나 이 「단테론」은, 당시 예나대학(1802-3) 및 뷔르츠부르크대학(1804-5)에서 셸링이 행한 『예술철학』 강의 초고와 내용상 긴밀한 연관을 띠고 있는 점에서 셸링 자신이 쓴 글로 보는 것이 좀더 합당할 듯하다. 한편, 단테의 『신곡(神曲)』을 근대 문학 전체의 예언적 전범(典範)으로 평가하는 이 글은 셸링 예술철학의 주된 요체, 가령 예술의 고대와 근대, 알레고리와 상징의 문제, 조각·회화·시의 역사성, 근대시의 필연적 규칙 등의 기본시각을 압축적으로 드러내고 있다.

셋째로 소재의 구성 면에서 이 작품의 세 부분인 지옥, 연옥, 천국 편은 각각 조소적, 회화적, 음악적 특성을 띠고 있지만, 그러나 결국 이 모든 것은 서로 합치하여 조화를 이루고 있다. 직관이 순수하게 보편적인 것에로 용해되어가는 상황에서는 시는 음악이 되고 형태는 소멸되지 않으면 안 된다.

요컨대 단테의 시는 근대 문학의 모든 사명을 자신 속에 담고 있으며, 또한 겹겹이 섞인 그 소재로부터 대지를 뒤덮고 하늘로 뻗어나간 최초의 작물, 즉 신성한 변용의 최초의 결실로서 자라난 것이다.

● 주요어: 셸링, 단테, 신곡(神曲), 시, 근대, 개인, 자유, 보편성, 원형성, 학문, 신화, 알레고리, 역사적인 것

현재보다도 과거를 좋아하는 사람들이라면, 반드시 그 노고에 값할 만하지는 않은 근래의 문학작품들에 머물러 있는 데서 벗어나 단테의 작품 같은 문학사의 기념비적 작품으로 거슬러 올라가 보려고 하는 것은 조금도 이상한 일이 아닐 것이다. 단테의 작품에는 문학과 철학이 서로 결합되어 있지만, 이 점은 오랜 동안 고대의 예술작품을 신성시하는 관점에 의해 은폐되어왔다.

나는 우선 여기에서 관계되는 단테의 시(詩)가 예술의 철학적 및 역사적 구성이라는 지극히 주목할 만한 문제들 중 하나를 포함하고 있음을 인정함으로써, [문학과 철학의 결합으로서의 단테의 작품이라는] 견해가 취하는 입장을 정당한 것으로서 주장하고자 한다. 이제 이에 대한 서술로부터 다음과 같은 점이 밝혀질 것이다. 즉 이 연구는 철학 자체의 정황에 관한 보다 보편적인 연구를 포함할 것이며, 또한 철학에 대해서도 문학 못지않은 관심을 불러일으킬 것이라는 점이다. 근대 전체의 경향인 철학과 문학의 상호 융합은 이 양 측면으로부터 동등하게 규정된 조건들을 필요로 한다.

종교와 문학이 하나가 되는 가장 신성한 곳에서

단테는 대사제로서 관계하며, 근대예술 전체로 하여금 그 사명을 위해 매진하게끔 하고 있다. 하나의 개별적인 시로서가 아니라 근대 문학의 장르 전체를 대표하는 것이자 하나의 독자적인 장르로서, 신성희극(神聖喜劇)[1]은 흠잡을 데 없는 완성된 작품이 되어 있다. 그러므로 개별 형식들에서 추상된 이론으로부터 이 신성희극을 해석하는 것은 결코 충분하다고 할 수 없으며, 고유의 세계를 형성하고 있는 이 작품의 해석에는 또한 고유의 이론이 필요하게 되는 셈이다. 신성이라는 경

1) 단테(Dante Alighieri, 1265-1321)의 『신곡(神曲)』(1321)의 원제목은 주지하듯이 '신성[한] 희극(La Divina Commedia)'이다.

칭(敬稱)을 이 작품에 부여한 것은 원작자인 단테였지만, 그것은 이 작품이 신학과 신적인 것들을 다루고 있기 때문이다. 또한 그가 희극이라고 명명한 것은, 지극히 단순하게 말하면, 공포스러운 발단과 행복한 결말을 지니는 예술 장르 및 그와 상반된 장르의 규정에 의한 것이지만, 더 나아가 그 소재가 때로는 보다 숭고한 것이다가 또 때로는 보다 비속한 것이 되곤 하는 식으로, 단테의 시가 지닌 혼연된 성격이 또한 혼연된 방식의 전개를 필연적이게끔 만들고 있기 때문이다.

그런데 누구나 쉽게 알 수 있듯이, 보통의 파악방식에서 보자면 단테의 시는 극적(劇的)이라고는 말할 수 없는데, 왜냐하면 거기에는 미리 짜여 있는 행위란 전혀 없기 때문이다. 단테 자신이 주인공으로서, 계속 이어지는 생생한 묘사에 대한 이야기의 연결 역할을 수행하며, 작중에서는 활동적이기보다는 오히려 수동적으로 행동하고 있는 점으로부터 보자면, 이 시는 소설에 가까운 것으로 보일 수 있을 것이다. 그러면 이 시를 일반적인 의미에서 서사적이라고 보아도 좋은가라고 한다면, 이 또한 방금 전의 파악방식에서와 같이 충분히 그 정의에 부합한다고는 말할 수 없다. 그 이유는 거기에서 전개되는 주제들에는 순서에 따라 잇달아 이어지는 연쇄라는 것조차 행해지지 않기 때문이다. 교훈시로서 간주하는 것도 마찬가지로 불가능하다. 왜냐하면 이 시는 교훈시의 형식보다 훨씬 덜 제약된 형식과 의도를 가지고 쓰여 있기 때문이다. 따라서 단테의 시는 이들 중 어느 하나로도 특정할 수 없고 또한 단순한 합성에 지나지 않는 것도 아니며, 전적으로 독특한, 말하자면 아무리 자의적인 기술을 구사하려고 해도 두 번 다시 산출될 수 없는, 그야말로 이들 문학 장르의 모든 요소들을 유기적으로 혼융한 작품이며, 그 자신 이외의 다른 어떠한 것과도 비교할 수 없는 절대적인 개체인 것이다.

시의 소재라는 것은 일반적으로 시인이 살았던 시대 전체에 대한 동일성의 표명이며, 그 시대에 일어난 다양한 사건이 그 세기에서의 가장 탁월한 정신에서 조망된 종교, 학문, 문학의 이념에 의해 관철되어 있는 것이기도 하다. [그러나] 여기에서의 우리의 의도는 단테의 시를 시대와의 직접적인 연관에서가 아니라 오히려 근대문학 전체에 대해 이 시가 갖는 보편성과 원형성(Urbildlichkeit)에서 이것을 파악하는 데에 있다.

근대가 목표로 하는 위대한 서사시가 현재까지는 단지 광상곡처럼 단편적인 모습들로서밖에 보이지 않으며, 그것이 완결된 총체성으로서 등장하게 될 시기는 아직 규정조차 하기 어려운 먼 훗날의 일이지만, 거기에 이르기까지의 이 근대시의 필연적인 법칙이란 바로 다음과 같은 것이다. 즉 개인이 자신에게 분명하게 된 세계의 부분을 하나의 전체로 형성하려고 하며, 자신의 시대의 소재, 즉 역사나 학문으로부터 자신을 위한 신화를 창조하려고 한다는 점이 그것이다. 왜냐하면 고대 세계가 보편적으로 유(類)의 세계이듯이, 근대 세계는 개인의 세계이기 때문이다. 전자의 세계에서는 보편적인 것이 바로 특수적인 것이며, 종족이 개체로서 작용한다. 이에 비해 후자의 세계에서는 거꾸로, 특수성이 출발점이고, 이것이 머지않아 보편성에로 이르는 것이다. 전자에서는 바로 그 때문에 모든 것이 영속적이고 불변적인 것이다. 즉 바꾸어 말하면 수(數)가 힘이 되는 것은 아니다. 왜냐하면 보편이라는 것의 관념은 개체의 관념과 하나이기 때문이다. 반면 후자에서 존재하는 법칙은 교체와 변화이며, 여기에서는 폐쇄된 무리들이 아니라 개성을 통해 무한한 것에로 확장될 수 있는 사람들만이 이 근대세계의 규정을 이해하는 것이다. 그리고 [여기에서도] 보편성은 시의 본질에 속하는 것이기 때문에, 이로부터 나오는 요구는 필연적으로 다음과 같다. 즉 개인은 최고의 독특성을 통해 다시금 보편타당한 것이 되어야 하고, 또 완성된 특수성을 통해 다시금 절대적인 것이 되어야 한다는 점이다. 다른 무엇으로도 견줄 수 없는 그의 시의 바로 그 절대적 개성에 의해 단테는 근대 예술의 창시자가 되었던 것이며, [실로] 이 자의(自意)에 따른 필연성과 필연적인 자의 없이는 근대 예술은 생각될 수 없는 것이다.

그리스 문학의 첫 출발로서의 호메로스 시대로부터 문학은 학문이나 철학으로부터 확연히 분리되었고, 이후 이 분리의 과정이 시인과 철학자의 완전한 대립으로까지 이어져 왔음을 우리는 알고 있다. 그들은 호메로스의 시를 알레고리적으로 설명함으로써 [문학과 철학 간의] 어떤 조화를 꾸며내려고 했지만 그것은 무익한 일이었다. 근대에 와서는 학문이 문학이나 신화보다 앞서 갔지만, 그러나 원래 이 신화라는 것이 보편적이 되지 않고서는, 즉 오늘날의 교양문화를 형성하는 모든 요소들-곧 학문, 종교 그리고 예술 자체-을 자신의 영역 속으로 끌어들이지 않고서는, 그리고 더 나아가 현재 뿐만 아니라 과거 시대의 소재도 하나의 완전한 통일로 결합시키지 않고서는, 모름지기 그것은 신화라고 할 수 없다. 예술은 완결된 것, 한정된 것을 요구하는 데 비해 세계정신은 무한한 것으로 향해가면서 어떠한 제약도 단호히 허물어버리려고 하는 이 모순 속에서, 개인이 [이 문제에] 개입해야 할 것이란 다름 아닌 절대적인 자유를 가지고서 시대의 혼돈된 상태로부터 변하지 않는 형태들을 찾아내려고 힘쓰는 일이며, 더 나아가 이처럼 자의에 의해 끌어낸 형식들 내에서 자신의 시의 산물에 절대적 개성을 통해 다시금 안으로는 필연성을, 그리고 밖으로는 보편타당성을 부여하는 일이다.

바로 이 점을 단테가 해냈다. 그는 과거의 역사만이 아니라 현재의 역사도 소재로 삼았다. 그는 이 소재를 [고대적 의미에서의] 순수한 서사시로 완성할 수 없었다. 그 이유 중 하나는 소재 자체의 성격 때문이고 또 다른 하나는 그렇게 할 경우 자기 시대 교양의 다른 측면들을 다시금 배제해버릴 가능성이 있었기 때문이다. 즉 이 교양이 완전한 것이기 위해서는 자기 시대의 천문학, 신학, 철학도 부가하지 않으면 안 되었던 것이다. 그는 이것들을 교훈시로서 개진할 수도 없었다. 왜냐하면 교훈시에 의해서도 그는 재차 제한을 받게 될 것이고, 아울러 그의 시는 그것이 보편적인 것이 되기 위해서는 동시에 역사적인 것이 되어야 했기 때문이다. 이들 소재를 하나의 전체로 결합하여 유기적으로 구성하기 위해서는 완전히 자의에 따른, 개인에게서 발생하는 창안이 필요하게 되었다. 철학과 신학의 이념들을 상징들로서 표현하는 것은 불가능했는데, 왜냐하면 거기에는 어떠한 상징적인 신화도 존재하지 않았기 때문이다. 하지만 그는 마찬가지로 자신의 시를 전적으로 알레고리적인 것으로 형성할 수도 없었는데, 왜냐하면 그렇게 [알레고리적인 것이] 될 경우 그의 시는 다시는 역사적인 것이 될 수 없었을 터이기 때문이다. 따라서 그의 시는 알레고리적인 것과 역사적인 것의 전적으로 독특한 혼합물이어야만 했다. 고대인이 목표로 한 규범적인 시에서 이와 같은 궁여지책을 찾는 것은 가능하지 않았다. 오직 개인만이 이 방식을 견지할 수 있었고, 절대적으로 자유로운 창안에 의해서만 이 방식을 추구하는 것이 가능했던 셈이다.

단테의 시는 [단순히] 알레고리적인 것이 아니다. 이 경우 알레고리란 그 등장인물이 다른 무언가를 의미하되, 의미로부터 독립된 그 자체적 존재는 아니라는 뜻에서이다.[2] 또한 다른 면에서 볼 때, 등장인물 모두가 이념 자체이자 또한 그 인물의 알레고리를 넘어선 것이라는 식으로, 의미로부터 독립해 있는 것도 아니다. 즉 그의 시에는, 알레고리와 상징적-객관적 형상을 결합하는 실로 독특한 방식이 있는 것이다.[3] 그것은 의문의 여지가 없는 것이며 또한 시인 자신이 다른 곳에서, 예컨대 베아트리체는 신학의 알레고리라고 설명하고 있다.[4] 그녀의 동행자들 역시 실로 다양한 모습으로 등장한다. 하지만 그들은 그 자체로서의 의미를 동시에 지니고 있다. 즉 그런 이유로 상징들인 것은 아니지만, 역사상의 인물들로서 나타나고 있는 것이다.

이런 점에서 보자면, 단테는 원형적이다. 왜냐하면 그는 자기 시대의 역사와 교

---

2) 알레고리(Allegorie)는 그리스어 알레고리아(αλληγόρια)에서 유래하는데, 이는 ἄλλος[알로스, 다른 것]와 ἀγορεύειν[아고레우에인, 말하다]이 결합된 말로서, "말해지고 있는 것과는 다른 것을 함의하도록 하는 언어방식"을 뜻한다. 동물 이야기(즉 '말해지고 있는 것')를 통해 인격적인 교훈('다른 것')을 주고자 하는 이솝우화가 알레고리의 대표적인 예라 할 수 있다. 셸링은 여기서 『신곡』의 등장인물들이 이같은 일반적인 의미의 단순한 알레고리적 표현이 아님을 주장한다.

3) 셸링은 『예술철학』에서 '알레고리'와 '상징'을 각각 다음과 같이 정의한다. "특수한 것이 보편적인 것을 의미하는 표현, 또는 보편적인 것이 특수한 것에 의해 직관화되는 표현은 알레고리적이다." "양자가 종합될 때, 즉 보편적인 것이 특수한 것을 의미하는 것도 또 특수한 것이 보편적인 것을 의미하는 것도 아니라 양자가 절대적으로 하나일 때, 이 종합은 상징적인 것이다."(Philosophie der Kunst, Ausgewählte Werke, Darmstadt: Wiss. Buchges., 1990, S. 407). 그에 따르면, 고대의 신화 일반, 특히 호메로스의 신화에서는 의미가 동시에 존재이고, 실재성이 관념성과 일체인 점에서 근본적으로 상징적인 특성을 갖는 데 비해, 근대 세계에서는 예술이 전체적으로 알레고리적 특성을 지닌다.

4) 베아트리체의 형상에 대한 이러한 설명은 단테에게선 기껏해야 간접적으로 나타난다. 여기에서 셸링은 전통적인 해석에 따르고 있다.

양 전체, 즉 그의 눈앞에 제시된 유일한 신화적 소재를 하나의 통합된 시로서 기록하기 위해, 근대의 시인은 무엇을 해야 할 것인가를 말하고 있기 때문이다. 그는 절대적인 자의에 기초해 알레고리적인 것과 역사적인 것을 결합시켜야만 했다. 그는 알레고리적이어야 했는데-이는 또한 그의 의지에 반하는 것이었다-, 왜냐하면 그는 상징적일 수 없었기 때문이다. 그는 역사적이어야 했는데, 왜냐하면 그는 시적이어야 했기 때문이다. 이런 점에서 볼 때 그가 수행한 창안은 언제나 유일무이한 것이며, 하나의 세계 자체를 온전히 인간의 것에 속하게끔 하는 것이다.

보편적인 구상에 기초를 둔 유일한 독일 시는, 파우스트라는 인물을 이용해 하나의 부분적 신화라는 실로 독특한 창안을 이루어냄으로써 그의 시대가 추구한 궁극적 목적들을 하나로 결합시켜내고 있다. 이 또한 단테와 유사한 방식이었지만, 단테의 문학에 비해 훨씬 아리스토파네스적이라는 의미에서 희극이라 할 수 있고, 보다 시적이라는 의미에서 신적이라고 할 수 있다.

개인이 그 시대와 자신의 삶 가운데 주어져 있는 소재를 특수한 모습으로 형상화해내는 에너지야말로, 그 시인이 얻는 신화적 힘의 정도를 결정한다. 단테의 등장인물들은 이미 단테가 이들을 영원한 장소로 옮겨놓음으로써 일종의 영원성을 획득하고 있다. 하지만, 예를 들면 우골리노의 이야기와 같이 단테가 그 시대로부터 소재로서 얻어온 현실적 이야기만이 아니라,[5] 오디세우스와 그 동료들의 영락한 모습과 같이 완전히 창작된 것도 또한,[6] 그의 시 전체와의 연관 속에서 실로 신화를 확신시키는 힘을 지니고 있다.

단테의 철학, 자연학 그리고 천문학을 그 자체로서 나타낸다고 할지라도, 이는 그다지 커다란 관심을 불러일으키지는 않을 것이다. 왜냐하면 그의 참된 독특성은 이것들을 시와 융합시키는 데에 있기 때문이다. 어떤 의미에서 그의 시의 구조를 기초짓고 있는 프톨레마이오스적인 세계 구성은 그 자체로서 이미 신화적 색채를 띠고 있다. 또한 그의 철학이 전체적으로 아리스토텔레스적인 특징을 지니고 있다 할지라도, 거기에서는 순수하게 페리파토스파적 철학이 아니라, 그의 시를 거듭 음미하는 가운데서 증명되듯이 그 당시의 특유한 플라톤적 이념과의 관계가 이해되지 않으면 안 된다.

---

5) 우골리노는 13세기에 피사의 정권을 장악한 백작으로서, 당시 황제당과 교황당 간의 싸움에서 자신의 교황당을 배반하고 적과 손을 잡다가 결국에는 황제당 우두머리 루지에리 대주교에 의해 자식과 손자와 함께 전원 탑 속에 갇혀 아사 당한다. 가장 큰 죄를 자은 자들, 즉 배반자들이 벌을 받는 아홉 번째 지옥에서 단테는 우골리노 백작과 마주쳐 그와 대화를 나눈다. 『신곡』「지옥편」 제33곡 참조.

6) 제8지옥의 여덟째 굴에는 사기나 책략을 일삼던 자들이 살고 있다. 트로이 함락을 위해 목마 계략을 냈던 오디세우스 또한 이곳에 있는데, 단테는 스승 베르길리우스의 중재를 통해 오디세우스로부터 그가 마지막 겪은 항해 이야기와 죽음에 관한 이야기를 듣는다. 「지옥편」 제26곡 참조.

우리는 시구 하나하나가 지닌 힘과 순수함, 개개 장면들이 갖는 무한히 소박하고도 선명한 표현에 관해 길게 논의하려고 할 생각은 없다. 하지만 거기에 그의 철학적인 이념이 표명되어 있는 것은 확실하다. 예를 들면 영혼에 관해서는 다음과 같이 말해지고 있다. 영혼은 신의 손길에 의해, 철없이 울거나 웃는 작은 여자아이 같은 모습으로 나타난다. 천진난만한 영혼은 밝게 개인 하늘같은 창조주에 의해 움직이며, 자신을 기쁘게 해주는 것 쪽으로 기꺼이 향하려고 한다.[7] 하지만 우리가 여기서 말하려고 하는 것은, 그 절대성이라는 점에서 다른 무엇보다도 월등히 보편타당성과 영원성이 인식되는 이 시 전체의 보편적으로 상징적인 형식에 대해서이다.

철학과 시의 결합이 그 가장 하위의 종합인 교훈시로서 해석되는 일이 일반적이라고 할지라도, 이 시에는 결코 어떠한 외적 목적도 없으므로, (가르침을 주려는) 의도는 이 시 자체 내에서 다시금 지양되어 하나의 절대성으로 바뀌어 있으며, 그 결과 필연적으로 이 시는 자기 자신을 위해 존재하고 있는 것으로 보일 것이다. 하지만 이 점이 생각될 수 있는 것은, 우주의 상(像)으로서 더욱이 이와 완전히 일치된 가장 근원적이고도 아름다운 시의 상으로서 나타나는 지(知)가 그 자체로서 이미 시적인 경우에 한에서이다. 단테의 시는 학문과 문학의 보다 높은 상호침투에 의해 귀결된 것이며, 또한 그 만큼 한층 더 이 형식은 보다 자유로운 자립성을 보이면서도 세계관의 보편적인 규범으로서도 적합한 것임에 틀림없다.

우주의 구분 그리고 지옥, 연옥, 천국의 세 영역에 따라 이루어진 소재의 구성은, 그리스도교에서의 이들 관념의 특수한 의미로부터도 독립해 있어서, 과거의 탁월한 시대들은 왜 이와 같은 형식으로 자신들의 신성희극을 가질 수 없었는가를 이해하기 어려울 정도로, 보편적으로 상징적인 형식을 보이고 있다. 근대 연극에 있어서는 어떠한 사건도 발단, 전개, 절정, 결말로의 수렴, 결말이라는 모습으로 보여질 수 있다는 이유에서 5막(幕) 형식이 통상적이라고 여겨지고 있듯이, 어느 한 시대 전체를 표현하고 있는 보다 지고한 예언적 시문학에 대해 단테가 수행한 저 삼분법 또한 보편적인 형식으로서 생각될 수 있다. 물론 그 형식이 충족되는 방식은, 어떻게 거기에 각각의 독창적인 창안의 힘을 통해 항상 새로운 활력이 부여될 수 있는가에 따라 실로 무한히 다양할 것이다. 하지만 단지 외적인 형식으로서만이 아니라 학문과 시 전체의 내적인 형식의 상징적 표현으로서, 단테가 부여한 형식은 영원성을 지닌 것이며, 학문과 교양, 자연, 역사와 예술이라는 세 가지 위대한 대상을 내적으로 파악할 능력을 지니고 있다. 자연은, 만물이 그로부터 태어나는 것으로서 조망될 때, 그것은 영원한 밤이며, 만물이 그 자신 내에 깃들어 있는 그러한 통일로서 조망될 때, 그것은 참된 중심으로서의 신으로부터 멀어진

7) 「연옥편」 제16곡, 85-90.

장소, 즉 우주의 원일점(遠日點)이다. 자신의 본성에 따라 단계적으로 진보하는 생과 역사는 그렇게 되면 정화(淨化)이자 절대적 상태로의 이행이다. 이 절대적인 상태는 오직 예술에서만 현전하는 것으로, 왜냐하면 예술은 영원성을 예감하는 생의 낙원이자 진정 저 중심 속에 있기 때문이다.

그러므로 모든 면에서 볼 때 단테의 시는 특정 시대나 특수한 문화 단계를 나타내는 개별적인 작품이 아니다. 오히려 그의 시는 가장 절대적인 개성과 통합되어 있는 보편타당성에 의한 작품이요, 삶과 문화의 어떠한 측면도 배제하지 않는 보편성에 의한 작품이며, 요컨대 우주 일반을 관찰하는-특수한 유형이 아니라-보편적 유형인 그러한 형식에 의한 원형적인 작품인 것이다.

내적으로 향해진 이 시의 특수한 구성은 물론 이러한 보편타당성을 가질 수 없다. 왜냐하면 그 구성은 그 시대의 관념이나 시인의 특수한 의도에 따라 형성되어 있기 때문이다. 그에 비해 전체에 미치는 내적 형식은, 이처럼 정교하고 철저하게 의도된 작품이란 더 이상 있을 수 없다고 생각되리만큼, 외적으로도 또한 이 시의 커다란 3부 구성에 따라 형태, 색채, 음조에 의한 상징화가 이루어져 있다.

단테는 자신의 소재의 무궁무진함에 대해, 그가 창안한 형식들 하나하나를 적용시키기 위한 일종의 인증을 필요로 하고 있었다. 그러한 인증을 그에게 줄 수 있었던 것은 오로지 그 시대의 학문으로서, 이것은 그에게 말하자면 신화와 같은 것이자 또한 그의 창안의 대담한 구조를 지탱하는 보편적인 근거이기도 하다. 그러나 또 다른 한편으로 그는, 역사적이며 시적인 측면의 추구를 중지하지 않고, 그 형식 하나하나에서 어디까지나 알레고리적이고자 하는 의도에 전적으로 충실히 따르고 있다. 지옥, 연옥 그리고 천국은 말하자면 신학의 체계를 구체적이고도 건축적으로 나타낸 것이다. 단테가 이곳들 내부에서 관찰하는 크기, 수량, 비례라는 것은 이러한 학문에 의해 지정되어 있었던 것이며, 여기에서 그는 소재적으로 무궁무진한 시에 필연성과 한정성의 형식을 부여하기 위해, 의도적으로 창안의 자유를 포기한 것이다. 수(數)가 갖는 보편적인 신성성과 의미는 그의 시가 기초해있는 또 하나의 외적 형식이다. 이와 같이 일반적으로 그 시대의 논리적, 삼단논법적인 지식체계 전체가 그에게는 자신의 시가 처해있는 세계에 도달하기 위해서는 인정하지 않을 수 없는 형식이 되어 있는 셈이다.

그럼에도 불구하고 단테가 이처럼 종교적 표상과 학문적 표상을 결속시키는 데서 자신의 시대가 제공한 것 중 가장 보편타당한 것으로서 얻고자 힘썼던 것은 결코 시적으로 그럴 듯하게 보일 뿐인 비속한 허구성이 아니다. 오히려 바로 이 결속에 의해 그는 조야한 감각에 아첨하려고 하는 모든 의도를 버리고자 한다. 단테가 지옥여행을 한 첫 계기는, 그에게 동기를 부여하거나 납득시키는 비시적(非詩的)인 방식이 아니라 그야말로 일어나야 했던 바가 일어난 것으로, 그것은 마치 의도를 알 수 없는 얼굴로 사람을 움직이게 하는 것과 비슷하다. 단테는 베아트리체의 눈에 의해 고양되며, 즉 이 눈을 통해 나타난 신적 힘 자체가 그를 이끌어가지만, 그 기미를 그는 단 한 행으로 표현하고 있다.[8] 단테는 자신에게 일어난 경이로운 일들을 그대로 다시금 종교의 신비에 대한 비유로 변화시킨다. 이것은 자신이 경험한 불가사의를 한층 더 높은 신비체험에 의해 입증하려고 하는 것이다. 예를 들면 단테는 자신이 달의 세계에 받아들여진 것을, 갈라지지 않는 물 속에 스며든 빛의 징조에 비유하지만, 이것을 신이 인간으로 육화되는 이미지로도 삼고 있다.[9]

세 세계의 내적 구성에서 세부에까지 미친 예술적 의도의 깊이를 보이고 있는 이 예술의 성과는 그 자체로 하나의 학문일 것이며, 또한 시인의 사후 잠시 동안 그를 추방한 국가가 그를 기리기 위한 교수직 자리를 신설하고 이 직에 최초로 보카치오가 임명됨으로써 확실히 그 성과는 학문으로서 인정되었다.

그러나 3부로 되어 있는 이 시의 각각의 창안들은 최초의 형식의 보편적인 중요성을 두루 비추는 것만이 아니라, 한층 더 명확한 모습으로 이 창안 자체의 법칙이 3부 구성 각각을 서로 대조적으로 떠오르게 하는, 내면적이고 정신적인 리듬이 되어 표현되고 있다. 제재 면에서 가장 무서운 것인 지옥은 표현상 가장 강력한 것이자, 문체도 지극히 엄격하며, 언어 표현도 음울하고 섬뜩함으로 가득 차 있다. 연옥의 일부에서는 깊은 정적이 흐른다. 거기에서는 더 이상 명계(冥界)의 고통에 찬 절규는 들려오지 않는다. 이 연옥의 언덕, 즉 천국의 앞뜰에는 온갖 색채가 펼쳐진다. 천국은 천체의 참된 음악인 셈이다.

지옥의 형벌의 실로 다종다양한 표현은 거의 유례가 없는 착상으로부터 고안해낸 것이다. 범한 죄와 고통 사이의 인과관계는 시적인 것 이외의 어떠한 것도 없다. 단테의 정신은 무서운 것을 앞에 두고서도 움츠러들지 않는다. 그야말로 그는 그 공포의 극한에까지 걸음을 내딛는다. 하지만 그 어떤 장면에 대해서도 말할 수 있는 것은 단테가 숭고, 즉 참된 의미에서의 아름다움을 조금도 무너뜨리는 법이 없다는 점이다. 이 시의 전체상을 파악할 능력이 없는 사람들이 부분적으로 저열한 것이라고 칭하는 것이 있지만, 이것도 실은 그들이 제대로 해석하고 있는 것이 아니라 오히려 이 시의 혼연된 성격에 있어 필수적인 요소인 것이다. 단테 자신이 이 시를 희극이라고 부른 것은 그 때문이다. 섬뜩한 구도 속에 표현되어 있는 악마의 증오, 신성한 심정의 분노는 비속한 영혼에게서 물려받은 것이 아니다. 또한, 그때까지는 시를 오직 사랑을 위해서만 바쳤던 단테가 진지함과 비범함을 갖춘 자신의 정신을 최고의 창안으로까지 이끌었던 최초의 계기는 다름 아닌 피렌체로부터의 추방이었으며, 이 창안을 통해 그는 자신의 생애, 자신의 충정과 조국의 운명 전체를 이에 대한 격분과 함께 토해냈다는 것이 일반적으로 받아들여지고

8) 「연옥편」 제30곡, 40f.
9) 「천국편」 제2곡, 29-45.

있는데, 이러한 견해는 분명 매우 의심스러운 것이긴 하되 그러나 단테가 지옥에서 이것에 대한 복수를 하고 있는 것은 사실이다. 하지만 그의 복수는 최후의 심판이라는 이름으로 행하고 있듯이, 예언적 힘을 지닌 형사 재판관으로서 이루어지고 있다. 이는 개인적인 증오에서가 아니라 시대의 잔학한 행위에 저항하는 신실한 영혼 그리고 오랜 기간 명맥이 끊어져왔던 조국에의 사랑을 동반한 것이었다. 이 점은 그 자신에 의해 천국편의 한 대목에서 다음과 같이 말해지고 있다. "하늘과 땅을 서로 손 잡게 하였고 또 나를 여러 해 동안 야위게 해왔던 거룩한 시(詩)가, 아름다운 울타리로부터 나를 쫓아내려고 하는 이 시대의 무자비한 만행을 극복하게 될 날이 언젠가는 오리라. 나는 그동안 저 아름다운 울타리를 부수고 침입해오는 늑대들을 미워하면서 실로 한 마리 어린 양처럼 숨죽여 자고 있었을 따름이었다. 하지만 새로운 시대가 도래하면 나는 다른 목소리와 새로운 모피를 두르고서 돌아올 것이다. 그리고 일찌기 세례를 받았던 그 장소에서 월계관을 받게 될 것이다."[10] 저주받은 자들의 끔찍한 고통을 단테는 그들에 대한 동정으로 완화시키려 하고 있다. 비참의 극한에 이른 그들의 눈길에 단테의 마음은 뒤흔들려 무심코 울고 싶은 심정이 된다. 거기서 베르길리우스는 단테에게 이렇게 말을 건다. "대체 왜 그렇게 안색이 어두운가?"[11]

이미 언급했듯이, 지옥에 적용되는 형벌 대부분은 범한 죄에 대한 상징적인 의미를 띠고 있지만, 그 중 몇몇은 한층 더 보편적인 연관에서 생각되고 있다. 이런 부류의 것이 특히 변신의 묘사 속에서 보여진다. 거기에서는 성격이 다른 두 인간이 서로 상대방과 뒤섞이는 식으로 변화하여, 자신들의 요소들을 말하자면 교환한다.[12] 고대의 변신 이야기에서 이것과 비견될 수 있는 발상은 어디에도 없다. 그리고 만일 자연연구자라든가 교훈시인이 이러한 힘을 지닌 자연의 영원한 변신작용의 상징들을 그려낼 수 있다면, 그는 그 행운을 스스로 칭찬해도 좋을 것이다.

지옥이 연옥이나 천국과 구별되는 것은 이미 말한 대로 단지 묘사의 외적 형식에 의한 것이 아니라 무엇보다도 형상들의 세계, 즉 이 시의 조소적(彫塑的) 구역을 담당하고 있는 것에 의한 것이다. 이에 반해 연옥은 회화적인 구역으로서 인식되어야 한다. 여기에서 죄인들에게 부과되는 속죄는 그들이 죄를 씻을 때까지 부분적으로는 상당히 회화적으로 취급되어 있을 뿐 아니라, 속죄의 장소인 신성한 언덕을 지나 이동함에 따라 잇달아 펼쳐지는 전망과 광경, 다양한 빛의 변화 그리고 시인이 저승의 강 레테의 물가에 도착한 뒤 그 최종 한계에까지 펼쳐진 회화와 색채의 더 없이 화려한 장관이 묘사되어 있다. 이 주변에는 신성한 원시림이 있고 거기에는 천상의 명징함을 기리는 시냇물이 흐르고 있는데, 그 물결은 나무

10) 「천국편」 제25곡, 1-9.
11) 「지옥편」 제24곡, 1-4.
12) 「지옥편」 제25곡 참조.

숲의 영원한 그늘로 에워싸여 가려져 있다. 단테는 이 물가에서 처녀와 만난다. 이윽고 베아트리체가 꽃구름에 싸여 베일을 두르고 올리브 화관을 쓴 채 녹색 겉옷과 자색의 생명의 불꽃을 드러내면서 나타난다.

이제 시인은 지구의 중심을 통과해 빛의 세계에 도달한 것이다. 명계의 어둠 속에서 구별할 수 있었던 것은 형태뿐이다. 연옥에서는 빛이 나타나지만 아직 이 빛은 지상적인 물질과 함께 있는 것이어서 그로부터 색채가 생긴다. 천국에 있는 것은 빛의 순수한 음악뿐이며, 물질에의 반영은 없다. 거기에서 시인은 단계적으로 신성 자체인 무색의 순수한 실체의 직관에로 높여져 간다.

시인의 시대에는 천체의 성질이나 그 운동의 측정이라는 우주의 체계에 대한 관점이 신화적인 위엄을 갖추고 있었다. 시의 이 부분[연옥편]에서 시인의 창안을 지탱하는 기반이 되고 있는 것이 바로 이 우주관이다. 절대성 자체인 이 천체 속에서 그는 단계나 구별을 두고 있지만, 그가 달의 하늘[月天]에서 만난 수녀 영혼들 중 한 사람에게 '하늘나라의 어느 곳이나 모두 천국 낙원이다'라는 훌륭한 말을 표명함으로써 다시금 이 구별은 해소되는 것이다.[13)]

그런데 이 시의 필연적인 구성요소로서, 천국을 통과하는 [영혼의] 고양에 기초하여 신학의 지고한 명제가 상세하게 규명된다. 이 신학이라는 학문에 대한 고귀한 숭배는 베아트리체에 대한 사랑에 의해 예시되어 있다. 직관이 순수하게 보편적인 것에로 용해되어가는 상황에서는, 시는 음악이 되고 형태는 소멸되지 않으면 안 된다. 이러한 관계에서 비로소 지옥은 시의 일부로서 여겨질 수 있다. 하지만 그것도 어디까지나 개별적인 작품으로서 받아들여져서는 안 되고, 각각의 시편의 탁월한 특성은 전체와 조화를 이루는 것에 의해서만 보증되며 참된 의미에서 인식될 수 있는 것이다. 세 시편의 관계가 전체로서 파악될 때 필연적으로 인식되는 것은 천국이 순수하게 음악적이며 서정적이라는 점이다. 이 점을 또한 시인은 처음부터 의도하고 있었다. 그는 이 의도를 교회 성가의 라틴어가 빈번하게 사용된 외적 형식 내에서 실현시키고 있다.

시와 예술의 모든 요소들의 상호침투 속에서 뚜렷하게 나타나는 이 시의 주목할 만한 위대함은 이렇게 해서 완전한 모습을 나타내게 되었던 셈이다. 이 신적 작품은 단순히 조소적이거나 회화적이거나 음악적인 것이 아니라 동시에 이 모든 것이자 서로 합치하여 조화를 이루고 있는 것이다. 이 작품은 또한 단지 극적인 것도 서사적인 것도 서정적인 것도 아니라 전적으로 특별하고 유례가 없는, 이것들의 혼합체이다.

동시에 나는 이 작품이 근대 문학 전체에 대해 예언적이고 모범적인 측면을 나타냈다고 생각한다. 이 시는 근대 문학의 모든 사명을 자신 속에 담고 있으며, 또

13) 「천국편」 제3곡, 88-90.

한 겹겹이 혼합된 그 소재로부터 대지를 뒤덮고 하늘로 뻗어나간 최초의 작물, 즉 신성한 변용의 최초의 결실로서 자라난 것이다. 그 이후의 문학을 표면적 개념에 의해서가 아니라 그 원천으로부터 알고자 하는 사람들이라면, 이 위대하고 엄정한 정신을 본받기를 바란다. 근대 전체는 과연 어떠한 방식으로 포괄되는가를 알기 위해서, 아니 [실은] 근대 전체를 그렇게 간단히 하나로 결합하는 어떠한 끈도 없다는 것을 깨닫기 위해서라도 말이다. 이같은 자격이 없는 사람들은 즉각 신곡 제1부의 시작되는 말을 자기 자신에게 적용해 주었으면 한다.

여기 들어오는 너희는 일체의 희망을 버릴지어다![14)]

14) 「지옥편」 제3곡, 9.

Ueber Dante in philosophischer Beziehung

F.W.J. Schelling
Translated by Shim, Chul-Min

Abstract

Where does the greatness of the monumental *Divine Comedy* of Dante come from? On what does his poem give the prophetic and prototypical exemplum for the entirety of modern poesy?

Firstly, his uniqueness resides only in fusing the history and science of his age, the mythological subject matter into the poesy itself. In this respect his poem shows a completely unique combination of the allegorical and historical.

Secondly, his poem is archetypal through the universal validity it unites with the most absolute individuality. In other words, the Divine Comedy is based on the absolute freedom of the modern individual, and represent not one merely individual poem, but rather the entire genre of modern poesy, and itself a genre unto itself. This is caused by that his poem is neither epic, lyrical, nor dramatic, but rather a completely unique, singular, and incomparable combination of them all.

Thirdly, in view of the composition of the subject matter, the *Inferno*, *Purgatorio*, and *Paradiso* as the three larger sections of the poem render the plastic, picturesque, music part respectively, but rather all this at once and in consonant harmony. It is necessary to the degree the vision resolves itself into the purely universal element that the poesy itself become music, form disappear.

Finally, his poem encompasses all conditions and determinations of modern poesy, and emerges from the yet variously combined material of those conditions as the first growth elevating itself above the earth and expanding toward heaven, the first fruit of the transfiguration.

Key words: Schelling, Dante, *Divine Comedy*, poesy, the modern, the individual, freedom, universality, archetypal quality, science, mythology, the allegorical, the historical

• 투고일: 2012.10.02. 심사완료일: 2012.10.23. 게재확정일: 2012.10.25.

제4부

부록

편집후기

추월단상(秋月斷想)

윤 병 태

누구나 청년 시절 한때, 생(生)과 사(死)는 동전의 양면처럼 붙어 있는 것이어서 산 자치고 죽지 않는 이가 없으니 죽음을 두려워하지 말고 뜻을 세우고 의연히 행동하라는 가르침에 진지하게 귀 기울인 적이 있을 것이다. 하지만 거스를 수 없는 세월에 휩쓸려 살다 보면 굳이 물질만 추구하면서 밤낮을 보내지 않았어도, 남이 보기에도 자기가 보기에도 누추한 영혼만 남는다. 육십을 넘기다 보면, 백발을 맞이하고도 마음의 평화를 찾지 못하는 것이 사람이라는 말이 위로가 될 뿐이다. 인생은 나그넷길이라 하지 않던가? 문득 인생 노숙자라는 단어가 친숙하게 다가온다.

올해 정초에 모친상을 당했다. 조금 전까지도 힘들기는 하지만 호흡을 하던 모친이 가늘고 긴 한숨을 끝으로 숨을 거두는 것을 보고 '생사일여'는 남의 일에나 타당하다는 생각이 들었다. 생사는 결코 같지 않았다. 따뜻하던 체온, 고통 속에서도 생기 있는 표정, 힘들게 헐떡이는 호흡, 느리지만 시계추처럼 움직이는 맥박이 생의 편이라면, 이와 달리 차가운 육신, 고통은 없지만 그렇다고 웃고 있지도 않은 무표정, 나무등걸처럼 펼쳐진 육신, 움직임 없는 맥박은 죽음의 편에 있었다. 생사는 임종하는 육신에게만 다른 것이 아니라 그 앞에 선 모든 이들에게도 다른 것이다. 생사가 같다는 말은 거짓말이다. '사람은 누구나 죽는다'라는 말이 상을 당한 당사자에게 어떤 위로도 되지 않을 뿐 아니라 오히려 분노를 일으키게 한다. 지구상에 아직 죽지 않은 이들이 얼마이며 자기 어머니가 죽지 않은 이가 얼마나 많으며, 너도 나도 아직 죽지 않았으니, 모든 사람이 죽는지 어떤지는 지금으로서는 알 수 없다. 남의 상가에 가서 우리는 쉽게 위로하고 쉽게 애석해할 수 있다. 그러나 당사자가 되고 보면 진리라고 교육받고 믿어온 일체가 거짓일 수도 있다는 의구심이 생긴다. 철학의 진정한 출발점인 것이다. 종교에 대한 철학적 회의가 진지하게 고려되는 순간도 여기이다. 천국과 지옥으로 갈라놓고 이승에서 분별 있는 행동을 하도록 가르치는 종교의 윤리적 교육이야 그렇다 치더라도, 실제로 사후에 그런 세계가 있는지에 대한 강한 의문이 이때 다시 제기되기 때문이다. 육신의 죽음과 더불어 영혼 또한 흔적도 없이 사라지는지, 육신의 질료적 요소들이야 흐트러져도 영혼은 흐트러짐 없이 내세로 이전되는지에 대한 이 새로운 의문은 지금까지 믿었던 종교적 신앙에 대한 회의이기도 하지만, 실은 자신의 종교적 믿음의 확실성과 진리성의 근거가 생의 세계 어디에도 분명하게 보이지 않는다는 데 있다. 천당이든 지옥이든 있기만 하면, 천당에 가든 지옥에 가든 가기만 하면, 육체는 흩어져도 영혼이 어느 곳에든 존재한다고 믿으면, 이 믿음은 소박한 낙천주의이다. 철학이 낙천주의에 머물 수 없는 것은 내세에 관한 일체의 그림들이 환상의 산물일 수 있으며 실재로 그런 곳이 없을 수 있는 가능성이 확실하게 있다는 논리적 근거 때문이다. 물론 이것이 어머님 영전에서 터지는 울음의 유일한 이유는 아니다. 슬픔의 진정한 이유는 이승에서 더 이상 살아 있는 어머니를 볼 수 없다는 절망 때문이다. 믿음 돈독한 신자라 해도 예외는 아니다. 구천도, 황천도, 이승에 없으며 이케룬 강, 요단 강 또한 이승에는 없다. 게다가 죽은 자의 육신이 나중에 되살아나는 것이 아니니 그를 만나려면 나 역시 죽어 저승에 가야 한다. 그때 해후의 기쁨을 다시 누리더라도 지금 이 순간 이승에서의 이별은 영원한 이별인 것이다.

어릴 때나 청소년기에 어머니를 잃는 경우에는 슬픔보다는 놀라움과 두려움이 훨씬 더 크게 다가온다. 세상 경험도 부족하고 무엇을 어떻게 해야 할지에 대한 지혜도 부족한 상황에서 사건을 맞지만, 사건은 친지 어른들과 전통에 의해 일사천리로 진행되고 처리된다. 일어나서는 안 될 일 앞에서 망연자실하면서 그런 일을 당한 사람이 다른 사람이 아닌 자신이라는 사실에 넋을 잃는다. 그러나 한 해도 지나기 전에 정신없이 바쁘게 해야 할 과제들에 묻혀 그 일을 망각해간다. 세월이 흐르면서 어머니의 죽음은 현실이 아니라 꿈속 추억의 안개 속으로 희미해져 간다. 삶의 현재와 미래가, 있어도 그만 없어도 그만인 과거를 밀어내는 것이다. 이에 비해 자식을 키워 밖으로 내보내 보고 자신 또한 산 날보다 살 날이 훨씬 짧아졌다고 느끼는 나이에 당하는 어머니의 죽음은 또 다른 체험의 장을 펼친다. 그 나이에는 대부분 어머니의 죽음 일체를 자신이 주도적으로 떠맡아야 한다. 형제자매들과 의논하든 혼자하든 임종에서 화장 또는 매장에 이르는 모든 절차에 적극적으로 매달려야 한다. 세상살이 산전수전 다 겪었으니 희로애락의 감정도, 생로병사의 사실에도 무디어질 대로 무디어진 때, 시신을 어루만져 보고 뜬눈을 감기고 벌어진 입을 다물려 준다. 의연하게 '잘 가세요, 엄마. 아픔도 고통도 없는 곳, 기다림도 이별도 없는 곳, 그곳에서 편히 쉬세요' 작별인사를 하게 된다. 하지만 흰 천으로 주검을 덮어 영안실로 옮기고 나면 당장 급한 것은 어머니의 죽음이 아니라 치워야 할 특수 쓰레기, 처리해야 할 이 폐기물 시신이 문제이다. 며칠이라는 시간이 이 문제를 간단하게 해결하는 것을 보면서 다시금 우리는 시간의 위대함에 머리 숙이게 된다. 주변의 물건과 사람들이 서서히 제자리를 찾아갈 때쯤 문득 다시 고인과의 운명적 만남의 의미를 되새기게 된다.

나는 누구이며 어디에서 왔는가? 이 물음에 온갖 신이나 종교, 혹은 저도 남도 알 수 없는 형이상학적 용어들로 대답해봤자 아무짝에도 쓸모없을 뿐 아니라 많은 경우 거짓말이기 일쑤이다. 단순하지만 솔직한 답이 있다. 나는 1945년 충청북도 괴산군의 작은 마을에서 농부의 자식으로 태어나 그 지역에서 자라, 고교를 졸업하고 그곳 면사무소 하급 공무원으로 들어가 근무하다 1995년 퇴직하고, 지금은 텃밭이나 돌보며 유유자적하는 정 아무개이다. 더 간명하게 '나는 나의 부모에게서 온 정 아무개이다'라는 대답으로도 족하다. 나만 그런가? 아니다. 인간 누구나 그러하다. 즉, 누구든지 그는 아무개이며 그가 출생한 곳은 어머니이다. 그러니까 어머니는 나의 본래 고향이며 내 이름의 진원지이다.

이 세상 누구도 보편적 나로 실재하지 않는다. '지금 여기'의 바로 이 나가 있을 뿐이다. '실존적 나'라 해도 좋고 '현존적 나'라 해도 상관없는 이 나의 창조자는 나의 아버지, 어머니이다. 하지만 아버지와 어머니는 결코 같지 않다. 아버지는 나의 관념적 고향이지 실재적 고향은 아니다. 나의 실재적 고향은 오직 어머니일 뿐이다.

누구에게나 어머니는 있다. 하찮은 미물들도 대부분 어미를 통해 이 세상에 나온다. 테어남과 동시에 어미라는 고향을 등지고 오로지 혼자 힘으로 살아가는 동물도 있고 일정 기간 극진한 어미의 보살핌 후에 독립하는 동물도 있다. 그러나 거의 이십여 년을 부모 보살핌 속에 성장한 후에 홀로 서는 생명체는 인간이 유일하다. 문명사회의 정상 가정에서 양육이 이를 증거한다.

비정상적 시대 위기 상황에서도 생명은 태어난다. 태어나기도 전에 죽기도 하고 태어나자마자 죽기도 하고 어느 정도 성장하다 죽기도 하고 부모를 떠나 천수를 누리고 살기도 한다. 운명과 운명의 장난 속에서 생을 주고 가꾸는 실질적 주역은 어머니이다.

세상의 모든 어미, 어머니가 새끼나 자식을 헌신적으로 키우는 것은 아니다. 자연의 섭리나 신의 오묘한 뜻이야 알 수 없지만 어떤 생명체는 출생과 더불어 독립 개체로 살아야 하고 어떤 생명체는 짧은 기간 새끼를 보살피기도 하고, 어떤 생명체는 그 새끼가 성장한 후에 친구처럼 서로 도와가며 함께 살기도 한다. 이 방식을 우리는 다양한 생명체 각 종에 부여된 본능으로 보고 이 본능이 생의 모든 과정을 주도한다고 쉽게 말할 수 있다.

인간이 동물인 한 그 생을 이끌어가는 것은 본능이다. 성숙한 남녀가 만나 가정을 꾸리고 자녀를 낳고 양육하여 독립적 인격체로 사회에 내보내는 하나의 힘을 본능이라 한다면, 다른 하나의 힘은 인륜이다. 인간 삶 역시 산란기의 산새가 짝을 찾아 함께 둥지를 틀고 알을 낳고 부화시켜 그 새끼가 날아올라 스스로 생을 영위하는 것과 형식적으로 같다는 점에서 본능이다. 성숙한 남녀가 단지 성적 충동 때문만이 아니라 사랑을 느끼고 그 사랑을 실현하기 위해 가정을 이루고 자식을 낳아 가정교육과 사회교육을 통해 스스로 성숙한 독립 인격체를 키워내는 것은 정신의 힘이다. 동물적 생의 과정에만 매어 있으면 본능으로 사는 것이지만 반대로 본능을 인간적 생의 과정으로 바꾸어나갈 때 그것을 인륜적 정신의 힘으로 산다고 하겠다. 모양만 사람이라 사람인 것이 아니라 사람은 동물에서 사람이 되는 것이다. 이 인간됨의 두 힘, 즉 본능과 인륜적 정신성을 이루는 근원이 바로 어머니와 아버지이다.

인간에게는 부와 모의 역할이 분명하게 갈라지지 않는다. 문화 사회적 특성에 따라 부모의 역할이 결정되기도 하고 지역적·기후적 특성에 따라 일반적으로 어머니가 하는 일을 아버지가 하기도 하고 아버지가 하는 일을 어머니가 하기도 한다. 그렇다고 부모 역할에 일정한 유형이 전혀 없는 것도 아니다. 어머니에게 자식은 자기 몸에서 분화되어 나온 분신이고 이 분신이 최소한의 생리적 자립에 이르는 과정에서 육체적으로 정신적으로 헌신한다. 이 육체적·정신적 헌신이야말로 인류에 공통되는 사랑의 원초적 기원이다. 이 토대 위에서 종교도 탄생한다. 이때 아버지는 단지 보조적 역할을 할 뿐이다. 자식이 생리적으로뿐 아니라 사회적으로 독립하는 데 원시적이고도 근원적 힘이 어머니 사랑이라면 아버지는 자식의 어머니와 자식을 먹여 살리는 일을 한다. 실제로 그렇게 하지 못하는 이들이 훨씬 더 많은 사회에서도 가족 부양을 의무로 느끼는 것은 아버지의 자연스러운 모습이다. 이 의무를 만족스럽게 수행할 때 아버지는 아버지로서의 자기 역할에 만족하고 그렇지 못할 때 아버지는 쓸모없는 수컷으로 전락한다. 아버지가 자기 역할을 제대로 할 때에만 그 아내는 자식의 어머니로서 본분을 무리 없이 수행할 수 있다는 점에서, 그리고 이럴 경우에만 자식은 사회적 독립 인격체로 교육된다는 점에서 아버지의 보조 역할은 근원적 역할로 전도된다. 튼튼한 자식을 낳으려면 어머니가 튼튼해야 되고, 어머니가 튼튼하기 위해서 건강하게 잘 먹고 충분히 휴식을 취하며 쓸데없는 걱정을 하지 말아야 한다. 남자는 땀 흘려 노동하고 재화를 구해 식구들이 필요한 물질적 욕구들을 채워주어야 한다. 이 노력을 의무로 각인하기 위해서는 내적으로 가정이 쪼개지지 않는 하나의 유기적 생명체임을 사랑으로 확인하고 외적으로는 자기 가정과 그 가정을 지키려는 자신의 노동의 대가가 손상되거나 침해되지 않는 권리가 확보되어야 한다. 동물과 달리 인간이 모듬살이를 하는 이유가 여기에 있다. 사회가 모계 중심이냐 부계 중심이냐는 별로 문제되지 않는다. 어떤 야만인들도 원시 형태의 모듬살이일지언정 그 속에서 개별적 생을 가꾸어나가기 때문이다.

삶의 세계는 참으로 묘해서, 모든 사람이 다 사랑의 결실로 태어나고 사랑 속에서 풍요롭게 자라 사랑하는 사람을 만나 가정을 만들고 사랑의 자식을 낳아 풍요롭게 기르고 모범적 자유 인격으로 사회에 그 자식을 내놓는 것은 아니다. 복 많은 사람들은 세상에 아주 약간만 있을 뿐이다. 나머지 약간은, 아니 대부분은 만나서는 안 될 사람을 만나거나 사랑해서는 안 될 사랑을 하거나, 성을 사랑으로 잘못 알거나, 아침에는 사랑했는데 저녁에는 미워하게 되거나, 아무튼 뒤죽박죽으로 만나 뒤죽박죽으로 자식을 낳고 뒤죽박죽으로 키우면서 살아간다. 버림받기도 하고 팔리기도 하고 입양되기도 하는 한 많은 자식들의 얘기는 또 얼마나 많은가? 다른 약간은 우연히 무덤덤하게 만나 본인의 의지와는 전혀 상관없이 부모들의 명령으로 결혼하고 아이를 낳을 때까지는 어떤 사랑도 느끼지 못하다가 아이에게 젖을 물리면서 무한한 애정이 생기기도 하고, 자식의 첫돌을 못 보고 전쟁에 참전하여 전선에서 적탄에 심장을 맞고 죽음에 이르는 삼사 초 동안 짙은 사랑을 느끼는 경우도 있고, 자식이 스스로 성장해 집을 나갈 때쯤 잊었던 배우자와 자식에 대해 무한한 사랑을 느끼기도 한다. 삶의 오묘함, 사랑의 오묘함, 운명의 오묘함은 개인, 개체, 개별자에게 생과 존재는 오직 한 번 체험될 뿐이며, 오직 자기 자신에만 속한다는 고독한 현존성과 실존성을 가르친다. 또 이 실존에는 생의 출발과 종점이 선명하게 유한성으로 칸막이 되어 있다는 것도 보여준다.

한 생명체로서 인간은 태어나는 순간부터 자유롭지 못하다. 특정 시기 특정 장소에서 특정 남녀의 특정한 결합으로 태어난다. 탄생의 순간까지도 자신의 자유의지가 개입할 여지는 전무하다. 태어남은 운명이요 운명의 장난이다. 평화와 풍요의 시기에 주변의 축복과 부러움과 시중 속에서 갈채 받으며 태어나는 이가 있다. 태어나기 전부터 한 나라 전체의 백성과 영토를 상속으로 약속받는 왕자도 있다. 별다른 특징도 재능도 없으면서 왕위를 얻고 왕이 된 뒤에도 귀찮고 골치 아픈 일들은 수하와 대신들에게 맡기고 자신은 장난감과 주색잡기로 세월을 보냈어도 죽은 후에는 명군 소리를 듣는 이도 있다. 어떤 이는 태어나자마자 공중화장실이나 쓰레기통, 또는 수도원 문전에 버려지고 그나마 운 좋게 살아난다 해도 보육원과 고아원을 전전하다 범죄자로 전락해서 형장의 이슬로 사라지기도 한다. 어떤 이는 태평성대에 왕가의 장자로 태어나 좋은 교육을 받고 왕위를 이어 받지만 바깥 나들이 중 우연히 만난 한 청년(이 청년이 실은 자기 친아들임에도 죽을 때까지도, 또 죽고 나서도 그 사실을 알지 못한다)에게 죽임을 당하기도하고, 어떤 이는 빈털터리 부모에게서 태어나 교육 한 번 제대로 받은 적 없는 문맹자로 살다가 영문도 모르고 왕좌에 앉혀지기도 하고 어떤 이는 환관의 자식이지만 황제가 되기도 한다. 그러니까 지금까지 살다 죽은 모든 사람들, 지금 여기저기 살고 있는 모든 사람들, 앞으로 여기저기서 태어날 모든 사람들, 이 모두의 제각기는 자신만의 삶의 조건과 환경에서 고유한 삶의 흔적을 그려나간다. 하늘의 수많은 별들 중 같은 별이 있을 수 없고 바닷가의 무수한 모래알 중 두 개의 같은 모래가 있을 수 없다. 오직 하나의 개체, 오직 하나의 현존, 오직 하나의 생, 이것이 고독한 개체의 현존적 일회성이고 그 생의 일회적 현존성이다. '일회적'이란 두 번 다시 반복되지 않는다는 뜻이다. 현존적 실존이란 말은 비현존적 비실존으로 전환한다는 사실, 즉 개인 고유의 유한한 생을 강조하는 말이다. 유한성이 일회성의 근거이기도 하고 일회성이 유한성의 근거이기도 하다. 그러나 개별자의 이런 특징은 동시에 그 반대, 즉 보편자와 특수자뿐 아니라 영원한 것을 창조해낸다. 물론 진정한 무한의 관점에서는 이것들 조차 덧없는 것이기는 하다. 지금 창밖의 저 은행나무 한 그루, 지금 여기의 저 현존하는 오직 저것으로의 은행나무는 옛날에는 없던 것이고 지금은 있으나 언젠가는 죽어 없어질 것이다. 저 나무는 한때 한 세상 특정 시간 공간을 점유하다가 사라진다. 어디서 저 나무는 왔는가? 하나의 씨앗이 우여곡절을 거쳐 이곳에서 싹이 터 자란 것이다. 때가 되면 사라질 이 나무는 자기의 모든 특성, 즉 개별성과 현존성과 일회성을 자신의 씨앗 속에 남겨놓는다. 그러니까 은행나무라는 유(類)는 저기 저 실재하는 현존적 개체인 은행나무를 수백만 년 전부터 지탱케 한 뿌리요 근원이다. 하루를 살다 가는 하루살이, 지금 어느 계곡에서 오늘 아침에 부화해 오늘 해가 떨어지기 전에 죽어야 할 저 하루살이 유는 수천만 년을, 아니 수억만 년을 지탱해온 목숨의 그릇이다. 개체 자신은 일회적 현존재자이나 그 유는 일회적이 아니라 개체 생사의 반복 운동에서 스스로를 영원히 보존하는 현존적 무한자이다. 물론 특정 상황이나 조건에 의해 멸종 가능성이 감춰져 있다는 데에서 제한적 무한자라 하겠다. 이 점에서 인간 또한 은행나무나 하루살이와 바를 바 없다.

영원한 것, 무한한 것, 이것이 유(類)라면 개체 자신이 속한 유는 그 개체의 절대적 시원이며 탄생과 지속과 죽음의 유기체적 주재자이다. 이 점에서 유는 그에 속한 모든 개체의 영원한 무한자요 신이다. 종교는 이 유에 대한 믿음과 경배 이외에 다른 것이 아니다. 종교가 개체의 일자성, 개별성, 유한성, 특수성, 현존성을 하찮은 것으로, 그리고 이 모든 것의 통일적 주재자를 절대 신으로 설정하는 것은 인류의 자연스러운 습성이다. 사람 이외의 자연물, 동식물을 섬기는 원시적 샤머니즘이나 애니미즘 등도 따지고 보면 인간 자신의 생의 지속과 구원의 주체로 설정한 유 자체의 변형태일 뿐이다. 먹고 마시고 휴식하고 잠자고 질병과 위험으로부터 보호받고 건강하게 장수하고 자손을 번창시키는 것, 이 모두 또는 각각을 주재한다고 여겨지는 것에 대해 절대적 신앙을 갖는 방식이 인간의 역사와 문화의 고유성과 독특성을 규정한다. 다만 인간은 어느 문화권에서든 이 주재자의 구체적이고 직접적 모습이 아니라 그 추상적 표상을 상상으로 그려내고 형상화하는 특징을 가진다. 그러나 종교가 어떤 신을 추상화하든 그 추상의 구체적 모습은 어머니이다. 아마도 어머니는 인간뿐 아니라 대부분의 고등동물은 물론 하찮은 미물들에

계조차 생과 생의 지속, 보호와 구원, 용서와 은총의 실질적 행위자이다. 만일 그것이 본능이라면 본능이야말로 생의 십자가이며 구원자이며 메시아이다. 어머니는 살아 있는 신이다. 어머니는 죽는 신이며 부활의 신이며 영생의 신이다. 우리가 그렇게 믿지 않는 이유는 그가 우리와 똑같이 한 개인이며 한 여자이며 때가 되면 죽는 것을 보고 있기 때문이다. 또 다른 이유는 어머니 아닌 어머니, 어머니일 수 없는 그런 어머니가 어느 시대 어느 문화권에나 있기 때문이다. 즉, 사랑이 없는 임신이나 정신질환을 앓거나 별난 상황에 처한 특이한 어미는 낳자마자 자식을 버리기도 하고 남에게 주기도 하고 살해하기도 하는 경우들이 있기 때문이다.

어미일 수 없는 어미의 특별한 경우를 제외하고도 일반적 어머니의 신성성은 개별적이고 구체적 삶의 현장에서는 언제나 감춰져 상상으로 나타난다. 직접 나타나는 것은 타고난 개별적 성향과 감정과 자기가 배우고 습득한 사적·공적 교육에 의한 행동들이다. 감정과 이성, 교육과 천성의 밀도 차이와 그 중첩적 결과인 행동 양식이 구체적 어머니의 모습이다. 자식과의 관계에서 이 행동 양식 전체는 사랑이지만 자신은 그것을 사랑으로 인식하지 않는다. 사랑은 신의 로고스요 신의 언어이다. 사랑은 독사도 물지 않게 하고 악어도 개처럼 온순하게 한다. 사랑은 종과 유가 존속하는 내적 원리이며 생명체 존속의 자연법칙이다. 자식을 낳아 헌신적으로 기르고 양육하는 훌륭한 어머니들이 이 사실을 알고 있는 것은 물론 아니다. 자식에 대한 맹목적 헌신을 사랑으로 여기지 않으며 본능이라고 생각하지도 않는다. 왜 자신의 자식과 유사한 다른 아이에게는 그런 행동은 물론 동일한 느낌과 감정을 갖지 않는지 의심하지도 않는다. 어머니와 자식 간의 원초적 상황의 현존은 언제나 개별적이고 사적(私的)이다. 어머니 사랑의 이유는 예외 없이 오직 자기 자식이기 때문이다. 자기 몸으로 자식을 갖고 고통으로 출산하고 눈도 못 뜬 갓난애에게 자기 육신에 달린 젖꼭지를 물린다. 밤잠을 설치며 똥오줌 가려내면서도 당연히 해야 할 일로 여긴다. 어머니라는 말이 우리에게 가장 원초적·동물적 이미지를 떠올리게 하는 것은 결코 이상하지 않다. 어머니를 우리가 원초적 고향이라 하는 것은 시적 메타포가 아니다. 걸음마를 하고 대소변을 가리고 혼자 밥을 떠먹을 때 그것을 가능케 하는 구체적 주체는 어머니이다. 우연이나 어떤 피치 못할 사정이 갓 낳은 자식을 그 아버지와 영영 이별시키는 경우에도 진짜 어머니는 그 자식을 버리지 않는다. 어떤 난관이 있어도 자식을 교육해 사회의 독립 인격체로 내보낼 때까지 자신의 모든 것, 몸과 마음을 희생한다.

보편적 어머니상의 이념을 찾는 것은 철학이 해야 할 일이다. 반대로 구체적 특정 어머니모습을 그려내는 것은 문학과 예술이 해야 할 일이다. 우리 오감과 오성이 구체적 대상과 현실을 직시하는 기능이기 때문에 개개인 각자의 경험과 체험의 세계는 그것이 인식이든 실천이든 감정이든 모두가 다 개인의 것이므로 예술의 영역이다. 개인의 삶 자체가 예술인 이유도 여기에 있다. 망망대해에서 죽은

지 이삼 일 되어 보이는 늘어진 새끼를 등에 업고 숨쉬기를 애원하는 듯한 모습의 어미 돌고래가 지난달 어느 날 뉴스 시간에 나온 적이 있다. 물 밖에 코를 내놓고 숨을 쉬어야 산다는 것을 아는 듯한 어미 돌고래의 그 행위는 죽어 숨이 끊어진 새끼에게 할 수 있는 마지막 삶의 의식을 한 것인지 모른다. 그런 의식이 죽은 새끼를 살릴 수 있다고 믿는 때문인지는 알 수 없다. 또 열대 정글에서 죽은지 일주일은 넘어 보이는 새끼, 여기저기 부패되어 온갖 파리 구더기 득실거리는 죽은 새끼를 정성스럽게 안고 다니는 어미 원숭이를 영상물로 본 적도 있다. 어미가 죽은 새끼에게 보이는 사랑의 슬픈 장면이다. 물론 더 많은 인간의 모성 사랑의 감명 깊은 이야기들이 알려져 있다. 스무 살을 훨씬 넘긴 권투 선수 아들이 경기 도중 상대의 주먹에 맞아 뇌사 상태에 빠지자 평생 과부로 살아온 늙은 노모가 주위에서 시키는 대로 자식의 장기를 필요한 이들에게 떼어주는 데 동의하고 자기는 한강에 뛰어내려 자살한 이야기는 쉬이 잊혀지지 않는다. 부모, 그중에서도 어머니의 자식에 대한 사랑이 슬픈 것이 아니라 그 사랑에는 분명 비극적 슬픔의 요소가 감춰져 있다는 예증이다. 사랑하는 이와의 이별의 고통은 예부터 문학과 예술과 종교의 좋은 소재였다.

자식에 대한 어머니의 사랑은 무조건적이지만 어머니에 대한 자식의 사랑은 반드시 무조건적이지는 아니하다. 태어나 성인이 되기까지의 이십 년 동안 어머니 있는 이와 그렇지 않은 이를 구분해서 통계적으로 조사해보면 생활과 행동 양식에 확연한 차이를 보인다. 물론 좋은 시민의 수는 전자가 후자보다 훨씬 더 많다. 그러나 좋은 시민이라 해서 어머니의 좋은 자식으로 남아 있는 경우는 그렇게 많지 않다. 그래서 옛말에 내리사랑이라 했는지 모른다. 사랑으로 자식을 만들어내는 동안 어머니는 늙어간다. 성인이 되어 스스로 밥벌이하고 결혼하여 독립해도 어머니에게 그 자식은 아직도 그 자식이지만, 자식에게 어머니는 어릴 때의 그 어머니, 모든 일에서 반드시 필요했던 그런 어머니가 아니라 거추장스럽고 부담스러운 늙은이, 가까이 있는 것조차 신경 쓰이는 쓸모없는 노인으로 전락한다. 특히 인간 이외의 동물에서 독립하는 새끼와 어미의 갈라지는 모습은 강렬하고도 적나라하다. 동물에게는 새끼가 독립하는 순간 어미와는 완전히 남남으로 헤어지거나 따로 살도록 입력되어 있는 것처럼 보인다. 인간만이 관계의 인륜적 장치, 즉 부모와 자식의 관계를 사랑과 효의 지속적 관계로 교육하고 이런 특성은 정도의 차이는 있어도 어떤 문화권에도 존재한다. 동물적 이기성을 인간 본성으로 설정한 자본주의적 과학주의 이데올로기가 극성을 부리는 요즈음은 전통적 사랑관이 급속도로 왜곡되는 실정이다.

어머니는 죽는다. 자식이 스스로 살아갈 수 있는 나이, 즉 어머니가 생리적으로 필요 없는 나이가 되면, 그 시기는 자식에 대한 어머니의 역할이 끝나는 때이다. 열심히 꽃피워 열매를 익히고 익은 열매를 땅에 떨어뜨리고 나면 그 모체인 넝굴은 말라죽는 것과 같은 이치이다. 땅에 떨어진 씨앗은 앞으로의 미래를 자신의 힘과 노력과 운명에 의해 개척해나가야 한다. 인간에게도 그 동물적 측면은 일회용 일년초에 비견될 수 있다. 예전에는 효 교육을 통해 더 이상 자신의 물질적 생에 도움이 되지 않는 부모를 정신적 지주로 모셨고 이런 전통은 집단과 사회의 동질적 결속력을 강화시키는 역할을 했다. 이 전통은 자본주의를 사회 정의로 확신하는 믿음의 종교화에 의해 철저하게 무너진다. 이 믿음은 과학을 자본주의의 구원자로 세운다. 모든 생명체는 그 유전자 시절부터 이기적이기 때문에 각각의 행동양식 또한 각각의 생존에 유리한 쪽으로 결정되어 있다고 그들은 믿는다. 인간 또한 예외가 아니다. 인간의 모든 행동양식은 이 이기적 유전자가 결정한다. 이 이기적 유전자가 인간의 역사, 문화, 사회를 이루어왔다. 박애니 평등이니 연민이니 사랑이니 하는 사회적 덕목들은 생존의 이기성과 이기적 생존에 도움이 되는 경우에만 의미 있으며, 실제로 많은 경우 소박한 개인적 이기주의보다 집단적 이기주의가 종의 번식과 확산에 유리한 경우가 허다하다는 것이다. 그러니까 자식에 대한 어머니의 헌신적 사랑조차 진정 자식을 위한 것이 아니라 자기 유전자의 지속과 번성에 유리한 표딱지라는 식으로 주장한다. 자식 사랑뿐 아니라 이웃 사랑은 물론 자기와 자기가 속한 인간 사회 이외의 자연과 자연 생명체에 대한 배려와 사랑조차 자기 보존의 이기적 유전자에 의해 설명될 수 있다는 것이다. 이런 생각의 시시비비를 따지는 것은 부질없는 일이다. 이런 식의 설명이란 예외 없이 약간은 맞고 많이는 틀리며, 약간은 의미 있고 많이는 무의미하기 때문이다. 모기는 모기이고자 하는 이기적 유전자가 수억 년 동안 그 모기 지속을 지탱해왔듯이, 모래는 모래알이고자 하는 이기적 원소와 물질을 가지고 있고, 구리는 구리이고자 하는 이기적 원소와 물질을 가지고 있다는 주장으로 비화하지 않을까 걱정일 따름이다. 어머니의 자식 사랑은 유전자 보존과는 상관없는 것이다. 상관있다 해도, 진짜 어머니라면 그것을 들으려 하지 않으며, 듣는다 해도 기분 좋아 하지 않는다. 자식을 위해 기꺼이 죽을 수 있는 것은 사랑이지 유전자가 아니기 때문이다.

어머니는 죽는다. 그럼에도 이 사실을 체험으로 알게 되는 때는 어머니가 살아 있을 때가 아니라 죽었을 때이다. 금방 운명한 어머니 머리맡에서도 아니고, 장례식장에서도 아니고, 수의를 입힐 때도 아니고, 화장터에서 한줌 흙으로 된 상자를 받아 들 때도 아니다. 검은 영구차에 넣어 공동묘지나 선산으로 끌고 가거나, 고향 언덕배기로 지고 가 땅 주인 몰래 묻을 때도 아니다. 화장이나 매장을 모두 끝내고 돌아와 다음 날 밥상 앞에 어머니 자리가 비었을 때 어머니는 죽었다는 사실을 확실히 알게 된다. 결국 어머니가 죽고 나서야 '어머니는 죽는다'는 사실을 체험으로 각인한다. '어머니는 죽는다'는 사실은 '모든 사람은 죽는다'라거나 '모든 생명체는 죽는다'라는 한가한 이들의 무책임한 말과는 근본적으로 다르다. 역설적이게도 이 사실의 체험은 실존적 자기 인식을 가능하게 하는 가장 원초적이고도 근원적인 것이다, 자신이 가진 존재론적 소유의 모든 것, 영혼과 육신, 처해 있는 시간과 공간, 눈코귀입, 그 기능의 결과, 희로애락의 감정과 지각 능력, 이 모든 것의 근원의 근원이 어머니임을 깨닫게 된다. 이 근원의 근원에 대한 반성적 인식은 자기 자신의 남은 생에 대한 근심과 걱정과 그 해소의 노고를 스스로 수행해야 한다는 데 대한 깨달음이다. 아무 보상 없이 얻은 자신의 모든 것, 이것을 죽을 때까지 스스로 이끌어가야 한다는 것, 그 과정에서 자기 자신을 아무 보상 없이 자식에게 주어야 한다는 것, 그에 대한 깨달음에서 어머니의 죽음은 나의 생에서 내 자식의 생으로 이어지는 것을 직시하게 된다. 이때 비로소 '어머니는 영원히 죽지 않는다'는 진정한 역설이 빛처럼 나타나고 이해된다.

'어머니는 죽는다'는 사실을 혼신으로 알게 되는 때는 자식을 낳아 길러보고 그 자식이 성인이 되어 자신을 떠날 때, 그리하여 자기 생이 더 이상 생물적으로는 이 세상에서 의미 없게 되는 시기이다. 즉, '나는 죽었다'는 것을 직관하는 때이다. 평균수명이 팔십 년을 넘기는 오늘날 젊은이 못지않게 힘을 쓰는 많은 늙은이들이 자신을 위해서도 사회를 위해서도 아직 할 일이 많다고 여긴다. 실제로 하고 싶은 일, 해야 할 일이 수없이 많은 그들이 '나는 죽었다'라고 말하기는 어려울 수 있다. 지난 생을 돌아보고 남은 생을 거기에 비춰보지 못하는 이들에게 '나는 죽는다'라는 말은 '어머니는 죽는다'라는 말처럼 공허하다. 어머니의 헌신적 사랑으로 자라 성인이 되었음에도 그것을 전혀 의식하지 않고 자기가 잘나고 똑똑해서 입신출세했다고 믿거나, 입신출세는 아니더라도 가정을 꾸리고 사는 사람들은 자신이 아직 죽지 않은 것처럼 어머니 또한 죽지 않거나 죽든 말든 상관없거나 이도 저도 생각 없이 죽는 날까지 그냥 살아간다. 다 그런 건 아니나 대체로 육십을 넘긴 이들의 회상으로서 사모곡이 가슴에 닿는 것은 어머니로부터 받은 헌신적 사랑을 제 자식에게 베풀었을지언정 제 어머니에게는 잊고 있었거나 소홀히 했다는 것, 막상 그것을 깨닫고 제 어머니를 찾았을 때 그 어머니는 이미 이 세상에 없다는 것, 자기 자식에게 준 사랑을 되받기보다는 죽는 일이 훨씬 쉽다는 것을 깨달은 회한의 소리인지 모른다. '어머니는 죽는다'는 것을 아는 때는 자기의 어머니가 죽었을 때, 아니 죽고 난 후, 죽었다는 것을 재확인하는 때이다.

어머니는 언제나 누구누구의 어머니이다. 요컨대 어머니는 누구누구 개인 소유인 것이다. 사회와 민족의 사표가 되는 사임당도 있고 자식 교육의 지표가 되는 맹모(孟母)도 있지만 그들 역시 본래 단지 자기 자식의 어머니일 따름이다. 따라서 누구에게나 어머니 하면 자기 어머니가 떠오르는 것은 인지상정이다. 존재하는 것은 구체적 개별적 어머니이지 보편적 어머니는 아니다. 이는 어머니가 누구에게나 하나이며 유일무이한 고향이라는 의미이기도 하다. 약간의 사람들은 여러 어머니가 있기도 하다. 진짜 어머니 외에 유모, 침모, 식모, 보모 등을 거느리고 사는 황태자 같은 이도 있고, 생모와 양모 등이 있는 이들이나, 낳자마자 버려져 어머니 없이 고아로 자란 복 없는 이들도 있다. 이같이 생의 극단에 선 운명의 노리개를 제외한 대부분의 사람들에게 자기 어머니는 하나이며 하나이어야 한다. 그로부터 태어나고 그에 의해 자란 나, 그를 떠나 자립해서도 언제나 돌아가고 싶은 곳, 하지만 늘그막에 막상 회고해보면 조용히 죽어가거나 이미 죽어버린 폐허 같은 곳, 어머니는 그런 고향이다.

고향을 상실한 현대인에게 어머니는 없다. 현대인은 떠돌이다. 떠돌이에게는 머무는 곳이 고향이며 그에게 적합한 편의를 제공하는 일체가 자기 어머니이다. 숙식을 제공하는 여관이야말로 그들의 고향이며 어머니라 해도 좋을 것이다. 그러나 편의와 욕망의 대상을 구하는 진짜 강력한 힘은 돈이므로, 그들은 돈을 어머니로 믿고 따른다. 문제는 돈이 어머니와는 정반대의 특성이 있다는 것이다. 어머니에게 자식은 자기 자신이며 자기 자신 이상이지만, 돈에게 사람은 자기의 노예일 뿐이다. 어머니는 자식을 위해 헌신적으로 희생하지만 반대로 돈은 사람에게 희생을 강요한다. 어머니와 자식의 관계는 생명성을 원리로 하지만 돈과 인간의 관계는 주인과 종, 지배와 예속을 그 원리로 한다. 돈을 숭배하는 이들은 대부분 부모를 버리고 형제를 이용하고 친구를 배신하면서도 그 신앙이 잘못인 줄 모른다. 자신도 모르게 그들은 돈에 깔려 죽는 순교자가 되거나 돈을 찾아 헤매는 행려병자가 되거나 정신적 인생 노숙자가 되고 만다.

필자약력(가나다순)

고현범

고려대학교 생물학과를 졸업하고 같은 대학교 철학과 대학원에서 하버마스의 비판이론으로 석사학위를, 헤겔 철학으로 박사학위를 받았다. 현재 고려대학교 철학연구소에서 연구교수로 재직 중이다. 주요 논문으로는 「다문화주의 속 욕망 : 이데올로기 비판을 중심으로」, 「폭력과 정체성 : 다문화주의를 중심으로」, 「헤겔 철학 체계에서 우연성과 주체구성의 관계 : 지젝의 헤겔 철학 독해를 중심으로」, 「현대 폭력론에 관한 연구 : 발터 벤야민의 "폭력비판론"에 대한 데리다의 독해를 중심으로」 등이 있으며, 저서로는 『휴대전화, 철학과 통화하다』, 번역서로는 『생각』(사이먼 블랙번), 『선』(사이먼 블랙번), 『논변의 사용』(스티븐 툴민)이 있다.

나종석

독일 에센 대학교 철학박사. 현재 연세대학교 국학연구원 HK교수. 대표 저서로는 『차이와 연대』(길, 2007)가 있고, 역서로는 『존재와 가상(』용의 숲, 2008) 등이 있다. 「민족주의와 세계시민주의」, 「탈민족주의 담론에 대한 비판적 성찰」, 「신자유주의적 시장 유토피아에 대한 비판」, 「학회를 통해 본 공공성과 학문성의 결합 가능성−한국 사회와 철학연구회를 중심으로」, 「칸트 윤리학을 넘어 헤겔 인륜성의 철학에로」등 여러 편의 논문을 발표하였다.

서정혁

연세대학교 철학과를 졸업하고 동대학원에서 칸트 철학으로 석사 학위를, 헤겔 철학으로 박사 학위를 받았으며, 현재 숙명여자대학교 교양교육원에 재직 중이다. 지은 책으로는 『철학의 벼리』, 『논술교육, 읽기가 열쇠다』, 『논증과 글쓰기』(공저) 등이 있고, 역서로는 헤겔의 『예나체계기획III−자연철학과 정신철학』, 『미학강의』, 『법철학 강요』, 『세계사의 철학』, 피히테의 『학자의 사명에 관한 몇 차례의 강의』 등 다수가 있고, 헤겔 철학을 비롯한 독일 관념론뿐만 아니라 교양교육, 의사소통 교육에 관한 다수의 논문이 있다.

소병일

고려대학교 철학연구소 연구교수. 현재 욕망과 감정에 관한 연구에 집중하고 있으며, 논문으로는 「욕망과 정념을 중심으로 본 칸트와 헤겔의 차이」, 「인륜성의 실현으로서 욕망의 변증법－헤겔 철학에서 인륜성과 욕망의 관계」, 「정념의 형이상학과 그 윤리학적 함의－데카르트와 헤겔의 정념관을 중심으로」, 「생리학적 욕망과 기하학적 이성 간의 갈등－정념론』을 중심으로 본 데카르트의 욕망관」, 「예나 시기 헤겔의 욕망과 인정 개념－피히테와 헤겔의 차이를 중심으로」, 「사랑에서 인정으로: 청년기 헤겔의 사랑개념과 예나 시기 인정 개념의 실천철학적 연관성에 관하여」, 「헤겔 철학의 관점에서 본 욕망의 지위와 역할－'영혼'과 '자기의식'을 중심으로」, 「헤겔 철학에서 나타난 감성의 운동 구조」등이 있다.

크리스티안 슈판Christian Spahn

에센Essen 대학에서 수학하고 미국 노트르담Notre Dame 대학에서 빅토리오 회슬레V. Hoesle의 지도 하에 석사를, 독일 아헨Aachen 대학에서 반트슈나이더D. Wandschneider 교수의 지도 하에 박사학위를 받았다. 현재 예나 대학에서 볼프강 벨쉬Wolfgang Welsch 교수의 지도 하에 교수자격 논문Habilitation 과정 중에 있다. 저서로는 『살아있는 개념－개념파악된 삶. 헤겔에서 유기적인 것의 철학 기초Lebendiger Begriff-Begriffenes Leben. Zur Grundlegung der Philosophie des Organischen bei G.W.F. Hegel(Würzburg 2007)』가 있으며, 논문으로는 「진화 고찰은 어떠한 면에서 철학적 인식론에 기여할 수 있는가In what way can considering evolution contribute to a philosophical epistemology」, 「자연주의의 세 가지 근본문제들에 대한 답변으로서 헤겔의 객관적 관념론?Hegels objektiver Idealismus als Antwort auf drei Grundprobleme des Naturalismus?」 등이 있다.

심철민

서울대 강사. 연세대학교 철학과를 졸업하고 서울대학교 대학원 미학과에서 석사 및 박사학위를 받았다. 역서로는 카시러의 『상징형식의 철학 II. 신화적 사고』, 『상징 신화 문화』, 셸링의 『신화철학 1,2』(공역), 『조형미술과 자연의 관계』가 있다.

유헌식

독일 프랑크푸르트 괴테 대학 철학박사. 현재 단국대학교 교양학부 교수. 주요 저서로 통합적으로 철학하기1권 고독, 2권 성장, 3권 죽음아 날 살려라, 역사 이성과 자기혁신, 한국인의 일상행위에 나타난 의미구조 연구 등이 있다.

윤병태

연세대학교 철학과 교수로 재직 중이다. 연세대학교 철학과와 독일 마부르크대학교를 졸업하고 괴팅겐대학교에서 철학박사 학위를 받았다. 저서로는 『개념 논리학』, 『삶의 논리』, 『청년기 헤겔철학』,『칸트 그리고 헤겔』, 『청년 니체』가 있으며, 그 외에 논문 다수가 있다.

이광모

숙명여자대학교 의사소통센터 조교수. 성균관대 철학과와 같은 대학교 대학원 석사과정을 졸업하고, 독일 빌레펠트 대학에서 철학박사학위를 받았다. 주요 논문으로 「헤겔 논리학, 범주론인가 아니면 신지학인가」, 「개념이란 무엇인가-객관적 논리학과 주관적 논리학의 관계에 대하여」, 「철학적 증명에 관하여-칸트로부터 헤겔로의 전개를 중심으로」, 「철학의 원리에 관하여-아리스토텔레스와 헤겔을 중심으로」, 「그리스 비극의 공동체적 의사소통기능」, 「인문학에 대한 G. 비코의 이념과 교육방법」, 「셸링과 아도르노에 있어서 이성의 근거와 타자」, 「헤겔 '논리학'의 현재성」등이 있고, 저서로는 『헤겔철학과 학문의 본질』 등이 있다.

클라우스 피벡Klaus Vieweg

예나 대학과 베를린 훔볼트 대학에서 수학했으며 현재 예나 대학 원외 교수로 재직 중이다. 빈, 워싱턴, 토쿄 등에서 연구하기도 했으며 체코, 이탈리아, 멕시코 등에서 초빙 교수를 지낸 바 있다. 저서로는 『헤겔의 예나 자연철학Hegels Jenaer Naturphilosophie(München 1998)』, 『회의와 문학적 상상Skepsis und literarische Imagination(München 2003)』, 『헤겔과 니체Hegel und Nietzsche(Weimar 2007)』, 『헤겔의 정신현상학Hegels Phänomenologie des Geistes(Frankfurt 2008)』, 『회의와 자유Skepsis und Freiheit(München 2007)』 등이 있다.

하광언

서울대 사범대학 독어교육학과를 졸업하고 문화방송에 입사, 보도이사와 원주문화방송 대표이사를 역임함. 연세대 언론홍보대학원을 졸업하고 동 대학원에서 논문「헤겔의 사변철학과 언어개념」(2012)으로 박사학위를 받았다.

『헤겔연구』 목차 _ 제20호부터 31호까지

제20호 낭만주의 쟁점과 헤겔(2006. 12. 용의 숲)

제21호 철학의 고전적 담론들(2007. 6. 용의 숲)

제22호 로고스인가 사튀로스인가(2007. 12. 용의 숲)

제23호 오늘 우리에게 헤겔철학은 무엇인가(2008. 6. 용의 숲)

제24호 주체와 타자(2008. 12. 용의 숲)

제26호 욕망과 문화(2009. 12. 용의 숲)

제27호 감성과 이성(2010. 6. 용의 숲)

제28호 역사와 예술 그리고 이성(2010. 12. 용의 숲)

제29호 예술의 생명성(2011. 6. 용의 숲)

제30호 칸트와 헤겔(2011. 12. 용의 숲)

제31호 헤겔 대논리학 200년(2012. 12. 용의 숲)

한국헤겔학회 윤리 장전

한국헤겔학회의 회원은 학술 연구를 수행함에 있어 연구 윤리를 준수하고 바람직한 연구 문화 정착에 앞장 서 나갈 것이다. 이를 위해 아래와 같이 연구 윤리 장전을 실천해 나갈 것을 서약한다.

1. 학회 임원진 및 모든 회원은 회칙에서 규정한 연구윤리 규정을 성실히 이행한다.

2. 학회 회원은 연구 활동 및 그 결과 발표에 있어서 학자의 본분과 양심에 따라 거짓없이 진실되게 행동한다.

3. 학회 회원은 타인의 연구 성과를 존중하며, 표절 금지 원칙에 준하여 어떤 경우에도 표절하지 않는다.

4. 학회 편집위원은 학회지 [헤겔 연구]의 제반 업무를 학회 규정에 의거하여 공평하고 공정하게 집행한다.

5. 학회 회원은 각종 논문 및 연구 관련 심사시 학자의 양심에 따라 공정하게 심사한다.

2007년 12월 30일
한국헤겔학회

한국헤겔학회 윤리 규정

제1조(목적 및 구성)

한국헤겔학회(이하 학회)의 윤리 규정은 학회의 모든 회원이 연구, 결과물 발표, 심사를 포함한 모든 학술적 행위에서 준수해야 할 연구윤리의 원칙과 기준을 제시한다. 본 윤리규정은 학회의 모든 회원이 학문 연구의 가치를 상호 인정하고, 학문의 진보와 윤리문화 정착에 기여하려는 목적으로 마련된 것이다. 본 윤리규정은 학회의 윤리위원회 구성 및 운영에 관한 조항, 연구 윤리에 관한 조항, 심사 윤리에 관한 조항, 편집위원회에 관한 조항, 그리고 윤리규정 시행지침으로 구성된다.

제2조(윤리위원회 구성 및 운영)

1. 학회는 윤리 규정의 목적을 달성하기 위해 '윤리위원회'를 설치한다.
2. 윤리위원회는 위원장을 포함하여 5명으로 구성하며, 이사회의 추천을 받아 학회장이 임명한다.
3. 윤리위원의 임기는 2년으로 하며, 재임에 관한 제한은 없다.
4. 윤리위원장은 윤리위원들의 호선으로 선출한다.
5. 윤리위원회는 윤리규정 위반으로 제소된 사안에 대해 제보자, 피조사자, 증인, 참고인 및 증거자료 등을 포괄적으로 심의하고 의결하는 권한을 지닌다.
6. 윤리위원회는 제소된 사안에 대해 접수된 날로부터 30일 이내에 심의 결과를 의결하여 회장에게 통보한다.
7. 윤리위원회의 징계 건의가 있을 경우, 학회장은 이사회를 소집하여 징계 여부 및 내용을 결정한다.

제3조(연구 윤리)

1. 타인의 연구 결과물(저서, 논문 게재 및 학술대회 발표 등)을 자신의 것처럼 보이게 하는 모든 행위는 원칙적으로 '표절'로 간주한다.
2. 어떤 이유에서건 인용 및 참고 여부를 밝히지 않는 행위는 '표절'로 간주한다.
3. 타인의 연구 결과물을 직, 간접적으로 인용할 때 학회가 제시한 원고 작성 요령에 준하여 인용 및 참고 여부를 분명히 밝혀야 한다.

4. 이미 발표된 연구 결과물을 중복해서 발표하는 것도 '표절'로 간주한다. 다만, 특별한 사정에 의해 중복 발표할 경우, 이전에 발표한 연구 결과물의 출처를 명확히 밝혀야 한다.

제4조(심사 윤리)

1. 모든 회원은 학회가 규정한 심사 규정에 의거 모든 심사를 객관적이고 공정하게 심사해야 한다.
2. 심사자는 연구자 및 심사 결과에 대한 비밀을 준수해야 한다.
3. 심사자는 심사 대상물의 표절 여부를 면밀히 판정하여야 한다.
4. 만일 심사자의 심사 결과에 대해 추후 문제가 제기될 경우, 윤리위원회의 심의를 거쳐 차후 심사 자격을 박탈할 수 있다.
5. 모든 회원은 각종 심사 결과를 통보받은 후 1주일 내로 재심을 의뢰할 수 있다.
6. 연구 결과물 재심은 기존 심사자를 제외한 3인 이상의 심사자에게 의뢰해야 한다.

제5조(편집위원회)

1. 편집위원회는 학회의 [헤겔 연구] 지 편집 및 발행에 관련된 모든 일에 책임있는 결정을 내려야 할 의무가 있다.
2. 편집위원회는 투고논문의 공정한 심사를 위해 관련 전문 분야의 심사자 3인 이상에게 심사를 의뢰해야 한다.
3. 편집위원회는 투고논문의 심사결과 및 그 사유를 반드시 정해진 기한 내에 투고자에게 통보하여야 한다.
4. 재심을 의뢰받은 경우, 편집위원회는 기존 심사자를 제외한 3인 이상의 심사자에게 재심을 의뢰하고, 재심 결과를 의뢰자에게 정해진 기한 내에 통보하여야 한다.

제6조(시행지침)

1. 모든 회원은 연구 윤리 위반으로 제소되었을 경우 윤리위원회의 조사에 성실히 임할 의무가 있다.
2. 윤리 규정 위반으로 제소된 회원에게는 충분한 소명 기회가 주어져야 한다. 소명 방식은 당사자의 의견을 수렴하여 윤리위원회가 결정한다.
3. 윤리위원회는 모든 심의 및 의결과정에서 회원의 신원을 노출해서는 안된다.
4. 윤리 규정을 위반한 회원에 대해서는 윤리위원회의 결정에 따라 경고, 투고 및 발표 제한, 임원 해촉, 회원 자격 정지 및 박탈 등의 징계를 할 수 있고,

이 조치를 여타 개인 기관과 공유할 수 있다.

5. 윤리 규정의 수정은 본 학회의 회칙 개정 절차에 준하여 정기 총회에서 결정한다.

부칙

본 규정은 2008년 1월 1일부터 시행한다.

『헤겔연구』 논문투고 및 심사규정

Ⅰ. 『헤겔연구』 논문 투고 규정

1. 발간 시기: 연 2회(6월 15일 여름호, 12월 15일 겨울호)
   원고 접수: 연중 수시

2. 원고 종류
   1) 철학(哲學)과 사상사(思想史) 전반에 관련된 자유 주제, 특히 독일 관념론 및 헤겔 사상과 관련성이 있는 미발표 논문(특별 주제의 경우 별도로 공고한다.)
   2) 서평: 최근 3년 이내에 출간된 국문 저서 혹은 번역서, 연구사적 의의가 있는 외국문 저서
   3) 논문평: 최근 2년 이내에 발표된 국내외 주요 연구 성과, 특히 이미 『헤겔연구』에 수록된 논문 및 국내 주요 연구 동향에 대한 논쟁적 언급
   4) 번역: 헤겔 및 독일관념론 전반과 관련 있는 원서(분량 등 기준은 일반 논문 투고의 기준에 따른다.)

3. 분량
   1) 논문 기본 게재료: 참고 문헌을 포함하여 200자 원고지 80매 이상 130매 이하, 전임 이상 회원: 20만원, 비전임 회원: 13만원.
   2) 131매 이상의 초과분에 대해서는 원고지 장당 3,000원의 초과 게재료를 납부한다.(정해진 게재료 미납시 편집위원회의 결정에 따라 논문 게재를 보류할 수 있다.)
   3) "… 연구비 지원에 의한 연구 결과물임"이 표시된 투고 논문에 대해서는 게재료 30만원을 징수하고, 게재료 수납 때 영수증을 발부함.
   4) 서평: 200자 원고지 50매 내외
   5) 논문평: 200자 원고지 30매 내외

4. 투고 요령
   1) 워드프로세서(아래아 한글 프로그램)로 작성

2) 디스켓과 함께 출력 원고 4부 제출: 디스켓과 출력물에는 반드시 논문 제목(한글/외국어), 저자 성명(한글/외국어), 저자 약력, 주요 검색어(한글/외국어), 논문 요약문(한글/외국어), 논문, 참고 문헌 순서로 포함되어 있어야 한다.
3) 저자 약력에는 투고자의 소속, 주소, 전화번호, 이메일 주소를 정확하게 명기해야 한다.

5. 접수처
- 서울특별시 서대문구 신촌동 134 연세대학교 외솔관(제1인문관) 508호 윤병태 교수 연구실 (한국헤겔학회 편집위원회)
- 전화: 02－2123－2399/휴대폰: 010－2910－4215
  e－mail: kuri345@hanmail.net

6. 투고 시 주의 사항
1) 논문 투고의 기본 자격은 본 학회의 회원으로 한다.(회원이 아닌 경우 투고 전 회원에 가입해야 한다. 회원이더라도 회비 미납 사실이 있을 경우에는 회비를 완납한 후 투고할 수 있다.)
2) 동일 제목의 논문을 1, 2, 3 등의 형태로 연속적으로 투고할 수 없다.
3) 외국어로 작성된 논문은 일반 논문 투고의 기준에 따른다.
4) 분량이나 주제가 본 연구지의 기준이나 취지에 전혀 부합하지 않을 경우 심사 대상에서 제외한다.
5) 다른 학술지나 출판 등록된 저서에 이미 게재된 논문은 심사 대상에서 제외한다.

7. 원고 작성 시 주의 사항
- 원고를 투고할 때에는 반드시 다음 사항을 주의하여 작성하여야 한다.
1) 투고자는 논문 작성 시 단독연구인지 공동연구인지를 명기해야 한다. 접수 시 1명의 성명이 기재되어 있을 경우, 이를 단독연구로 접수한다. 공동연구의 경우, 책임연구자와 공동연구자를 구분하여 명기해야 한다.
2) 논문의 마지막 부분에 참고문헌을 반드시 첨가하여야 한다. 참고 문헌의 수록 순서는 국한문 문헌 다음에 외국 문헌을 싣되, 각각 저자 이름의 가나다와 알파벳 순서로 기재한다.

참고 문헌 작성법 예

Hegel, G. W. F., *Pbänomenologie des Geistes, in: Gesammelte Werke*, Bd. 9, hrsg. von W. Bonsiepen & R. Heede, Hamburg 1980.

Hegel, G. W. F., 임석진 옮김, 『정신현상학』, 지식산업사, 1988.

Gadamer, H. G., Hegel und die antike Dialektik, in: *Hegel-Studien*, Bd. 1, hrsg. von F. Nicolin & O. Pöggeler, Bonn 1961.

홍길동, 「헤겔의 자유개념」, 『헤겔연구』, 제9호, 한길사, 2001.

3) 각주의 경우 다음과 같은 작성법의 예를 따른다.

각주 작성법 예

G. W. F. Hegel, *Pbänomenologie des Geistes, in: Gesammelte Werke*, Bd. 9, hrsg. von W. Bonsiepen & R. Heede, Hamburg 1980, 13-14쪽 참조.

G. W. F. Hegel, 임석진 옮김, 『정신현상학』, 지식산업사, 1988, 17쪽.

H. G. Gadamer, Hegel und die antike Dialektik, in: Hegel-Studien, Bd. 1, hrsg. von F. Nicolin & O. Pöggeler, Bonn 1961, 10쪽 이하 참조.

홍길동, 「헤겔의 자유개념」, 『헤겔연구』, 제9호, 한길사, 2001, 18쪽.

4) 각주에서 이미 앞에서 인용된 논문에는 <저자 이름, 같은 글, 쪽수>로 표기하고, 저서에는 <저자 이름, 같은 책, 쪽수>로 표기한다. 만일 동일한 저자의 논문이나 저서 등이 중복될 경우에는 <저자, 논문명 혹은 저서명, 쪽수>로 표기한다. 그리고 바로 이전의 각주와 동일한 논문이나 저서가 인용될 경우에는 <같은 곳, 같은 글 혹은 같은 책, 쪽수>로 표기한다.
5) 주요 저작의 경우 필자가 약호 규정을 사용하여 본문이나 각주에서 표기할 수 있다. 가능한 한 각주 1에서 약호 규정을 구체적으로 명기해야 한다.
6) 편집의 일관성을 위하여 가능한 한 장, 절, 항, 목을 I, 1, 1), ①로 표시한다.
7) 강조는 ‘ ’ 부호로 표기하고, 인용문에서 가운데 단어나 구절의 일부 생략은 ‘…’로 표기하고, 완전한 문장의 생략은 ‘(……)’로 표기한다.
8) 논문 투고 시에는 본 학회에서 정한 작성 요령에 따라 논문 요약문 및 주요 검색어를 함께 제출하여야 한다. 외국어(영문 및 독문) 요약문 및 주요 검색어는 국문에 준해 함께 제출하여야 한다.

논문 요약문 및 주요검색어 작성요령

- 요약문 원고는 주제 분류(학술진흥재단에서 제공하는 학문 분류표 참조), 5 단어 이내의 주요 검색어, 논문의 요약문으로 구성된다.
- 분량은 500자 정도(원고지 3매 정도)
- 주요 검색어는 논문에서 논의되는 주요 개념들이나 주제들 또는 인물들을 언급하되, 다섯 개념 이내로 한다.
- 요약문은 논문 전체의 핵심 내용을 논문 내용에 부합하게 작성한다.

9) 투고된 원고와 디스켓은 반환하지 않는다.

Ⅱ. 『헤겔연구』 논문 심사 규정

1. 논문 심사 및 게재 원칙
   1) 투고 논문 심사는 원고 마감 후 4월과 10월 연 2회 실시한다.
   2) 각 논문은 편집위원회에서 위촉한 심사위원 2~3인이 심사한다.
   3) 심사 시 논문 투고자의 성명과 소속 등을 알 수 없도록 한다.
   4) 각 심사위원은 투고 논문들을 본 편집위원회에서 규정한 아래의 '개별 심사 항목'에 따라 종합적으로 검토 평가한다.

개별심사항목

- 논문의 주제 의식이 명확하며 논리적이고 타당한 근거들이 제시되었는가?
- 창의적이고 비판적인 논제, 개념, 논거, 관점 등이 제시되었는가?
- 관련 분야에 대한 기초 문헌과 2차 문헌에 대한 적절한 논의가 이루어졌는가?
- 국내의 선행 연구 논저들에 대한 논의가 이루어졌는가?
- 논문의 형식적 요건(각주 인용, 참고 문헌 표기, 분량 등 본 학회에서 요구한 논문 작성에 관련된 사항)을 정확히 갖추었는가?[논문 요약문 및 주요검색어 작성요령]

5) 종합 평가는 개별 항목에 대한 평가를 근거로 '게재 가', '수정 후 게재 가', '게재 불가'로 판정한다.
6) 2인 이상으로부터 '게재 가' 판정을 받은 논문은 수정 없이 바로 게재할 수 있다.
7) 심사에서 수정이 요구된 사항은 필자에게 <심사 결과 통보서>에 첨부된 <수정 요구서>를 통해 고지하여 반드시 수정 후 게재한다.

2. 편집위원 선정 기준과 절차

1) 본 학회의 편집위원회는 위원장 1명, 위원 15명 이내로 구성한다.
2) 편집위원은 반드시 본 학회의 정회원이어야 하며, 학회 발전에 공이 많은 자로 학회 이사들의 추천으로 후보가 된다.
3) 추천된 후보들 중 학회 이사들의 과반수 이상의 찬성으로 선정한다.
4) 가급적 지역 안배를 고려하여 각 도에 최소 1명씩 위원을 두며, 다양한 연구 분야를 고려하여 선정한다.
5) 편집위원의 임기는 2년으로 하며 연임할 수 있다.

한국헤겔학회 임원 명단 (2010. 12.–2012. 12.)

회장_최신한(한남대)
명예회장_임석진(명지대)
고문_송병옥(건국대), 이강조(경북대)
이사_위상복(전남대), 이창환(서울대), 임홍빈(고려대),
임재진(조선대), 이병창(동아대)

(상임이사)
부회장_ 유헌식(단국대)
총무이사_ 이정은(연세대)
연구이사_ 권대중(계명대)
편집이사_ 윤병태(연세대)
국제교류이사_ 이광모(숙명여대)
학술지평가준비위원장_ 서정혁(숙명여대)

연구위원_조종화(고려대), 정대성(연세대), 박배형(서울대),
이종철(연세대), 소병일(고려대), 이재성(계명대)
편집위원_이광모(숙명여대), 강순전(명지대), 유헌식(단국대),
서정혁(숙명여대), 권정임(강원대), 권대중(계명대),
김준수(부산대), 백훈승(전북대), 김귀룡(충북대)
국제교류위원_연효숙(상명대), 김옥경(서강대), 나종석(연세대),
황설중(대전대), 양우석(증상연)
학술지평가준비위원_남기호(가톨릭대), 양희진(한남대)
감　　사_정미라(전남대), 심철민(서울대)
총무간사_양희진(한남대)
편집간사_남기호(가톨릭대)

헤겔연구 제32호

쟁점 속의 헤겔

1판 1쇄 인쇄 2012년 12월 14일
1판 1쇄 발행 2012년 12월 15일

편집 한국헤겔학회
펴낸이 윤병태
펴낸곳 도서출판 용의 숲
주소 서울시 서대문구 신촌동 134 연세대학교
제1인문관 508호 한국헤겔학회 편집위원회
전화 02-2123-2399
휴대폰 010-2910-4215
E-mail kuri345@hanmail.net
출판등록 2004년 3월 29일 제 313-2004-00078호
주문처 한국출판협동조합(일원화공급처)
전화 02-716-6032 | 팩스 02-716-3819-20

ISSN 1598-9410(32)
가격 16,000원